"博学而笃志，切问而近思。"

(《论语》)

博晓古今，可立一家之说；

学贯中西，或成经国之才。

作者简介

刘绍庭，男，湖北省洪湖市人。1995年至2001年，任华东师范大学法律政治系副主任，现为华东师范大学副教授。目前主要研究领域有思想政治教育、公共关系学。在公共关系学研究方面，先后出版《公共关系学原理》、《公共关系广告管理》、《现代广告运作技巧》、《涉外事务管理》等著作。在《公共关系导报》、《公共关系时报》、《公关信使报》、《上海证券报》、《新闻报》、《上海新书报》、《证券市场研究》、《上市公司》、《求实》、《理论月刊》、《中国广告》、《上海精神文明》等报刊发表论文“上市公司应导入CI系统”、“购并行为的公共关系思考”、“‘名人效应’的作用及局限性”、“现代广告新一族：意见广告”、“上市公司形象构成的基本框架”、“公益广告的道德教化功能及其实现”、“广告世界理性检讨”、“商务标语及其制作”等近30篇论文，主持了“公益广告的道德教化功能研究”等课题的研究。

博学·广告学系列

刘绍庭 编著
Liu Shaoting

广告运作策略

Guanggao Yunzuo Celue

第二版

复旦大学出版社
www.fudanpress.com.cn

内容提要

这是一本偏重应用层面和实践环节的教材，着力于广告运作策略和方法的探讨，具有较强的实用性和可操作性。本书运用社会学、心理学、传播学、市场学、文化学等多学科的知识，从不同的视角对广告运作的内在机理、作业过程和操作策略进行系统的分析和研究。

首先，本书紧扣广告运作前后相继的各个环节，在内容上涵盖了调查、策划、设计、制作、发布、反馈各阶段的具体操作要领；其次，按照广告传播的基本构成要素，分别从广告主、媒介、受众三个角度研究了广告运作策略；再次，不仅研究商品广告的运作，还分析了非商品广告的运作，并专门结合各大类行业的性质展开了系统研究。

本书从体系、内容、观点乃至材料的选择，在强调知识性、系统性的前提下，还力图有所创新。本书可以作为各类高等学校MBA、广告学、公共关系学、市场营销学等专业的教材或参考书，也可以作为企事业单位领导、广告从业人员的有益读物。

目录

Contents

第一章

绪　　论

本章概要

本章分析了广告产生的社会背景，阐明了广告的含义和特点及其与公共关系、营销、新闻、宣传等的关系，分析了广告的五个构成要素。从对受众和对社会两个方面，分析了广告的功能，并说明了广告功能失调的具体表现。此外，还说明了广告运作的含义、类别、构成要素、一般工作流程。

学习目标

学完本章，您应该能够：

1. 了解广告的含义和特点及其与公关、营销、宣传、新闻报道等的关系；
2. 把握广告的构成要素及各要素在广告活动中所处的地位；
3. 正确分析广告对国家宏观经济、对广告主和对大众传播媒介的积极作用以及在现实生活中广告功能失调的具体表现；
4. 弄清广告运作的含义及其与广告策划的关系；
5. 了解广告运作的类别、构成要素和一般工作流程。

基本概念

社会转型；广告；宣传；营销；公共关系；广告主；广告经营者；广告发布者；媒介；受众；功能；功能失调；广告运作

广告作为一种贯穿人们物质生活和精神生活领域的特殊现象，如今已经变得极为普遍。在我国，1981 年广告经营额仅为 1.2 亿元，1990 年达到 25 亿元，至 2000 年逾 800 亿元，2007 年更高达 1 200 亿元，近 30 年中增长达千倍，呈现出蓬勃发展的态势，而且，在已占我国 GDP 总值约 1%的情况下，还保持着相当大的发展空间。广告介入公众生活，在政治、文化，特别是经济等诸多领域的各个层面，发挥着愈益明显、愈益广泛的作用，而广告事业在实现其价值的过程中，也有了长足的进步。对于这一无可回避的社会现象，我们应随着时代的变迁，透过表象，加以全面的认识。

第一节 广告的内涵

一、广告是社会转型的必然产物

用历史的眼光看,人类社会始终处于结构的转型过程中,只不过变化的周期不同,促动转型的具体原因不同,表现的形式和特点不同罢了。社会的转型,必然带来政治、伦理、法律、宗教、习俗、制度等文化的变迁,引发生产力水平的变化。广告古已有之,至今已有数千年历史。在踽踽而进的历史长河中,伴随着社会的转型,广告的内涵和外延都发生了深刻的变化。在内容上,不单纯是旨在产品或服务的推介,还涉及观念与形象,触及政治、经济、教育、科技、文化、宗教、社会等诸多领域,对广告的研究,已不单纯从经济学的原理加以分析,还应从社会学、心理学、法学、民俗学、美学、传播学等多学科的视角展开。在广告主的确认上,不仅有企业,还有学校、医院、街道、部队、歌舞剧院、政府机关及非政府公共管理机构,几乎囊括全部社会组织;不仅是法人,个人也可以成为广告主。在媒介或形式的择用上,早已突破了原先较为原始、古朴、简陋的局面,人类历史上科技的点滴进步,都推动了广告媒体一次又一次的革命,特别是20世纪初以来近百年,广告业更是发生了翻天覆地的变化。在广告的目的上,经济利益的追求固然依旧明显,但已不是唯一的或最高的目的,还可能包括政治利益、文化利益或其他利益的追求。

在我国,历史上便出现了大量的广告现象,值得回顾。单就建国后近60年来广告市场及整个广告业的命运来说,可谓一波三折。直到我党1978年十一届三中全会确立改革开放的方针,特别是1993年十四届三中全会决定建立社会主义市场经济体制后,广告业恢复了生机并获得了飞跃发展,原因同样在于从计划经济向市场经济的社会转型。具体地说,转型的结果就是:行为主体多元化(如企业结构中除了国有企业外,还有民营企业、私企、“三资”企业、股份制企业,各类学校中也有民办学校以及各种社会力量办学实体,等等)、独立人格化(逐渐脱离了与政府主管部门的隶属或依附关系),以及随着改革开放的逐步深入而出现的观念嬗变和竞争意识的加强。在当今时代,经济全球化、社会信息化、政经一体化的态势日益鲜明,使得社会转型的步伐逐渐加快。在经过15年的努力,我国在2001年正式加入国际贸易组织WTO后,进一步扩大了对外开放的领域和提高了对外开放水平,我国与世界的联系日益密切,反过来进一步促动了改革的深入,使得竞争更加激烈,不仅表现在内部,还扩延至外部;不仅是一般制造业,还扩延至一些具有垄断性质或政策保护的行业,如电信、银行、电力、石油等;不仅是企业,还扩延至教育、传媒、出版、卫生、体育等领域。基于生存和发展的考虑,广告作为重要的竞争手段之一必然受到了更为广泛的重视。

二、广告的含义和特点

广告或许是最为贴近公众生活的现象之一,几乎是时时可见、处处可及。然而,对它的理解却是多种多样的。归纳起来,主要有三种观点:一是认为广告是劝说和说服工作;二是把广告作为一种促销手段和营销策略;三是将广告理解成一种信息传播活动。比较起来,本书采用第三种观点,理由如下:其一,如同宣传、新闻报道等一样,信息传播是最基本的属性,均有传者、受众、信息、媒介这四个基本要素,作为信息传播活动,存在报知、释疑、说服、指导的功能,可见,说服以谋求态度和行为的改变是传播的必然结果。其二,尽管存在大量以推介商品或服务为内容的商业性广告，但非商业广告，如社会广告、公益广告、形象广告以及西方世界以政治广告为核心的意见广告等也比比皆是，这两者所要达成的具体目标迥然有别，对于非商业广告而言，并不存在什么营销问题。基于此，我们可以将广告定义为：广告主为了实现某种特定的目标而借助媒介或形式面向受众所进行的信息传播活动。

广告的基本含义和属性。

通过观摩广告图片 1-1，思考：这是一则商业广告，那么，广告与促销是同一的，还是并列的，或者交叉的关系？为什么说广告是信息传播活动？

广告本身作为一种特殊的社会精神现象，有其独特的属性。归纳起来，主要有如下四点：其一，它是公开的传播活动。广告信息是对外传播的，一旦刊播、设置、张贴出去，就不再有任何秘密。这是与广告的基本使命相适应的。广告就是要使信息由“内部的”东西变成“外部的”，使“独占的”变成“共有的”。当然，信息的公开又是有选择的，应以可公开的信息为限，诸如国家机密、商业秘密、个人隐私一类受法律保护的内容就不应公开。其二，它是建立在付偿基础上的市场交换行为。广告主与广告经营者、广告发布者之间结成双边或多边联系，彼此完全按照市场经济的规则，本着互利互惠的原则，达成民事主体意义上的权利义务关系。其三，它揭示了一种新型的社会关系。随着广告传媒的规模化、传播现象的普遍化、传播活动的职业化、传播功能的显性化，广告业在国民经济体系中已成为占有重要地位的先导产业，渗透于诸多领域。在广告传播过程中，揭示了广告主、广告经营者、广告发布者、广告受众、广告管理机构之间新型的社会关系。其四，它是一种双向的互动循环过程。如果我们把广告视为信息传播活动，则广告主与受众分别处于传播的两极，整个传播过程是互动的，并且在反馈中促进广告运作方式的调整与完善。

图片 1-1

通过观摩图片 1-2，分析：为什么说广告本身是一种特殊的社会精神现象？在一则广告的背后，涉及哪些参与者？

图片 1－2

为了更准确地理解广告的内涵，我们还有必要简要地厘定和区分广告与近义的相关范畴的关系。

第一，与宣传的区别。按照《辞源》的解释，宣传即用语言或文字公告大众。仅从表现看，宣传与广告并无差别，但实际并非如此。其一，两者的最大差异表现在对内容的甄别上。宣传的内容具有强烈的意识形态色彩，表现为政策、法规、成就、科学知识与科学精神、价值观念体系、指导思想等，着力对人的思想、信仰、价值取向等发生作用；而广告的内容固然也强调思想性，体现出一定的政策意图和法制原则，也要表现一定的科学态度，倡导健康、文明、科学的生活方式，但基本的出发点却是为了展现具体、实际的某事某物。其二，两者的主体不同。宣传的主体由于其使命的特殊性，主要是指政党、政府及各条战线的各级党群组织，宣传者与被宣传者之间往往存在隶属关系或上下级关系，而广告的主体是包括政治组织在内的各类社会组织，在特定的广告活动中，个人也可以成为广告主，广告主与受众之间建立的是平行的社会关系。当然，两者也有重合的部分，其结合点是配合政治斗争、谋求政治利益而发布的广告，如竞选广告、募兵广告等，以及各类企事业团体为陈述意见、表达观点的意见广告。此外，大量的公益广告，尤其是较为典型的道德教育、法制教育类广告，也有较浓的宣传色彩。

第二，与营销的区别。两者的根本差异是主体的不同。出于经济利益，开展经济活动，才会存在营销，所以，营销的主体只能是经济类社会组织，如银行、宾馆、工厂、商店、旅行社等。广告的主体显然宽泛得多，除了经济组织外，还有政治组织、文化组织、群众组织、宗教组织，他们并不是为了推销或代为推销某种商品或服务，追求的也不是销售额、利润、市场占有率这类经济指标，也就不存在营销问题。另外，即使在纯粹的商务领域，市场营销的成效乃是多种因素共同起作用的结果，如质量、商标、包装、价格、服务、品牌、销售促进，公共关系战略、财务、广告等，由此可见，广告作为一种手段和策略，只是营销组合的一部分。

第三，与公共关系的区别。公共关系的基本目的是建立与公众的良性互动关系，树立和塑造良好的组织形象，知名度、美誉度、认可和行为支持度是三个主要的评价指标。从中可以发现公共关系与广告的三点差异：其一，公共关系的主体只能是社会组织，而广告主可以是符合法定条件的个人，如征婚广告、家庭讣告等，只能由个人发布。其二，公共关系专题活动有举办新闻发布会、记者招待会，策划新闻事件，制作宣传资料，举办展览会，开展赞助活动，以及接待、谈判等事务性活动，开展广告传播只是其中一项。其三，公共关系专题活动往往强调高屋建瓴，注重整合效益，立足于社会组织的长远利益，而广告传播却大多拘泥于一时一事，偏重近期利益。当然，公共关系与广告之间也有结合点，便是公共关系广告或形象广告的出现。

广告作为一种信息传播活动，与同属于传播范畴的宣传、公共关系、新闻报道有区别；商业广告作为促销手段，与营销中的其他手段也有区别。具体可以从主体、对象、形式、内容等方面进行。

通过观摩图片 1－3，请你思考：新闻发布会与广告发布的信息是同一类型的信息吗？有人说“公关第一、广告第二”，你同意这个观点吗？公共关系目标的实现过程中，怎样运用广告的手段？

图片 1－3

第四，与新闻报道的区别。在报刊、广播、电视中所见所闻最多的是新闻与广告，两者都能促进知名度的扩大，都建筑在求实和公开的基础上，但也有明显的差异。其一，在内容的选择上，新闻是对新近发生的有意义的事实的报道，既可能是正面报道，又可能是负面报道，而广告常常以过去的事实作为传播内容，而且，在绝大多数情况下是侧重正面的，即讲优势、谈成绩、说愿景。其二，新闻报道由记者、编辑、主持人、播音员以“第三人称”的形式进行，广告是由广告主以“第一人称”的形式发布有关信息，由于信息发布者与信息的表现者，前者是隔离的，后者是统一的，亦即在信息传播中所处的地位不同，则两者的信力、效度和权威性不同。其三，在媒介的择用上，新闻报道具有时新性和公开性的特点，故一般只能运用报纸、广播、电视、杂志等，相比之下，广告媒介有数百种之多，范围比新闻媒介广。其四，新闻报道不能搞“有偿新闻”，而广告在绝大多数情况下是有偿设计、制作、发布的。

通过观摩图片 1－4,对于分别属于新闻学与传播学这对姊妹学科研究对象之一的新闻报道与广告运作,你是否能够清楚地了解它们之间的区别?“新闻的广告化”或者“广告的新闻化”现象是否可取?如果出现,你有没有办法识别?

图片 1－4

三、广告的要素

从动态的角度看,广告是传播、推介的活动及过程;从静态的角度而言,任何广告在本质上都是社会关系的体现,是多种力量交互作用的结果。一则完整的广告作品或一个完整的广告活动应包含广告主(主体)、广告经营者和广告发布者(中介)、广告媒介(途径)、广告信息(内容)、广告受众(客体)这样五个要素。

广告活动或广告作品的基本构成要素。

(一) 广告主

广告主是指愿意承担相应费用而发布商品或服务以及其他信息的法人、其他经济组织或者个人。只要具备法定条件,任何法人和自然人都可以成为广告主,并不仅仅是指工厂、商店、农场、银行、酒店等经济类社会组织。就一个特定的广告活动而言,广告主决定着广告的目标、规模、进程和基本内容,所以在广告活动中居于主体地位,发挥着主导作用。这是从对受众的主动“施控”而言的,事实上广告主还被动地“受控”于法律、经济、文化等诸多因素,是“施控”与“受控”的统一。在特定广告活动中,广告主的认定应是明确的、具体的。要成为广告主,应具备相应的条件:其一,具备独立的民事主体地位,能够承担相应的民事责任;其二,具有明确的广告目的,如推销商品、服务,表达和宣扬观念,树立和塑造形象,征求意见和建议等,或者其他更为具体的目的;其三,愿意承担或提供、支付相应的调研、设计、制作、代理、发布广告的费用。理解广告主的含义,还要注意与“广告客户”这一范畴相区别,两者是同一的,但广告主是放在整个广告运作过程中所起的主导作用而言的,而广告客户是相对于广告经营者和广告发布者而言的。

(二) 广告经营者和广告发布者

从理论上讲,广告主发布广告既可自行设计、制作、发布,也可以委托他人代为完成。从前一种情况看,要有相应的专业人员,设计、制作的设备和条件,以及广告发布的场所,这对于绝大多数的单位和个人来说,是很难满足上述条件的,即使能够做到,也往往是 POP 广告、橱窗广告、说明书之类制作简便、受众范围相对较少的辅助性媒体广告。随着社会生产力的不断发展，社会分工越来越细，事实上，早在20世纪二、三十年代，我国就出现了大量开展专业化广告作业的经营机构。广告中介机构的大量出现，为活跃市场经济，推动国民经济发展，促进广告业自身的发展，都发挥了重要作用。在发展过程中，涌现了一批规模大，能独立开展调研、设计、制作、策划的大型广告企业，随着改革开放的深入，广告经营主体开始多元化，外商投资和私营广告企业从少到多，与国有广告企业呈现三分天下的局面。这些广告中介机构在传播信息、沟通情况、指导消费、活跃经济方面发挥了重要桥梁作用。

图片1－5是某广告公司为自己招揽业务而做的一则广告，通过观摩，你觉得这个广告是否形象地揭示了广告经营者在广告市场的职能？另外，广告经营者的中介作用和地位主要应该表现在哪些方面？

图片1－5

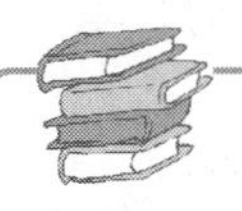

中华人民共和国广告法(节选)

第二条　广告主、广告经营者、广告发布者在中华人民共和国境内从事广告活动，应当遵守本法。

本法所称广告，是指商品经营者或者服务提供者承担费用，通过一定媒介和形式直接或者间接地介绍自己所推销的商品或者所提供的服务的商业广告。

本法所称广告主，是指为推销商品或者提供服务，自行或者委托他人设计、制作、发布广告的法人、其他经济组织或者个人。

本法所称广告经营者,是指受委托提供广告设计、制作、代理服务的法人、其他经济组织或者个人。

本法所称广告发布者,是指为广告主或者广告主委托的广告经营者发布广告的法人或者其他经济组织。

(三) 广告媒介

媒介是广告信息沟通的渠道。广告媒体的开发越来越多,利用越来越广,而广告媒体增多的原因又主要是四点:一是科技的进步;二是观念的进化;三是竞争主体的增多;四是媒体创新思维的活跃。从报纸广告到广播广告,从电视广告到网络广告,昭示了科技的不断进步对广告业所产生的深刻变革。有些媒体的开发,又主要得益于观念的进化,如 1983 年日本东芝率先在当时上海最高建筑物国际饭店顶部做霓虹灯广告,1993 年恒通置业、三九医药率先在上海出租车顶做广告,在当时都引起很大争议,但类似这样的广告现已习以为常。实行改革开放以后,由于出现了多种经济成分,对内对外交往的领域不断扩大,导致竞争主体增多,为强化竞争力,也加剧了广告媒体的开发和利用,同时也活跃了广告市场。另外,广告业非常注重创新,唯此才能提高广告的注意率,进而增强广告效果,这种创新是全方位的,包括了媒体创新,如 20 世纪 90 年代后出现的大屏幕广告、因特网广告、飞船广告、厕所内壁广告、投影广告、火箭广告、电梯广告等,就是创新的结果。

广告媒介的开放和利用与竞争、观念、科技创新思维有关。

通过观摩 2008 年北京奥运会期间一个用女同志的头发做成的显示五环标志的宣传画,即图片 1-6,你认为这种媒体的开发主要是什么原因?这种用人体制作的广告你还能够举出几个案例吗?

图片 1-6

(四) 广告信息

信息构成为广告的基本内容,大致包括商品信息、服务信息、社会信息、形象信息和观念信息五类。其中,商品信息与服务信息局限于商务领域,而形象信息与观念信息涵盖并超越了商务领域,社会信息主要表现在公众生活领域。一般来说,商品信息主要涉及历史、研制、流水线、性能、款式、质感、原材料、产地、质量、技术含量、价格、商标、购买时间、购买地点、使用范围、使用方法等。服务的范围更广，不仅制造业存在售前售后服务问题，大量的流通服务性企业，如电信、电力、供水供气、物业、商店、宾馆、银行、旅行社、搬场、保险、证券等公司，以及学校、医院等社会公益事业，律师事务所、会计师事务所等中介机构，都存在服务。服务信息大体包括类别、方式、规格、网络、途径、范围、差异度、费用等。形象广告目的在于确立、维护、更新、重塑组织形象，主要涉及历史沿革、发展战略、管理哲学、经营理念、企业文化、英雄人物、突出成就、社会声望等内容，立足于整体，包括了品牌、商标的推广，但不限于此。还有些广告着力于表达、澄清和消除某种观念，比如公益广告、意见广告就是很典型的观念广告，有的是围绕本单位展开，有的则与社会热点、社会公益事业相关。社会信息多与公众生活相关，如个人发布的换房、出租、征友、挂失等，政府发布的与公众相关的如社会保障、交通管制、旅行出游等信息。

图片 1－7

“广告受众”与“客体”、“消费者”、“目标受众”是有区别的，不能混淆。

图片 1－7 的广告内容是：“每三秒钟就有一只动物死于化妆品实验室。请为动物试验化妆品说不！”通过观摩，请你思考：这则广告的信息是什么类型的信息？类似这样的广告是不是动物保护组织的专门责任？

“与时俱进”写入《纽约时报》广告词

中新社纽约 2004 年 2 月 18 日电（陈蔚）摩根·斯坦利今天在《纽约时报》上破天荒地为一篇中国市场调研报告做了整版彩色广告，并把“与时俱进”这个内地时髦的词，用汉语拼音标注出来，当广告标题。

其实，广告介绍的不过是一篇七页纸的调研报告。它由摩根·斯坦利驻香港的经济师谢国忠撰写，题为“从中国获利”。

(五) 广告受众

广告受众即广告信息接受者的总称,包括读者、观众和听众。广告传播中人际传播的成分较少,如通过电话、传真机、电脑发布广告信息一般因循人际传播的机理,但对绝大多数广告传播来说,具有群体传播、组织传播尤其是大众传播的特征。总体而言,广告受众具有复合性、混杂性、分散性、隐匿性的特点。由于广告信息中一般以发布商业信息为多,因而,广告受众中消费者居多,但又并非以此为唯一对象,几乎遍及一切具有正常思维和理解能力的社会公众。比如,公益广告的受众可以是社会上的每个人,融资广告则是针对潜在的投资人。但是,就具体的某一次广告活动或某一则广告而言,广告受众应该是明确的、特定的,亦即所谓目标受众,针对某一性别、年龄、地区、收入水平、职业身份的特殊人群。如果受众对象不具体、明确,那么广告的针对性、可操作性都会下降。广告受众与目标受众之间,目标受众与有效受众之间是两组不同的概念,必须分清。广告受众是广告传播的大致范围,目标受众是细分的结果,有效受众是广告主衡量广告效果的依据。

第二节　广告功能及其价值实现

广告功能是广告活动所产生的积极作用和客观结果,既指某一具体广告所蕴含的特殊功用,又指整个广告业对社会政治、经济、文化的进步所产生的客观影响。为何我国广告市场的规模能够伴随我国GDP总值的提升同步在2008年进入世界的前三位?关键是广告对广告主自身、对受众、对社会的独特价值。对受众而言,广告具有信息功能、心理功能和审美功能;对社会而言,具有宣传功能、经济功能和文化功能。前者是基础的、表象的,后者是派生的、本质的。与此同时,对广告主自身短期和长远目标的实现和其利益的实现、维护和发展,也是广告主热衷广告的驱动力。

表1-1　1995—2004年中央电视台历年广告招标的"标王"

年　份	标　王	中标价(万元)	年　份	标　王	中标价(万元)
1995年	孔府宴酒	3 079	2000年	步步高	12 600
1996年	秦池酒	6 666	2001年	娃哈哈	2 211
1997年	秦池酒	32 000	2002年	娃哈哈	2 015
1998年	爱多VCD	21 000	2003年	熊猫	10 889
1999年	步步高	15 900	2004年	蒙牛	3 1000

一、广告对受众的功能

广告对受众的功能的具体表现。

(一) 信息功能

简单地说,信息是资料、消息、知识、数字,利用它可以减少和消除人们认识上的不确定性。广告信息是一种特殊形态的社会信息,即广告主主动出资提供并广泛公开以求周知共晓的信息。在广告主与受众之间,广告是双向沟通的一种重要形式。对于受众而言,广告的信息功能主要表现在四个方面。其一,报知功能。这是最基本的一个功能,使人们从未知状态进入到已知状态。广告具有天然的扩大影响的属性,而这种外在的影响和声誉本身也是一种不可或缺的资源,是现代社会组织殚精竭虑所追求的。其二,释疑功能。在面向社会、面向未来的发展进程中,外界对你自身的认识在很多情况下是不全面的,只知其表,不察其详,不明就里,甚至费解、曲解、误解,存在认识上的偏差。这些状况的出现和持续存在,无疑是一个阴影。为此,一方面强化报知功能;另一方面要强化释疑功能,加深认识,消除误解,改变模糊乃至刻板印象。其三,劝说功能。传播一般有告知性传播和说服性传播两种,因而,传播与说服总是密切相关的,广告传播还有一个重要任务就是使受众在未知到已知的基础上、从不理解到理解、从不接受到接受,使他们接受你的诉求方式、诉求内容,接受观点。其四,指导功能。这是最根本的一个功能,就是使受众减少和消除认识上的不确定性,以及犹豫、彷徨心理,在行为上起指导作用。

2008 年因向四川灾区捐款 1 亿元人民币的大手笔的王老吉在夏天着实火了一把。通过观摩图片 1-8,你认为这则广告传递着什么信息?在信息功能的实现方面产生了什么影响?

(二) 心理功能

在与其他各种社会信息,如与情报、新闻、文学、艺术的相互比较中,广告并不是最使受众感兴趣的,即使在报纸上的新闻、评论、副刊、专题、广告五类信息的比较中,广告也不是最受欢迎的。这与信息的权威性、趣味性、知识性,受众的吸引力、好奇心、相关性等因素有关。在信息泛滥的当今社会里,广告运作的难度进一步加大。既然广告是指向受众的,那么,广告被接纳的程度及广告策划成功与否,就在于受众的评价及其对广告活动或作品的认同和接受程度。所以,一定要强化广告的心理功能,即引起受众的注意,并培养兴趣,强化记忆,激发欲望,并最终促成行为,亦即按照心理学中反复强调的 AIDA 法则办事。从不同广告的具体运作来看,所发挥的心理功能是不同的。有的广告淹没在信息的汪洋之中,人们不闻不问,也就谈不上其他心理反应了;有的广告能够给人以强烈的心理震撼,过目难忘。广告的心理功能中最重要的是激励功能,使受众产生与广告主的意图相适应的行为反应,这是广告的出发点和归宿。

图片 1-8

AIDA 法则名词解释

1898 年,由美国学者路易斯提出。他认为,广告必须引起注意(Attention)、产生兴趣(Interest)、培养欲望(Desire)、促成行动(Action),取每个单词的第一个字母,故简称为 AIDA 法则。

(三) 审美功能

任何广告作品都是由文字、语言、图画或画面、音乐、音响等元素所组成的,在形式上可以融入故事、小品、戏剧、演唱、诗歌、舞蹈等,设置一定的工作、学习、生活情景,或严谨,或活泼;或庄重,或诙谐;或直叙,或抒情;或磅礴、或婉约……现代广告已不再是单纯的信息表达的"外壳",而逐步演化为一种富于艺术魅力的作品。在西方,就有人称广告为"第八艺术"。据《新闻晚报》报道,自 1996 年开始在我国内地每年举办"广告饕餮之夜"世界影视广告大展,取得了票房和口碑的双重成功。广告饕餮之夜的创办人是法国人布尔西科,他凭借 50 万部广告藏品而被称为影视广告片第一收藏家。他创办的"饕餮之夜"是世界广告界的一大盛事。在中国的观众群体主要由企业人士、广告业人士、影视界、传媒、大中学生组成,前四部分主要是出于工作需要,后者则完全是因为爱好。大学生们认为,看高质量的广告也是一种美妙的精神享受。实际上,广告作品的设计和制作,相比艺术创作,难度更大,原因在于:一是受众认知的主动性弱,非精品难以取悦受众;二是广告设计的时空范围小,如电视广告短则 5 秒、8 秒,长也不过 30 秒,可谓稍纵即逝,需要有更高的艺术想象空间。一则优秀的广告必然可以使人获得相应的审美情趣和美的感受。

通过观摩图片 1-9,请你思考:为什么在很多情况下,在看电视广告时就会转换频道呢?国外广告作品和本土广告在艺术品位上究竟有什么差别?

图片 1-9

二、广告的社会功能

广告社会功能的具体表现。

(一) 经济功能

广告市场的生力军在世界各地均是工商业，而广告的内容又以商业广告居多，所以，广告最直接的功能便是经济功能。分析广告的经济功能，我们可以从对国家、广告主、消费者的积极作用三个角度来加以认识。

1. 活跃经济，促进产业升级

第一个方面，广告业在国民经济中的地位日益凸显。这说明广告业已成为我国国民经济体系的重要组成部分，而且，依照改革开放后强劲的增长态势以及我国加入 WTO 后更深入地融入国际贸易体系可能的良好趋势，广告业对国民经济的贡献率还可能进一步提高。第二个方面，是沟通产销渠道，活跃经济。随着对内对外开放的扩大，整个社会出现人流、物流、资金流、信息流的大循环，怎样做到良性循环，做到物尽其用、货畅其流，广告作为一种先导产业，可以起到开路先锋的作用。当今社会是一个快节奏的社会，各种商品也琳琅满目，且不断推陈出新，需要在企业与消费者群体之间实现快速沟通，广告便是一种有效的手段。第三个方面，促进大众传播产业和信息产业的发展。由于有了广告收入，无疑增强了传媒业自我改造、自我发展的能力。另外，网络业、电信业与广告业也得到了较好的融合，有资料显示，目前，尽管主要门户网站的收入约 65%来自广告，比前一些年的 80%有所降低，但同样说明：倘若离开了广告，网络业可谓步履维艰。现在人类已跨入知识经济时代的门槛，其典型特征之一是以通信技术为核心的高新技术大量出现，并呈现出蓬勃的生机。从这个意义上说，由于广告业的拉动，还促进了产业结构的调整和升级。

2001 年 4、5 月间，中央电视台一套节目播放 40 集连续剧《大宅门》就有超过 1 亿元的广告收入。2002 年世界杯期间，中央电视台因为转播全部比赛，获得 5 亿元的广告收入，而购买的转播费只有 1 800 万美元。

以这两例讨论：① 为什么中央电视台能够取得如此高的广告收入？② 广告主、媒介、消费者有没有“输家”？③ 在我国，广告市场为什么能够在近 30 年时间里获得如此巨大的发展？④ 如果你或你的家人、朋友创业，是否准备利用广告手段？为什么？

2. 确立和维护企业自身的竞争优势

广告是一种重要的竞争手段，越来越成为共识。企业之间的竞争，在全球化的背景下，不仅体现为本土或本地企业之间的竞争，还表现为本土企业与境外企业的竞争；不仅体现为同行业的竞争，还表现为跨行业的竞争；不仅体现为质量、服务的竞争，还表现为技术、人才、品牌、公共关系、财务、广告等全方位、全过程的竞争。商海沉浮，此起彼伏，在激烈的竞争中，广告手段的运用是一个重要因素。做广告如何能转化为竞争优势呢？其一，从事营销的第一步就是要使受众知道企业和品牌的存在，而广告能够帮助实现这一目的，从而为启动和扩大销售奠定良好的基础。其二,通过大媒体、大市场的规模化运作,企业能及时有效地把有品质、有内涵的品牌推向更庞大的受众群体,因而能更大幅度地降低单位商品的生产成本和推广成本。在其他条件基本不变的情况下,在一个特定的时期,一家企业的生产销售往往有一个"临界值",越过这个"临界值",成本就可相应降低。所以,广告的促销作用所转化的竞争效应极为明显。

> 通过观摩图片1-10,你认为汽车从下线到开进千家万户,要经过多少环节,在整个汽车的供应链上,广告处在一个什么样的位置?

3. 指导消费

这主要是针对消费者而言的。具体来讲,表现在三个方面:一是加深消费者对商品或服务的认识,使他们在名目繁多又激烈竞争的品牌比较中,对该商品或服务留下良好的深刻印象,提高品牌消费率;二是在大多数商品或服务趋于饱和或供过于求的情况下,在巩固消费者一般性需求的基础上进一步刺激消费者的特殊性需求,告知其消费用途、方法;三是制造消费热点,形成消费时尚,倡导和确立新的生活方式。近几年来,在消费者饮食、健康、教育、理财、休闲、旅游等需求的激发上,有许多广告做了大量开拓性的引导工作。

图片 1-10

图片 1-11

通过观摩图片1-11,你认为在房产销售过程中,广告指导消费的功能表现在哪些方面?根据你的体验或在了解你周围的人以后,你认为在我国现阶段如何进一步改进和完善指导消费的功能?

(二) 宣传功能

广告是传递信息的工具,而信息之中又往往包含了特殊的导向,即宣传什么、提倡什么、鼓励什么。所以,广告又不单纯是信息的携带者,还存在如何表达和引导的问题。从广告宣传的内容来看,目前主要集中在六个方面:一是宣传政策法规,如计划生育、环境保护、植树造林、税收征管、青少年保护等;二是政治主张、政治纲领、政治态度等与政治诉求有关的广告,如台湾某"台独大佬"2007年在美国《纽约时报》上发布的主张以台湾名义加入联合国的广告和内地某公司2000年在《人民日报》发布的"反对台独"的广告,还有英、美等国盛行的竞选广告;三是弘扬历史文化;四是展示辉煌成就,以某地区或某行业的整体性介绍居多;五是宣传和倡导良好的习俗和道德风尚;六是介绍和推广科学、健康、文明的生活方式。常见的广告媒体有报纸、广播、电视、展览会、宣传品、多媒体等,还有的是通过举办某项活动进行。

从宣传的形式看,一是直接的,二是间接的,即将宣传的内容与广告内容结合起来,或渗透在广告内容之中,如海南霖碧公司的申奥宣传广告,有一句"这1票,请投给北京",这里的"1"用一瓶霖碧矿泉水瓶子的图案代替,恰到好处。

通过观摩图片1-12,你能够进一步区分广告与宣传的相同点与不同点吗?对于宣传禁毒有关的公益广告,如果仅仅是制作一些宣传画究竟能够发挥多大的作用?

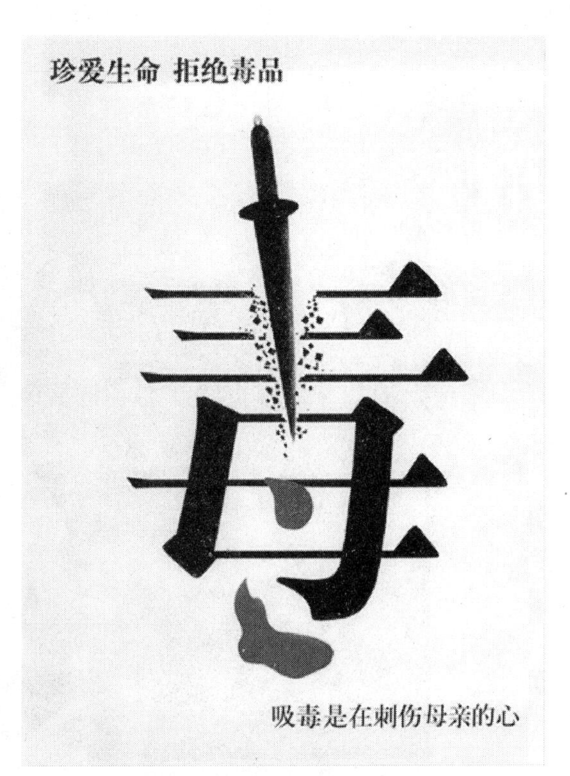

图片1-12

(三) 文化功能

1. 社会准则维护作用

社会准则,如法律、道德、纪律、制度、习俗、价值观等,是社会存在的基石,社会发展的前提。在当代中国,主要就是社会主义核心价值体系,必须以此统领各种社会思潮。通过广告,对社会准则起宣传作用,对社会行为起规范作用。实际上,广告也是精神文明建设的一个重要阵地,特别对中小学生而言,广告是"流动的黑板"和"第二课堂",确立什么样的广告导向,对他们思想道德素质的提高和健康成长,具有重要的影响。

2. 传播知识作用

在当今时代,高新技术不断出现,产品的技术含量也不断增加,诸如基因、纳米、数字化、计算机之类对许多人而言还相当陌生;即使是一些貌似常识的东西,如煤气使用、药品、紧急救护等,也只是一知半解,或茫然无知,比如刷牙如此简单的事,却有近 90%的人不能做到正确刷牙。广告中往往包含了商品性能、使用方法、注意事项等内容,这都可以使人增长见识。尤其是少年儿童,经历比较简单,阅历不够丰富,通过广告可以接受生活的教育,尽管这些知识是不系统的、不深刻的。

3. 文化事业发展促进作用

文化事业主要包括新闻出版、广播影视、文艺院团等。文化产业化发展态势,以及文化事业与传媒产业高度结合的趋势,使得文化事业与广告有着越来越紧密的关联。广告也能促进文化事业的发展,如报社、广播电台、电视台在刊播广告后,增加了收入,改变了原先靠财政拨款的渠道,实现了自我改造和发展,也促进了文化事业的发展与繁荣。

再看出版问题,我们习惯的认识是只要练好"内功",抓好图书质量即可,不需要做广告。事实上,"好酒也怕巷子深",图书如同产品,在出版社竞争主体增多且竞争地位对称的情况下,不作推广很难启动。一本翻译图书《学习的革命》在中央电视台做广告,并请我国著名导演谢晋加以推介,半年销售达 500 多万册。

广告的功能表现在对受众和社会两个方面。两者存在有机的联系。广告功能的体现是通过各种广告的传播实现的,但对不同的广告而言,其功能的发挥各不相同。另外,这只是揭示了广告的"应然"状态,与"实然"之间往往存在距离。

图片 1-13

通过观摩胡锦涛同志2008年视察人民网的情况(见图片1-13),举一反三,分析和说明企业、政府、学校等各类社会组织发展互联网站的合理性,同时,了解各类主要门户网站的财务状况和收入来源。

三、广告功能失调

广告之于社会的影响和作用,我们必须一分为二地分析,并做到扬长避短,使其功能发挥最大化,消极影响最小化。广告既可能给受众、社会带来积极作用,又可能带来消极影响,这就是广告社会效应的二重性。若带来消极影响,给受众造成思想的紊乱、精神的麻痹,造成一些危害,我们可以说是广告功能失调,这也是人们对广告不满意的地方。归纳起来,主要表现在如下方面。

第一,大量粗制滥造的广告,阻碍了人们对其他社会信息的正常摄入。

通过观摩图片1-14,你是如何评价这则广告的?你认为我国现阶段广告是多了,还是少了?为什么会有这样的认识?

图片1-14

第二,虚假广告屡禁不绝,损害消费者的正当合法权益。这是当前广告市场最突出的问题。虚假广告旨在通过无中生有、以偏概全、偷梁换柱、虚假陈述等手法欺骗、误导消费者,不仅直接损害消费者的合法权益,还阻碍其他生产经营者的正当竞争,败坏广告市场的声誉,"劣币驱逐良币”,而且最终“搬起石头砸了自己的脚”。

第三,有些广告损害了民族尊严。斯大林认为,民族是人们在历史上形成的一个有共同语言、共同地域、共同经济生活以及表现在共同文化上的共同心理素质的稳定的共同体。现在居住在地球村的民族林林总总,近 3 000 个,不论处在什么发展阶段、不论民族语言的隶属关系、不论所处的地理环境、不论他们的生产和生活方式,也不论他们现在的规模大小,都应是平等的。对他们的语言、宗教信仰、习惯、制度和组织形式,都应给予尊重。无论是在现实生活中,还是在新闻报道、文学作品、艺术表演乃至广告宣传等一切传播形式中,不能有损害本民族与其他民族尊严的情况发生。

第四,部分广告存在迷信、淫秽、丑恶、暴力、恐怖的内容。这些现象之所以看作是广告功能失调,关键在于它们违背了人性中美好的、向上的、健康的取向,容易使人颓废、意志消沉、精神麻痹。

第五,违反科学精神,信口雌黄,充当了反面教材。时下,有些广告商利用人们知识的盲区,动辄“采用了纳米技术”,标榜“核酸产品”、“抗癌新药”,引起了包括中科院院士在内的一些科学家的反感。另外一个现象是,在广告语言的运用中不规范。第一种表现是滥用成语。比如在 1993—1996 年间,各大报刊流行篡改成语,诸如“骑乐无穷”、“有杯无患”、“鸡不可失”等,广告作为“流动的黑板”,在中小学生那里一时造成了比较大的混乱。第二种表现是将网络语言这种“小众化”传播的语言运用到面向大众传播的广告作品中来。比如“东东”(东西)、“偶”(我)、“囧”(窘)、“骨灰级”(最高级)等。第三种表现是将方言运用到广告中。

图片 1-15 是国外的一则广告,通过观摩,你能够发现其中有什么明显的不妥的地方吗?为什么说它存在不当?

图片 1-15

第六，部分广告含有歧视性内容，没有体现平等原则。在广告中，常常需要设置一定的工作、生活和学习场景，其中少不了存在角色及角色分配。在广告表现中，有的处理不好，含有歧视性内容，而被歧视的对象一般是女性、残疾人或身体有缺陷者、老人、儿童、不同宗教信仰者等。

第七，有些广告脱离大众实际，容易诱发贪图享受的思想倾向。经济的发展，取决于消费、投资和出口贸易，商业广告本身是促销的手段之一，适当地走在大众消费的前面，固无不可。问题在于，有些广告严重脱离了大多数人现实的消费能力和消费潜力。这类广告，既容易鼓动人们莫名的冲动，又容易使人陷于无奈和惆怅。就整个社会而言，刺激消费以拉动经济的成长是好事，而以广告促动人们陷于消费主义的泥沼却是不可取的。

第八，滥用文化资源，存在庸俗化的倾向。广告运作要适应公众的文化背景，可采用一定的文化策略，但并不意味着可以对文化资源加以滥用。比如，某音响品牌广告将《长恨歌》中"天长地久有尽时，此恨绵绵无绝期"中的"恨"改为"乐"，一字之变，全在于是否拥有这一产品，也属滥用文化资源。

第九，部分广告违背良好的道德风尚、善良习俗和法律法规。比如，某方便面食品广告，选用一个肥胖男孩做模特，他对其他品牌均置之不理，满脸不悦，最后拿出了要推荐的这一品牌，于是兴奋不已。这一广告至少有两点不足：一是不恰当地贬低其他经营者的产品声誉，违背商业伦理；二是对儿童不良习惯予以纵容。总体来看，道德、宗教、法律和习俗都属于文化的范畴，而各地、各国和各民族都存在不同的文化要素，在广告运作特别是跨文化传播过程中，必须适应文化心理和感情，否则，就会引起轩然大波。

通过观摩我国某烟草公司广告（见图片 1－16），思考并展开讨论：《爱我中华》是 20 世纪 90 年代的一首传遍大江南北的歌曲，如同 80 年代我国大学生中流行的"振兴中华"的口号那样，流传很广，但生产"中华"牌香烟的该公司则以此打广告，该广告发布后，引起了比较大的争议，你是怎么认识的？

图片 1－16

第十,“黑色广告”污染环境,损害市容市貌。所谓的黑色广告,是指那些没有履行正常审批或核准手续,擅自制作并张贴在墙壁、电线杆、商店卷帘门等户外设施上,且内容不雅的广告。由于这些广告内容上低级趣味,形式上粗制滥造,对城市环境有明显的损害,所以有人又将它们称为“城市的牛皮癣”。

“广告功能失调”不能理解成“负功能”,另外在分析其表现的同时,还要进一步挖掘其形成原因,并提出有针对性、可操作性的对策。

第三节　广告运作概述

一、广告运作的含义

广告运作的含义。

对广告运作的理解,目前主要有两种观点:其一,将广告运作看作是贯穿广告活动始终的具有指导意义的全部活动,包括动议、调查、计划、策划、设计、制作、发布、评估等一系列环节;其二,将广告运作等同于广告策划,相对于广告调查、实施、评估而言,亦即广告活动中的一个环节。我们认为,任何广告活动的各个环节很难割裂开来,无论是调查与分析、计划与决策,还是策划与实施、评估与总结,都是围绕特定的广告方案的准备、提出、实施与评价这一轴线展开的。广告运作与每一个环节相联系,是广告主自行或者委托广告经营者,对广告活动的总体规划和具体方案进行策划、决策和实施的过程。由此可见,广告运作包含了广告策划,但又不限于此,还包括策划方案的实施,是“知”与“行”的统一。广告运作是广告学基本原理的具体而灵活的运用,具有很强的操作性、应用性和技巧性特点。

广告运作与“广告策划”、“广告实践”的关系要弄清。

通过观摩图片1－17,请分析德国大众的这则广告作品在设计、制作方面的特点,并且思考如下问题:广告策划在广告运作中处于什么地位?如何做到切实的“知”与有效的“行”的完美统一?

二、广告运作的类别

从不同的角度区分,广告运作可以作如下归类:

第一,从实施主体划分,可以分为广告独立运作、委托他人运作和联合运作。比较而言,以

New Caddy New Life, infinitely bigger.

图片 1－17

联合运作的情形居多，其中指导性意见，如目标设定、经费预算等一般由广告主提出，而技术性的具体方案由广告经营者设计，然后彼此协作，共同实施。

第二，从广告内容划分，可以分为商品广告运作、服务广告运作、观念广告运作、形象广告运作、社会广告运作。

第三，从运作规模划分，可以分为总体运作和具体运作，或系列运作和单一运作。

第四，从运作周期划分，可以分为长期运作和短期运作。

三、广告运作的构成要素

不论什么类别的广告运作，都包含了如下构成要素。

广告运作的构成要素与广告活动的构成要素之间存在差别。

第一，广告运作主体。即具体负责、履行、参与广告运作的相关人员，包括广告调查人员、策划人员、设计人员、媒介联络人员、业务洽谈人员等，既包括具体执行人员，又包括相关的负责人。对于一家企业来说，参与广告运作的人员一般包括公共关系部门（或宣传部门）、营销部门（或广告部门）、财务部门、研究发展部门的工作人员及企业负责人，由营销部门或广告部门牵头；如果外聘，还包括广告公司从事调查、设计、制作的业务人员，以及相关领域的专家。这几方面的人员要通力合作。

通过观摩图片 1－18，思考：在房地产广告运作中，仅仅依靠广告公司一方的专业人士独立操作是否可行？为什么？

图片 1－18

第二,广告运作内容。这是运作的对象,即广告活动所涉及的基本内容。具体地说,一般包括调查研究、目标设置、主题创意、受众选择、经费预算、时机抉择、广告定位、媒介择用、策略安排、作品设计、实施人员、活动步骤、效果评估等 13 个方面。

第三,广告运作目标。广告运作目标服从于广告目标,但又不能等同。广告目标是广告策划方案在实施后希望达成的结果,而广告运作目标指的是广告实践活动本身所要取得的成果。对于广告策划和实施人员来说,要以最少的人力、物力、财力投入,在尽可能短的时间内,优质高效地提出策划方案并加以实施。

第四,广告运作路径。广告运作如同其他工作的开展一样,大抵沿着“提出问题—分析问题—解决问题”的路径来展开,其中提出问题是基本出发点,分析问题是找到正确解决方法的前提,而解决问题是有效的广告运作的最终目的。或者还可以从“提出假设—概念具体化—调查研究—计划与决策—策划—实施—效果评估”这样的路径展开。

第五,广告运作思维。履行某一职责,完成某一任务,既可以从历史经验中获得启示,也可以创新。比较而言,对于广告运作而言,更强调创造性思维的运用。

第六,广告运作技巧。即在运作过程中所采用的具体形式、手段、技术、措施和方法,又可以统称为策略。广告业是智能密集、人才密集、技术密集型产业,广告运作也就是一项应用知识、逻辑、理论和分析水平的工作,具有“知识营销”的特点。广告运作是一种跨越时空的竞争武器,必须有务实而灵活的方法。

四、广告运作的一般流程

第一步,组建广告策划小组。广告策划是一种由少数专业人士进行酝酿、构思、决策的过程,一般由广告主、广告经营者双方委派人员组成,必要时还可外聘部分专家、学者。其中,广告主方面主要负责目标设置、资料提供、经费预算,并起统筹、协调作用;广告经营者方面主要负责文案创意、美工设计、媒介联络、对象选择,起筹划、构思作用;专家、学者主要发挥参谋、指导作用。建立策划小组,在大型广告运作或系列广告运作中较为常见。

第二步，开展调查研究。调查研究是广告运作的初始阶段，为广告策划提供线索，开启思路，是非常关键的一环，对后面的各环节工作的顺利开展起奠基作用。

第三步，制定战略战术。调查研究之后，转入广告策划阶段。策划的基本任务就是在一定时限内形成整体的运作方案，而这一方案又是由一个个具体的战略与策略所组成的。属于战略要素的包括活动主题、广告目标以及广告方案的系统性等。策略一般包括六个方面，即定位策略、媒介策略、时机策略、频率策略、表现策略、促进策略。

第四步，广告主(广告客户)审核。将广告策划书副本提交给客户，征求其意见。若客户提出修改、补充、删减意见，便据此酌情修订、完善，直至客户满意。一经认可，便是整个广告活动的行动纲领。

第五步，付诸实施。这是广告运作的中心环节。根据策划方案所确定的原则与方法，选派具体的执行人员，分步骤地加以实施，在人、财、物方面形成良性互动。实施的项目主要是指作品设计与制作、广告发布。

第六步，效果反馈。也就是，对广告活动的效果加以总结、评估，便于在发生问题时及时对策划方案作出调整，或为今后的广告运作积累经验，提供思路。

通过观摩图片 1-19，思考：这则推销牛奶的广告用奶牛吃自己的奶的方式说明了什么？表现了什么意境？这个手法是否能够在短时间内给你留下深刻的印象？

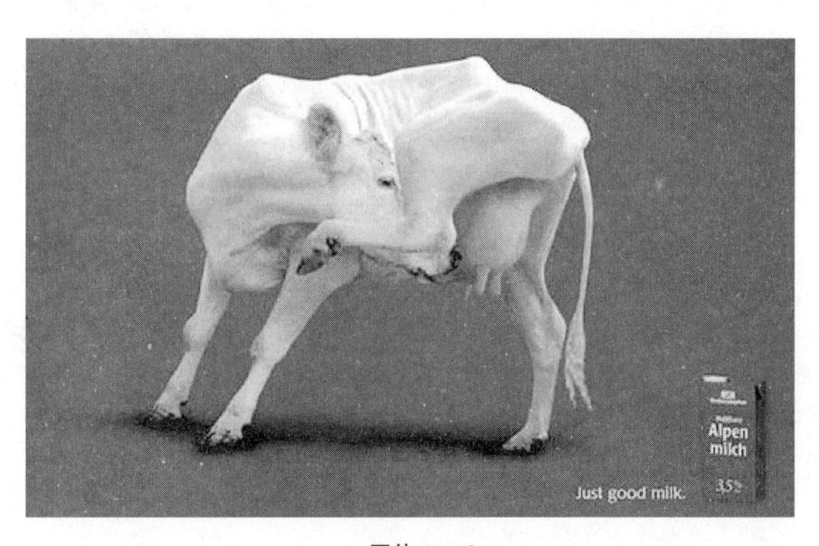

图片 1-19

第一部分：案例内容

在广告策划中怎样创造商品知名度？(节选)

有一家著名的广告公司在为一种“百服宁”头痛片策划上市时，利用“数字游戏”创造了极高的商品知名度。

这项活动的名称可称为:“850 有奖征答”活动。大家一定会先感到奇怪,“850”这个数字,是怎样的来由?稍稍注意其广告内容,立即会发觉,它实际是商品名称的谐音。由“百服宁”变成 850,让“850”出面与消费者直接接触,“百服宁”则隐藏在幕后等待消费者去发现。

850 征答的方向有三项:① 征求谐音词句;② 征求有关的有意义的构想;③ 征求有关的有趣的发现。其奖金或奖品的数字,也均和 850 有关,比如纪念奖是 850 名,佳作奖各得 850 元,等等。

广告主事先在广告中举例示范。① 850 就是“百服宁”。不过,广告主声明,这应该是最佳答案,但为了激发产生更好的答案,这个答案不给奖。② 可以向“850=85×10”或“公元前 850 年时如何”,或“公元 850 年时如何”等途径去想。③ 可以向“8 个儿女的年龄总和是 50 岁”,或“住址是 8 巷 50 号”等方面去发现。

由于答案的范围甚广,而且可以引发人们无穷无尽的想象力,更由于此次活动中广告意味不浓,所设奖项比较多,社会大众兴趣盎然。短短两个星期的时间,就收到应征的函件逾万件,极为难得。

在答案中有不少是有意义、有趣味、有价值的。比如,谐音方面的答案有:保护您、拜服您、宝物灵、百福灵、保我宁。构想方面的答案有:“8 年抗战胜利,××重获失去 50 年的自由”、“850+850/999=850.850 850 …要多少有多少的 850”。发现方面的答案有:“本市某户的电话号码是 850”,“紫菜每 100 g 中含钙 850 mg”,“奖券两张,第 438 期和 412 期,两数相加为 850”;“此两期的末三字为 354 及 496,二数相加又为 850”,“××先生的邮政储蓄账号是 850”,“××往×××的早班火车 8 点 50 分开”;“某君在银行的存款余额,根据××××年 12 月银行的年终结算通知,正好是 850 元”,等等。

第二部分:引用该案例的目的

做与不做广告,多做与少做,这样做与那样做,效果是不一样的。引用这个案例的目的在于使学生直观地了解广告的含义、特点和功能,对广告运作的技巧有一个初步的印象,认识到广告在社会政治、经济和文化生活中的重要性。尤其是对公共关系专业、广告学专业的学生而言,能够明白公共关系的基本途径之一是广告运作,也能够知晓广告的生命在于创新。

第三部分:案例观摩的思路与方法

第一步,了解这个活动的缘起;

第二步,把握这个活动的过程;

第三步,熟悉这个活动的特色。

第四部分:案例点评

这个案例的特点有:一是出奇制胜;二是循序渐进;三是主题鲜明;四是庄谐得当;五是启人智慧。不足之处主要表现在:一是征答的时间不长;二是后续活动不够。

第五部分:版权及出处

案例的出处选自中国企划网。本文引用时适当节选,并调整了有关内容。

五、广告运作的基本要求

第一，尊重科学。在广告运作过程中，要运用广告学及社会学、心理学、传播学、民俗学、美学、伦理学、法学等相关学科的基础知识和基本原理，要把握和灵活运用广告运作的基本规律，要熟悉市场状况及演变规律，要了解并适应受众心理和行为变化的规律，还要充分运用现代化手段和工具。

第二，立足现实。

第三，切实可行。就广告策划方案来说，作为行动的纲领，理所当然要做到切实可行。主要考虑如下四点：一是在内容上尊重现行政策法规、乡风民俗，在形式上履行合法适范的程序；二是有利于目标的达成，即广告主利益与受众利益、社会效益与经济效益、近期利益与长远利益的结合与平衡；三是考虑问题严谨，在背景分析、目标设定、活动方案之间的内在关联和逻辑结构上做到合理；四是在运作中有较强的可操作性，各种人力、物力的运用及资源的利用没有太大的障碍。

第四，创意新颖。广告运作应力求新颖、独特、精致、不落俗套，唯此才能满足人们追新求异的心理，才能引起注意、形成记忆。这种“新”包括广告可能涉及的各个方面，如主题、材料、手法、人物、时机、角度等。广告最忌讳拾人牙慧、千人一面、人云亦云。

通过观摩图片 1-20，思考并分析百事可乐的这个广告采用了什么手法？这一表现手法是否有新意？能够给我们一些什么启发？

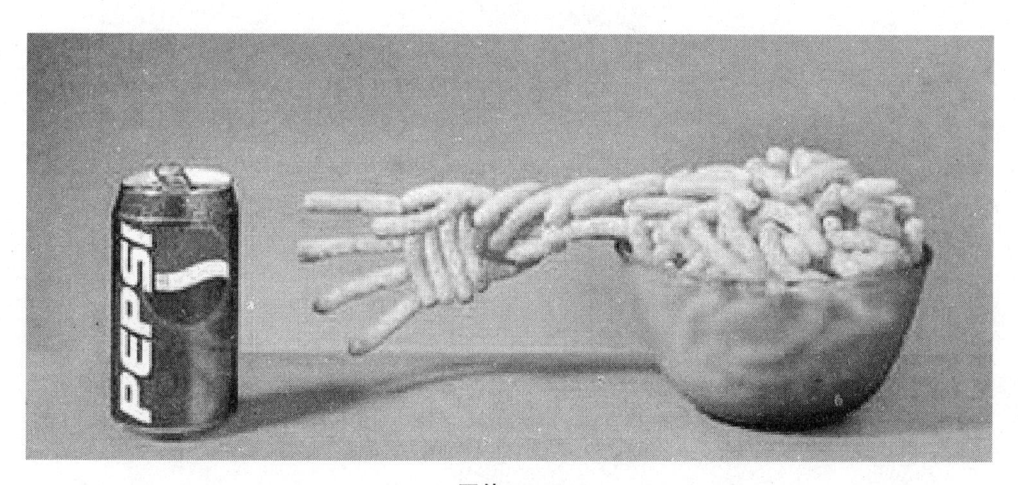

图片 1-20

第五，诉求集中。就广告作品来说，要尽量只说消费者最关心的一个利益点，或产品最实质的或最具有优势的一个支持点，这便是诉求集中。简明单一的诉求，可以使受众在无意中瞬间抓住广告的重点，理解广告主题，联想迅捷，一目了然，易懂易记。

第六，讲究时效。任何广告方案、策略乃至作品本身都不可能“永恒”，这是因为每一广告活动都是为了解决特定时空条件下的某一具体问题，时过境迁，要随之而变；存在已久的广告，其功用会渐次降低。所以，广告运作还应讲究时效，优质高效地完成策划任务，合理把握发布的时机和进程，并及时更新。

第七,灵活多变。由于对象复杂、目标各异、环境多变,广告运作在确定一定原则的情况上还要保持一定的"弹性",从而在内部或外部因素发生重大变化时能够保持较大的主动性。

第八,整体运作。现代广告运作有别于传统的一个重大差异是注重整体感、战略性和综合性。整体运作理念主要有五层含义:一是充分考虑自身的整体实力;二是服从和服务于社会组织的总体战略目标;三是全面考虑外部环境的整体利用;四是精心考虑广告运作构成要素的综合协调,使提出问题、搜集信息、整理信息、分析信息、界定公众、确定目标、设计主题、选择媒介、预算经费、拟订方案、审定方案、形成文件、反馈调整这十三个环节能够前后衔接;五是综合择用广告媒介,形成立体"阵势"。

第九,人本原则。现代广告运作的另一个趋势是广告表现出人性化特点。强调人与自然的和谐,通过广告展示人的智慧、意志、友爱、温馨、品德、力量,尊重人、关怀人。现在有一些优秀的、成功的广告,在这方面做得较好。

第十,艺术品位。

通过观摩图片 1-21,你认为广告的艺术品位与广告创新、文化关怀是什么关系?艺术品位在一般的商业广告的运作中是否必要?强化广告作品的艺术品位是否与艺术创作等量齐观?

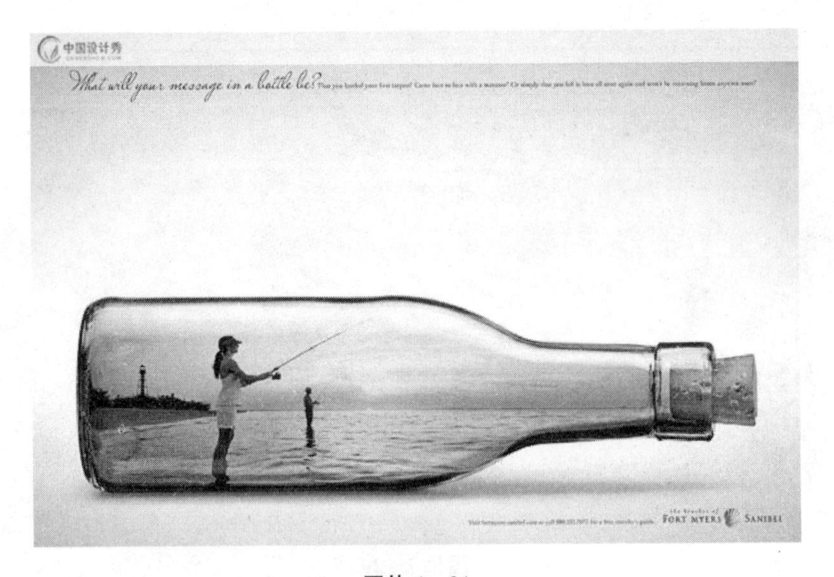

图片 1-21

六、广告从业人员应具备的基本素质

在广告业,美国已故总统罗斯福"不做总统,就做广告人"的名言流传甚广。广告运作能力的高低,将直接影响广告的诉求力,从而影响广告活动的客观效果。台湾的赖东明先生认为,一个广告人应该是社会风气的领先者、理论观念的实践者、诚实助人的说服者、创意组合的革新者、团队互助的合作者、智慧见解的提供者、自律控己的苦行者、感恩倾情的拓展者。他的观点基本上涵盖了道德素养、专业技能、心理品质等方面。如果纯粹从业务方面看,对于广告从业人员来说,应具备如下十个方面的素质。

第一,厚实的知识基础。
第二,广阔的知识结构。
第三,多向的思维方法。
第四,灵敏的广告嗅觉。
第五,开放的世界眼光。
第六,迅捷的判断能力。
第七,高雅的艺术品位。
第八,不灭的创作激情。
第九,浓郁的生活感悟。
第十,清晰的系统概念。

图片 1-22

通过观摩图片1-22,你认为做一个合格的广告人应具备哪些素质?对比国内广告作品,你认为我们的广告从业人员还应在哪些方面进一步充实和完善自我?有哪些基本的途径达到这一目的?

本章回溯

1. 从广告发展史看,广告的内涵和外延都经历了较大的变化。广告业的蓬勃发展,与社会转型具有密切的联系。

2. 广告是广告主为了实现某种特定的目标而借助媒介或形式面向受众所进行的信息传播活动。作为一种特殊的社会精神现象,广告是公开的传播活动,是建立在付偿基础上的市场交换行为,揭示了一种新型的社会关系,还表现为一种双向的互动循环过程。广告与宣传、营销、公共关系、新闻报道既有联系,又有本质的区别。广告的要素包括广告主、广告经营者和广告发布者、广告媒介、广告信息、广告受众五个方面。

3. 对于受众而言,广告具有信息功能、心理功能和审美功能;对于社会而言,广告具有宣传功能、经济功能和文化功能。一方面,广告能够给受众、社会带来积极作用;另一方面,也可能带来消极影响。这种二重性,应予辩证分析。

4. 广告运作是广告主自行或委托广告经营者,对广告活动的总体规划和具体方案进行筹划、决策和实施的过程。广告运作是广告学基本原理的灵活运用,本章概要分析了广告运作的类别、构成要素、一般流程、基本要求,为后面内容的学习起一个铺垫作用。

学习重点

重点: ① 广告的含义和特点; ② 广告的要素; ③ 广告运作的含义和一般流程。
难点: ① 广告运作与广告策划的关系; ② 广告的功能及功能失调。

1.〔美〕罗瑟·瑞夫斯:“广告确实很重要。但总是以销售论广告的成败可能会铸下大错。一个车轮有很多辐条,谁能说出哪一根在支撑车轮呢?”

2.〔美〕米切尔·舒德森:“我们不应该问广告是否有效,而应该问广告在什么条件下最可能生效。”

前沿问题

本章涉及广告学学科中的一些基本范畴。目前,有两个问题还要进一步研究:一是关于广告的基本概念现在没有太大的分歧,但对广告与营销、传播、宣传、思想政治教育、新闻、公共关系等相关范畴究竟存在什么样的差别,还有待进一步研究;二是关于广告策划与广告运作、广告操作的界限也不十分严密。另外,对广告的功能和价值的挖掘已经比较深入,但是,对在“功能”与“职能”、“效果”,或者说“应然”与“实然”之间脱节的现象缺乏有说服力的解释,对广告作用发挥的内在机理缺乏探讨,对广告在整合营销传播中所处的位置缺乏量化分析,对广告在物质文明、政治文明、精神文明、生态文明建设中的积极作用缺乏全面、系统的思考,对各历史发展阶段广告所起的作用的差异及其原因缺乏实证分析。这些都是需要进一步研究的问题。

[1] 刘凡.广告的经济学分析[J].中国工商管理研究,2005,(11):4-9.

[2] 张芸.广告低俗化现象的表现形式、危害及对策[N].中华新闻报,2006-07-19(F).

[3] 黄利会,彭光芒.广告对社会的控制形式[J].当代传播,2005,(02):62-64.

[4] 黄奇杰.媒介不良广告的危害与防范[J].新闻传播,2005,(03):10-13.

[5] 丁俊杰.广播广告价值浅谈[J].大市场(广告导报),2005,(01):113-114.

课外练习

一、填空题

1. 一个完整的广告活动,应该包括________、________、________、________、________五个要素。
2. 信息构成广告的基本内容,一般包括________、________、________、________、________五类。

二、单项选择题

1. 在广告活动中居于主体地位的是(　　)。

   A. 广告主　　B. 受众　　C. 大众媒体　　D. 广告管理机关

2. 广告运作的第一步是(　　)。

   A. 组建广告策划小组　　B. 开展调查研究

   C. 制定战略战术　　D. 广告主审核

三、多项选择题

对消费者而言，广告在指导消费方面的作用主要有(　　)。

A. 提高生活品质
B. 加深对商品的认识
C. 刺激特殊性需求
D. 制造消费热点
E. 促进生涯设计

四、名词解释

1. 广告
2. 广告主
3. 广告运作

五、是非题

1. 在任何时候，都能够做到“广告一响，黄金万两”。
2. 广告运作等同于广告策划。

六、简答题

1. 广告对消费者有哪些积极作用？
2. 广告运作一般有哪几个步骤？

参考答案

一、填空题

1. 广告主　广告经营者和广告发布者　广告媒介　广告信息　受众
2. 商品信息　服务信息　社会信息　形象信息　观念信息

二、单项选择题

1. A　2. A

三、多项选择题

BCD

五、是非题

1. 错。产品的生命周期、对象和广告作品本身在不同时期是不一样的，其效果也就不同。
2. 错。广告策划是广告运作中的一个环节，但属于核心或中心环节。

第二章

广告运作的基础

本章概要

调查研究是广告运作的准备阶段。本章主要介绍广告调查的意义、过程与基本要求,环境调查、广告主调查、产品或服务调查、市场调查、受众调查和媒体调查的范围和内容,抽样调查法与全面调查法、问卷调查法与访问调查法、文献调查法与观察法及控制实验法等几种常见的调查方法。

学习目标

学完本章,您应该能够:

1. 了解广告调查的含义、意义、基本过程和广告调查的基本要求;
2. 领会广告调查中环境调查、广告主调查、产品或服务调查、市场调查、受众调查、媒体调查的范围和内容;
3. 弄清大众媒介性能的比较分析;
4. 掌握开展调查研究的方法和策略。

基本概念

广告调查;课题;环境;市场;抽样调查法;产品;服务;受众;问卷;控制实验法;文献;观察法

广告运作的全过程一般有开展调查研究、制定广告计划、从事广告策划、设计广告作品、发布广告作品、反馈广告效果等几个步骤。其中,调查研究是广告运作的基础性环节,属于准备阶段。离开了扎实的调查研究工作,广告运作便成为无源之水,一切无从开展。对信息的收集、处理与分析研究,形成调查报告,是广告计划、决策的依据。《孙子·谋攻篇》中说到:“知己知彼,百战不殆。”这对广告运作而言,同样具有重要的意义,所以,对调查研究应给予充分的重要。

第一节　广告调查的意义、过程与基本要求

广告调查的含义及其对广告运作的意义。

一、广告调查对广告运作的意义

广告调查即对与特定的广告活动直接相关的各种信息的收集、分类、处理与研究。开展广告调查，可以使广告主了解自身的“社会位置”，与同一地区、同一领域的其他竞争者相比，所具有的优势与不足，所面临的机会与挑战，以及可能存在的发展空间和转型的必要性、可能性，从而在战略上加以巩固、调整、充实和完善。我们这里探讨广告调查的重要意义，主要是针对广告运作而言的。具体地说，主要有如下五个方面。

（一）有利于确定广告受众

广告受众是广告诉求的对象。由于他们是一个复合性群体，可以在性别、收入、职业、地区等许多角度进行细分，不能一概而论，必须有效地寻找目标受众，做到明确、具体，如果选择失当，则如对牛弹琴，一切前功尽弃。各地收入总水平也存在差异，居民消费能力和潜力不同，甚至消费领域也不同。根据国家统计局的统计，2007 年全年农村居民人均纯收入由 2001 年的 2 366元上升到 4 140 元，城镇居民人均可支配收入由 6 860 元上升到13 786元。农村居民家庭恩格尔系数（即居民家庭食品消费支出占家庭消费总支出的比重）为 43.1%，城镇居民家庭恩格尔系数为 36.3%。按农村绝对贫困人口标准低于 785 元测算，年末农村贫困人口为 1 479 万人，比上年末减少 669 万人；按低收入人口标准 786—1 067 元测算，年末农村低收入人口为 2 841 万人，减少 709 万人。到了 2007 年，农民收入差距仍然比较大，有的地方比较高，如上海、浙江、北京三地，人均在万元以上；而甘肃、西藏、云南、贵州、青海等地，则不到 3 000 元。如果从城市看，2007 年人均收入比较高的是东莞、深圳、温州、上海、广州、宁波、台州、北京、绍兴、杭州等地，都在 21 500 元以上，主要集中在东部地区。那么，有些商品或服务广告暂时还不能以大多数农民或低收入的城镇居民为主要对象，如别墅、轿车、电脑、境外旅游、大屏幕彩电等。

通过比较图片 2－1 和图片 2－2，虽然图片中的人物都是老人，但一个衣着光鲜，手里拿着手机；一个衣着朴素，手里牵着毛驴。显然，他们的生活状况有差别。如果以为广告对象，在商品或服务的适用以及广告策略的运用方面能否一样？

图片 2－1

图片 2－2

(二) 有利于实现正确定位

广告定位就是使诉求对象(广告受众)和表现对象(产品、服务或其他)之间建立具有逻辑关联的对应关系,而他(它)们都是建立在合理细分的基础上的。比如,做尿布广告,就不能铁板一块,使用者可分为婴儿、病人、老人几类,护理人有父母、阿姨、子女、老伴等,在广告中既可从使用者的角度定位,也可从护理人的角度定位,而他们的消费习惯、心态又往往是千差万别的,必须有所选择。正确的广告定位应该包括:一是地区定位,选择和确定具体的目标市场;二是对象定位,在年龄、性别、文化程度、收入水平或经济状况、信仰或价值观、职业或身份等诸多角度进行细分,甚至包括多个要素组合后的进一步厘定;三是时间定位,不仅要静态思考,还要动态观察,从而在不同的时期或时点采取不同的定位方法和策略;四是主题定位,与对象的价值取向相结合,与主流价值体系相适应,与广告主的理念相匹配,在各种价值体系中进行识别、遴选和利用;五是内容定位,就是确定具体的传播内容。

> 通过观摩图片 2-3,你认为在我国现阶段,像轿车一类的高档消费品,在地区、对象、内容上应该如何定位?为什么?

图片 2-3

(三) 有利于选择恰当时机

广告的重要内容之一是确定广告发布的时机、频率以及各阶段广告投放的力度,这同样也必须建立在缜密的广告调查基础上。我们知道,产品一般存在介绍期、成长期、成熟期、饱和期和衰退期这样一个依次变化的生命周期,大多数的商品销售也有淡季与旺季之分,还有部分商品的销售是季节性的。很显然,在产品生命周期的不同阶段,应采用不同的广告策略,比如,一般来说,某一产品属于新产品,或首次投放某一地区,由于不为人所知,此时应以迅速形成和扩大知名度为重点,因而,广告投放力度要大,且以报纸广告为主。反之,当产品的市场前景黯淡,日薄西山时,就应减少广告投入。除了广告投放的力度不同以外,在诉求的重点上也要有所区别,一般来讲,产品的介绍和推广期要侧重"新",如新功能、新技术、新工艺等,在成长和成熟期要侧重"好"，即与其他同行相比的优势。当然，时机的选择并不仅仅与企业或产品自身有关，还与企业和产品之外的种种因素有关，比如结合社会热点做广告，往往也会引起社会关注。广告策划总是走在时代前面的，不管是寻找商机，谋求合作，还是自我矫正，谋求转型，策划工作都应未雨绸缪，瞄准恰当时机。当然，这个时机的选择不一定完全屈从于社会的热点或受众的关心点，更主要的还是结合自身发展不同阶段、不同时点的具体情况而定。

(四) 有利于优化媒介组合

广告信息的发布必须通过特定的媒介或形式才能传播，那么，媒介的选择与组合也是广告策划的重要内容。根据国家统计局发布的《中华人民共和国2007年国民经济和社会发展统计公报》，截至2007年，我国共有广播电台263座，电视台287座，广播电视台1 993座，教育台44个。有线电视用户15 118万户，有线数字电视用户2 616万户。年末广播综合人口覆盖率为95.4%；电视综合人口覆盖率为96.6%。全年生产故事影片402部，科教、纪录、动画和特种影片58部。出版各类报纸439亿份，各类期刊29亿册，图书66亿册(张)。此外，全国固定电话用户年末达到36 545万户。其中，城市电话用户24 859万户，农村电话用户11 686万户。新增移动电话用户8 623万户，年末达到54 729万户。年末全国固定及移动电话用户总数达到91 273万户，比上年末增加8 389万户。电话普及率达到69部/百人。互联网上网人数2.1亿人，宽带上网人数1.63亿人。报纸、杂志、广播、电视、互联网是我国目前广告传播的主渠道。根据国家统计局的统计资料可见，可以择用的媒介是极为广泛的，事实上，这还不包括数量更为惊人的其他辅助性媒介。真正选择广告媒介，就应在归类的基础上把握每一类媒介的传播功能，再深入分析具体某一种媒介的特点，如优势与不足、权威性、覆盖率等。至于究竟确定何种媒介，怎样组合媒介，还应结合广告目标、对象、内容而定，很显然，只有深入调查才能得出结论。

(五) 有利于编制经费预算

广告活动需要经费支持，如调研费、代理费、设计费、制作费、发布费等。企业要拓展市场，不是要不要做广告，而是必须做。对此，要防止两种倾向，即"没有钱"和"没必要"。事实上，广告是企业经营的必要成本，与厂房、设备、原材料、能源、运输、工资、利息等一样，不能视为额外支出，或可有可无。从某种意义上说，广告是一种投资行为，只要运筹得当，投入越多，品牌价值和商誉往往越高，直接的或派生的效益越高。当然，投入与产出之间不是必然的，还要看有无科学的广告规划，有无恰当的广告策略。表现在广告预算方面，事先也应有周密的调查。

结合第一章关于广告运作的基本流程，了解广告调查处于什么位置，弄清它与广告运作其他阶段的关系。

二、广告调查的过程

广告调查是一个环环相扣的过程，一般有以下五个步骤。

(一) 选择课题

任何调查都是从课题选择开始的。所谓课题，就是要说明、解释的与广告直接或间接有关的问题。一般来说，作为广告主所建立的课题大多是应用性的、微观的课题，即围绕某一具体问题的分析和解决所设定的，如目标设置、对象选择、时机把握、媒介择用、文化适应、经营投入等，还可能是更具体地针对广告作品展开调查，如诉求方式、模特选择、标语口号、主题安排等，集中到一点，便是关于为何做广告、如何做广告、效果如何的调查。从调查的类别看，可分为陈述性课题、解释性课题和预测性课题，由于广告调查一般是实践性比较强的应用性课题，因而，在大多数情况下，这三类课题又往往是综合的，因为它们分别要解决"是什么"、"为什么"、"怎么办"三个问题，或者说是遵循了"现状—原因—对策"的一般研究思路。

(二) 研究设计

广告调查研究设计的基本原则和方法。

主要从两个方面考虑：一是调查总体方案设计；二是调查指标的设计。调查总体方案涉及面较广，包括体现研究价值和决策价值的调查目的，科学的调查内容，方便、实用的调查工具，有代表性的调查对象，合适的调查方法，最佳的调查时机，高素质的调查人员，有保障的调查经费。总之，是对人、财、物的合理调度和对时间、空间的合理选择。调查指标也就是调查中要了解的具体问题，设计时要考虑科学性、准确性、整体性、简明性、可行性、可变性等几个因素。

(三) 收集资料

就是通过一定的方法和手段，从不同的途径和渠道，了解与课题相关的信息，获得相关资料。从调查方法来看，可以从社会学、心理学、语言学、文化学、传播学、信息论、控制论、系统论等不同学科知识体系的观点出发。从具体的方法应用看，大致有仪器记录法、计算机分析法、问卷调查法、访谈法、实验法、文献分析法、观察法等。至于调查的渠道，有的是从消费者及其他相关对象那里通过问卷调查、观察、实验、访谈等方法获得第一手资料，有的则是利用浏览、阅读等方法获得第二手资料，从而使两者相得益彰。

通过观摩图片2-4，请你说明这家快递公司做的这则广告中，选用的图片主要有哪些城市的标志性建筑？为什么把这些图片放在一起进行"无缝拼接"？显示了这家公司的什么理念？

图片2-4

（四）分析资料

在前期调查中所收集的资料多种多样：宏观与微观的；历史与现实的；文字的、音像的与图表的；内部的与外部的；环境的、受众的、广告主的、市场的、商品或服务的与媒体的。对此，必须归类、整理，在此基础上，作出科学分析。总体来看，对所收集的资料要符合真实、准确、完整、统一、富有条理的要求，这样才能保证决策的科学性。在分析资料过程中，除了要满足上述要求外，还要考虑与课题的相关性，并区分典型材料、一般材料与无关材料，剔除无关材料，重点了解和把握典型材料。

（五）形成结论

在资料分析的基础上，广告调查的最后一个环节是形成结论。具体地说，就是对现状加以归纳和总结，辩证地认识正反两方面的情况，把握问题的实质；对出现问题的形成原因加以解剖，分清主要的与次要的、宏观的与微观的、内在的与外在的、普遍的与特殊的原因；根据轻重缓急，针对所存在的问题，有针对性地提出相应的可操作的对策。当然，在总结和撰写调查中报告的过程中，本着实事求是的态度，历史地、全面地加以分析，立足于现实背景和未来发展趋势得出合乎逻辑的结论。

通过观摩图片2－5，你认为在广告调查的过程中，为了使资料的分析更科学，使得出的结论更合理，是一个人冥思苦想，还是集思广益更好？为什么？

图片2－5

调查报告凡例——

××公司电视广告受众心理调查报告

导言

一、本次调查研究的基本情况

主要是指调查目的、人员、时间、地点、对象、方法、工具等。

二、关于受众心理的表现及其特点

三、受众心理形成的原因解析

四、针对受众心理的对应策略

结语

附件

主要包括问卷、背景资料、统计数据等。

署名

年 月 日

三、广告调查的基本要求

(一) 平时调查与临时调查相结合

总体来看,广告调查的范围是极为广泛的,显然不是都要在广告活动即将开展才匆忙调查。有些内容的调查,靠日积月累,是日常性调查,如环境调查、媒体调查;有些可以临时调查,如受众调查;有些则兼而有之,如市场调查、广告主调查。对于公司广告部门以及广告公司专业人员来说,平时的案头积累十分重要,有些资料暂时可能用不上,但关键时刻就发挥了作用。特别是广告公司创意策划人员,平时所接待的客户各种类型都有,业务分布极广,平时留心关注各种事物的最新变化,是极为重要的。

图片 2-6

(二) 调查进程要紧凑

广告调查的五个环节依次展开,其中课题选择作为问题的起点,是调查的核心,通过提出"理论假设"为后面的活动起指导作用;研究设计保证调查活动的顺利展开;收集资料是基础,为分析、论证,形成结论提供基本的素材;分析资料是收集资料的延伸;形成结论是调查的最后环节,又是广告计划、决策乃至具体运作的依据。考虑到市场和环境的多变性、复杂性,又由于广告活动的实施以广告策划为先,广告策划又以广告调查为先,那么,每一环节均应在缜密、细致的前提下加快进程,从而抢占和把握有利时机。就单一的广告调查的进程而言,也必须在调查计划的拟定、正式开展调查、整理资料、撰写调查报告等几个环节做到紧凑,不可拖沓。

(三) 加强广告调查的科学性

如前所述,广告调查对于广告运作具有重要的意义,要真正使之发挥参谋、指导、基础作用,必须强化广告调查的科学性。其一,与其他研究不同的是,广告调查的课题的选择必须是务实的,或从现存的问题入手,或从所建立的发展性目标着眼,应与企业或商品、服务的属性密切相关,与现实状况密切相关。其二,调查取样要有一定的典型性和代表性,既考虑区域分布、对象分布的多元性特点,又注意所抽取的样本的典型性,从而使误差降到最小限度。其三,以某一种调查方法为主,综合使用多种方法。其四,所收集的信息要真实、完整、准确、新颖、相关。其五,在分析思路上,做到静态分析与动态分析、定性分析与定量分析、综合分析与个案分析的有机结合。其六,所得出的结论在描述、归因时要有理有据,反映了事物的本质,抓住了主要矛盾,所提的对策要具体、明确,与存在的问题间有逻辑联系,而且是可操作的。

广告调查的过程是环环相扣的,顺序一般不能颠倒。同时,要把握提出问题、分析问题和解决问题的操作思路。

通过观摩图片 2-6,这则把轮胎当钻戒的广告,究竟想表达什么?在开展广告调查的时候,要考虑到哪些方面的因素?

第二节 广告调查的范围和内容

就某一个具体的广告活动来说,广告调查的范围是与该广告活动直接有关的,有着明确指向的各个方面。如果从一般意义看,大致包括环境调查、广告主调查、产品或服务调查、市场调查、受众调查、媒体调查六个方面,这些方面兼顾了广告作为传播活动必须考虑的内部结构和外部条件等各种因素。就内部结构而言,传者(广告主)、受者(受众)、媒介(媒体)、信息(产品或服务)是它的四个基本要素,而环境和市场因素构成了传播得以运行的外部条件或者制约因素。这种内循环与外循环的沟通,使得广告传播得以展开。在这六个方面,需要了解的具体内容各不相同。

广告调查的六大范围或路径。

一、环境调查

社会组织作为法人与作为自然人的个人以及在个人基础上组成的城市、国家和民族一样,得以生存和发展的重要条件之一就是必须适应外部环境的变化,这是整个社会作为开放的系统而存在的结果。正是在与环境的交互作用中,才决定了一个国家、社会组织乃至个人的兴衰存亡。对环境的调查与分析,是制定广告战略与策略的重要依据。

(一) 社会文化

社会文化主要包括种族和民族背景、文化特点、风俗习惯、语言、政治、法律、道德、生活方式、宗教信仰、民间节日等。从社会文化的内涵和变化中，我们可以了解有所为与有所不为，了解和把握广告成败的最基本的背景。总体来看，种族和民族背景、宗教信仰在跨文化广告传播中是必须考虑的因素，而语言、法律、道德等因素不论在本土开展的传播，还是在跨文化的传播中都是必须考虑的。事实上，诸如个性、母性、社会等级、男子汉气概、感恩戴德、和睦、金钱、谦逊、守时、争先、集体责任感、尊重老人、保护儿童、殷勤好客、财产继承、环境保护、尊严、男女平等、效率、爱国主义、权威主义、率直等一系列方面在不同的文化中具有不同的价值，认同程度及具体行为表现各异，适应这种差异，广告策略就应有所区别。否则，就难以成功。比如，日本索尼公司一次在泰国做广告，“走了麦城”，原因在于广告中以佛祖释迦牟尼为模特，随着音响的出现和节奏的变化，佛祖睁眼、下床、扭动、劲舞，很自然地在以佛教为国教的泰国引起强烈反抗。对社会文化的了解，可以从文化典籍、宗教法典以及民俗学，文化人类学的知识和实地采风中得到了解。

麦当劳下跪广告违规　工商部门称将追究责任

2005 年 6 月 21 日《新闻晨报》　据《华商报》报道，本是表现商品打折的广告，画面中却出现一个中国男子下跪的镜头，麦当劳快餐的一则广告被搬到了西安的公交车上，引起众多市民的质疑，不少人表示有侮辱消费者之嫌。面对强大的社会舆论，这一在西安播出不到一周的广告近日被停播。

(二) 政经大势

政经大势主要是了解相关的法律法规和政策及其变化、重大政治活动、政治体制、经济周期、产业结构及其调整、经济体制、经济状况及地区差别等。就我国内地而言，各地差距也比较大，以 2007 年各城市的 GDP 来说，在 660 多个城市中，上海市名列第一，达到 12 000 亿元，北京、广州、深圳、苏州、天津、重庆、杭州、无锡、青岛分列 2—10 位，在 3 700 亿至 9 000 亿元之间。不同的经济总量，往往意味着不同的市场规模和消费潜力，而这不完全是以人口的多少来衡量的，比如人口有 1 900 多万人的上海市是人口 800 万人、GDP 3 100 亿元，且在各城市中排第 16 位的武汉市的近四倍。这些因素在商业广告的运作中，是重要的依据。再从经济周期与广告运作的关系来看，一般来讲，当出现经济危机或大萧条时，广告业以及严重依赖广告的传媒业也会受到冲击，因为企业主往往减少广告投入。2007 年 8 月爆发在美国的次贷危机，于 2008 年 9 月演化成金融危机，进而对实体经济产生影响，由于所有类型的广告都受到了严重的影响，美国第二大报业集团论坛报集团在 2008 年 12 月 8 日因无法清偿高达 121 亿美元的债务而申请破产。

通过观摩图片 2 - 7，请你思考：在我国尤其是中西部广袤的农村地区，在普遍还是使用耕牛犁地的情况下，对农具和农用机械、动力设备的广告宣传应从哪里打开缺口？以我国农民现有的收入水平，你对“家电产品进农村”的市场前景怎么看？

图片 2－7

(三) 目标市场

广告运作必须有明确的时空条件，尤其是商业广告的运作必须有明确、具体的目标市场。主要是了解目标市场的人口结构，如人口密度、年龄结构、职业分布、家庭模式、社会分层、贫富状况。这些要素与商品或服务广告的策划有很大关系。从人口的密度说，内蒙古、新疆与上海的人口数量大体相当，但人口密度却有很大的差别，上海市的面积只有 6 300 平方公里，而新疆却有 160 多万平方公里，内蒙古 110 多万平方公里，如果发布路牌广告等户外广告，在有效受众方面是有比较大差别的，在广告的投入与产出方面自然大相径庭。根据最新的人口普查结果，上海现在户均人口 2.89 人，与历史相比，呈下降趋势，具有明显的核心化、小型化特点，这里实际上蕴含了巨大的商机，其中房地产销售与房地产广告实际上就适应了这一趋势。同样，伴随利益分化的社会变迁中的社会分层也使境外旅游、高档房产、豪华轿车等高档消费还只是少数人的事。从一般的规律看，当社会阶层分化呈现为“橄榄型”，而不是“哑铃型”，也就是中产阶层所占的比重比较大的时候，社会的消费就比较旺盛，反之则不然，广告运作当然也要顺应这一规律。

图片 2－8

> 通过观摩图片 2－8，你认为在我国高档洋酒的消费市场主要分布在哪些地区？消费群体主要涉及哪些人群？为什么要去了解这些情况？

二、广告主调查

广告主既可以是法人(含企业法人、社会团体法人、事业法人和机关法人四类),也可以是自然人。如果仅就法人调查,主要包括以下四个方面。

(一) 发展历程

不仅要了解其历史沿革,还要了解其现实状况及未来的发展趋势,以便在动的流程中把握其演变以及各阶段的特点;不仅把握整体性的变化,还要把握各要素的变化。重点把握现状,了解成绩和贡献。一般在庆典广告中运用较多。

通过观摩图片2-9,查阅与海尔公司1984年成立之后发展历程有关的资料,然后思考以下问题:海尔公司在广告手段的运用在不同的时期有什么特点?广告对海尔品牌的成长发挥了什么作用?海尔公司的经营理念与价值观在广告中是怎样体现的?

(二) 综合实力

图片2-9

这主要是从社会的相互比较中对广告主加以考察,着重考察规模、员工素质、社会地位等。客观地说,不论是企业,还是学校,或是其他组织,在一个特定的时空里,综合实力是有差异的,比如,2007年我国内地有中国工商银行、中国石化、中国移动等近20家企业进入以销售额为主要评价指标的“财富”全球500强,另外截至2008年7月我国有海内外上市公司近1 800家,这些公司之所以能够成为上市公司,一般应该在盈利能力、净资产值等一系列财务指标上符合有关国家或地区的法定要求,因而就显示了与其他企业在综合实力上的差异。再如,我国上海交通大学和英国《泰晤士报》近几年每年都要发布全世界大学办学水平的排行榜,在社会上正在产生越来越大的影响,与此同时,考生、家长和社会各界也都习惯于将学校分等分级,评价的指标大抵是办学规模、师资力量、校友捐赠、科研经费、科研成果以及学生毕业后的成就等。如果综合实力雄厚,这些因素会出现在其发布的公共关系广告中。

(三) 内部管理

内部管理主要包括组织架构、管理制度、运行机制、组织文化、重大举措、发展战略等。由于广告策划的重要内容之一是要确立广告目标,而广告目标又不是独立于社会组织总体发展战略之外的,所以要了解某一社会组织近期或远期的发展规划。另外,这些因素往往决定着社会组织的运行方向和成败兴衰,所以在广告中展示形象归因时表现的往往就是这些因素。

（四）资信状况

资信状况主要是指商业伦理、社会信誉、履约情况、财务状况、公共关系状态等，甚至包括主要领导人的人格。为什么要了解这些因素？主要是考虑广告主委托广告公司策划，彼此达成以利益为纽带的民事关系，如果广告主资信不良，出现违约或提供虚假信息，那么，对广告公司来说，不仅使经济利益受到损失，还可能被牵连而遭受不白之冤。在这方面，已有不少教训。

三、产品或服务调查

企业运作商品或服务广告，一定要对该商品或服务的内在属性加以了解，并在全面调查的基础上找出最有特色、最有优势、最新鲜、最值得向受众推荐的一点作为广告的诉求点，不必面面俱到。一般从以下方面展开调查。

（一）产品调查

产品调查主要包括以下六个方面：其一，了解产品生产的历史、流程、工艺、原料；其二，了解产品在相关系列中的位置，即把握其属主导的产品，还是边缘的，或装饰性的；其三，了解产品类别，即区分生产资料（原料、辅料、设备、工具、动力等）和消费资料（衣、食、住、行、娱乐），像石油、煤炭、电力、钢铁等原材料方面的产品和像推土机、掘土机、装载机、锅炉、纺织机械产品等以企业用户为消费对象的产品，就不宜在大众媒介上发布广告；其四，了解产品的品质，即功能、质量、包装、规格、外形、结构、产地、牌誉等；其五，了解产品的生命周期，处于哪一个阶段；其六，了解售前、售中、售后的配套服务。上述几个方面中以第四、第五方面更经常地成为广告策划的依据。

通过观摩图片 2－10，你认为一般消费者对不同类型的化妆品有哪些比较主要的期待？有哪些途径去了解和获得这些想法和期待？根据这些期待，广告设计和制作过程中如何加以反映？

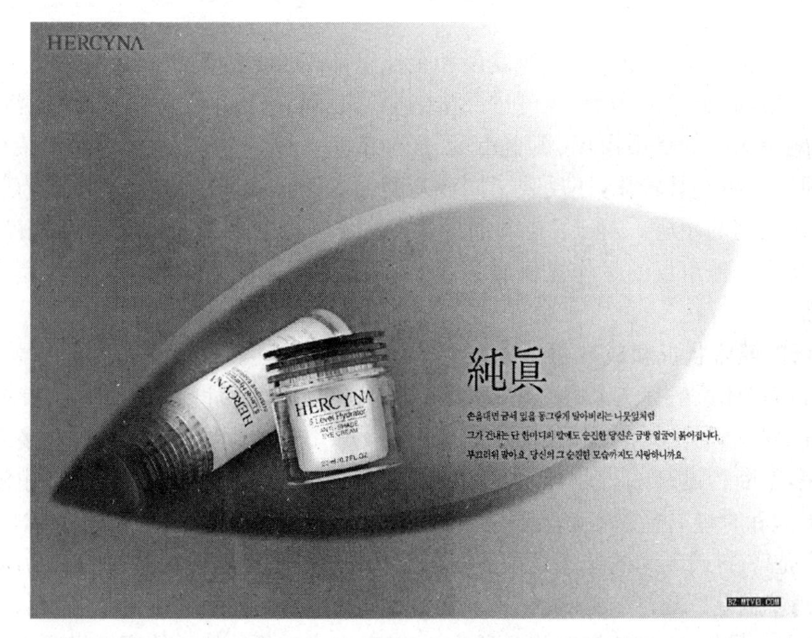

图片 2－10

图片 2－11

(二) 服务调查

不仅流通服务类企业存在服务问题,而且在事实上其他各类社会组织,包括制造类企业以及企业之外的机关、学校、医院等社会组织,也都存在为公众服务的问题。服务调查主要包括以下六个方面:其一,了解服务的类别,分清是提供资金的、信息的、人力的、知识的或其他的服务。其二,了解服务的内容和项目。其三,了解服务的规格和档次。现在许多银行、酒店、证券公司,针对不同的客户,往往在服务的规格上有所差别。其四,了解服务的质量和水平。其五,了解该服务业的现状和前景。在历史的变迁中,有些服务如雨后春笋,如各类基金管理公司提供的理财服务;有些则走向穷途末路,如电报和公用电话服务;有些则随着经济发展的周期而起起落落,如房地产经纪服务。其六,了解服务的方式和手段。

> 通过观摩图片 2－11,作为一家布店,或者照相馆,或者银行,拥有与众不同的特色非常重要,那么,你认为应该如何去识别和挖掘它的特色?如何将其服务的特色强有力地告诉过它的客户?

四、市场调查

市场是供求的矛盾统一体,是企业发展和企业家体现价值的场所。市场的类别很多,如商品市场、劳动力市场、金融市场等,还可进一步细分,如商品市场中的房地产市场、汽车市场、家电市场等,金融市场中的货币市场、黄金市场、资金市场、保险市场等。市场的繁荣程度不仅揭示了供求之间的矛盾及其转化,还反映了同业之间的竞争态势和趋势,揭示了政府管制与市场自由化、便捷化之间的矛盾。对于广告业而言,一方面自身也是一个市场,存在市场竞争和交换;另一方面又为其他市场的运作提供服务,使广告成为市场竞争的手段。市场调查主要包括以下三个方面。

(一) 市场的健康状况和成熟程度

主要了解市场体系的完善程度、开放度、市场化和自由化程度、需求总量、市场竞争有序性、相关法规的建立、对法规的遵从、执法的严肃性等。这些因素对广告都有直接或间接的影响。一般来说,垄断程度高的行业,广告投入就少,甚至忽视广告的存在;而当竞争激烈或当需求达到或趋于饱和时,广告投入就会增大。同样,市场体系越是健全,市场机制越是完善,市场开放程度越是提高,打破人为的地区封锁或贸易壁垒等各种形式的保护主义的努力越是增强,那么,广告的触角就越是广阔,广告的规模就越是宏大,广告的受众就越是复杂,因而,广告运作的难度进一步加大。另外,市场的健康状况和成熟程度,也为广告功能的体现提供了不同的背景。

通过观摩图片 2－12，你认为对于需要从证券市场筹集资金的企业来说，如果它要发行股票或债券，是否需要发布融资广告？对象主要是谁？在发布前的市场调查阶段，要了解哪些方面的情况？通过什么方式，在哪些途径去了解？要做哪些准备工作？

（二）市场分割与组合

主要了解行业排行榜、市场的分割、同业竞争态势、可能的重组、潜在市场的开发等。归结到一点，市场竞争表现为市场占有率的竞争，表明某企业在一个时期的强势或弱势地位。在竞争中所处的不同地位，将极大地影响企业对其他生产经营者的态度，影响市场竞争方略包括广告手段的运用。当然，市场格局不是永恒的，还可能发生分化、重组，又促成同业竞争态势的转化，如 20 世纪 80 年代我国彩电业可谓是处于“春秋时期”，一时间彩电企业群雄并起，仅上海就有金星、凯歌、飞跃、上海、百合花等品牌；至 90 年代中期，不少品牌灰飞烟灭、彩电业进入“战国时期”，全国只剩长江、康佳、TCL、厦华、熊猫等少数几家巨头，而至 21 世纪初，所剩公司更少。

通过观摩图片 2－13，并结合我国电信行业自 20 世纪末以来的几次重组，分析和说明电信行业的市场分割与重组对电信业广告市场的变化产生了什么影响？

图片 2－12

图片 2－13

(三) 市场竞争手段的运用

主要了解营销战略、技术改造、销售渠道和网络、价格、服务、人才、新产品开发等。市场竞争力的加强,往往是多种因素共同起作用的结果。有内部因素,包括营销策略得当、质量上乘、新品开发层出不穷、健康的企业文化、深厚的人才储备、良好的企业信誉等;也有外部因素,如政策保护、融资渠道畅通、偶然的机遇,等等。从性质看,在各种竞争手段的运用中,有的采用正当竞争,有的则是不正当竞争,如商业欺诈、商业贿赂、倾销、垄断经营、盗取商业机密等。商业广告是营销组合的一部分,也是一种特殊的竞争手段,还要配合其他营销战略和策略的实施。很显然,对各种竞争手段要加以了解,一方面合理运用竞争手段,另一方面避免陷于不正当竞争的泥淖,虚假广告本身就是不正当竞争的表现。

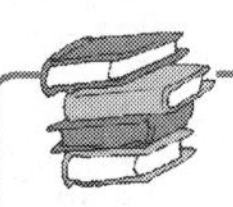

可口可乐广告标语的因“市”而变

时　间	代表性标语	各阶段的市场背景
创立初期	请喝可口可乐;“新鲜、美味、满意”就是可口可乐;口渴时的享受等	可口可乐成立于1886年,在草创阶段知名度低下,为了迅速打开局面,广告标语主要是展现其“动员功能”,即号召人们购买可口可乐,“请喝可口可乐”就成了主旋律,在此后的十多年中,广告标语总体上是从饮料本身的功能层面去推广
20世纪20、30年代	充满友谊的生活,幸福的象征等	经过近30年的发展,可口可乐已经为越来越多的消费者所认知,“功能诉求”这一在广告发展初期被广泛采用的方法就显得不合时宜,于是,将定位的角度由产品转到消费者,从而实现由产品到品牌的提升
“二战”结束后	我拥有的可乐世界;可乐加生活等	“二战”之后,各国休养生息,主要的资本主义国家都迎来了快速发展的时期,在此背景下,可口可乐在走过介绍期后也进入到快速成长期,在世界各地广设工厂,正式成长为具有全球性业务的跨国公司,国际知名度和世界市场的占有率都得到了极大的提升
20世纪70年代后	挡不住的感觉	在我国1978年实行改革开放的政策后,恰在此时,第一批可口可乐产品进入占全世界人口20%的中国市场,随后又建立了第一家合资工厂的建立,拉开了进入我国市场的序幕。不过,当时的可口可乐价格让收入较低的国人难以承受,许多人把它作为送礼的礼品。另一方面,由于刚刚开放,许多人把它作为“洋货”对待,通过消费显示“品位不凡”
20世纪90年代后	尽情尽畅,永远是可口可乐	任何商品都会经历一个由“贵族化”到“大众化”的转化,可口可乐品牌作为当时全球最有价值品牌,在我国也出现了大规模的发展。随着我国消费者收入水平的提高和可口可乐的大众化过程,迅速走进了千家万户

（续　表）

时　间	代表性标语	各阶段的市场背景
21世纪至今	每刻尽可乐，可口可乐	进入21世纪，饮料市场在我国出现激烈竞争：果汁类与非果汁类、可乐类与非可乐类、国产品牌与洋品牌之间，硝烟弥漫。同时，可乐现在被越来越多的人视为“垃圾食品”。可口可乐也感受到这种压力，于是，寻求“破局”的方法，比如收购兼并果汁类企业，在广告标语上也进行了适当的调整

五、受众调查

广告信息总是指向受众的，而说服力或认同感的形成，又必须经过受众内在因素的过滤，故应对特定的受众群体展开调查。受众作为复合性群体，存在不同的类别，如年龄、性别、文化程度、家庭结构、收入水平、宗教信仰等，而且经常处于变化之中，对此需要细分，并且动态跟踪其结构性变化。正由于这些因素的存在，会影响他们的心态、价值判断、消费能力、消费习惯，进而影响广告策划的方向，包括主题的确立、内容的表达、形式的运用乃至模特的选择。比如，美国有一家服装公司，最初做广告时不知从哪里开展诉求，后来搞了一次万人调查，核心问题是购买服装的动机，如追求时髦、耐穿、舒适、展现自我等，通过调查发现四分之三的消费者注重的是“舒适”、“耐穿”，然后广告集中表现这两点，获得成功。举一反三，航空公司、房地产、家用轿车乃至图书、空调等大量商品广告都存在根据受众状况选择定位的问题。近年来，我国互联网用户增长比较快，截至2008年底，已经达到2.98亿户，普及率为22.6%，首次超过全球平均水平(21.9%)。尤其在最近几年发展速度非常快，具体见图2－1。另外，根据“易观国际”的调查，2008年第一季度，我国第三方电子支付市场交易额总规模在达到454.67亿元。

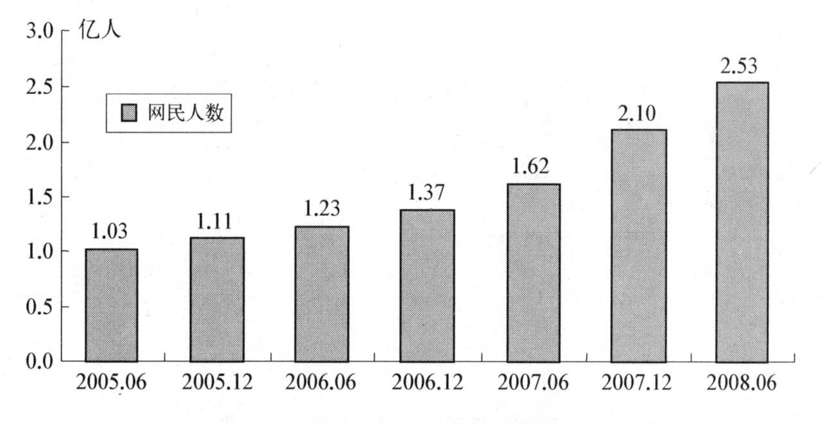

图2－1　中国网民人数增长情况

从这一调查我们至少可以得出两个结论：其一，在网民人数逐渐增多的情况下，网络广告的发展态势非常迅猛，根据尼尔森发布的行业报告显示，2007年我国网络广告市场价值估算达到93.4亿元人民币，其中投放广告的市场估算值最大的5类行业广告分别是汽车、计算机及电子产品、快速消费品、财经、娱乐，合计达到 68.9%，故而以日用消费品为主的电子商务逐渐形成气候。其二，由于年轻人群体居多，那么，策划网络广告，应以年轻人接触或使用较多的商品或服务为广告内容，在形式上也应结合青年人的特点。

对受众的调查主要有以下三个方面：其一，价值取向，包括理想信念、伦理道德、纪律水平以及在此基础上所形成的价值判断；其二，一般心态，包括需求、动机、消费习惯、择取倾向等；其三，受信条件，如接受信息的时间条件、知识程度条件和认识能力、物质条件等。

六、媒体调查

媒体的重要功能之一是延伸、放大和扩散功能，能够使内部的信息变成公开的信息，使微弱的增强，局部的变成全局的，分散的变成集中的。广告的原初意义在于"广而告之"，亦即使信息周知共晓，但必须通过媒体才能实现。广告媒体一般可分为大众媒介和非大众媒介两类，其中大众传媒是指那些传播速度快、范围广、影响大、渗透力强的媒介，具体指报纸、杂志、图书、广播、电影、电视，除此以外，广告媒介还有很多，起拾遗补缺的辅助性作用，大致可归纳为人体媒介、实物媒介、户外媒介、新型媒介。对广告媒体的调查，主要是从两个层面展开：其一，总体了解不同类别广告媒体的特征，主要包括符号运用、时效、辐射区域、生动性、形象性、传播性能，以及彼此相互比较后的优势与不足；其二，具体了解某一媒体的特征，如权威性、覆盖率(收视率或发行量)、受众定位(受众的年龄、职业、性别、文化程度、收入水平、地区分布等差别化特征)、版面或时段配置、收费标准等。前者只是大致提供了一个媒体选择的方向，后者是在前者基础上所进行的有针对性的、具体的选择，两者都不可偏废。在具体的操作方法上，应该是先"面"，后"片"，再"点"，或者从总体到具体的分析思路和选择路径。大众传媒与非大众传媒之间，同属大众传媒系统内部的报纸、广播、电视之间，传播性能都不同，即使是同一类别的，也有很大差异。对大众传播性能的比较分析，见表 2-1。

表 2-1 大众传媒性能的比较分析

性能＼类别	报纸	杂志	图书	广播	电影	电视
符号运用	文字、图片	文字、图片	文字、图片	语言、音乐、音响	语言、音乐、音响、文字、画面	语言、音乐、音响、文字、画面
传播速度	较快	较慢	慢	快	慢	快
辐射区域	宽	一般	窄	宽	一般	宽
受众范围	一般	一般	窄	广	窄	广
解释能力	强	强	强	一般	弱	弱
生动形象	一般	较好	差	较好	好	好
受众选择	高	高	高	一般	低	一般
信息保存	较好	好	好	差	差	较差

（续 表）

性能 \ 类别	报纸	杂志	图书	广播	电影	电视
制作难度	一般	一般	一般	低	高	高
制作成本	较低	较高	较低	低	高	较高
广告效果（性质/程度）	一般/一般	较好/较小	一般/较小	一般/较大	好/小	好/大

从表中，我们可知各类大众传媒的特点。在广告运作中，要根据目标、内容等具体属性，选择广告媒体。比如，促销广告要求有时效性，应选报纸、广播、电视这些以“日”为传播周期的媒介；新产品由于消费者不了解，其广告应选择解释能力强，且能迅速打开局面的报纸、杂志，当然，如果是只提供比较简略的信息，电视和广播也未尝不可；对于一般告知性广告，由于有需要引起受众记忆的目的，应选择信息保存能力强的报纸。

广告信息的发布或传播需要某种形式的物质和形式来承载，广告的载体主要包括媒介载体、活动载体两类。广告的途径除了媒体以外，还可以通过一系列活动形式，如捐赠或赞助活动、广告文艺会演、展览或展示活动等。对开展相关活动的可行性也要展开调查，包括时机、对象、嘉宾、主持人、经费、主题、相关政策、潜在效益等。

关于广告调查的六个方面以及每个方面所包含的具体内容只是提供一个基本的路径，并不意味着在具体的调查中必须一一考察。另外，要找出问题的关键。

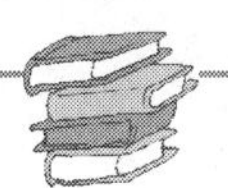

第一部分：案例内容

红罐王老吉品牌定位战略（节选）

一、品牌释名

凉茶是广东、广西地区的一种由中草药熬制，具有清热去湿等功效的“药茶”。在众多老字号凉茶中，又以王老吉最为著名。王老吉凉茶发明于清道光年间，被公认为凉茶始祖，有“药茶王”之称。到了近代，王老吉凉茶更随着华人的足迹遍及世界各地。

20 世纪 50 年代初由于政治原因，王老吉凉茶铺分成两支：一支完成公有化改造，发展为今天的王老吉药业股份有限公司，生产王老吉凉茶颗粒（国药准字）；另一支由王氏家族的后人带到香港。在中国大陆，王老吉品牌归王老吉药业股份有限公司所有；在中国大陆以外的国家和地区，王老吉品牌为王氏后人所注册。加多宝是位于东莞的一家港资公司，经王老吉药业特许，由香港王氏后人提供配方，该公司在中国大陆地区独家生产、经营王老吉牌罐装凉茶（食字号）。

二、背景

2002年以前,从表面看,红色罐装王老吉(以下简称"王老吉")是一个很不错的品牌,在广东、浙南地区销量稳定,盈利状况良好,有比较固定的消费群。发展到这个规模后,加多宝的管理层发现,要把企业做大,要走向全国,就必须克服一连串的问题,甚至原本的一些优势也成为困扰企业继续成长的障碍。而所有困扰中,核心的问题是企业不得不面临一个现实难题——王老吉当"凉茶"卖,还是当"饮料"卖?

现实难题表现之一:广东、浙南消费者对王老吉认知混乱。

现实难题表现之二:王老吉无法走出广东、浙南。

现实难题表现之三:推广概念模糊。

三、重新定位

2002年年底,加多宝找到成美营销顾问公司,初衷是想为红罐王老吉拍一条以赞助奥运会为主题的广告片,要以"体育、健康"的口号来进行宣传,以期推动销售。

成美经初步研究后发现,王老吉的销售问题不是通过简单的拍广告可以解决的——这种问题目前在中国企业中特别典型:一遇到销量受阻,最常采取的措施就是对广告片动手术,要么改得面目全非,要么赶快搞出一条大创意的新广告——王老吉销售问题首要解决的是品牌定位。

王老吉虽然销售了7年,其品牌却从未经过系统、严谨的定位,消费者完全不清楚为什么要买它——这是王老吉缺乏品牌定位所致。这个根本问题不解决,拍什么样有创意的广告片都无济于事。正如广告大师大卫·奥格威所说:一个广告运作的效果更多的是取决于你产品的定位,而不是你怎样写广告(创意)。经一轮深入沟通后,加多宝公司最后接受了建议,决定暂停拍广告片,委托成美先对王老吉进行品牌定位。

常规做法,品牌的建立都是以消费者需求为基础展开,因而大家的结论与做法亦大同小异,所以仅仅符合消费者的需求并不能让王老吉形成差异。而品牌定位的制定,是在满足消费者需求的基础上,通过了解消费者认知,提出与竞争者不同的主张。

为了了解消费者的认知,一方面研究王老吉、竞争者传播的信息,另一方面,与加多宝内部、经销商、零售商进行大量访谈,完成上述工作后,聘请市场调查公司对王老吉现有用户进行调查。以此基础进行综合分析,厘清王老吉在消费者心智中的位置——即在哪个细分市场中参与竞争。

在研究中发现,广东的消费者饮用王老吉主要在烧烤、登山等场合。而在浙南,饮用场合主要集中在外出就餐、聚会、家庭。

消费者的这些认知和购买消费行为均表明,消费者对王老吉并无治疗要求,而是作为一个功能饮料购买,购买王老吉的真实动机是用于"预防上火",如希望在品尝烧烤时减少上火情况发生等,真正上火以后可能会采用药物,如牛黄解毒片、传统凉茶类治疗。

再进一步研究消费者对竞争对手的看法,则发现王老吉的直接竞争对手,如菊花茶、清凉茶等由于缺乏品牌推广,仅仅是低价渗透市场,并未占据"预防上火的饮料"的定位。而可乐、茶饮料、果汁饮料、水等明显不具备"预防上火"的功能,仅仅是间接的竞争。

同时，任何一个品牌定位的成立，都必须是该品牌最有能力占据的，即有据可依。如可口可乐说“正宗的可乐”，是因为它就是可乐的发明者，研究人员对于企业、产品自身在消费者心智中的认知进行了研究，结果表明，王老吉的“凉茶始祖”身份、神秘中草药配方、175年的历史等，显然是有能力占据“预防上火的饮料”这一定位。

由于“预防上火”是消费者购买王老吉的真实动机，自然有利于巩固加强原有市场。而能否满足企业对于新定位“进军全国市场”的期望，则成为研究的下一步工作。通过二手资料、专家访谈等研究表明，中国几千年的中医概念“清热祛火”在全国广为普及，“上火”的概念也在各地深入人心，这就使王老吉突破了凉茶概念的地域局限。研究人员认为：做好了这个宣传概念的转移，只要有中国人的地方，红罐王老吉就能活下去。

至此，品牌定位的研究基本完成。在研究一个多月后，成美向加多宝提交了品牌定位研究报告，首先明确王老吉是在“饮料”行业中竞争，竞争对手应是其他饮料；其品牌定位——“预防上火的饮料”，独特的价值在于——喝王老吉能预防上火。

这样定位王老吉，是从现实格局通盘考虑，主要益处有四：其一，利于王老吉走出广东、浙南。由于“上火”是一个全国普遍性的中医概念，而不再像“凉茶”那样局限于两广地区，这就为王老吉走向全国彻底扫除了障碍。其二，避免王老吉与国内外饮料巨头直接竞争，形成独特区隔。其三，成功地将王老吉产品的劣势转化为优势。淡淡的中药味，成功转变为“预防上火”的有力支撑；3.5元的零售价格，因为“预防上火”的功能，不再高不可攀；“王老吉”的品牌名、悠久的历史，成为预防上火正宗的有力的支撑。其四，利于加多宝企业与国内王老吉药业合作。正由于加多宝的王老吉定位在功能饮料，区别于王老吉药业的“药品”，因此能更好促成两家合作共建王老吉品牌。两家企业共同出资拍摄一部讲述王老吉凉茶创始人行医的电视连续剧《岭南药侠》。

成美在提交的报告中还提出，由于在消费者的认知中，饮食是上火的一个重要原因，特别是辛辣、煎炸饮食，因此建议在维护原有的销售渠道的基础上，加大力度开拓餐饮渠道，在一批酒楼打造旗舰店的形象。重点选择在湘菜馆、川菜馆、火锅店、烧烤场等。

凭借在饮料市场丰富经验和敏锐的市场直觉，加多宝董事长陈鸿道当场拍板，全部接受该报告的建议，决定立即根据品牌定位对王老吉展开全面推广。

确立了王老吉的品牌定位，就明确了营销推广的方向，也确立了广告的标准，所有的传播活动就都有了评估的标准，所有的营销努力都将遵循这一标准，从而确保每一次的推广，在促进销售的同时，都对品牌价值(定位)进行积累。

四、品牌定位的推广

明确了品牌要在消费者心智中占据什么定位，接下来的重要工作就是要推广品牌，让它真正地进入人心，让大家都知道品牌的定位，从而持久、有力地影响消费者的购买决策。紧接着，成美为王老吉制定了推广主题“怕上火，喝王老吉”，在传播上尽量凸显王老吉作为饮料的性质。在第一阶段的广告宣传中，王老吉都以轻松、欢快、健康的形象出现，避免出现对症下药式的负面诉求，从而把王老吉和“传统凉茶”区分开来。

为更好地唤起消费者的需求，电视广告选用了消费者认为日常生活中最易上火的五个场景，即吃火锅、通宵看球、吃油炸食品薯条、烧烤和夏天日光浴，画面中人们在开心享受上述活动的同时，纷纷畅饮王老吉。结合时尚、动感十足的广告歌反复吟唱“不用害怕什么,尽情享受生活,怕上火,喝王老吉",促使消费者在吃火锅、烧烤时,自然联想到王老吉,从而促成购买。

王老吉的电视媒体选择主要锁定覆盖全国的中央电视台,并结合原有销售区域(广东、浙南)的强势地方媒体,在2003年短短几个月,一举投入4 000多万元广告费,销量立竿见影,得到迅速提升。同年11月,企业乘胜追击,再斥巨资购买了中央电视台2004年黄金广告时段。正是这种急风暴雨式的投放方式保证了王老吉在短期内迅速进入人们的头脑,给人们一个深刻的印象,并迅速红遍大江南北。

2003年初,企业用于王老吉推广的总预算仅1 000万元,这是根据2002年的实际销量来划拨的。王老吉当时的销售主要集中在深圳、东莞和浙南这三个区域,因此投放量相对充足。随着定位广告的第一轮投放,销量迅速上升,给企业极大的信心,于是不断追加推广费用,滚动发展。到2003年底,仅广告投放累计超过4 000万元(不包括购买2004年央视黄金广告时段的费用),年销量达到了6亿元——这种量力而行、滚动发展的模式非常适合国内许多志在全国市场,但力量暂时不足的企业。

在地面推广上,除了强调传统渠道的POP广告外,还配合餐饮新渠道的开拓,为餐饮渠道设计布置了大量终端物料,如设计制作了电子显示屏、灯笼等餐饮场所乐于接受的实用物品,免费赠送。在传播内容选择上,充分考虑终端广告应直接刺激消费者的购买欲望,将产品包装作为主要视觉元素,集中宣传一个信息"怕上火,喝王老吉"。餐饮场所的现场提示,最有效地配合了电视广告。正是这种针对性的推广,消费者对王老吉"是什么"、"有什么用"有了更强、更直观的认知。目前餐饮渠道业已成为王老吉的重要销售传播渠道之一。

在频频的消费者促销活动中,同样是围绕着"怕上火,喝王老吉"这一主题进行。如在一次促销活动中,加多宝公司举行了"炎夏消暑王老吉,绿水青山任我行"刮刮卡活动。这样的促销,既达到了即时促销的目的,又有力地支持巩固了王老吉"预防上火的饮料"的品牌定位。

同时,在针对中间商的促销活动中,加多宝除了继续巩固传统渠道的"加多宝销售精英俱乐部"外,还充分考虑了如何加强餐饮渠道的开拓与控制,推行"火锅店铺市"与"合作酒店"的计划,选择主要的火锅店、酒楼作为"王老吉诚意合作店",投入资金与他们共同进行节假日的促销活动。由于给商家提供了实惠的利益,因此王老吉迅速进入餐饮渠道,成为主要推荐饮品。

这种大张旗鼓、诉求直观明确"怕上火,喝王老吉"的广告运动,直击消费者需求,及时迅速地拉动了销售;同时,随着品牌推广的进行,消费者的认知不断加强,逐渐为品牌建立起独特而长期的定位——真正建立起品牌。

五、推广效果

王老吉成功的品牌定位和传播,给这个有175年历史的、带有浓厚岭南特色的产品带来了巨大的效益:2003年王老吉的销售额比上一年同期增长了近4倍,由2002年的1亿多元猛增至6亿元,并以迅雷不及掩耳之势冲出广东;2004年,尽管企业不断扩大产能,但仍供不应求,订单如雪片般纷至沓来,全年销量突破10亿元;2005年再接再厉,全年销量稳过20亿元;2006年加上盒装,销量近40亿元;2007年销量则高达90亿元。

第二部分：引用该案例的目的

开展广告运作，其基础是广告调查。引用这个案例的目的在于使学生了解广告调查对于广告运作的重要意义，并熟悉广告调查的范围和内容，初步了解广告调查的方法。对商业广告而言，可以将广告调查与市场调查、广告运作与市场营销结合起来理解。

第三部分：案例观摩的思路与方法

第一，了解王老吉的历史；

第二，了解王老吉的市场定位的依据；

第三，了解为王老吉进行市场定位的调查领域和调查方法；

第四，了解广告调查、市场定位与广告策划之间的关系；

第五，了解王老吉的市场推广过程以及实际的推广效果。

第四部分：案例点评

该案例看起来是为了说明王老吉的品牌定位和品牌推广问题，但实际上怎么定位、怎么推广，都有一个前提，就是要有充分的调查研究。我们平时注重的往往是定位和推广问题，这当然是实质性工作，但是，这都不应该是盲目的。总体来看，这是一个比较成功的案例。

这种调查研究，包括市场调查、消费者调查、竞争对手调查、环境调查、广告主调查、媒介调查等多个方面。俗话说“没有调查就没有发言权”。还有人说“商场如战场”，而在战场上要获得胜利必须做到“知己知彼”，才能实现“百战不殆”。广告是促销的一部分，促销是营销组合的一部分，营销是整个经营活动的一部分，不管是开展市场营销，还是发布广告，要做到有的放矢、卓有成效，调查研究非常必要。但是，调查过程是一个艺术性的工作，有许多原则、方法、策略，必须考虑时间、地点、对象、工具、人员、经费等许多方面。

第五部分：版权及出处

《哈佛商业评论》2004年11月号。

第三节 广告调查的常见方法

一、抽样调查法与全面调查法

抽样调查的含义、特点、形式和方法。

抽样调查相对于普查而言，是指从全部的研究单位中抽出一部分，对这一部分系统研究，并以此形成的结论推论总体。可谓“窥一斑而知全豹”，又如同检查血液情况，而只需抽一点点血样来化验。抽样调查的要素有“总体”、“部分”、“样本”、“推论”。相比普查，虽然结论并不完全可靠，但可省时、省力。抽样调查具有推断总体的目的性，推断形式的整体性、抽取样本的随机性、抽样误差的可控性。抽样调查的核心是样本的抽取，而样本的代表性、典型性是抽样调查成败的关键。

开展抽样调查,首先要界定调查总体。调查总体既要研究全部单位或对象,又是样本抽取的母体,在界定调查总体时要考虑调查对象的时间、空间范围。其次,是编制抽样框,即对构成总体的抽样单位进行有统一标准的排列。第三,设计和抽取样本,既要确定样本规模,又要确定抽样的具体形式。最后,进行样本代表性评估。这里所说的"样本量"的大小,既是从绝对意义上说的,也是从相对意义上谈的。从具体的抽样方法看,大致有随机抽样和非随机抽样,在广告调查中,为了保证调查的科学性,一般采用随机抽样方法,包括简单随机抽样、分层抽样,聚类抽样等。

与抽样调查相对应,全面调查在广告调查中也可能得到应用。不过,一般是范围相对较小的调查课题,如广告主调查,某一产品或服务的调查等。一般来说,对象比较明确、单一,取材比较简便、迅捷,在时间和地点的安排上比较容易。

二、问卷调查法与访问调查法

将广告调查区分为抽样调查法和全面调查法两类,是从调查对象数量的多寡来进行的。如果从对调查对象的调查方式来区分,主要可分为问卷调查法和访问调查法。

(一) 问卷调查法

问卷调查的含义、特点、形式、种类、原则和方法。

问卷调查是把所要调查的问题设计成标准化的表格,由调查对象填写,然后进行定性和定量分析,研究和确定各种变量之间的相关系数与因果关系。问卷调查具有标准化的特点,问题与备选答案统一。问卷调查的核心工作之一是设计问卷,而问卷根据答案的不同形式,可分为确定了可供选择答案的封闭式问卷和未提供选择答案的开放式问卷,一般以封闭式为主,或兼而有之。

问卷的基本内容是问题与答案。提问项目的形成,首先要提出假设,其次将概念具体化,再次是确定指标,最后是编制提问,在问题的设计方面,要做到:其一,与课题相关;其二,题量适度;其三,不提双重或多重问题;其四,明确具体;其五,不带倾向性;其六,讲究提问的艺术性。就提问项目而言,一般包括两个方面:一是与调查对象情况有关的,如年龄、性别、职业、文化程度、职务、收入等;二是与调查课题有关的,这应该是提问的核心和主要内容。提问项目的排列,要做到先易后难、先一般后特殊、先全局后局部、先面上材料后典型材料、同类集中、前后呼应。在答案的设计方面,主要是针对封闭式问题而言的,设计时要做到答案数量合理、表义明确、涵盖可能涉及的各个方面,在方式上一般有单项选择式、多项选择式、排序式、等级式、矩阵式、量表式等,考虑到方便调查对象、标准化处理调查信息,开放式问题应尽量少一些,即使有,也只能是1—2个。

在问卷设计之后,可组织试填,主要了解问题与答案是否有误解、歧义或无从作答的现象,了解整个问卷问题所需时间是否合理,了解调查的问题是否有理论和实践价值。根据试填的结果,做出必要的修订与完善。之后,便是问卷的发放、填写、回收与统计。

(二) 访问调查法

访问调查在广告调查中也是经常使用的一种方法,调查对象一般是消费者及公众代表、广告主有关负责人、媒体负责人等。访问调查适合于小规模调查，根据规模可分为个别访谈、座谈，另根据调查方式可分为当面访谈、信访、电话采访等。总体来看，访问调查不论是直接访谈还是间接访谈，都富有较强的人情味，此外，还有操作灵活、反馈及时、有的放矢等特点，所以，访问调查又是一种比较有效的方法。相比标准化的问卷调查，访问调查一般只准备调查的提纲，至于具体的细节问题在正式开始调查时，根据实际情况灵活机动地提出，至于谈话的程序也是不固定的。

访前准备对于高质量、高效率地完成调查任务是极为重要的，主要是指调查人员的自我准备以及访谈条件的准备。自我准备包括：心理准备，保持平和的心态；知识准备，对调查的领域至少应有初步的了解；外在形象准备，在衣着、神态、仪表、举止等方面保持良好的形象。访谈条件的准备主要是指访谈对象的确定、访谈时间的事先约定、访谈环境的布置、访谈提纲的拟定以及访谈程序的初步安排。在具体访谈的过程中，主要是做好两点：其一，要有良好的谈话氛围，善于启发引导，层层深入；其二，注意提问的艺术性，做到说话要委婉、态度要谦逊、口气要和缓，先了解面上再了解具体的，先了解现象再了解本质的，一个问题结束后自然转入下一个问题。如果是通过座谈会的形式调查，选择的对象要有代表性，人数上以 3—10 人为宜，作为调查人员，要当好“主持人”，防止七嘴八舌，不得要领。

除了当面会谈或座谈外，访问调查还可以通过信函、电话、传真以及电子邮件等形式调查。采用这些形式，速度快，节省时间，问题是调查不易深入，费用相对较高，有的地区或单位还受到通信条件的局限，通过信函的形式难以保证较高的复函率。所以，这种间接访问调查的形式，一般适用于问题简便、单一的调查，或作为补充调查的手段。

三、文献调查法、观察法与控制实验法

通过问卷调查或访问调查所获得的信息来源于调查对象。但是，还有很多信息的获得并不一定在调查人员与调查对象之间建立直接的通道，而是从其他途径了解。这类调查方法主要有以下三类。

（一）文献调查法

文献是指含有被调查研究现象的大量信息的文字或声像资料。在广告调查中，可资利用的文献主要有四类。其一，公开出版物，如报纸、杂志、图书、年鉴、电子音像出版物等。其二，政府公告、统计公报、行业简报以及相关档案，从中可以了解政策法规信息、行业景气度和行业发展态势以及社会、政治、文化的概况。其三，网络上所发布的最新信息。其四，同行的各种广告作品，从中可以起学习和借鉴作用，避免雷同，形成创意，同时总结广告成败的规律。现代社会越来越开放，信息量也越来越多，有很多资料都是公开的，处于社会的共享状态中，这需要我们平时做一个“有心人”，真正需要的时候，就可以信手拈来。在广告调查的众多内容中，特别是对环境调查、受众调查、市场调查，这一方法有着更广泛的用武之地。

文献调查法的途径、步骤和方法。

运用文献调查法，一般有六个步骤。第一步，确定分析单元，就是明确所要了解的具体内容。第二步，制定分类标准。各种社会信息浩如烟海，为了更迅捷地了解和把握自己所需要的信息，就应确定分类标准，便于检索。当然，分类的标准可以是多种多样的，如国别或地区门

类、历史断代区分、学科或行业角度乃至题材、体裁或非常具体的方面。第三步,确定检索途径,如书报查阅、网上浏览电子信息检查、专家、咨询等。第四步,抽取分析样本。即使对信息系统进行了分类和细化,在真正检索时也依然会感到所面临的信息仍然十分庞杂,那么,就应结合调查主题,对分析样本的抽取作出规定,先确定媒介样本,再定日期样本,最后是内容样本。第五步,信息的浏览与检索。第六步,统计和综合分析。

文献调查法的研究模式有推理模式和比较模式。推理模式主要是分析原因,把握趋势。比如,关于某一时期某一地区特定消费群体在消费观念、消费心态的演变,通过调查,我们就可以弄清产生这一变化的原因,以及扩延至其他群体、其他地区的可能性。比较模式的运用更广,有地区比较、历史比较、行业比较、公众比较、品牌比较、广告主比较、广告作品比较、经营环境比较,等等。这些比较,有些必须源于第一手的调查,但也有很多可以从文献资料,如理论著作、新闻报道、形象宣传、统计公报、行业年鉴、信息内容中得到了解。比较的目的在于了解同中之异、异中之变,为广告策划找到了最佳素材。

(二) 观察法

观察法是由广告调查人员在现场直接观察、记录的一种收集资料的方法。观察的对象主要有:其一,对广告主的观察,如厂(店)区环境、员工风貌和素质、领导作风、生产经营场景等,都可通过观察得到了解;其二,对经营情况的观察,如销售场面、库存、咨询接待等;其三,对受众言行的观察。在广告调查中,为了彻底避免虚伪广告的出笼,同时为广告策划加深直观的印象,现场观察不失为一种重要方法。仅仅凭借广告主所提供的资料可通过所获得的资料,在信度和效度上都含有一定的水分,而观察法的最大优势就是信息真实客观。事实上,通过观察可以印证许多东西。

观察的途径有很多,如车间、商店、展览会、订货会等。观察的方法有直接观察和隐形观察。直接观察就是直接亮出自己的身份进行观察,隐形观察就是不亮明自己的身份。这两种方法各有优势和不足,应寻求互补。还可分为一次观察与跟踪观察,这主要是从观察的持续性而言的,有时一次观察或不够深入,或失之偏颇,为了验证观察的结果,或把握事物变动的趋势,还应跟踪观察,特别是针对具有长期合作伙伴关系的客户,更应如此。有观察就应有记录,要利用现代化仪器设备将一些生动的画面、有个性的语言、有典型意义的场景记录下来,有些甚至可以成为广告创意策划绝好的素材或依据。

(三) 控制实验法

控制实验法的含义、要素和步骤。

控制实验法,是根据一定的研究目的,选择若干组研究对象,人为地变化一个或若干条件,观察导致不同结果的因素的方法。控制实验法既可以在实验室中进行,也可安排在实地加以观测。这一方法的完成,应包含四个要素:其一,实验主体,在广告调查中是指调查人员;其二,实验对象,即调查对象,一般分为“实验组”与“控制组”两组,两组人数基本对等,在实验刺激相同的情况下,允许两组人员在结构上不同,而在结构趋同的情况下,前者接受自变量的作用,后者是指不接受自变量作用的对象;其三,实验变量,即实验过程中变动的因素,其中在实验过程中采取的措施叫自变量,由自变量决定变化的因素叫因变量;其四,实验观察。在实验过程中,实验主体施加影响,实验对象在接受影响后会做出不同反应,原因在于内在因素(价值观、心态等)的过滤,两者之间不是一一对应的关系,而是极为复杂的。如图 2-2 所示。

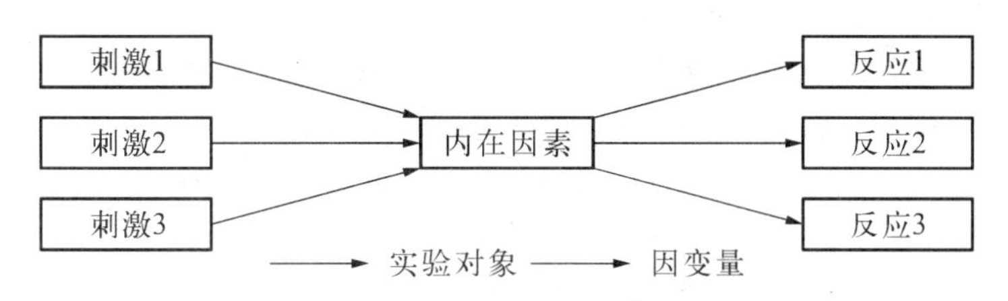

图 2-2 "刺激—反应"模式图

控制实验法有提出假设、组建不同实验组别、选择自变量与因变量、前测、实施刺激、后测、分析七个步骤。运用控制实验法,主要用于观察和了解人、环境、心理(行为)三者之间的关系,最主要的体现在对实验环境、实验变量、实验对象的控制上。实验环境是一种人工模拟环境,在实验中意在割裂实验对象与外部环境的复杂联系,只是在一种人为控制的环境中接受实验,所以,应尽量减少外部干扰。实验变量的控制是核心内容,那么,各种因素的选择要精心考虑,剔除无关变量,同时,对相关变量要有序地逐一实施刺激,分别记录其测试结果,最后确定每一变量的相关系数。对实验对象的控制,主要是对参加实验的人数、类型、构成进行有目的选定,要考虑年龄、性别、文化程度、性格特征、兴趣爱好等因素。一般来说,控制实验法主要用于对广告作品设计、制作前后的效果调查,但这又与受众、产品或服务乃至环境的调查密切相关。

本章回溯

1. 广告运作的基础是广告调查。有效开展调查,对于确定广告受众、实现正确定位、选择恰当时机、优化媒介组合、编制经费预算等具有重要的意义。广告调查一般由选择课题、研究设计、收集资料、分析资料、形成结论五个环节组成。

2. 广告调查的范围较广,一般涉及环境调查,广告主调查、产品或服务调查、市场调查、受众调查、媒介调查六个方面。就每一个方面看,都可以细化为更为具体的调查项目。但是,在开展调查时,要做到平时调查与临时调查相结合,但并不意味着就每一个项目必须面面俱到。

3. 广告调查的常见方法有抽样调查法与全面调查法,问卷调查法访问调查法,文献调查法、观察法与控制实验法等。每一种方法在对象、范围、步骤、技巧、科学性等方面不尽相同,总体上应以一种方法为主,综合其他方法。

学习重点

重点: ① 广告调查中环境调查、广告主调查、产品或服务调查、市场调查、受众调查、媒体调查的范围和内容; ② 广告调查的含义和意义。

难点: ① 广告调查的过程; ② 广告调查的方法; ③ 开展六个方面调查的原因和理由。

1. 〔美〕弗洛德·J·福勒,Jr:"优秀的设计和实践的目的是让每一块钱能够最大可能地获得准确性、可靠性和可重复性。而一个特定研究的精确性、有效性和可重复性是由提出的问题和资料的使用方式决定的。"

2. 〔德〕恩格斯:"我所感觉兴趣的是要知道实际情况,确实存在的东西,而不是没有人承认的天才的规律或癖好。"

前沿问题

从国外社会科学的发展态势和趋势看,正在由定性分析转向实证研究。在广告学研究中,这种侵蚀越来越明显。目前在对广告调查的研究方面,对调查的重要性的认识、调查的范围和内容、调查的途径和方法等基本上取得了比较一致的认识。存在的不足主要有三个方面:一是运用数学模型和数理统计的方法仍然不多;二是存在宏观不伸展,微观不深入的现象,缺乏有历史跨度、空间跨度的比较分析和"解剖麻雀"的功夫;三是停留在对社会学传统调查方法的简单移植上,而对具有广告调查特色的新方法的归纳、提炼、总结和研究不够。这些都需要今后展开研究或进一步研究。

[1] 陈占彪,熊梅.上海广告图像的文化分析[J].青岛科技大学学报(社科版),2005,(03):87-92.

[2] 阎瑜.媒体间广告份额及其趋向分析[J].传媒,2005,(04):53-55.

[3] 赵曙光.京沪穗综合类报纸的广告主集中度评估[J].中国报业,2005,(04):61-62.

[4] 梁婷婷,杨子.作为营销手段的视觉符号传播:试析泛化的视觉营销说服及其与视觉文化之关系[J].当代传播,2004,(06):69-71.

[5] 杨磊.12 年:看央视广告招标"以变应变"[J].新闻知识,2006,(01):6-8.

课 外 练 习

一、填空题

1. 在广告主调查中,如果是针对法人,主要了解________、________、________、________四个方面。
2. 在广告调查中,对受众的调查,主要是了解________、________、________三个方面。

二、单项选择题

1. 广告调查的第一步是(　　)。
   A. 研究设计　B. 选择课题　C. 分析资料　D. 形成结论
2. 广告运作的基础是(　　)。
   A. 明确受众　B. 制定目标　C. 提出计划　D. 调查研究
3. 广告诉求的对象是(　　)。
   A. 受众　B. 产品　C. 广告主　D. 消费者
4. 广告成败最基本的背景是(　　)。
   A. 社会文化　B. 政策法规　C. 目标市场　D. 经济形势

三、多项选择题

1. 广告调查对于广告运作的意义在于(　　)。
   A. 有利于确定广告受众　B. 促进经费的节省
   C. 便于正确地实施广告定位　D. 有利于选择恰当的广告时机
   E. 保障媒介的优化组合

2. 对企业的调查,在内部管理方面,主要是了解(　　)。

A. 管理制度　　B. 运行机制

C. 企业文化　　D. 重大举措

E. 发展战略

3. 文献调查法的研究模式有(　　)。

A. 推理模式　　B. 联想模式

C. 互动模式　　D. 比较模式

E. 循环模式

四、是非题

1. 在广告调查中,只要了解广告主和受众,也就是“知己知彼”就可以了,对环境的调查是多此一举。

2. 广告调查中开展抽样调查的核心是样本的抽取,而样本的代表性是抽样成败的关键。

五、简答题

1. 广告主调查如果是针对法人展开调查,主要了解哪些方面?

2. 对受众的调查,主要是哪些方面?

六、应用题

1. 某房地产公司的一处楼盘销售前准备发布广告,请你用问卷调查法设计一份问卷调查表,要求用开放式问卷,不少于10个问题,体现合理性、科学性和艺术性原则。

2. 某大学网络学院面向全国招收公共关系专业的学生,准备发布招生广告,但事先需要开展调查,请你设计一个调查方案。

参考答案

一、填空题

1. 发展历程、综合实力、内部管理、资信状况　2. 价值取向、一般心态、受信条件

二、单项选择题

1. B　2. D　3. A　4. A

三、多项选择题

1. ACDE　2. ABCDE　3. AD

四、是非题

1. 错。社会组织得以生存和发展的重要依据是必须适应外部环境的变化,因而,对环境的调查和分析,是制定广告战略和策略的重要依据。

2. 对。

第三章

广告运作方案的制定与优化

本章概要

本章主要介绍广告公司和广告主在广告运作中分别要承担什么责任，具体从目标的设置与建立，受众的分类与选择，时机的把握与安排，广告定位，广告主题的确立，媒体选择、配合与重组，作品设计，活动步骤，经费预算及其使用，执行人员的遴选等方面阐明了广告运作的方案，最后介绍了广告策划书的格式和具体的写作技巧。

学习目标

学完本章，您应该能够：

1. 了解广告主在广告运作中要承担的责任；
2. 了解广告计划的含义和内容；
3. 把握广告定位的含义；
4. 熟悉广告投放日期一般有哪些选择、广告媒介选择的依据和如何整合传播媒介的方法；
5. 弄清广告预算的内容、分配、要求和方法；
6. 了解广告策划书的基本格式并能够开展有关的广告策划工作。

基本概念

广告计划；广告目标；广告定位；广告频率；注意率；知名度；整合传播媒介；广告主题；广告预算；广告策划书；系列广告

广告调查是广告运作的基础，广告策划则是广告调查的自然延伸，两者都是广告运作的重要环节。如前所述，广告策划首先是要对未来广告活动作出总体部署和安排，包括目标设置、主题创意、受众选择、经费预算、时机把握、广告定位、策略方案、媒介择用、作品设计、执行人员、活动步骤、效果评估等内容。就一个完整的广告运作方案来说，是一个不断优化的过程，必须精心思考，反复斟酌，优化选择。

第一节 广告主在广告运作中的责任

广告运作既可以由广告主自行完成，也可以委托广告经营者开展，但在更多的情形下，是由两者通力合作而共同完成的。之所以如此，是因为：其一，基于社会分工的不同，广告主一般不具有从事广告运作的专业人员，也不具有相应的技术条件，而广告经营者的专业化、职业化经营正好可以弥补这一不足，两者的通力合作，正是当今时代社会化程度越来越高的必然产物，也是广告事业不断发展并走向繁荣的标志之一；其二，广告主与广告经营者之间虽然建立了委托关系或雇佣关系，但并不意味着在整个广告活动开展过程中可以任意地割裂开来，从这个意义上说，不论什么情形，广告主在广告运作中均应承担相应的责任。

广告主在广告运作中应该承担的具体责任。

一、原始素材的提供者

广告运作必须有素材。在前一章内容中，我们着重讲了广告调查，就是如何占有和使用素材的问题。就调查的对象而言，广告主可以说是原始素材的主要提供者，有三个原因。其一，从广告的表现对象看，大多是商品广告、服务广告或形象广告，而商品、服务等信息只有广告主最了解，理应由他们提供基本素材。其二，对广告的诉求对象，广告主虽然并不一定十分了解，但应该说并不陌生，比如，某企业若以广告形式推介某一产品，消费者就是主要的诉求对象，广告主在与代理商、批发商、零售商乃至最终消费者接触过程中，或通过市场调查，多少能够知道消费者的构成、特点、习惯、心态以及对产品满意或不满意的地方，这些"印象"都是在经营实践中逐步积累起来的。其三，由于广告主处在生产、经营的第一线，对所在地区或所处行业的市场格局、竞争态势、演变趋势以及自身在竞争中所具有的优势和不足，应该说是有所了解的，另外，对有关的政策法规，也比较了解。

二、广告计划的制定者

广告计划是指为了实现社会组织（广告主）的整体目标而预先确定目标、内容、步骤和采取的主要措施和方法的过程。从广义上说，广告计划是广告策划的一部分，因为两者都是要对未来的广告活动加以规划和部署。从狭义上说，广告策划往往针对具体的广告活动，需要形成细微的可操作的方案，主要与广告作品的设计、制作、发布的具体工作有关；而广告计划是对宏观的抽象的问题所作出的安排。从这个意义上看，广告计划由广告主提出，并吸收和参考广告经营者的意见；而广告策划方案由广告经营者负责，并由广告主（广告客户）审定和最终认可。由于广告计划与广告策划的具体任务有所不同，又由于广告主与广告经营者之间建立了特殊的委托关系，使得广告计划与广告策划俨然成为两个前后相继的阶段，广告计划为广告策划提供一个基本的操作思路和工作原则，后者对广告计划加以细化和丰富。然而，在实际的操作中这两者很难截然分开。比如在制定广告计划时，需要确定广告目标，而目标设置之后究竟需要投入多少人力、物力、财力，其中涉及很多具体的项目开支，这又与调查、设计、制作发布各环节密切相关。同样，广告策划过程中不可避免地要提出各种可行的操作策略和方法，而这些方法又与广告计划中的目标设置、经费预算等密切相关。所以，策划方案需要延伸和拓展，计划需要不断修正和完善，两者应尽可能贯通、融合起来。也正因为此，我们讲整体运作，广告策划是从广义而言的；讲具体操作，是从狭义而言的。

广告计划与广告策划的主体、内容和先后顺序都是不一样的,一定要弄清它们的区别。

通过观摩图片 3-1,说明广告计划与广告策划究竟存在什么关系?可口可乐公司作为广告主应该对哪些方面的问题做出安排?为什么?

图片 3-1

从上面的分析可以知道,广告计划的制定者是广告主。大凡计划,都是人力、物力、财力、信息、时间和空间的分配与组合,其特征在于时间性、预定性或组合性,广告计划也不例外。广告计划的决定事项,主要有四个方面。其一,广告目标。所谓广告目标,即在未来一段时间内所要达到的结果。目标具有导向性和激励性的特点。从广告目标看,大致有社会的、经济的、心理的(或传播的)三个方面,最终应体现为对广告主自身所起的积极作用和客观结果。在广告计划中,主要是针对当时的不足和问题,在大的方面提出方向性的、原则性的目标,而且是针对某一段时间内各种广告活动所要达到的共同目标,与社会组织(广告主)整体目标相一致的目标。其二,广告过程。任何目标的完成都是有时间规定的,可以划分为若干阶段。在制定广告计划时,要决定整个广告活动的周期并安排不同阶段的具体任务。其三,经费预算。在制定广告计划时,对所需经费的预算,由于有很多不确定的因素,所以只能是初步的,等到深入到具体操作阶段后,再详细地加以修订和完善。其四,实施人员。即派出执行和落实广告计划的工作人员,他们的主要任务是收集和提供与广告运作有关的信息,协调社会组织(广告主)内部领导与职能部门以及职能部门之间的关系,与广告经营者保持联系,对广告策划进程进行督促,解决广告策划中所出现的问题,对策划方案初审并提出意见供领导定夺,等等。当然,人员之间要有所分工,并相互配合。

三、策划方案的审定者

整套策划方案的设计由策划小组负责完成。这一过程在具体执行过程中,可能是不完善的,或主题不够鲜明,或创意不够新颖,或时机选择失当,或定位不够准确……不一而足。造成这一现象的原因也是多方面的,如广告调查不够深入细致、对广告计划理解的偏差、策划人员综合素质不高，等等。这就要求勤奋作业，勇于自我否定，开动脑筋，提出多套方案，并加以优选。方案的比较，主要有三种方法。其一，投入产出对照法。广告的实施需要付出，目标是寻求产出，那么衡量策划方案的优劣可以从投入（人力、物力、财力）与产出（经济效益、社会效益、心理效益）的相互比较的角度来进行。其二，价值序列法。就是对策划方案的每一项内容，在调查的科学性、目标的合理性、创意的新颖性、策略的灵活性、作品的艺术性、经费的保障性、方案的可行性、文体的逻辑性等方面进行合理分解，设置一定的评价指标，赋予不同的权值，再根据评价标准对策划方案进行量表式评估，经过若干人分别打分后再平均计算出相应的分数，从而分出不同等级。其三，优势综合法。在可能的情况下，策划方案可以由不同的人甚至不同的广告公司设计，在优选时经过讨论，将各方案中的长处和可取的地方，集中在一起，并加以整合。

策划方案形成之后，按照广告主与广告经营者所签订的协议，应提高给广告主（广告客户）审定。一般来说，广告主的审定往往偏重于投入产出与目标达成方面，至于与作品相关的要素的审定，常常要听取有关专家、业内人士甚至消费者的意见，供自己参考，然后与策划人员会商、修改、审定。比如，宝钢集团原来的广告标语是"要好钢，找宝钢"，后来改为"要好钢，有宝钢"，没有大的变动，只修改了一个关键的字，意义却大不一样，前者显得宝钢较为被动，反映的是市场经济发展初期的经营理念，后者表明的是面临市场竞争的一种主动出击的理念。再如，长虹集团原来的广告标语是"天上彩虹，人间长虹"，大家知道，彩虹固然七彩斑斓、绚丽夺目，但终究不能持久，后来长虹集团形成了"塑百年长虹"的理念，或许意识到这条标语有缺陷，后来就不用了，被新的广告标语"太阳最红，长虹更新"所替代。

不管什么样的广告策划方案，在审定的时候一般要满足四个要求。其一，系统性。这里主要有三层意思：一是策划方案与社会组织的整体目标以及处于二级地位的营销目标相适应，即有利于上述目标的实现；二是策划方案综合反映了广告主与外部环境、受众彼此作用的状况，揭示了彼此复杂的关系；三是策划方案本身虽然存在若干部分，但彼此之间应是连贯的，有逻辑关联的，彼此呼应的。其二，效益性。这是广告主最为关心的一个问题，因为追求效益是开展广告活动的基本出发点。考察效益，不仅要看近期的、显在的、经济的，还要看长远的、潜在的、社会的，没有这种观念，对策划方案的评判可能发生较大的偏差，甚至使策划方案走调。其三，可操作性。即经过努力可以付诸实施，包括媒介的选择与确定、广告代言人或演员的确定、经费保障、场所的安排、时间上的如期展开等。其四，变通性。即在大方向和基本原则不变的情况下，根据预想的各种可能的意外因素，准备应急方案，进行"沙盘推演"，以备自我调节。

广告策划方案的修改建议的提出与最终审定可以由不同的人分别完成。在具体分析和考察的过程中，要结合各种因素。

通过观摩图片 3-2 和图片 3-3，请思考：广告主为什么要履行审定广告策划方案的职能？审定过程中有哪些原则？基本的方法有哪些？如果他们对作品的优劣无从判断，又该如何处理？

图片 3－2

图片 3－3

第二节　广告运作方案的内容整合

一、目标设置与建立

就一个阶段的整体性广告运作而言，有一个总体的广告目标，而这一系列广告活动，很可能是跨时空、综合运用诸多媒介的，那么，分散的每一次广告活动乃至每一则广告，又有着具体的目的。全过程的与各阶段的目标，总体的与具体的目标，显然具有统属关系。

根据过去、现在与未来某一事物的变动的状况，我们可以把广告目标分成平衡性目标与改进性目标。平衡性目标旨在维持、巩固、延续某种状态。改进性目标又分为两种：一是恢复性目标，旨在达到原先的某种状态；二是发展性目标，即在现有基础上力争取得更大的优势。显而易见，确立改进性目标更富有进取精神。至于究竟建立什么类型的目标，要看市场结构及自身的增长潜力。像可口可乐与百事可乐最初打入中国市场，所建立的无疑是发展性目标，当占领市场之后，广告投入依然不减，广告目标则更多地趋向于平衡性目标，当然不排斥发展性目标，比如可口可乐公司 2008 年就提出了收购我国最大的果汁类饮料企业——汇源公司的动议。

不论何种广告目标，都是指向社会效益、经济效益和心理效益的。社会效益的指标主要是社会认可度、社会关系的和谐度、社会支持度。经济效益的指标主要是销售额、市场占有率、市场竞争力、利润、增长潜力等。心理效益是针对广告作品而言的，指标主要有注意率、理解度、兴趣度、记忆率等，表现在认知、情感、意向方面。当然，这些指标是粗线条的，还可以再细化。

二、受众分类与选择

受众是一个庞大的群体，而广告又是有针对性的，必须精心选择。据世界知名的市场研究公司 AC 尼尔森 2001 年 7 月 21 日发布的关于中国消费者 2001 年购物习惯的调查报告显示，“中国家庭消费决策人”是 25 岁到 44 岁的已婚女性，约占七成家庭，这份调查取得了北京、上海、深圳等 7 个城市的 6 000 个样本，应该说有一定说服力。那么在城市做消费品特别是日用消费品广告，恐怕就应以这一群体为主要受众。对消费者的细分，可以分为集团消费者和个体消费者。集团消费者一般分为政府、生产性企业、中间商和其他组织。个体消费者的细分，至少有八种细分的依据：一是年龄；二是性别；三是文化程度；四是收入水平；五是婚姻状况；六是地区分布；七是消费习惯及消费价值观；八是购买决策与消费。不同的消费者的消费动机、能力、结构和模式，存在比较大的区别。以个体消费者来说，有的因为收入水平高、消费欲望强而成为“重度客户”，这在许多年轻“白领”人士中表现得比较明显。另外，美国人与中国人相比，美国人储蓄愿望不高，1982 年时储蓄率为 11%，而 2006 年时则降到零，普遍存在过度消费、负债消费、超前消费的现象，而中国人就总体而言，由于社会保障机制尚不健全和多年来形成的储蓄习惯，因而，消费的动力普遍不足。当然，这是从一般情况而言的，并不排斥不同地区、不同年龄、不同收入水平的不同消费者的差异的存在。

受众分类的细分方法有很多，一定要找到恰当的方法。作为传播对象的受众与作为广告诉求对象的特定公众之间一定要有对应关系。

通过观摩图片 3－4 和图片 3－5，你认为在我国城市中，25—44 岁的女性成为家庭消费的主要决策人是否存在合理性？为什么？从细分原理和方法分析，你认为像图片 3－5 这样的楼盘广告的主要受众应该是什么群体？

受众分类还只是受众选择的基础，除此之外，还要注意两点。其一，受众多种属性的组合。其二，核心受众的存在。有些商品或服务往往适应于不同层次的消费者，比如“娃哈哈”饮料、“旺旺”食品任何年龄的人都可食用，但核心的受众是小朋友，广告策划的风格应尽量适应他们。同样，到“麦当劳”就餐的基本上是儿童及其家人，虽然决策者是大人，而影响者往往是小孩，那么，其广告的对象就应以儿童为主，再考虑儿童与电视的亲密接触关系，而且以发布电视广告为主，在风格上也要适合儿童的特点。还有些商品或服务存在明显的分层销售的趋势，如汽车、房产、旅游、电脑乃至时装、背投彩电，等等，虽然这些产品或服务越来越走向大众化，但仍然存在档次高低不同的明显差异，比如一般的摩托车一辆只要几千元，而 2008 年某企业推出的一款摩托车的售价达几十万元，相当于一辆中等档次的轿车的价格，显然这不是一般的人能够消费的，那么，销售的主要对象同时也是广告的核心受众。受众选择作为广告运作中的一个重要内容，对广告运作的其他方面有着重要影响，最明显的是影响媒体的类别和具体品种的选择和广告作品风格的确定。集团消费者和个人消费者，两者在消费数量、品种、方式等方面有不同的特点，比如工业锅炉的用户只能是集团消费者，单价高、数量少，广告当然也要做，但不一定选择大众传媒。

图片 3－4

图片 3－5

通过观摩图片 3－6，你认为高档运动鞋广告的目标受众应该怎样去界定？选择 NBA 球星作为广告代言人是否合理？为什么？

图片 3－6

三、时机把握与安排

广告活动是在特定的时间区域内展开的。对时间的把握，一是对"时期"的安排，二是对"时点"的选择。归纳起来，对广告时机的把握，包含了三层意思：其一，确定广告投放日期；其二，确定广告刊播的进程及频率；其三，电子型广告的具体时段的安排。

广告时期、时机、时点、时段的把握与安排。

（一）广告投放日期

对于规模大的企业或广告投放量较大的企业来说，广告是一种日常性的工作，不分寒暑，也不分淡季与旺季，似乎是一种"例行的公事"，这些广告就像老朋友隔三差五就可见面一般，如可口可乐、IBM、通用、宝洁等。总体来看，这类企业毕竟凤毛麟角，因而，对广告的时机往往是有选择的。那么，怎样把握时机呢？归纳起来，可以从以下六个方面思考。其一，对社会组织有重要纪念意义或发生重要事件的前后，比如周年庆典、创始人诞辰日、获得荣誉、股票上市、取得标志性业绩、资产重组，等等。其二，公司名称、场所、联络方式、营业时间、经营范围发生变更，或设立分公司、利润分配、破产清算时进行公告，有的是提前公告，有的是发生后即时公告。其三，经营环境发生重大变化之际。其四，重要节令，但做广告时不能滥用，要与节令内容以及产品、服务项目结合起来。其五，配合重大事件的发生，或社会热点形成的时候。其六，产品或服务销售旺季来临之前，或经济下滑的趋势出现转折之前，或行业景气度出现回升之前。实际上，商机无限，关键在于捕捉。当然，这里所说的"广告投放日期"，只是一个大致的时间区域，对不同的广告而言，究竟选择什么样的时点，有的是根据法定要求而定，有的是根据公众心理而定。另外，有的比较容易确定，有的则必须建立在科学的分析和预测的基础上。

图片 3－7

通过观摩图片 3－7，你认为举办一场音乐会，如果要发布广告，在时机的选择上有同步、提前、滞后三种，应该选择哪一种？为什么？根据你选择的那一种，又应该如何安排？

各类主要节日

中国主要传统节日		中国官方主要节日	
春节	农历正月初一	国庆节	10月1日
元宵节	农历正月十五	西方主要节日	
清明节	公历4月4日或5日	圣诞节	12月25日
端午节	农历五月初五	复活节	每年春分
七夕	农历七月初七	感恩节	每年11月第四个星期四
中秋节	农历八月十五	情人节	2月14日
重阳节	农历九月初九	父亲节	6月第三个星期日
中国官方主要节日		母亲节	5月第二个星期日
元旦	1月1日	国际性保护节日	
国际妇女节	3月8日	世界湿地日	2月2日
植树节	3月12日	保护母亲河日	3月9日
国际劳动节	5月1日	世界森林日	3月21日
中国青年节	5月4日	世界卫生日	4月7日
国际儿童节	6月1日	世界地球日	4月22日
党的生日	7月1日	世界家庭日	5月15日
建军节	8月1日	世界人口日	7月11日
教师节	9月10日		

(二) 广告刊播进程及频率

一则或一组广告都有一个存续期,即广告周期。在这个周期内,从投放到终结,原因在于:一是发布合同到期;二是广告使命已经完成;三是受众发生变化;四是作品本身存在缺陷被责令停止发布或主动撤下。广告发布周期有长有短,短的是一次性广告,长的可达数月,甚至更长。广告频率,即单位时间内广告发布的次数。频率的安排一般有连续型、间断型和综合型三种。连续型又分为三种情况:一是相对平衡;二是逐渐增强,即随着时间的推移,频率逐渐加快;三是逐渐减弱。间断型就是在经过一轮广告宣传后,加以停顿或休整,然后再展开新一轮宣传,依此循环,直至整个周期的完成。综合型就是在不同媒介、不同时期、不同地区采取不同的广告频率。

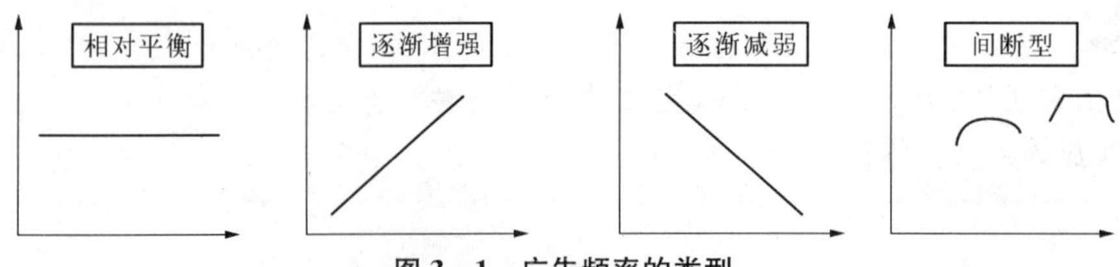

图3-1 广告频率的类型

采取什么样的广告频率策略，要考虑以下四个因素：其一，已有知名度。若知名度已经提高，频率可以放慢。其二，受众的记忆规律。对各种广告而言，能被注意的不足一半，而被注意的广告中同时被记住的又不足一半，所以，新公司、新产品广告投放之初，或虽然是老公司、老品牌，但首次打入某一地区，广告密度要大一些，另外，采用间断型策略，间隔时间不宜过长，否则，容易淡忘，从而冲淡前期广告效果。其三，广告费用的多寡。广告费用多，则密度较大。其四，竞争态势。同业竞争激烈，广告投放则多，密度较大。某公司在中央电视台做广告，一日三遍，长达一年，内容完全一致，就不妥。

（三）广告播出时段

这主要是针对广播、电视广告而言的。效果较好的时段是起床后上班（上学）前，下班（放学）后睡觉前，以及“双休日”和法定假日，即公众的闲暇时间区域。另外，听众和观众接触媒介较多的节目主要是新闻、影视剧、综艺节目、动画片等，而这类节目一般安排在“黄金时间”，在这些节目之前、之中、之后插播广告，受众面较宽，效果较好。当然，“黄金时段”的广告费用相对“垃圾时间”要高。还有一种情况，就是虽然不是在所谓的黄金时段，但受众仍然较多的节目，如足球比赛、重要会议、文艺演出的转播，在间隙播出广告也有较好的效果。

四、广告定位

广告定位的含义、意义与视角。

1972 年，美国的《广告时代》杂志刊登了“定位时代”的系列文章，作者艾尔·里斯、杰克·屈劳特在文章中最先提出了定位的概念。所谓广告定位，就是突出广告主及其商品或服务符合目标公众需要和兴趣的个性特色，确定其适当的位置，以形成独特印象。1972 年之后，美、英等许多广告公司纷纷采用了定位策略，如福特汽车的“静悄悄的福特”、威士忌葡萄酒的“威士忌爱好者的苏格兰威士忌”、派克笔的“总统用的是派克”，等等。我国近十多年来，一些广告也较好地采用了定位策略，如原上海华联商厦的“我的华联，我的家”，这里的“家”意在表明股东的“老板”地位，使员工有家庭的氛围；对顾客而言，产生宾至如归的感觉，揭示了与三类主要公众的关系，经营理念也比较健康、新潮。

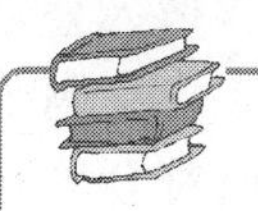

20 世纪十大经典广告标语

2000 年 5 月，《广告时代》杂志对 20 世纪广告业做了一次回顾性评选，其中广告语的标准是四个：一是影响力；二是持久力；三是认知率；四是文化上的冲击力。据此，评出了 10 条广告语，依次是：① 德国大众的“小即是好”；② 可口可乐的“享受清新一刻”；③ 万宝路香烟的“万宝路的男人”；④ 耐克的“说做就做”；⑤ 麦当劳的“你理应休息一天”；⑥ 迪比尔斯的“钻石恒久远，一颗永流传”；⑦ 通用电气的“GE 带来美好生活”；⑧ 米勒牌淡啤酒的“美妙口味，不可言传”；⑨ 克莱罗染发水的“她用了？她没用?”；⑩艾维斯的“我们正在努力”。从广告定位来看，也是比较好的。定位的思路有四个：其一，从产品或服务角度定位。如第1、6、8条；二是从受众角度定位，如第3、5、9条；三是从产品与消费者的结合点定位。如第2、7条；四是从广告主角度定位，如第4、10条。实际上，这四条思路几乎涵盖了现代广告定位的全部方法。

五、广告主题的确立

一个活动、一件作品，都有主题，即中心思想或基本观点。主题相对于题材或具体内容而言，在整个活动或广告作品中起统帅、灵魂作用。华硕公司在其30秒的电视广告片中，由一名悉尼奥运会体操冠军担任广告代言人，片中有一系列在高低杠上的体操动作，表现的主题是“稳定这一步，挑战完美下一步”，以此表达了稳定进取、追求卓越的理念。中国银行有一则在包括凤凰卫视等许多电视媒体播出的广告片，画面优美、意境深远，主题是“永远是山外有山”，也表达了不懈追求的渴望。广告主题在广告运作中也具有重要地位，是精髓，是灵魂。主题要得到很好的提炼，一般用8—12字表述，或与标题合一，或隐于作品之中，在表现上多微言大义，片言居要，富有哲学底蕴。

图片3-8

广告主题的确立，有三个基本要求。其一，创意新颖。有的广告主题之所以缺乏震撼力，人们看了以后没有兴趣，关键是公式化、口号式，或缺少新意，诸如团结、进取、求实、创新、同心同德、开拓进取之类社论式语言，观点自然不错，问题在于缺乏新意。主题之新，关键在于立意、语言风格之新，所以必须进行适当的话语转换。其二，健康、有品位。主题喻示了一种理念，透露着一种精神，有较浓的文化色彩。那么，主题的确立应该是健康的。事实上，在现实生活中，有很多为人坚守并讴歌的东西，如亲情、友情、爱情、卓越、慷慨、无畏、达观、宽容、和谐、进步，等等，这里可以演绎出许多主题。其三，切入公众的关心点。有道是，曲高和寡。广告主题强调要有较高的立意，但它同时也应符合公众需求，切入公众的关心点。中国平安保险公司在我党提出构建和谐社会的发展理念后，在电视台上曾经发布过以“中国平安为构建和谐社会保平安”为主题的广告，就与时代精神和公众的关心点比较契合。

通过观摩图片3-8，你对中国国际航空公司的“全新的国航欢迎您！”这个广告主题如何评价？如果由你来加以改进，你有什么更好的做法？

六、媒体选择、配合与重组

(一) 如何选择和确定广告媒介

1. 提高投入产出本益比,贯彻效益性原则

比较而言,各种媒介各有特点,既有所长又有所短,在广告表现、诉求能力和实际效果上互有差异。总体而言,只要按部就班地做广告,终归是有利于广告目标实现的,但运用不同的媒介在实现目标的效率(时效性)和效能(实效性)上是不一样的,有的甚至泾渭分明。从经济学的角度分析,投入与产出要相适应,效率与效能要相匹配,所以,在有效达到目标的前提下,要提高投入产出本益比。

2. 严格按规律办事,贯彻科学性原则

纯粹从媒体的选择看,严格按照客观规律办事,主要有三层意思:其一,广告是一种传播活动,而传播需要一定的载体,要在遵循传播活动的基本规律的前提下按照媒介演变和发展的基本规律办事。具体地说,不同阶段先后发展的媒介,从大处着眼,总是沿着从不完善到完善的方向前进;在媒介变革的过程中,新兴媒介必定在信息传播的快、好、广、多等一个或多个方面更加完善;大众传播媒介的演变过程总是由上流社会走向"平民化"再走向"小众化";媒介的发展以加速度向前发展的。其二,媒介作为传播的四个要素之一,与传者、受者、信息一起构成了传播的内部结构,它们之间的关系是极为复杂的,两两之间都存在交互作用,自然与受众密不可分,因而,要尊重受众的心理和行为的规律。其三,广告活动不是封闭的内循环,总是在社会系统内部开展的,其中媒介的作用就是让相关信息冲破内循环,走向外循环、大循环,因而,还要适应社会变迁特别是市场演变的规律。

通过观摩图片 3-9,请你分析:对于全球性跨国公司的索尼公司来说,你是否见过它的广告作品?在什么媒介上了解的?你认为它的媒介选择以及媒介组合是否恰当?

图片 3-9

3. 系统思考,贯彻相关性原则

主要考虑三点。其一,适应广告目标的确定。比如,要全面介绍公司形象,大刊位的报纸广告就比较适合,如果要生动、形象地展示产品外观,电视、幻灯片、录像、演示等均可,若要大范围、迅速实现就只适合电视广告了。其二,适应广告受众的特点。北京师范大学张同道教授在2000年开展的一次全国性大型调查,调查的地区有北京、青岛、杭州、厦门、广州、深圳,主要是调查青年观众,总共有6 111人。通过调查发现:一是新闻信息是最受欢迎的;二是从性别看,男性喜欢新闻、资讯、体育、经济,女性偏爱娱乐、综合文艺、影视剧和音乐;三是从文化程度看,新闻、谈话和经济节目受欢迎的程度,随着文化程度的升高而升高,影视剧的观众随着文化程度的升高而下降;四是从职业和收入看,月收入高的观众对新闻性、资讯性的内容比较重视,而收入低的对娱乐性、影视剧比较感兴趣。其三,适应社会经济发展的状况。总体来看,我国现在仍然处在由基本实现小康向全面实现小康社会目标的进程中,尽管GDP总值仅次于美国、日本之后,排在各经济体的第3位,但人均GDP不高,所以西方国家曾经用的烟雾广告、书云广告、火箭广告、飞艇广告实际上还不适合。

通过观摩图片3-10,你认为汽车广告一般选择什么媒介比较适合?如果换成运动鞋,而且在电视台发布广告,在什么频道比较适合?为什么?

图片3-10

(二) 广告传播媒介的配合与重组

1. 传播媒介的性质分析

可以从四个角度分析:其一,表达方式,可区分为视觉媒介、听觉媒介和视听两用媒介;其二,传播宽度,主要从地区范围和对象范围加以衡量;其三,作用力度,即分析媒介可能的最大延伸范围和可能的最多作用对象,在此基础上,还应分析对受众的感应力、冲击力和震撼力;其四,诉求效果,即媒介对受众感知信息的优势与局限性。在分析中可采用逐级深入法:先作地区分析,确定在何地、多大范围做广告;再作对象分析,可以通过“信息交合法”,根据年龄、性别、阶层、文化程度、收入水平和价值取向等因素,进行组合,以明确具体的对象;后作媒介分析,通过考察与对象、内容的相关性,以甄别各种媒介在这一广告活动中可能的最大效用,然后明确具体的媒介。同样,还应强化综合比较,在比较中进行优化选择。

通过观摩图片3-11,你认为对于中低档的电脑如果发布广告,应该怎样进行媒介分析?美国戴尔公司在我国选择《参考消息》、邮寄函件和自办的网站发布广告,在媒介组合上你有什么评价?

图片3-11

2. 整合传播媒介

广告媒介的整合,前提是在同一时间和空间范围内选择了两种或多种媒介,它不同于一般意义上的组合,而是包含了综合性、系统性、层次性三层意思,这对于不同规模的企业都是适用的。整合的具体内容是指:其一,地区上的组合,即在同一市场的各个子市场所选用的媒介的搭配;其二,媒介上的组合,一般存在大众传媒之间、非大众传媒之间、大众传媒与非大众传媒之间的三种组合形式,同时还意味着不同层次(如全国性与地方性)传媒的组合、综合性传媒与专业性传媒的组合;其三,时间上的组合,即在不同时期采取不同的组合方案;其四,形式上组合,不仅有直接的“硬广告”,还有通过其他形式展开的“软广告”。这一整合是一个优化配置的过程,由组合到整合,就是要使松散的、随机的搭配变为紧密的、系统的、能够互补的配置。有时候,就单一的媒介选择过程而言,还要涉及刊位、时段或区域的选择,这也会成为媒介选择的因素。所以,事先往往要准备多套方案,在初步接洽后才决定取舍。在整合过程中,应优先确定核心的媒介,然后从相异的原理出发逐一筛选,加以补充,起衬托、强化作用。

广告媒介的选择要先个别后综合;先总体分析后具体分析;先组合后整合。

七、作品设计

广告作品设计是广告运作的重要内容之一,前面述及的受众选择、广告定位、主题创意与媒体选择都和广告作品的设计有着密切的关系。广告作品一般由文字、语言、图画或画面、音乐、音响等元素组成,大致有两类:一是印刷型广告作品,如报纸、杂志、图书、年鉴、海报、招贴画、车票、电话黄页、邮寄函件等形式的广告;二是电子型广告作品,如广播、电视、电影、电话、互联网、霓虹灯、灯箱、飞船等形式的广告。广告作品的设计,实际上就是对构成作品的各要素进行构思和整合,其中基本的工作有两个:一是广告文案的创作,具体就是标题、标语、正文、随文的创作;二是广告图画、色彩、字体的选择与运用。然后,考虑综合、布局,形成一则完整的广告作品。当然,对于在不同媒体上刊播、设置、张贴的广告,乃至具体的某一则广告,作品设计的具体要求也不尽相同。这一问题我们将在后面的章节作详细介绍。

八、活动步骤

在第一章,我们陈述了广告运作的工作流程。与广告运作的工作流程不同的是,我们这里所说的活动步骤,特指围绕广告作品的设计和制作所开展的一系列活动。

第一步,领会和理解广告目标。广告策划的很多工作,包括人力、物力、财力的投入,所采取的一系列战略和策略,都是为了实现和达成广告目标。关于这一点,不能本末倒置。目标在调查后提出,在策划时得到尊重,在实施后得到体现。一方面,广告目标从属于社会组织的整体目标;另一方面,广告目标内部也是一个体系,是多元的塔状结构,还要体现可靠、可分解、可行、可测、可变的要求,对于策划人员来说,要认真领会,准确理解。

第二步,确定广告规模。所谓广告规模,是指运用大众传媒的深度与广度、媒介组合的宽度以及广告经费投放的力度。在一个特定的时期,广告规模的大小不是任意规定的,受制于多种因素,其中目标起了导向作用,经费起了保证作用,人员起了促进作用。确定广告规模,意味着如何去选择和组合广告媒介,如何安排广告发布的进程和频率,如何提供必要的经费保障,如何遴选广告设计、制作、推广、媒介联络人员。

第三步,确定广告表现形式。广告表现形式有文字式、图画式、音响式、实物式、综合式五种,其中以综合式居多,但在表现上往往有所侧重。事先确定表现形式,便于后续的具体操作。如果综合择用媒介,广告表现形式便可能多种多样。

第四步,广告创意构思。在这一阶段,要做的工作主要有:一是确定广告主题;二是进行广告定位;三是文案创作;四是选聘广告演员或广告代言人;五是构思一定的情节和场景;六是确定色彩组合、字体;七是确定广告的刊位、面积或时段、长度;八是广告布局或剪辑。总之,要形成文字初稿和故事草图。

须指出的是,上述四个步骤远非我们想象的那样刻板,有时可以同步思考,甚至错位思考。广告策划极富创造性,各要素彼此关联,很难截然分开。另外,有些广告的开展是通过一些特殊的媒介,突出表现为活动型广告,它虽然没有我们平常所见的那种形态,但同样也要策划,甚至要有更高的智慧。

九、经费预算及其使用

广告活动是个有偿交换的过程，开展广告活动要有一定的经费支持。广告预算是财务计划的一部分，它规定一定时期内从事广告活动或一个广告项目所需的经费总额、使用范围。在企业会计科目中，从销售费用中列支，计入经营成本。广告开支由广告主承担，理应成为预算的主体，但常常委托广告公司加以编制。

(一) 广告预算的内容

广告预算的内容主要包括市场调研费、广告设计费、广告制作费、广告发布费、广告活动费。这仅仅只是一种简单的划分，每一项都可以分得更细。比如，广告活动费用包括会议费、差旅费、住宿费、通信费、工作人员工资和津贴、招待费、杂费等。再比如，广告发布费用至少应考虑种类、规格、期限、频率、单价等几个因素，有播放费、刊载费、套色费、彩印费、黄金时段费等。至于设计和制作费用，就有创意费、器材租用费、场地租赁费、模特费、感光材料费、印刷费、专家咨询费、杂费等。根据资金使用的用途，还有人将广告费分为直接广告费和间接广告费、自营广告费和他营广告费、固定广告费和变动广告费。在广告费用预算中，基础是项目预算，累加起来就是一个时期涉及不同项目的总体预算。

(二) 广告预算的分配

主要有五个方面的依据：其一，根据调研、设计、制作、发布、评价几个环节进行项目分配，其中广告发布费一般占全部费用的70%—90%；其二，根据商品或服务的季节销售特点、市场竞争状况、产品的生命周期进行时间分配；其三，根据媒体组合的状况进行媒介之间或媒介之内的分配；其四，根据广告地区和受众分布的状况进行地区分配；其五，根据产品、服务、观念、形象的不同的广告内容进行内容分配，且根据产品的新旧、差别化大小、销量及市场前景、日用或特殊消费的属性、竞争力的强弱等因素进行再分配。上述五种分配方法只能以其中一种为主，其他的作为辅助方法，应灵活运用。

(三) 广告预算的要求

我们在前面陈述了广告的积极功能，所以应树立"广告是一种投资"的观点。同时，广告又具有付偿的特征，所以还要考虑投入产出本益比。鉴此，编制广告预算主要有五个要求。其一，加强预测。广告预算毕竟是对未来所作的安排，为使预算尽可能符合实际情况，就必须加强对市场变化趋势、消费者需求、市场竞争格局、市场环境的预测。其二，协调整合。广告费用的支出可分几大类若干小项，这些方面都是为了促进一个共同目的的实现，它们之间有的是前后相继的几个阶段分别发生的费用，有的是彼此互补的几个方面所发生的，理应综合考虑。同时，广告是营销组合的一部分，它又与公共关系、销售促进等其他营销手段相互配合、相互促进，那么，广告预算也就很难说是一种纯粹的广告预算。其三，合理控制。这里包含了三层意思：一是总额控制；二是进度控制；三是目标控制。这三点实际上是相互贯穿的，就是单位时间内的总额控制。其四，讲究效益。这与第三条要求是一脉相承的，主要是强调节约，对此，可实施"成本否决法"。还有一个须引起注意的是，从近年来暴露的部分腐败分子的犯罪手法看，有的是假借广告发布之名，收受贿赂、拿回扣，甚至将赌博、进入娱乐场所发生的费用以广告费的名义报销，从而形成一个巨大的"黑洞"。其五，富有弹性。即最初尽可能偏紧、偏粗，为今后执行碰到重大变化时留有余地。

(四) 广告预算的方法

广告预算的方法很多，有几十种之多，大致有三类。第一类是根据项目来预算，不考虑周期,典型的是目标达成法,即达到目标需要多少就投入多少。目标达成法又分传播目标法和销售目标法:前者考虑的是注意率、知名度、记忆率、美誉度,侧重态度和行为的变化;后者考虑的是市场占有率、销售额、利润额,侧重的是市场的竞争力和影响力。第二类参照竞争对手和自己的情况来预算,比较典型的有竞争对抗法、历史对照法和量入为出法。竞争对抗法是参照主要竞争对手的广告攻势来决定广告预算;历史对照法是根据过去的经验以及与现实的对照来决定广告预算;量入为出法就是根据现有综合实力的大小尤其是现金流量的多少来决定。第三类是根据投入与产出的关系来编制广告预算,较典型的有销售额百分比法和利润额百分比法,总的思路是根据上一会计年度或今后一个会计年度(不同国家和地区的会计年度的起讫时间有差别,我国一般是1月1日至12月31日)的已经或预计实现的利润额或销售额,按一定比例提取广告费。这一方法不太适合项目预算,只能是总体预算。

广告经费的预算要弄清“做多大的蛋糕”和“如何切蛋糕”的问题。同时,还要把握“预算”与“执行”的关系。

十、执行人员的遴选

广告运作由策划小组及相关人员协力完成。具体职责见表3-1。

表3-1 广告人员职责一览表

执行人员		主要工作职责
广告主	负责人	① 负责审定广告计划;② 协调内部各职能部门的关系;③ 审定广告策划方案,并签署意见
	营销部或广告部	① 提出广告计划;② 提供与广告策划相关的资料、素材;③ 参与广告策划;④ 督促广告策划的进程;⑤ 解决广告策划过程中的具体问题;⑥ 代表单位疏通和协调与内部和外部的关系
	财务部	① 编制广告预算;② 决定广告费用的使用及支付
广告公司	业务部	① 受理客户委托;② 向相关部门下达策划任务;③ 与客户联络并反馈意见;④ 落实广告制作等具体任务
	市场部	① 广告调查;② 对特定市场作出分析
	创作部	① 广告定位;② 广告创意;③ 文案创作
	美工部	① 作品设计;② 广告布局
	媒介部	与媒介联络
专家、学者		① 策划前接受咨询;② 策划方案的评估

必须指出的是:上述执行人员及其主要工作职责并非孤立的,而是相互协同的,在广告运

作的不同环节，彼此共同围绕相应的任务和目标，通力合作。

第三节　广告策划书的撰写

广告策划书是广告策划人员的劳动成果和智慧结晶。广告策划书的起草工作是将各阶段、各方面的工作条理化、文字化、表格化，并汇总成册。

广告策划书的格式和写作方法。

一、广告策划书的格式

广告策划书的完整内容由五部分组成，即标题、目录、正文、附录、署名，其中正文是核心内容。上述五部分内容依次排列。

第一，标题。通常具有指代作用，即代表了某一具体的策划方案。标题一般采用直述式，将客户名称或广告信息的核心内容，如品牌、服务项目等直接写进标题中（见例一）。还有的是将广告主题作为策划书的主标题，在主标题之下再用直述的方式概括写出策划书的名称，作为副标题（见例二）。

例一：

华东师范大学	成立55周年庆典	广告策划书
（A）	（B）	（C）
其中：A——客户名称；B——策划内容；C——文书种类		

例二：

自强不息　续写辉煌	（A）
——华东师范大学成立55周年庆典广告策划书	（B）
其中：A——主标题；B——副标题	

第二，目录。目录是对策划书主要内容的提示，置于标题之后，正文之前。如果篇幅大、内容多、层次繁多，一般应有目录，这样可以在修改、讨论、审查时可以做到快速浏览。

第三，正文。一般包括（但不限于）前言或绪言、客户简况、市场分析、目标设置、创意说明、广告战术安排、传播计划、经费预算、效果检测安排、特别建议十个方面。

第四，附录。一般包括四个方面的内容：一是客户提交的广告策划委托书；二是广告业务合作协议（合同书）；三是报刊或其他印刷广告的小样、电视广告的脚本，或广播广告的解说词；四是广告策划书中的其他重要资料。附录的各项内容分类处理，依序排列。

第五，署名。主要写明策划单位名称、负责人和执笔人签名、盖章、完成日期。

二、广告策划书(正文部分)的基本内容

(一) 前言或绪言

内容比较简略,着重阐明开展本次广告活动的背景和契机,策划的主要任务和指导思想,概要陈述与该广告活动有关的基本要素,起总括作用,以便领导和客户能够在一开始就能够获得策划书的大致内容。

(二) 客户简况

基本内容有客户名称、住所、法定代表人、规模、历史。如果是企业,还可能涉及经营范围、商标、品牌等。在篇幅上,也比较小。

(三) 市场分析

这里所说的市场,包括公众市场、产品市场和资本市场。不同的客户,在不同的时空条件下,分别对应不同的市场,广告的对象也有所区别,在广告诉求的内容上也不同。所以,对市场要加以分析,见表 3-2。

表 3-2 市场考察分类表

市场种类	适用社会组织	面临主要公众	考 察 对 象
公众市场	政治组织、经济组织、文化组织、群众组织、宗教组织	① 员工、股东、分支机构、等内部公众;② 政府、消费者、社区、媒体等外部公众	与具体的公众相适应,着重考察市场规模、历史、开放程度、环境、法规体系及其执行、繁荣与健康程度、竞争性、潜力、供求状况、公众心理
产品(服务)市场	经济组织	与该产品或服务有关各类消费者及潜在消费者	结合上述方面,着重考察该产品或服务的目标市场
资本市场	发行和上市股票、债券的公司,募集基金的基金管理公司,提供理财服务的银行	股东、债券投资者、基金持有人	结合“公众市场”的考察对象,着重考察特定的资本市场

对市场的分析与考察总是很具体的,要综合考虑行业、地区、对象等因素。从广告策划的角度看,关键的是了解和把握广告主及其品牌在特定市场中所处的位置,通过比较,在人才、质量、价格、规模、潜力、知名度、美誉度等一系列方面发现优势和不足,衡量竞争力、发展潜力和发展空间,再结合特定时空下的政策条件、资源条件、技术条件、区位条件、环境条件等因素,寻找和把握潜在的机会。这些方面,毫无疑问可以成为广告诉求的依据和诉求点。

(四) 目标设置

在策划书中,对广告目标的设置,要从总目标和具体目标两个层次进行,可以考虑经济目标、心理目标(传播目标)两个方面,尽量明确具体,且用量化指标。这里有两个方面应引起注意:一是目标设置与时间分段相联系;二是应建立在一定的“假设”和“基准”上,即为目标的达成设定一定的条件。

(五) 创意说明

有策划必强调创意,广告策划也不例外。所谓创意,就是提出新的意念和点子,做到超凡脱俗。创意新颖指三个方面:一是时间新;二是内容新,包括主题新、材料新和角度新;三是表现手法新。在广告策划书中,要将有新意的地方陈述出来,并对此加以说明,即阐明理由。重点放在时机选择、主题、标语、媒体安排、诉求方式等几个方面。进行创意说明,可选择最有新意的两三项加以说明,说明时重点从可行性和效果两个角度展开,简明扼要一点。

(六) 广告战术安排

这主要是指定位策略、系列策略、媒介策略、时机策略、频率策略、促进策略的应用。所谓系列广告,即在一定时期内连续而有计划地发布有统一设计形式,但内容有所变化的多则广告,目的在于起强化作用。美国生产电脑的IBM公司在20世纪80年代进入我国,由于当时我国使用计算机的用户非常少,许多人不仅没有见过,甚至没有听说过,认识是比较浅近的,所以主要的任务是介绍计算机的功能,在广告发布时选择了报纸做广告,采用的是系列广告,版式大小一样,都是一整版,都是用红色的字写"让计算技术导引未来"的口号,每隔一周发布一次,共三次,第一则广告选用的图片是一个刚刚出世的婴儿,第二则是一个靠在自行车后座边等他妈妈送他上学的小男孩,第三则是一个拉煤的中年男子,这比较符合我国老百姓注重人生的文化传统。由此可见,系列广告的鲜明特征是计划性、连续性、系列性、整体性。促进策略即通过辅助的或变相的方法和手段,起增强广告攻势,更好地达成广告目标的作用。结合前面我们对定位策略、媒介策略、时机策略、频率策略的分析,可对六种广告策略作如下分析,见表3-3。

表3-3 广告策略的应用

策　略	特　征	方法或技巧
定位策略	突出个性特色	① 消费者定位;② 产品或服务定位;③ 表现对象与诉求对象的结合点定位;④ 环境定位
系列策略	计划性、连续性、系列性、整体性	① 形式的系列化;② 主题的系列化
媒介策略	形成宣传阵势和合力	① 组合策略;② 递进策略;③ 收缩策略;④ 渗透策略
时机策略	选准"火候",以求事半功倍	① 社会热点期;② 公众价值转型期;③ 本公司纪念日;④ 本公司重大事件发生之际;⑤ 节令;⑥ 特殊时刻。在这一时间,发布广告
频率策略	强调广告宣传的轻重缓急,张弛有度	① 连续型(平衡型、渐强型、渐弱型);② 间断型;③ 综合型
促进策略	采用辅助或变相的手段和方法	开展赞助、专题研讨会、展览会、企业形象策划、馈赠、人物报道、巡回推介、表演等活动

(七) 传播计划

在广告策划书中,要详细列出所选媒介及具体的传播计划。可逐项罗列,也可以表显示。

在内容上,一般包括媒介具体名称、选择理由、版面(或时段、方位)、规格或片长、发布日期、周期、频率、意图或广告内容等八个方面。其中,选择理由一般可从三个角度陈述:一是媒体本身,如受众面、被注意价值,权威性、受众集中度、心理冲击效应等;二是受众偏爱程度;三是诉求内容与媒体的最佳结合点。规格指版面空间大小或时间长短、如电视广告有 3 秒、5 秒、8 秒、15 秒、30 秒不等。周期指一则或一组广告从发布开始到结束的过程。意图指广告的内容,可简要陈述。具体见表 3－4。

表 3－4 传播计划表

媒体名称	选择理由	发布周期	频率	位置	规格	内容	意图
《新闻晨报》	发行 60 万份,有效接触率高	2008 年 7 月 8 日—8 月 18 日	每周一次	第 2 版	1/4 版	“奥妙”系列广告	增进消费者对品牌的认知

(八) 经费预算

关于广告预算的内容,方法和原则,前面已经进行了介绍,在此不加赘言。须补充的是如何制作广告预算表。总体来看,是把与某一广告项目直接有关的费用进行列支,逐项排列,尽可能细化,从项目、数量、单价等几个方面详细说明。具体见表 3－5。

表 3－5 广告经费预算表

委托单位:________ 预算单位:________
预算日期:________ 预算总额:________

项目	数量	单价(人民币:元)	小计
调研费			1 800.00 元
气球	100 只	3 元	300.00 元
……			
总计			

(九) 效果检测安排

在广告策划书中,还要写明策划方案付诸实施后效果检测和跟踪反馈的具体安排。效果检测的核心有两点:一是受众评价,即认知基础上态度和行为的变化;二是广告目标实现的状况。这两点都可分解出一系列指标。对此,在策划书中,要写明由什么人、什么时候、在什么地方、采取何种方法、按照什么要求、对什么对象进行效果检测。常用方法有实验法、访问法、价值序列法、小组比较法、心理测定法等。在具体检测过程中,要做到如下四点:其一,客观性原则。即真实、全面,防止杜绝虚假、孤证、遗漏、假象、导演、幻影、拼凑等现象。其二,相关性原则。即效果评估与目标建立相适应。其三,综合性原则。即综合评估社会、经济、心理效益,对广告作品也应从主题、创意、诉求方式、定位、思想性和艺术性等多方面加以考虑。其四,科学性原则。即做到样本选取的典型性、代表性,指标体系的科学性、完整性,手段的先进性、科学性,多次评估的一致性和连贯性。

（十）特别建议

这是广告策划小组对广告主所提出的，希冀以此引起广告主的特别关注和重视。建议的内容主要是两个方面：一是保证策划方案顺利实施中必须取得广告主支持的重要因素，关键是人力、物力、财力的投入；二是因外部环境因素的突变或其他不可预测因素的出现导致策划方案难以顺利实施或广告目标难以如期达成，提出候补方案或应急对策。

广告策划书的正文部分的十个方面，只是一个参考。在实际的写作过程中，可以增加也可以减少有关内容，同时，结合具体的策划项目决定正文部分的基本内容。

三、撰写广告策划书的基本要求

（一）条理清晰

广告策划书是一种特殊的文体，也要强调条理性。总体看，五大部分及正文的十个方面内容的安排，基本上有一个严格的书写顺序，各部分内容可按数字或英文字母顺序排列，如"一、二、三、四"或"1、2、3、4"、"a、b、c、d"，做到条理清晰。对有些内容，如竞争对手分析、传播计划、经费预算、战术安排等，还可以用表格的形成。

（二）实用

广告策划书是应用文，围绕策划书方案的提出、安排和实施而展开，所以，要体现实用的特点，一经认可，即可马上付诸实施。策划书的撰写，首先，尽量用数字说话，少一些抽象的议论；其次，紧密结合广告主（广告客户）的实际情况，少一些针对行业或地区的过于宽泛的或过度类化的分析；再次，围绕"怎么办"多做文章，主要是写准备采取的对策和措施，亦即时间、空间的安排以及人力、物力、财力的安排以及对环境的利用，少一些隔靴搔痒的陈述。

（三）富有逻辑性

从事企业策划以及其他策划的人士最难把握的是撰写策划书时对前后内容的逻辑性和连贯性，常常将各部分内容割裂开来。事实上，仅就正文部分而言，存在着相应的逻辑关联，大致有三种情况：一是总论与分论；二是引论、立论与结论；三是提出问题、分析问题与解决问题。一般来说，前后文之间有因果关系、递进关系、呼应关系、并列关系、主次关系、点面关系几种情况，其中前三种常用于各部分之间，后三种常用于某一部分内部各层次之间。应该指出的是，广告策划书撰写在形式上有论证的成分，但又与一般的议论文有较大差异，并不存在晦涩的论证过程，也勿需引述大量的理论依据，主要是做到"言出有据"。

（四）简洁

总体来看，广告策划书的篇幅要适当，一般正文部分 4 000 字左右。陈述的重点放在市场分析、战术安排、传播计划、经费预算上，其他部分相对简略。在撰写过程中，力求简明扼要，点到即止。

在写作广告策划书的过程中，最关键的是要搞清楚各部分内容之间的逻辑关联，首先要做到能够自圆其说。

表 3-6 部分专业术语的英文缩写

中文名词	英文缩写
6C 理论	消费者(Consumers)、传播(Communication)、强制(Constraints)、创意(Creativity)、媒介(Channels)、战略(Campaigns)
4P 理论	产品(Product)、价格(Price)、地点(Place)、促销(Promotion)
6P 理论	产品(Product)、价格(Price)、地点(Place)、促销(Promotion)、政治力(Political Power)、公共关系(Public Relations)
4C 理论	消费者(Consumer)、成本(Cost)、方便(Convenience)、沟通(Communication)
AIDA 法则	注意(Attention)、兴趣(Interest)、欲望(Desire)、行动(Action)
独特的销售主张	USP(Unique Selling Point)
整合营销传播	IMC(Integrdted Marketing Communication)
《广告时代》	*Advertising Age*
国际广告协会	IAA(International Advertising Association)
世界广告行销公司	WAM(World Advertising Marketing, Ltd.)
亚洲广告协会联盟	AFAA(Asian Federation of Advertising Associations)
比较性广告	Comparative Advertising
事件广告	Event Advertising
卖点广告	POP(Point of Purchase)
直邮广告	DM(Direct Mail Advertise)
户外广告	OD(Out Door)
定位	Positioning
广告文案	Advertising Copy
收视率或毛评点	GRP(Gross Rating Point)
每千人成本	CPM(Cost per Thousand Impressions)
每千人点击成本	CPC
综合浏览量	Page Views

(续 表)

中文名词	英文缩写
点击率	Clicks Ratio
竞赛和促销广告	Contests & Promotions
电视广告片	CM
客户服务部	Account Service Department
创作部	Creative Department
媒介部	Media Department
市场调研部	Research Department
客户执行人	AE(Account Executive)
客户经理	AM(Account Manager)
撰稿人	CW(Copywriter)
高级文案	SCW(Senior Copywriter)
媒介主任或总监	Media Supervisor
调查总监	Research Supervisor
媒介部经理	MD(Media Director)
媒介策划	Media Planner
创意群总监	GCD(Group Creative Director)
高级美术指导	SAD(Senior Art Director)
客户服务总监	AD(Account Director)
集体思考法(头脑风暴)	Brain Storming
垂直思考法	Vertical Thinking
水平思考法	Lateral Thinking

本章回溯

1. 广告运作一般由广告主和广告经营者共同完成的，其中广告主是原始素材的提供者、广告计划的制定者和策划方案的审定者。广告计划的决定事项主要包括广告目标、广告进程、经费预算。策划方案的审定一般应满足系统性、效益性、可操作性和变通性四个要求。值得注意的是,广告计划与广告策划既有联系,又有区别。

2. 本章着重介绍了广告运作的基本内容,主要包括目标设置、受众选择、时机把握、广告定位、主题创意、媒体选择、作品设计、活动步骤、经费预算,执行人员等。

3. 广告目标分为社会目标、经济目标和心理目标。受众可以细分,但应注意多种属性的组合,同时要区分核心受众与非核心受众。时机把握主要是指确定广告投放日期,确定广告刊播的进程及频率,安排电子型广告的具体时段。广告定位的思路一般有从广告主、产品或服务、受众以及产品与消费者的结合点四个角度。广告主题的确立,要做到创意新颖、健康,切合公众的关心点。广告媒介的选择和确定,要讲究效益性、科学性、相关性,配合与重组也要得当。从广告作品的设计和制作而言,要按照一定的步骤进行。经费的预算及使用是广告运作的保障,应加强预测、协调整合、合理使用。另外,为保证顺利实施,对执行人员要合理分工,妥善安排。

4. 广告运作通常要有广告策划书。要了解广告策划书的格式和撰写要求,特别是把握策划书正文的基本内容。正文一般包括绪言、客户简况、市场分析、目标设置、创意说明、广告战术安排、传播计划、经费预算、效果检测安排、特别建议等。

学习重点

重点: ① 广告主在广告运作中要承担什么责任;② 广告计划、广告定位、广告主题的含义;③ 广告策划书正文的基本内容;④ 广告计划与广告策划的关系;⑤ 广告投放日期的安排。

难点: ① 广告策划方案的几个组成部分;② 广告预算的内容、分配、要求和方法;③ 广告策划书的撰写。

1. 〔美〕艾尔·里斯、杰克·屈劳特:“在这个传播过度的丛林里,获得大成功的唯一希望是要有选择性,缩小目标,分门别类。简言之,就是‘定位’。”

2. 〔美〕大卫·阿尔伯特:“如果你相信事实说明一切,你最好学会怎样写目录,并让它读起来不像目录。”

前沿问题

广告策划是广告运作的核心环节,已经成为共识。比较而言,现在研究的重点往往是局部的或个别的问题,比如定位理论、诉求理论、促进理论等,或者是媒介传播计划等某个环节的问题。而且,或者是解释性研究,或者是应用性研究,或者是策略性研究,这方面已经取得了比较多的研究成果。相对来说,从系统的、全局的、战略的角度出发,怎么把广告主、受众、媒体、市场、产品和环境综合起来,建立一个有逻辑性的彼此有关联的模型,现在几乎无人研究。另外,关于广告策划这样一个应用性比较强的课题,如何整合广告学、经济学、文化学、社会学、心理学、美学、市场学等方面的人才展开联合研究,集中解决一些跨学科的问题,也是值得思考的。

[1] 李国华. 正规军混编游击队[J]. 市场观察(广告主),2006,(07):30－33.

[2] 闫海生. 广告投放的第三条路[J]. 中国广播影视,2005,(06),(上):26－29.

[3] 刘晓丽. 都市空间中的广告企划策略:以上海徐家汇广场商业广告为例[J]. 应用写作,2005,(06):35－37.

[4] John Hallward. 一个成功的广告需要什么?[J]. 市场研究,2005,(03):10－12.

[5] 邓德隆,陈奇峰. 品牌定位左右广告效果——2004年中央电视台十大品牌广告评点[N]. 经济观察报,2004－11－22.

课外练习

一、填空题

1. 广告计划的制定者是________,其决定事项有________、________、经费预算和________。
2. 审定广告策划方案一般要满足________、________、________、________等四个方面的条件。

二、单项选择题

1. 广告作品的中心思想是(　　)。
A. 广告目标　B. 广告主题　C. 广告计划　D. 广告定位
2. 广告规模的确定,什么起了导向作用?(　　)。
A. 目标　B. 经费　C. 政策　D. 媒介
3. "我的华联,我的家"是从什么角度定位的?(　　)。
A. 受众　B. 产品
C. 广告主　D. 产品与消费者的结合点
4. 广告策划书的核心内容是(　　)。
A. 标题　B. 正文　C. 目录　D. 附录

三、多项选择题

1. 广告预算的内容包括(　　)。
A. 市场调研费　B. 广告设计费
C. 广告制作费　D. 广告发布费
E. 广告活动费用
2. 采取什么样的广告频率策略,要考虑哪几个因素?(　　)。
A. 已有知名度　B. 受众的记忆规律
C. 广告费用的多少　D. 竞争态势
E. 行业景气度
3. "广告定位"概念最早是谁提出的?(　　)。
A. 科特勒　B. 罗杰斯
C. 斯科特　D. 里斯
E. 特劳特

4. 广告媒介的整合,包含了哪几层意思?( )。

A. 多样性　　B. 综合性

C. 系统性　　D. 层次性

E. 复杂性

四、是非题

1. 在一定时期内,连续而有计划地在传播媒介上发布有统一设计形式,但内容有所变化的广告,就是整合传播媒介。

2. 媒介选择要考虑媒介本身的因素,受众偏爱程度,诉求内容与媒体的最佳结合点。

五、名词解释

1. 广告计划

2. 广告定位

3. 系列广告

六、论述题

1. 怎样把握广告的时机?

七、综合应用题

1. 某公司推出了一款新型手机,请你为他们撰写一份广告策划书。要求内容完整、条理清楚、有逻辑性、有可操作性和可行性、有详细的数据说明,字数在5 000字左右。

2. 国美电器公司准备在国庆节或春节期间在上海、江苏、北京三地开展促销广告宣传,请你为该公司做一个广告预算表,并说明"蛋糕做多大"和"如何切蛋糕",而且说明你编制这一预算表参考的原则和方法。

参考答案

一、填空题

1. 广告主、广告目标、广告进程、实施人员　2. 系统性、效益性、可操作性、变通性

二、单项选择题

1. B　2. A　3. A　4. B

三、多项选择题

1. ABCDE　2. ABCD　3. DE　4. BCD

四、是非题

1. 错。应为系列广告。

2. 对。

第四章

广告传播及其运作策略

本章概要

分析了广告传播的流程模式、反馈模式和把关模式。主要从大众传播媒介(报纸、广播、电视、杂志)、非大众传播媒介(户外媒介、邮寄函件等)、互联网、活动开展(展览会、商业表演、购并与资产重组、赞助和捐赠等)四个方面说明了不同媒介或形式的广告运作策略,另外,从名人效应、广告的信力、广告诉求、受传者的原有倾向等几个方面分析了在广告传播过程中影响效果的几个因素。

学习目标

学完本章,您应该能够:

1. 了解广告传播的流程模式、反馈模式和把关模式的基本内容;
2. 熟悉报纸广告、杂志广告、广播广告、电视广告、互联网广告的运作策略;
3. 掌握直邮广告、卖点广告、户外广告的运作策略;
4. 对"名人效应"的作用及局限性有正确的认识;
5. 能够根据受传者的原有倾向开展广告传播与说服工作。

基本概念

传播流程;反馈;把关;社会系统模式;奥斯古德—施拉姆模式;报纸;广播;电视;直邮广告;户外广告;卖点广告;互联网;展览会;赞助;购并;名人效应;诉求;受传者原有倾向

如前所述,广告是一种信息传播活动。广告传播的特殊性在于:传播以商务信息为主导,兼及其他的社会信息;综合运用人际传播、组织传播和大众传播等各种手段;揭示的是广告主与受众之间复杂的互动关系;是社会沟通中一种得到广泛应用的形式。广告传播要因循传播的一般规律,同时又存在一系列特殊的规律,有着特殊的运行模式,值得认真梳理。

第一节　广告传播模式概览

一、广告传播流程模式

传播流程的含义以及在广告传播中的表现。

所谓传播流程，即经过若干环节，信息由传播者最终流向传播对象的过程。广告传播存在一个复杂的过程，在这一过程中，广告主是传播者(或称传者、发信者、传播主体)，消费者或其他公众是传播对象(或称受者、受传者、传播客体)。在绝大多数情况下，传播者是单一的，而受传者是一个集合体，即广告传播是"一对多"模式。广告信息的流通，在有些情况下是直接指向受众，有时要经过两次或多次中转才能到达。整个流程模式见图 4－1。

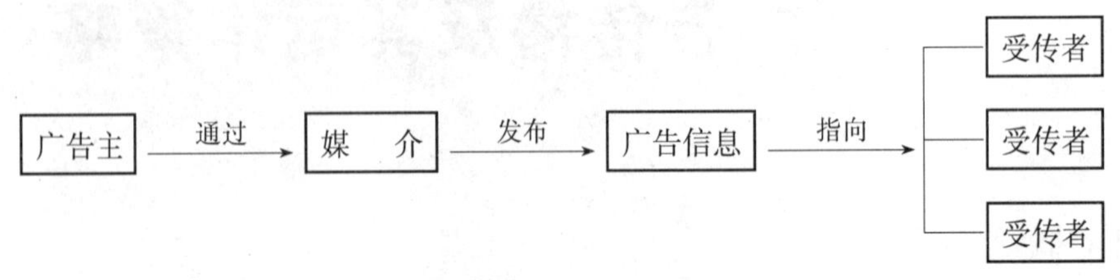

图 4－1 广告传播流程

从图中可见，广告传播有广告主、媒介、信息、受众四个要素。其中，广告主是传播的主体，即使通过报纸、广播、电视传播，不像新闻那样传播主体是传播机构或职业传播者(记者、编辑、主持人、播音员等)，广告传播的主体也只能是广告主。广告受众是信息接受者的总称，是一个具有复合性结构的群体，而"受传者"指单一的个体，由于广告的实质在于"求广"，以达到家喻户晓的目的，故一般用"受众"一词来称谓广告对象。当然，并不排斥传播过程中的"一对一"现象，比如电话广告、传真广告等广告形式中的对象即是如此。

二、广告传播反馈模式

传播过程中，广告主与受众分别处于传播的两极，前者将信息发向后者是狭义的传播过程，后者在接收信息后对前者的反应是反馈环节。这两个环节连贯起来，就是广义的传播过程。受众的反馈形式较为复杂，有如下表现。

图片 4－1

(1) 直接反馈和间接反馈。受众将信息直接反馈给广告主，即直接反馈；通过其他途径中转，比如通过调查机构、监管机构等，即为间接反馈。

(2) 作为反馈和不作为反馈。做出某种反应，比如购买产品，或者对广告内容传播，即作为反馈；若对广告作品或广告活动选择沉默，或知悉后并未引发购买等相应反应，称为不作为反馈。

> 通过观摩图片 4－1，你认为广告主的预期与最终的实际结果之间存在哪几种可能？结合这一广告，对"王老吉"广告的诉求展开分析。

(3) 作品反馈和功能反馈。作品反馈，就是对广告传播活动或广告作品的反馈。功能反馈指广告的功能是否在受众身上得到体现。这两者往往是不同步的：前者是基础，后者是结果；前者体现传播目标，后者体现行为目标。

(4) 积极反馈和消极反馈。

(5) 电话反馈、信函反馈等方式。

受众反馈必然包含了评价的成分，这些反馈决定着广告作品的优劣乃至整个广告活动的成败。反馈结论的得出通常通过受众调查得以实现，调查的意义在于了解受众的所思所想，从而把握广告诉求的合理性、正当性及效果，决定广告作品的修订及广告活动的完善。运用"奥斯古德—施拉姆"模式可以说明广告传播的反馈过程，见图 4-2。

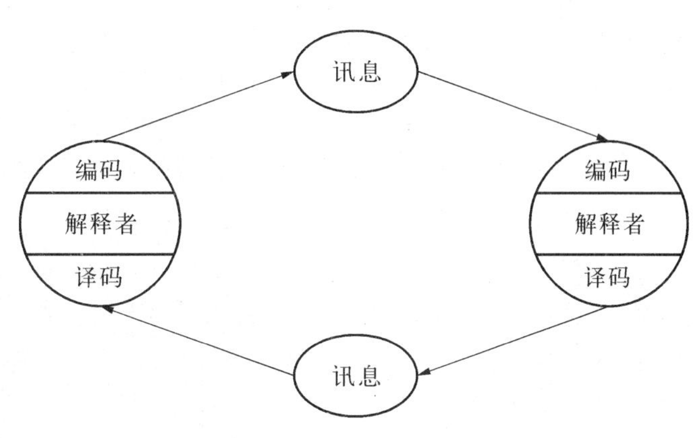

图 4-2　奥斯古德—施拉姆模式

这一模式告诉我们：广告主与受众具有同等的传播地位；广告信息的发出与接收有一个编码与译码的过程，即分别开展符号化和符号读解，使信号转换为符号，或使符号还原成信号；传播与反馈随着角色的转换，使得反馈成为另一层意义上的传播，而传播也可能是另一层意义上的反馈；传播与反馈是不断循环的，直至一个广告活动的结束，代之以新的广告活动的出现。

三、广告传播的三种方式

从广告传播范围的大小区分，广告传播的方式主要有三种，即大众传播、组织传播、人际传播。三种方式之间的区别，见表 4-1。

表 4-1　广告传播方式特点比较

项目＼类别	大众传播	组织传播	人际传播
传播模式	一对多(广告主与受众)	一对多(广告主与受众)	一对一(广告人员与受传者)
常用媒介	报纸、广播、电视、电影、图书、杂志等大众传媒	橱窗、POP、海报、内部公共媒体、录像、幻灯等	网络、电话、传真、电子信箱等
主要受众	消费者等社会公众	社区公众、内部公众	经销商、代理商、主要客户等
复制能力	强	弱	弱
传播范围	广	中等	窄
信息公开	透明度高	一般	相对较低
受众选择	信息选择性高	有一定选择性	缺少选择性
受众反馈	基本上是单向的，反馈有限，且缓慢	中等	互动频繁

四、广告传播的把关模式

把关是指信息的筛选和过滤，负责筛选和过滤信息的单位和个人就是把关人。广告传播特定的信息，直接面向受众，理应把关。这种把关是需要性选择与强迫性选择结合的结果。从需要性选择看，广告信息的发布与广告目标的实现、受众心理的满足等密切相关。从强迫性选择看，与各种限制有关，如经费限制、媒体限制、内容限制、文化管制等。广告信息的把关主要针对两个方面：一是信息量的多少；二是信息的类别。对信息的选择，要注意六个方面。

通过观摩图片4－2，请你思考：为什么要对广告信息进行筛选和过滤？从需要性选择与强迫性选择两个方面，该公司分别考虑了哪些因素？

图片 4－2

第一，应该是真实的，有些采用夸张手法的，允许适度夸张，但基本事实要真实。

第二，应该是新颖的，不论是历史信息，还是即时信息，均应是受众未知的。

第三，应该是可公开的，涉及商业秘密或为法律法规所禁止的内容就不应刊播。

第四，应该是符合社会规范的，不违背良好的道德风尚、风俗习惯，不触犯人们的宗教信仰和宗教感情，不触犯有关法律和政策规定。

第五，应该是有传播价值的，即易读、易懂、易记、易传。

第六，应该是与广告目标的实现，与广告主题的表达密切相关的。

当然，广告信息的选择标准并不限于上述六个方面。总的来说，要在大量可供选择的信息中去伪存真、去粗取精、寻求特色、抓住本质。这一选择过程往往不是一蹴而就的，须经过反复筛选，有若干环节，或经过若干“门区”，层层过滤。到最后，绝大部分信息被筛选、过滤了，真正得以保留的是被认为最有价值的信息。广告信息的把关模式见图4－3。

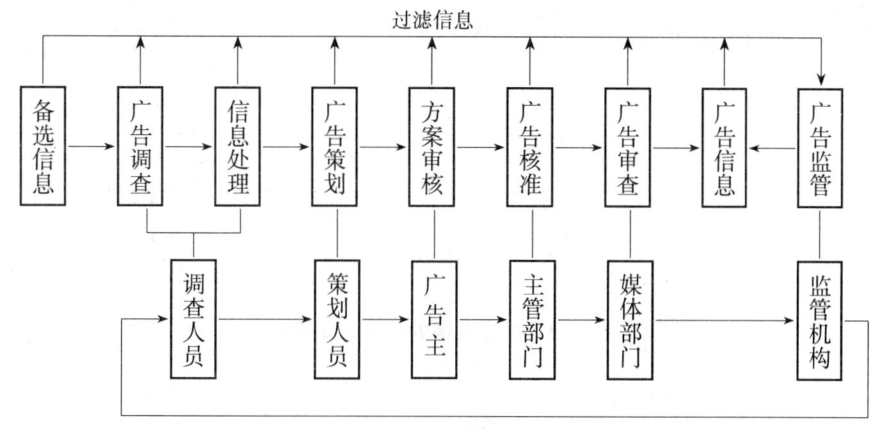

图 4-3　广告传播把关环节及把关人分布

由上图可以知道：备选信息减去过滤信息即为广告信息；广告运作的不同环节，构成了广告把关的不同门区，把关人也不同；监管机构的把关属于事后把关，处于把关的最后环节，主要进行合法性检查，与前几个阶段的把关有所不同，一旦认定违背有关法律，则责令停止发布，或敦促修改，标志着新的循环的开始。

五、广告传播的社会系统模式

广告传播不是孤立的传播过程，而是在社会大背景下和社会总系统中完成的。广告的每一个要素及它们之间的相互关系，都有着鲜明的社会性质。具体地说：

第一，广告主的社会属性。如前所述，广告主既可能是法人也可能是自然人，作为法人的广告主不管属于哪一类别，我们都称之为“社会组织”，而自然人也业已完成由“生物人”到“社会人”的转变，两者的生存与发展，都是以社会为条件的，其行为都是自身与社会环境交互作用的函数。广告策划和运作，作为特殊领域的实践活动，也受到这一铁律的制约。

第二，广告传播的是社会信息。我们一般将信息分为三种：一是自然信息，如风雨雷电；二是物理信息，如光力热能；三是社会信息，如舆论、思潮、新闻、广告等。广告所传播的是社会信息，即面向社会、面向大众，确立社会价值导向，为社会服务。

第三，媒介是社会控制的手段之一。在现代社会，媒介是一种重要的控制力量。广告传播依赖于媒介，通过媒介传递信息，以公开的形式作用于社会，常常涉及文化的深处，倡导或反对什么对人们的思想和行为产生影响。媒介内容的公开性，会产生一种压力，使广告主在内容选择上有所忌惮，不能恣意胡为。

第四，受众常常对广告作品加以社会检阅。呈现在受众面前的仅仅是广告作品，以此为载体与广告主实现交流，对广告主形成或加深认识。这一直接或间接的沟通，广义上是社会沟通的一部分。受众在接受广告信息的过程中，其自我形象、个性结构以及在基本群体、次属群体中所接受的影响，同样也会对信息的选择性注意、理解、记忆发生作用。

基于上述分析，我们可用图显示广告传播的社会系统模式，见图 4-4。

仔细区分广告传播流程模式、反馈模式、把关模式和社会系统模式的内容以及它们之间的关系。

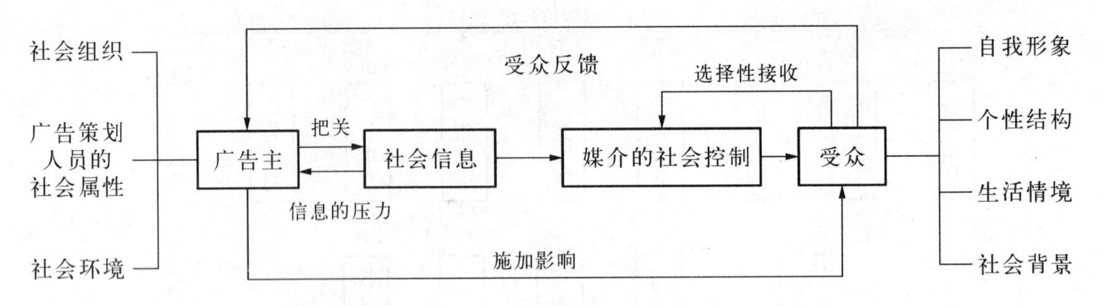

图4-4 广告传播的社会系统模式

第二节 媒介运用及广告运作策略

一、大众传媒与广告运作

在第二章,我们从符号运用、传播速度、辐射区域、受众范围、解释能力、生动形象、受众选择、信息保存、制作难度、制作成本、广告效果等11个方面比较了大众传媒的性能,这在广告运作中是必须引起注意的。下面着重分析报纸、杂志、广播、电视广告的运作策略。

(一) 报纸广告的运作策略

报纸广告的运作策略及其理由。

从我国报纸读者的社会特征看,主要有四个方面。一是年龄上以中青年人群为主。二是在地区分布上,城市人群读报发生率高。报纸发行量基本上与工业化同步增长,这是国内外的共同规律。三是报纸读者学历构成较高。四是职业构成以白领为主。根据这些特征,同时结合报纸的特点,有针对性地开展策划。

(1) 充分发挥报纸解释能力强的特点。由于报纸广告文图相配、信息量大、易于保存、解释能力强,对于有些广告最好选择报纸:一是新产品或侧重全面介绍的内容;二是通告、公告、启事、声明、招聘、招生等分类广告。

通过观摩图片4-3,你认为这样的广告发布在报纸上是否合适?报纸广告与电视广告在广告信息的选择与安排上一般有什么不同?为什么?

(2) 增强广告内容的吸引力。

(3) 讲究编排技巧和编排效果。首先,在编辑处理上,可采用梯形编排法、疏密编排法、同类产品归类编排法和分类广告编排法。其次,除非是整版广告,广告要尽量安排在有新闻的版面,但不能用衬色、混排的方式,必须界线分明。再次,在版面选择上,头版与尾版效果最好,具体地说,上部比下部好,版面比中缝好。

图片 4－3

(4) 增加面积，一般应有一个版面 1/4 以上的空间才醒目。

(5) 广告不要填塞得太满，至少应有 1/3 以上的空白。

(6) 尽量套色印刷。

(二) 杂志广告的运作策略

(1) 注意出版周期的变化，多做形象广告，不做有时效要求的促销广告。

(2) 充分发挥杂志读者对象较为集中的特点，加强针对性。

(3) 除非发行量较大，或没有其他特殊的考虑，尽量不选择杂志发布广告。

(4) 以理性诉求为主。

(5) 尽量选择封面、封二、封三、封底发布广告，还可运用连页、折页、插页等多种形式。

(6) 加强图画设计。

图片 4－4

> 通过观摩图片 4－4，思考如下问题：为什么杂志广告要加强图画设计？为什么要多做形象广告，而不是一般的促销广告？为什么要尽量选择封面做广告？如何使广告内容与杂志的定位结合起来？

(三) 广播广告的运作策略

广播广告的运作策略及其理由。

在电视、互联网的冲击下,广播广告近年来有所影响。但是,广播的听众呈现出一些新的特点:一是广播伴随收听行为明显,收听时间不断增加。二是广播受众收听习惯稳定。三是广播听众不"躲避"广告,遇到广告比较少地换台。

(1) 加强听觉效果。广播广告是一种听觉艺术,由广告词、音乐、音响三部分组成,所以可以调动一切听觉艺术手段。比如,广告词精炼、准确,播音优美动听,节奏分明;音乐悦耳动听,切合广告内容,旋律优美,起较好的烘托作用;音响节奏感强,状物感人,与其他要素相辅相成。

(2) 有些内容尽量适用广播广告或以广播为主要载体,主要是以农村消费者为主要对象的产品或服务项目。另外,从理论上来说,广播的听众是比较广泛的,包括文盲和半文盲,也包括学龄前儿童。事实上,现在广播的听众具有年龄低、文化程度高的特点。特别是音乐节目、娱乐节目,多为高消费能力的"白领"。对于广告投放人来说,这类人群是各类产品广告追逐的目标。

(3) 以说明和解释为主,在表达上尽量具体、生动,使听众获得实感。

(4) 充分运用语言艺术。主要有六点要求:其一,做到口语化,尽量通俗易懂,易解、易传;其二,尽量选用大众化语言;其三,多用双音词,少用或不用单音词;其四,少用简称,不滥用简称;其五,尽量不用倒装句或长句子;其六,尽量不用同音不同义的字和词,以免产生误解或费解。

(5) 要有必要的重复,特别是品牌、地址、电话等内容,或加快广告频率,以增加记忆效果。

(四) 电视广告的运作策略

电视广告的运作策略及其理由。

电视观众在当今时代,越来越体现出广泛性,与广播、报纸的读者与听众相比,电视观众更少受到文化程度、年龄、性别的制约。同时,由于一般以家庭为单位进行收看,保证了广告的到达率。尤其是儿童与电视已经结成亲密的"伙伴"关系。这些因素使得电视台广告收入增长很快,以中央电视台为例,广告收入从 1979 年播出第一条商业广告,1992 年实现广告收入突破 1 亿元,1995 年迈过 10 亿元门槛,2007 年突破 100 亿元大关,2008 年光黄金时段广告招标就突破了 80 亿元。这既体现了改革开放对电视广告业的积极作用,又说明了电视对广告商的巨大吸引力。电视广告的运作,要注意六个方面的问题。

(1) 明确电视广告的适用范围。电视广告融视觉形象与听觉形象于一体,有运动感、节奏感、形象感,因而具有较强的诉求力和冲击力,常被视为首选媒介,但成本高、制作难度大、制作周期也较长。因而,有些广告是不适合电视的,主要有六个方面:其一,中小型规模的单位;其二,发展前景暗淡的产品或服务;其三,时效性很强的促销广告;其四,公司或产品的具体信息或全面介绍;其五,消费者群体相对较小的生产资料和生活资料;其六,不具重要题材的内容。与之相反,在内容上电视广告应以传播企业形象为主;适合于大众消费品；适合于常年销售的产品；适合于仍处于介绍期、成长期、成熟期的产品或服务。

(2) 可采用多种拍摄方法。电视广告的拍摄方法主要有四种：其一，写实手法，即真人、真景、真物的运用；其二，木偶片法，即以拟人化的方法进行；其三，纪录片方法；其四，卡通片法。总之，可用常规的或高科技的多种方法。

(3) 形式上，可将文字、声音、音乐、诗歌、舞蹈、绘画、造型、戏剧、电影、演唱等一切艺术形式运用于电视广告中。

(4) 充分运用图像展示商品或服务的外观、规格、款式、使用方法、使用效果。

(5) 注意各种要素的综合运用。总体看，语言要简洁、精炼、口语化；屏幕文字要醒目，推出和切换活泼；画面有动感，传神达意；音乐轻松活泼；音响节奏分明。这五个要素要各臻其妙，紧扣表现对象和诉求对象的特点，浑然一体。

(6) 可以选聘适当的明星或社会公众人士开展推介。

> 通过观摩图片 4-5，请思考：为什么许多日用消费品往往首先选择电视媒体做广告？是否任何商品都适合发布电视广告？为什么？

二、非大众传媒与广告运作

除了大众传媒外，还有大量非大众传媒。从历史和发展的眼光看，两者都在不断获得发展，内容上系列化、多元化、层次化，形式上电子化、高科技化、艺术空间化，共同构筑了广告传媒的大框架。而且，在事实上，广告信息的传播远比其他社会信息传播渠道要宽，这关键是非大众传媒的广泛存在。现就几种主要的加以分析。

图片 4-5

(一) 直邮广告的运作策略

直邮广告又称为广告邮寄函件，可分为销售函件、商品目录、商品说明书、宣传小册子、商务明信片、商务名片等，由于一般邮寄给有关公众，而且是直接的，故称为直邮广告。直邮广告的运作要求如下。

(1) 加强针对性。首先，在形式上要通过邮政系统传递，有关宣传品除了在展览会、博览会、展销会可以散发外，不能在马路边散发，或随意塞入居民信箱，这就失去了直邮广告的性质，事实上效果也极差。其次，要认真填写信封，写清收件人的姓名和地址，提高拆阅率，避免随意丢弃的现象。再次，与之相适应，所发布的信息应是人们所需要的，不能任意投送。

通过观摩图片4-6,你认为直邮广告的对象如何选择?怎样避免“天女散花”式的广告?

图片4-6

(2) 事先应在双方自愿基础上收集对象的基本信息。

(3) 每次信息量不宜过多。

(4) 印刷要精美。

(5) 尽量与促销结合起来,有一定鼓动性,但总体以叙述为主。

(6) 为增加“私交”色彩,在内容上可写上致谢、祝愿一类的话。

(二) 户外广告的运作策略

户外媒介,简称OD。户外广告,是指设置在露天而没有遮盖的一切形式,主要包括由路牌、海报、招贴画、霓虹灯、灯箱、气球、旗帜、交通工具等制作的广告。

1. 路牌广告

路牌广告主要设置在城市街道两边,墙壁,交通要道、车站、码头、机场、体育场馆等公共场所附近区域。除运动场、博览会等公共场所外,一般一年以上。注意如下七点:内容简短,核心内容以不超过10个字为宜;以形象广告为主要内容;设置高度、距离以形成良好的视觉效果为前提;不利用交通安全设施、交通标志;不影响市政公共设施、交通安全设施、交通标志使用;不妨碍生产或人民生活,不损害市容市貌;间距合理。

2. 霓虹灯广告

霓虹灯广告(含广告灯箱)一般设置在高大建筑物上,如屋顶、桥梁、橱窗等,也可在路边、室内。设置的时间较长,一般一至二年。在具体运作的过程中,要注意以下七点:形式上可以多样化,如壁挂式、旋转式、立体式、喷洒式;图案简单明了,色彩以红黄蓝为主;字数在10个字以内,以品牌名称、广告标语为主;空间开阔;加强广告信息的流动性;经常检查电路,防止火灾;楼顶广告不能遮住建筑物有特色的天际轮廓线。

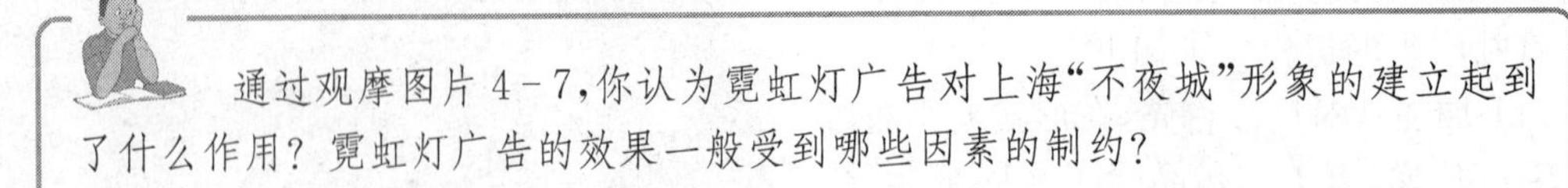

通过观摩图片4-7,你认为霓虹灯广告对上海“不夜城”形象的建立起到了什么作用?霓虹灯广告的效果一般受到哪些因素的制约?

3. 海报

一般张贴在单位内部或社区公共宣传栏内或外墙上。张贴时间较短,一般几天。注意如下四点:海报内容多为预告性的,故应提前张贴,但不能太早;内容有鼓动性和感召力;或毛笔书写,或电脑放大,引人注目;讲清时间、地点、人物、事项等基本要素。

图片 4-7

4. 招贴画

一般张贴社区公共宣传栏及相关活动场所外壁。张贴时间有周期性，一般较短。注意如下三点：印刷精美；外观构图应赏心悦目；紧扣活动内容。

> 通过观摩图片 4-8，你认为海报和招贴画之间有哪些区别？它们的设计和制作分别有什么要求？为什么要提前张贴？提前多长时间比较合适？

图片 4-8

5. 布幔、卡通造型、气球、充气拱柱等

一般布设在广场、草坪，或悬挂在建筑物、行道树上，或与展览会相配合等。注意四个方面：颜色运用以红为主，烘托喜庆氛围；布设紧凑；文字内容简短，字号相对较大；活动结束，及时清场。

> 通过观摩图片 4-9，你认为像布幔、卡通造型、气球、展板、充气拱柱等广告形式一般用在什么场合比较合适？在做广告的过程中要注意哪些问题？

图片 4－9

6. 交通广告

主要设置在公共交通工具外侧、交通站口、各类等候室。2005 年后,许多城市的私家车上也出现了广告。一般一年以上。要求基本同“路牌广告”。

7. 空中广告

主要发布在城市上空的飞机、飞船、巨型气球上。与活动持续时间相适应,时间相对较短。在发布的过程中,要注意三点: 精心选择时机;地面组织要井然有序;合理设定高度和表演方式。

图片 4－10 是国外一则利用汽车车身做的广告,通过观摩,你觉得这种形式一般应选择在哪些地区? 效果如何? 在出租车、私家车的车身上发布广告目前在我国各地有不同的处理方法,你对此有何评价?

图片 4－10

（三）卖点广告的运作策略

卖点广告，又称 POP 广告，即在一切购物场所或物质交易所设置、张贴和发布的一切广告形式。还有人称为“现场广告”。可分为室内 POP 广告和室外 POP 广告。卖点广告的运作要求如下。

（1）卖点广告的设置应与购物场所的氛围相适应。从购物场所的建筑风格来看，大致有异国情调型、富丽堂皇型、民族风格型、仿古型、大众型等几种类型。那么，卖点广告的设置就应与这种风格相适应。比如民族风格型或仿古型，卖点广告可以儒雅、温婉、精致、小巧，在色彩、书法等方面体现出温馨的气氛。

（2）要有整体感、立体感，保持完整性和平衡性。总体来看，室内有柜台、圆柱、空中旋转器、货架陈列、四壁、楼梯口，此外还有显示牌、导购灯箱、模特等；室外有橱窗、招牌、门面，霓虹灯、灯箱、模型、旗帜、气球、广播、雕塑等。各种形式和要素要错落有致，相互辉映，形成一个统一的整体。

（3）有个性特色，能产生激发、诱导和暗示作用，特别是在同一社区或相邻的店家中更应如此。

（4）布置时要宽松，不宜过于拥挤。否则，就显得杂乱无章，视觉效果不好。

（5）注意美观、整洁。

（6）及时更新，给人以新鲜感。每隔一段时间，就要调整，如同个人的服饰和装扮一样，做到常换常新。

直邮广告、户外广告、卖点广告是三种主要的非大众媒介广告的形式，它们的运作策略要根据其具体的特点展开。

通过观摩中国工商银行的广告扇，即图片 4－11，你认为对于零售业、服务业来说，卖点广告的设置有哪些基本要求？就其媒介的选择看，是单一型的还是复合型的？

三、互联网与广告运作

电脑网络作为新兴传媒，我们很难将其归入大众传媒抑或非大众传媒，因为它存在多对多、一对一、一对多、多对一这样四种信息流通方式，故我们称之为中间形态的媒介。互联网的典型特征有六个：其一，能够连接网上的任何用户，共享网上信息资源；其二，互动频繁；其三，通过不同的传播系统，可以服务于个人（电子邮件）、组织（电子邮件或内部联网技术）、受众（大规模的电脑网络）；其四，可以无限量进行信息沟通；其五，传播范围极广，甚至延伸至全球；其六，在绝大多数情况下，网络传播是非实时、非同步的传播。

图片 4－11

与过去进行比较，现在我国互联网的互联网用户的结构发生了比较大的变化，主要体现在“四个趋于平衡”上：其一，性别比例趋向平衡；其二，年龄分布趋于平衡；其三，互联网用户的文化程度分布趋于平衡；其四，互联网用户职业与行业分布的比例正在趋于平衡。

在现阶段，互联网还远未成为广告的主流媒介，原因有五点：一是虽然互联网用户超过2.5亿，但普及率比世界平均水平要低，而这些用户又被众多的网站所瓜分，单一媒体所占份额更小；二是网络用户上网动机复杂，近40%出于休闲、消遣、娱乐；三是有偿上网限制了受众对广告的兴趣；四是消费品购买决策人，如成年女性等在网络用户中恰恰是上网时间最少的一个群体；五是广告公司对互联网行业的介入不深，影响了互联网广告水平的提高，如初期的横幅广告、标识广告、按钮广告、文字链接等，其有效性已为人们所诟病。不过，手机上网成为网络应用的另外一个重要发展方向，势必加快互联网的大众化。至2008年上半年，有28.9%的中国互联网用户在过去半年内曾经使用手机上过网，手机互联网用户规模达到7 305万人。这些因素都必然推动互联网广告的发展。

互联网广告的生命力毋庸置疑，在当前要注意以下六点。

(1) 不断推出新的广告形式。如新浪网推出了全屏广告、通栏广告、弹出宣传品广告、声音广告、画中画广告、定向广告、全流量广告，取得了一定效果。

(2) 将广告发布与设置奖励结合起来，吸引受众的注意力。

(3) 对受众群体要加以细分，使广告策划更为针对性。

(4) 使传统媒介广告与互联网广告在设计、制作上实现有效嫁接。

(5) 将重点人群定位在中青年人，并适应其特点。

(6) 探索通过手机发布互联网广告的新特点和新方法。

图片 4-12

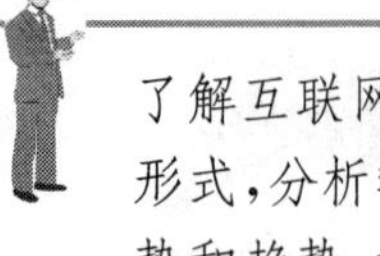

了解互联网的特征、途径和各种形式，分析我国互联网发展的态势和趋势，把握其广告运作的新情况。

通过观摩图片4-12和图片4-13，思考如下问题：互联网有哪些基本特点？目前有几种上网的基本途径？网络广告的发展前景如何？怎样使网络广告在“有效”的同时做到“可爱”？

图片 4－13

四、活动开展与广告运作

与媒介型广告不同，所谓活动型广告，即社会组织积极倡导、主持、举办、参与社会、商业、文化活动，以期引起公众特别是媒介公众的关注，从而实现广告的目的。不是任何活动都是广告活动，要称之为活动型广告必须满足三个基本前提：一是具有强烈的广告动机，并期望取得相应的广告效果；二是通过特定的活动而实现，这些活动包括赞助、馈赠、招商、征集、展览、研讨、购并、重组等；三是同样体现付偿性特征。活动型广告主要是人力资源组合的产物，是一种“隐性”广告，一般能产生较为广泛的轰动效应。下面，着重分析四种常见的活动型广告。

（一）展览会的运作策略

展览会是一种展示实物或模型、宣传形象的特殊交流会，如汽车展、书展、电脑展、房展等。根据不同的标准，有固定和流动、室内与露天、同类与综合、贸易和宣传、大型和小型之分。一般来说，以固定、室内、同类展览居多。在运作时，要注意以下七点。

（1）若属参展，应选择理想的区域布设展台，面积适度。

（2）综合运用媒介开展复合传播。一般来说，展台要配置图片、宣传资料、幻灯片、录像带、影视片、现场广播、演示人员、讲解人员、模型、物品陈列等，这几个方面要综合协调。

（3）展台布置要新颖别致，吸引顾客。别开生面的布置，往往能够引人入胜。

（4）演示和讲解人员要从外在仪表、语言表达能力、对参展内容的熟悉程度以及操作能力等方面精心选择，并事先接受专门培训。

（5）不论是贸易展览还是宣传展览，都应在内容上精心选择、精心构思。

（6）加强与顾客的双向沟通，形成有效的互动。

（7）在可能的情况下，可邀请与参展内容相关的社会知名人士参加，活跃氛围。

通过观摩图片 4－14,你认为日本的某家房地产企业做的这个展览会外景效果如何?如果参加一次书展,你认为出版社可以选择哪些策略以收到最佳效果?

图片 4－14

(二) 赞助与捐赠活动的运作策略

对外赞助和捐赠,既是公共关系活动又是广告活动,在方式上有资金赞助、产品赞助和人力赞助,并以前两种最为典型。赞助与捐赠活动体现了社会责任感,能够较好地培养和发展与某类特殊公众的感情,也是容易成为新闻媒体报道的素材。赞助与捐赠对象是公益事业,按照 1999 年 9 月 1 日起施行的《中华人民共和国公益事业捐赠法》,是指非营利的下列事项:救助灾害、救济贫困、扶助残疾人等困难的社会群体和个人的活动;教育、科学、文化、卫生、体育事业;环境保护、社会公共设施建设;促进社会发展和进步的其他社会公共和福利事业。运作赞助和捐赠活动,要注意以下四点。

(1) 熟悉有关法律规定,依法捐赠。首先,捐赠对象是依法成立的公益性社会团体(基金会、慈善组织等)和公益性非营利的事业单位。其次,捐赠的财产应当是捐赠人有权处分的合法财产。再次,捐赠过程要符合法定程序。

(2) 赞助或捐赠对象尽量与所经营的产品或服务相关。比如,向学校捐赠电脑、图书,向敬老院捐赠空调,向运动队捐赠饮料、药品,等等,就符合这一要求。

(3) 留名或冠名事宜要事先洽谈、报批。根据《捐赠法》,捐赠人对于捐赠的公益事业工程项目可以留名纪念;捐赠人单独捐赠的工程项目或者主要捐赠人出资兴建的工程项目,可以由捐赠人提出工程项目的名称,报县级以上人民政府批准。对此,要事先商定下来。除了工程项目以外,若赞助某一活动,也可对此冠名。

(4) 重大捐赠活动,可以安排一个捐赠仪式,并举行新闻发布会。为此,需要落实时间、地点,准备相关资料,邀请嘉宾和记者,安排主持人和发言人,布置场所,等等。

通过观摩图片 4－15,或者到中西部农村实地考察一番,你认为在城市和农村之间跨越"沟壑"的真正的"桥"是什么?对于"先富者",能够为处在困境中的或需要帮助的人群做些什么?怎样从法律上和公共关系意义上开展赞助或捐赠活动?

图片 4 - 15

(三) 广告表演的运作策略

广告表演带有商业演出的性质,如时装表演、广告文艺晚会等,往往由企业参与组织、提供资助或通过冠名等形式,旨在宣传本企业或产品形象。在运作时,要注意以下六点。

(1) 活动主题新颖、明确、健康、有品位。

(2) 把握时机,切中公众的关心点,吸引人们的关注。

(3) 事先精心准备。包括联系并落实联办、主办单位,确定活动主题,安排活动进程及各阶段的具体任务及其执行、落实人员,选择并确定活动场所,邀请参加演出的演职人员和颁奖嘉宾,活动报批,联络媒介,准备礼品、服装、道具、鲜花、横幅或条幅、音响设备,等等。做到专人负责,逐一落实。

(4) 争取电视台转播或新闻报道,以扩大影响。

(5) 精心设计活动,力争隆重、热烈、简朴、紧凑。

(6) 采取一些辅助手段,吸引人们踊跃参加。如事前宣传、设置一定的奖励、活动的系列化、借助适当的权威效应等。

(四) 购并活动的运作策略

购并活动属于资本经营的范畴,有独特的运行规律和运作技巧。但是,跨行业、跨地区甚至跨国的收购、兼并,包括通过股票市场的"借壳上市"、"买壳上市",特别是大宗购并案例,一般都会在购并企业和目标公司所在地居民和广大投资者中引起较大反响,所以,它同时又是一种广告活动。单纯从广告运作的角度看,要注意以下六点。

(1) 在购并实施前,活动要隐秘,以便在实施后产生出人意料的轰动效应。

(2) 在不违反有关法律法规的前提下,勇于创新,激发人的兴趣。

(3) 目标公司的选择应有策划新闻事件的新闻价值,从而产生轰动效应。

(4) 制造"悬念",引发公众的持久关注。

(5) 配合活动的开展,适时举办新闻发布会、记者招待会,说明、解释、澄清一些相关问题,并借机展示本公司实力形象，扩大影响。

(6) 购并成功后，根据对目标公司的控制地位和企业登记有关法规，及时办理更名手续，并对新公司加以宣传。

首先要对各种活动的特点有比较深入的认识，同时了解相关的案例，然后对活动的策划原则与方法加以认识。

第三节　广告传播效果分析

一、"名人效应"的作用及局限性

名人效应就是利用知名人士或公众人物的社会影响在广告中推介商品、服务或观念，从而实现广告目的。代表"上海高度"的姚明 2002 年进入 NBA 和代表"上海速度"的刘翔 2004 年获得雅典奥运会冠军后，广告片约不断。文艺界明星介入广告，比起体育界更是有过之而无不及。明星辈出的重要缘由在于传播资讯业的发达。同类型的人取得了同样的成就甚至更卓越的成就，在资讯不发达的年代，仍可能默默无闻，鲜为人知。知名人士具有一定的号召力和影响力，关键在于"偶像崇拜"是一种常态的、普遍的社会心理。名人效应是一种客观存在，在许多方面都有体现。在广告商看来，名人效应是一种"晕轮效应"，容易使人产生"名人用名品"的感觉。对此，学界泰斗季羡林 1997 年在新民晚报发表的一篇《论广告》的短文中调侃地写道："间有请出著名的艺术家，特别是一些美若西施的美人，倒三不著两地扯上几句淡。于是商品的知名度就会猛增"，至于效果，则是"一登龙门，身价百倍。名人和美人一沾边，不少消费者就心甘情愿地掏自己的腰包"。但是，名人效应施用于广告领域，并不是放之四海而皆准的，有时候还可能弄巧成拙。

通过观摩图片 4－16，你认为企业聘请名人作为广告代言人的基本动机是什么？为什么主要聘请文艺、体育明星？其合理性怎样认识？

在利用名人效应的问题上，为增强效果应注意以下五个方面。

第一，名人选择可以多样化。目前广告中的名人以文艺、体育界人士居多，这与他们频繁亮相荧屏，而电视又是受众首选媒介有关。相形之下，对其他人士的选择较少。不过，近年来有所改观。调侃过明星广告的季羡林先生在 90 华诞之际也拍了一个公益广告，充满深情地怀念他的母亲和老师们——胡也频、胡适、陈寅恪、汤用彤、冯友兰、朱光潜，从而号召中国人尊师重道。此外，学界泰斗任继愈、侯仁之，知名学者谢宁高、罗哲文签约《华夏时报》，成为该报保护民族文化遗产公益广告代言人。除了学界外，企业界中的万科董事长王石也出任了摩托罗拉在中国的代言人。

第二，名人身份要与广告内容相适应。已故著名导演谢晋生前唯一的一次做广告代言人是在中央电视台推介《学习的革命》一书，作为知识渊博、阅历深厚的电影大师，就比较适合，效

图片 4-16

果也不错。相反，如果由一个年轻的文体明星来推荐该书，恐怕效果大打折扣。

第三，选聘的名人要有良好的公众形象。意大利某公司追求所谓标新立异，以至于走火入魔，有一次用一个声名狼藉的死囚的形象，令人咋舌。因此，选聘的名人要求德艺双馨，有良好的口碑；如果有偷税逃税、打架斗殴、生活腐化等不良品行，必须弃用。

第四，所荐产品或服务应有良好的质量保障。

第五，选聘名人要符合法律规定。

了解明星广告的运用情况，并尽可能加以历史比较，把握各阶段的特点。可能的情况下，可以展开微型调查，分析实际的效果并分析其原因。

第一部分：案例内容

复旦教授不怕争议：为什么 IBM 选我做代言人(节选)

(2003 年)8 月初以来，一些媒体上出现了 IBM 公司的一则新广告：复旦大学教授顾晓鸣成了这家 IT 名企 Thinkpad X 系列笔记本电脑的品牌形象代言人。在这一主题为“世界最具创新思维者的选择”的广告里，顾晓鸣引起的关注似乎超过了 IBM 新推出的笔记本电脑。为什么他能得到 IBM 公司的垂青，成为中国大陆第一个代表品牌形象的学者？

《外滩画报》：IBM 是如何找到你做形象代言人的？

顾晓鸣：我跟IBM从没有接触过，但从两年前我就在用他们的产品。我靠自己的工资、讲课费和其他收入，花了整整两万四千元买IBM的新款。这和当时戴尔一出新产品，我就买戴尔一样。我本身是研究文化的，对新的文化有一种很自然的关注。人生中难得有这么一些机会，从一种文化萌芽就开始追踪。IBM是创新型公司，他们在不断地进行管理模式和技术的创新，我自己对他们产品的印象非常好。所以，IBM公司通过奥美广告公司找到我时，我答应了他们。

《外滩画报》：奥美是怎样和你谈起IBM的想法和合作方式的？

顾晓鸣：奥美找到我时，我特意问过，是谁让你们找我的？对方说是按照IBM开出的名单联系的。我不知道名单上有几个，但我肯定我是第一人选。自始至终，我没有跟IBM接触过，7月份签订合同，对方请我去澳大利亚拍摄，我告诉他们我很忙，结果7月份整个澳大利亚的摄影团队都飞了过来，在上海找了一间摄影棚拍摄。有人说我是借IBM的名头，我不这样认为，我们是互生的状态和依存。当然我有我的选择，如果换了一个不严肃的公司，我绝对不会接受。我对IBM的印象比较好，但并不是他们让我做什么，我就做什么。

《外滩画报》：IBM看上你是因为你的知名度？

顾晓鸣：我1989年就在台湾《中国时报》开过"顾晓鸣专栏"，谈张艺谋的《红高粱》以及相关文化。我认为，每个学者在写文章的时候，总会有些人在关注。我这次成了IBM公司的形象代言人，可能是有些看法和认知上的不同。我始终认为是一个简单的相互借光，并不等于被知名公司选中就有多了不起。

《外滩画报》：你觉得你的形象能吻合IBM的理念和需求么？

顾晓鸣：比我出名的大有人在，但我是一个公众形象没有负面影响、又认真研究学问的人。我跟IBM冥冥之中有一个相互感应的过程，我用他们的产品，IBM公司一直热心公益事业，从文化发展的角度去深刻理解我们所做的工作，是有相关性的。广告本身是要加强印象，适合它的主要诉求对象，IBM是个严肃的公司，跟索尼那样的青春气息不同。而我自己是很关注历史、经济和文化的关系的，我觉得自己可以达到他们的要求。IBM公司也说我跟其他的学者不一样。

《外滩画报》：你怎样看待和IBM的合作？

顾晓鸣：我跟IBM公司合作这件事就是一个简单的商务合作，其实不值得大量的宣传。我个人觉得IBM的产品是稳重的，他们选择形象使者不是选美的概念，多种因素加进来，不小心让我做了。他们借助学者，学者借助他们，这是一种真正意义上的文化交流。

采访手记：

作为IBM公关形象代理的北京联科安智公关公司总经理李东春表示：这件事情他是知道的。因为产品一直关注的是商务层面的人士，IBM从不找演艺界的公众人士做形象代言人，有时活动邀请的嘉宾也是商业界和体育界人士，这是由它本身的市场定位决定的。比如IBM请的另一个品牌的形象代言人，就是《美丽心灵》的作者西尔维娅·娜萨。

IBM之所以选择顾晓鸣做形象使者，是看到了他潜在的关注度，才可能合作；这会影响到潜在的商务用户。但作为IBM形象发布的专业代理公司，我们留意到他们很少提形象代言人的说法。IBM主打的不是消费产品，需要的只是一个形象。以前的雅鲁藏布江和南极科考，以及现在的学者形象出现，是IBM公司一直在做的探索。同时，又是他们短期内的市场目标，以巩固和强化公司形象。

第二部分：引用该案例的目的

选用该案例的目的是让学生了解名人或社会知名人士在广告中的应用状况，以及广告主在聘请名人做广告的基本依据以及在聘请名人做广告后在社会上可能表现出的各种反响。名人效应可能是双重的，包括积极的和消极的两个方面。同时，在选用名人后，既可能产生名人效应也可能不会。这些，都是学生必须认识清楚的。

第三部分：案例观摩的思路与方法

我们这里选用的这个案例是一个比较特殊的案例——不是聘请文艺、体育明星，也不是青春靓丽的对象，而是一个在高等学校里做学问，同时又具有比较高知名度的一个教授。同时，这家企业是著名的外商企业。他们有这样的眼光，应该说是值得我们思考的。学生在了解这个案例的时候，可以从这样三个方面了解：

一是名人的聘请是否一定会产生名人效应？

二是这个案例能够给我们留下哪些思考？

三是在选择名人的时候，对名人应该确定哪些基本的条件？

第四部分：案例点评

这个案例发生在IBM这样的大型外国企业中，“名企业”+“名教授”从新闻报道中有“显著性”的就有新闻价值那样，而且选用教授做广告本身不多，又符合新闻中“新”的属性，于是，很自然地成为媒体报道的焦点。现在，许多企业往往习惯于选择名人，特别是文艺界、体育界的名人做广告的比较多，有的产生了比较好的效果，而有的则效果一般，有的甚至产生了反面的效果。这个案例所反映的，应该说IBM这家生产电脑的企业找一个需要经常与电脑打交道的教授代言，还是比较恰当的，而选择的顾晓鸣教授对文化有比较深入的研究，而且在形象气质上看起来文质彬彬。问题在于，再有名的教授，在社会上也不会显得太有名，即使有名，可能也仅仅是知其名而不知其人。所以，对于学术不了解的人，这个广告希望产生名人效应就勉为其难了。对于了解学术圈的人，又由于这个教授在不同的人那里可能有不同的评价，这个名人效应的效果也打了折扣。

第五部分：版权及出处

作者王杰，见2003年8月《外滩画报》。

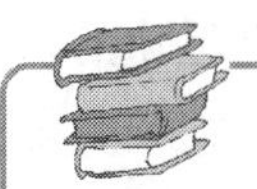

总统、名人效应与图书发行

出于“英雄崇拜”的社会心理，使得社会闻达、公众人物成为人们心目中的偶像，往往有着“登高一呼,应者云集”的作用。某出版商有一批滞销已久的书难以脱手,正在百思不得其解的时候,忽然灵感来了,给总统送去一本书,并几次三番地央求意见。忙于政务的总统无暇细读,便敷衍了他一句:“这本书不错。”出版商拿着鸡毛当令箭:“现有总统喜爱的书出售。”于是,这些书很快脱销。

后来,这个出版商又有书积压,故伎重演,又送了总统一本。总统有了前车之鉴,就说:“这本书糟透了。”出版商闻言,眉头一皱,计上心来,在广告中写道:“现有总统讨厌的书出售。”出于好奇,读者又是争相购买。

常说“再一再二,不能再三再四”,而该出版商后来第三次找到了总统,总统因有前两次的教训,缄口不语,不发一言。出版商决定仍然以此做广告:“现有令总统难以下结论的书,欲购从速。”居然又被一抢而空。

二、广告的信力

广告的有效性的基础之一是广告的信力。从各种传播现象看,只有当某人或某一事物具备了信赖价值,人们才会怀有好感,继而产生支持、合作的行为。广告业界被人非议较多的便是虚假陈述、有重大遗漏及有误导嫌疑的广告。虚假广告不仅损害了消费者的利益,还最终搬起石头砸了自己的脚。

广告的信力,主要来自于两个方面:

第一,来自企业健康的经营理念和企业家正直的品格。经营理念反映了企业对员工、同行、消费者、社会、环境的一种基本态度,有健康与否之分。尔虞我诈、坑蒙拐骗、以次充好、欺行霸市、短期行为……显然这都是不健康的经营理念。而健康的理念就更要求企业确立诚实、服务、信用、关怀这样一些基本的经济伦理准则,在“义”与“利”、“群”与“己”、“近期”与“长远”等一些基本问题上有正确的认识。企业的经营理念又往往是企业家人生哲学的体现。一个(群)企业家对他人、对社会的认识及其水平将会极大地左右企业的走向。企业家最重要的品格是诚信正直,这也就意味着能够无私无畏、平等待人、信守诺言、坚持原则、刚正不阿。企业健康的经营理念和企业家正直的品格,可以赢得公众的信赖,广告的信力也就大大增强了。

第二,来自真实、准确、客观的广告信息。有些广告的虚假是赤裸裸的,完全是无中生有,而有些则是隐性的,主要有四种表现形式:一是以局部代表全局;二是有重大遗漏,将优势和长处说得花好月圆,对不足和问题只字不提,我们知道,任何物品如同人一样,也是“金无足赤”,而有的广告恰恰将足以打消人们消费念头的重大缺陷掩盖起来,实际上也构成误导;三是内容夸张;四是广告过于超前。大多数虚假广告的出现,是对消费者知识结构、理解能力和考察意愿的估计不足。有的广告夸大功效、制造“新概念”、移花接木、混淆视听,是利用了人们知识结构的缺陷。但是,消费者众多,除了外行还有内行,有很多雪亮的眼睛,所以,虚假广告这种“公开的骗局”迟早会被戳穿。事实上,有些虚假广告很容易识别,一般来说,语言暧昧的,表述矛盾的,引文缺乏权威依据的,都有虚假嫌疑。

重点分析广告的公信力——可以展开分类研究,对不同类型的广告展开研究,然后分析原因,提出对策。

三、要让受众明白广告的诉求点

莫比广告奖主席，著名广告专家J·W·安德森说过："目前世界上大多数广告还做得很差。它们的确具有冲击力，但这不是主旨所在。这些广告渴望得到注意，但是却忘了应该告诉消费者些什么。当你看到巨幅、整版的报纸、杂志广告，或者是15秒、30秒的电视广告密集轰炸，你不禁会问：'它们到底在说什么？'"事实上，全年每年数千亿美元的广告费至少有50%被浪费了，人们对有些广告不闻不问，更不加以深究。这实际上提出了一个值得思考的问题：广告如何引起人们的关注？

通过观摩图片4－17，你觉得这则广告能否让你很清楚地了解它的诉求？在你平时所见到的广告作品中，你认为广告诉求不清晰的原因主要有哪些方面？

图片4－17

广告作品之间也有一个相互比较的问题，而能否吸引受众关键在于它们自身的素质和魅力。广告的魅力，来自其特有的文化特征。

第一，悬念。悬念是引起注意力的有效手段，因为它打破了人们的惯性思维，使人产生欲罢不能的感觉。比如，有一则广告画面是，开车的爸爸正在吃××牌巧克力，他要下车买点东西，再上车时，发现巧克力已不在了，原来是坐在后排的女儿吃了，这时屏幕上出现了字幕：请记得给孩子系好安全带。

第二，幽默。人们看广告不像读新闻那样饶有兴趣，也不应像读社论那样凝重，也不像读教科书那样出于求知的渴望，而应该在一种精神完全放松，比较自由的情况下进行。充满幽默的广告一般能吸引人的注意，并记忆犹新。

通过观摩图片4－18和图片4－19，你认为哪一则广告体现了幽默的色彩？要做到幽默，你有哪些好的思路？

第三，富有情感。现在人们越来越关注自我价值，对广告就要看其内容与自己究竟有多少关联、有多大帮助，而不是一味"欣赏"广告主的自我标榜。鉴此，广告内容要有更多的情感设计，与人性结合起来，表达更多的人情关怀。比如，第30届莫比广告奖中获得公益类金奖的是德国汉堡警察局的一个广告，画面很简单，将十字路口设计成一个沉重的十字架，在"十"字所代表的马路上有"DON'T DRIVE DRUNK"（不要酒后开车）的字样，如同墓志铭起警示作用。看起来，人们不一定心情舒畅，但广告透出了对生命的关怀与重视。

第四，构思独特。有个性的东西相比雷同、抄袭或构思较为普通的作品，更容易引起人们的关注。

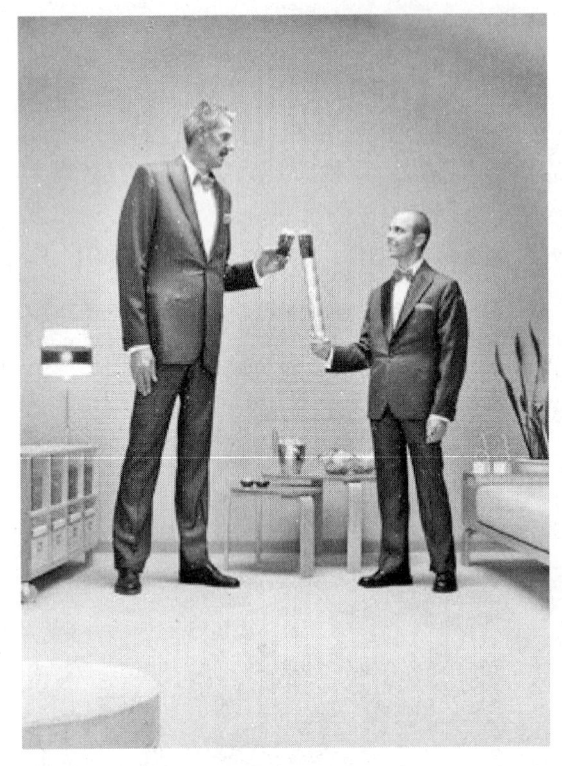

图片 4－18

图片 4－19

第五,精准的诉求。奥美是国际广告界的首屈一指的大公司,1948 年由“现代广告之父”奥格威在纽约创办,该公司曾经有过一个著名的广告语:“在时速六十英里时,这辆劳斯莱斯车内最大的噪声,来自它的电子钟。”这条广告语明白无误地告诉了消费者产品的本质特点。

四、了解受传者的原有倾向

作为广告信息接受者个体的受传者的原有倾向,是指经验、兴趣、态度、观点、价值取向等在传播前所存在的某种状态。人和人之间存在差异,甚至截然不同,因而对广告的认识、理解及所做出的行为反应自然也会不同。这主要是指两个要素。

第一,理解力。即受传者对广告信息所包含的真实含义能否准确把握及把握的程度。理解力的高低通常与其年龄、经历、受教育程度及知识结构的宽度有关。根据国务院人口普查办公室发布的数据,我国文盲人口占总人口比重(文盲率)1964 年为 33.58%,1982 年 22.81%,1990 年 15.88%,2000 年 6.72%,那么,印刷广告对文盲产生的效用为零,即使是其他可认知的广告,理解上也可能会有较大偏差。由于统计文盲率未计算 15 周岁以下的少年儿童,事实上对少年儿童来说,由于其阅历有限,对很多事物的理解也不深刻和准确,那么,在广告中应尽可能适应其特点,符合其认知能力和认知水平。

除了文化程度(知识结构)以外,理解还与以下五个因素有关。其一,假定与理解。假定是一种已经形成的经验,而经验是对过去的认识,如果情况发生变化,经验就不再起作用。换句话说,假定是“先入为主”,是已经形成的关于某一事物的“过度类化”。其二,文化期待与理解。中国人与美国人在很多方面的理解不同,更多的是因为文化或文明的不同,包括政治、意识形态、宗教、价值观的差异。其三,动机与理解。其四,情绪与理解。其五,态度与理解。就是先前形成的关于肯定或否定、赞成或反对的行为倾向，对理解产生的影响。这五个因素中，动机、情绪、态度更多的是与“个人”有关，而假定、文化期待更多的是与“群体”有关，在广告运作中要有的放矢。

第二，批判力。即对广告信息的选择性强度。我们知道，对各种社会信息的选择性包含有选择性注意、选择性理解、选择性记忆三个方面或三个环节。影响选择的因素有信息的易得性、与自身的相关性、对自身需要满足的可能性、与自身认知领域的协调性。其中，与自身认知领域的协调性就直接决定受传者对广告信息的批判力。一般来说，当广告信息及其所包含的观点与自己原先的认知领域趋于一致，就易于接受，甚至广告的本义是另外的，人们也常常做出与自己原先的认知领域相一致的理解。然而，有些人拒绝某些广告，甚至怀有天然的反感，对此，我们可以从受传者的性格、价值取向、信念中去寻找原因。广告以受众为对象，这就需要我们对这个群体中的大多数受传者的价值取向有一个基本的判断。在阿根廷曾有利用巫术求雨的广告镜头，若在我国，或许绝大多数人并不能接受。

了解受传者的原有倾向，对于提高广告传播效果有两个方面的意义：

第一，使广告的结果朝广告主的预期演变。广告效果可分为预期效果与非预期效果，前者即结果与预期大致吻合，而后者即结果与预期有比较大的差异或背道而驰。不了解受传者的原始倾向，就找不到广告的诉求点，就做不到让他们喜闻乐见。

第二，便于采用合适的说服技巧。具体见表 4 - 2。

表 4 - 2 受传者原有倾向与广告说服技巧对应表

受传者原有倾向	广告说服技巧	结　　论
文化水平与理解能力	一面提示与两面提示	对文化水平和理解能力较低的受传者，以一面提示为主；反之，以两面提示为主
	明示结论与隐示结论	对文化水平和理解能力较低的受传者，尽量明示结论；反之，宜将观点隐于材料之中
性格	诉诸理性与诉诸感情	总体上两者要结合。对理性、成熟的受传者，偏重理性诉求，以说明、解释、描述为主；对活跃、重情感的受传者，偏重感情诉求，以抒情、描绘为主
原初态度	一面提示与双面提示	受传者原初态度与广告所表达的观点基本一致，以一面提示为主；反之，以双面提示为主
心理成熟性	恐惧诉求	除固执的受传者外，可适度采用恐惧诉求，造成紧张和不安，促进态度改变，但要适度，以防止出现自我防卫

首先要清楚受传者的原有倾向主要有哪几个方面，然后寻找这些因素与相应的广告策略或技巧之间存在的内在关系。

五、广告主的主体地位与受动特征

广告活动的主体是广告主，其主导作用在于可以决定做与不做，多做与少做，这样做与那样做,具体地说,决定着广告的规模、时机、对象、内容、方式等。广告传播效果的取得,广告主的作用显而易见。但是,要真正取得好的、大的效果,又不能将其主体地位极端放大和扩张。事实上,广告主的主体地位在相当大程度上,具有受动特征。原因在于:其一,广告活动是社会系统和社会变迁中的行动,受诸多因素的制约;其二,广告作为传播活动,与受众、广告经营者、广告发布者建立双边或多边关系,而彼此间是一种平等的社会关系,而非强制的或上下级之间的支配与被支配的关系;其三,与广告主的行业主管机关、广告监管机关之间是受控关系。由于广告主在大多数情况下对广告运作规律不了解,对运作模式和技巧比较生疏,使得其主体地位有着很大的局限性,这与其他领域存在差异。那么,广告主要想取得较好的广告效果,就应该注意以下四点。

第一,跟踪监测内外环境的重大变化,及时把握市场动态。

第二,尊重广告传播规律,避免由企业领导人个人意志代替市场意志的现象。

第三,密切与广告公司、资讯公司、民意调查机构、商务代理部门、媒体单位等中介机构的合作关系,注意听取他们的意见。

第四,加强受众反馈,从善如流,将受众意见作为主要的决策依据之一。在20世纪早期,曾流行一种理论,即“魔弹论”或“皮下注射论”,将受众看作是被动的、机械的信息接受者,显然是荒谬的。在现代社会,非常强调的是协商、沟通与“互动”,那么,在传播过程中,传播者与受传者都可统称为“传播单位”,即互为主客体,并无绝对的主体和客体。对于广告传播说,广告主同样要摆正位置,事实上既有主体性,又有受动性。

本章回溯

1. 广告是一种信息传播活动,总是由广告主与受众相互作用的过程:一方面,广告主对受众施加影响;另一方面,受众又对广告主加以反馈。作为信息的发布者与接受者,双方随着角色的转换,都要进行必要的编码与译码。从广告传播的范围看,广告传播的方式一般有大众传播、组织传播、人际传播。广告传播必须严格把关,精选内容。另外,广告传播不是纯粹的孤立的活动,还应放在社会大背景和社会总系统中加以分析和考察。

2. 广播传播的主要途径是大众传媒,主要指报纸、广播、电视、杂志、图书、电影,它们在符号运用、传播速度、辐射区域、受众范围、解释能力、生动形象性,受众选择、信息保存、制作难度、制作成本、广告效果等方面各具特点,因而,广告运作的方法与策略也不相同。本章着重介绍了报纸、杂志、广播、电视广告这四种最常见的媒介广告运作策略。

3. 除了大众传媒以外,广告传播的途径还有很多,如直邮广告、户外广告、卖点广告、互联网广告、活动型广告等。对此,应把握其特点、现状、应用前景和运作策略。

4. 广告传播要增强效果。本章结合我国当前广告市场的状况,着重分析了“名人效应”的作用及局限性、广告的信力、广告诉求方式、广告说服技巧、主客体互动等内容,旨在对当前所存在的一些主要问题加以廓清。

学习重点

重点: ① 报纸广告、广播广告、电视广告的运作策略;② 展览会、直邮广告、户外广告的运作策略;③ “名人效应”的作用及局限性。

难点: ① 赞助和捐赠活动的运作策略;② 根据受传者的原有倾向开展广告传播与说服工作的技巧。

1.〔美〕沃纳·赛佛林，小詹姆斯·坦卡德："说服只是大众传播的一种形式，但它却是很多人感兴趣的一种形式。"

2.〔日〕松下幸之助："资讯发达，是使社会迈向'容易成功'的时代，而能否成功的关键，在于是否善于利用宣传的力量。"

前沿问题

比较而言，对媒介型广告研究多，对活动型广告研究少；对传统媒体广告研究多，对新媒体广告研究少；对媒介的功能、特点、形式、种类研究多，对媒介的发展趋势和功能变异研究少；对单一媒介研究多，对媒介的融合研究少；对我国媒介研究多，对媒介的国别研究少。另外，对广告传播模式的研究，主要停留在对国外理论的介绍上，而对如何构建具有中国特色的传播模式思考和研究不多。总体来看，目前广告学研究往往是重广告过程和广告要素，而忽视效果研究，在传播效果的研究中对广告的公信力研究比较多，但没有提出如何增强广告的说服力和可信度的具体方法。近年来，对明星广告的调查研究有了不少调查报告，但对此进行理论总结和提炼还很不够。还有一点，就是诊断性研究多，病理性研究则不多。

[1] 舒咏平.广告传播公信力的缺失与导入[J].新闻大学，2004，(秋)：25－28.

[2] Mike Underhill.电视广告：说得越多传递的信息可能越少[N].中国经营报，2005－09－12(B).

[3] 郭东.网络广告的形式和特点分析[J].企业经济，2005，(08)：107－109.

[4] 陈祁岩.现代广告传播模式探析[J].武汉大学学报(人文科学版)，2005，(04)：504－507.

[5] 徐浩然，于毓.明星代言与市场风险[J].中国广播影视，2005，(07)，(下)：58－63.

课 外 练 习

一、填空题

1. 广播广告是一种听觉艺术，由________、________、________三部分组成。

2. 由于受传者个体原有倾向的不同，对广告的认识、理解及所作出的行为反应也往往不同，这主要是指________和________两个要素。

二、单项选择题

1. 户外媒介，可以简称为(　　)。

A. OD　　B. CD　　C. POP　　D. DM

2. 通告、公告、启事、声明一类的分类广告，你认为选择哪一类媒介比较合适？(　　)。

A. 杂志　　B. 报纸　　C. 电视　　D. 广播

3. 广告的信力影响(　　)。

A. 广告作品的风格　　B. 广告的有效性　　C. 广告的注意力　　D. 广告的水平

三、多项选择题

1. 直邮广告又称为邮寄函件,一般包括(　　)。

A. 商品目录　　B. 说明书　　C. 商务明信片　　D. 宣传小册子　　E. 包裹

2. 以下哪些属于户外媒介?(　　)。

A. 路牌　　B. 布幔　　C. 霓虹灯　　D. 飞船　　E. 电影

3. 以下哪些户外广告陈设的时间比较短?(　　)。

A. 布幔　　B. 霓虹灯　　C. 路牌　　D. 海报　　E. 招贴画

四、是非题

1. 空中客车或波音飞机在电视上发布广告是可行的。

2. 展览会必须综合运用媒介开展复合传播。

五、简答题

简述直邮广告的运作策略。

六、论述题

如何开展报纸广告的运作?

七、综合应用题

1. 一所普通中学招收新生,在上海电视台发布招生广告,你认为合理吗?为什么?

2. 复旦大学在百年校庆时,曾经在上海外滩附近的黄浦江上空制作了大型的飞船广告,你认为这样的广告要注意哪些问题?

3. 现在外国零售巨头家乐福、麦德龙、沃尔玛等在我国经常发布的是直邮广告,而报纸广告、电视广告基本上看不到,你知道这是为什么?

参考答案

一、填空题

1. 广告词、音乐、音响　2. 理解力、批判力

二、单项选择题

1. A　2. B　3. B

三、多项选择题

1. ABCD　2. ABCD　3. ADE

四、是非题

1. 错。飞机一类的产品客户少,是大宗消费品,而不是大众消费品。

2. 对。

第五章

现代广告运作的创意方法

本章概要

本章介绍了广告创意的含义、特点和适用领域研究与其他创意的区别，详细阐明了商品本位创意法、形象本位创意法和受众本位创意法的具体内容和操作方法，分析了广告创意的思考方法和广告定位的视角，重点说明了发散思维和非定势思维在广告中的运用策略，并且提出了在广告创意过程中要注意的几个基本原则和要求。

学习目标

学完本章，您应该能够：

1. 了解广告创意的含义、特点和适用领域；
2. 熟悉广告定位的视角；
3. 把握商品本位创意法、形象本位创意法、受众本位创意法的基本思路；
4. 弄清广告创意的思考方法以及发散思维和非定势思维在广告中的具体运用；
5. 能够根据所学的知识和理论提高在实践中的操作能力。

基本概念

创意；广告创意；主题；时机；广告定位；商品本位；形象本位；受众本位；销售难题；垂直思考法；水平思考法；发散思维；非定势思维

自十一届三中全会以来，我国大众传播业、信息技术业和通信业均获得了长足的发展，为广告事业的迅猛发展奠定了基础，而市场经济的不断推进、广告意识的增强，又使广告业的发展由可能转化为现实。面对纷繁复杂的广告世界，大多数广告作品如过眼烟云，并没有给人留下深刻的印象，造成大量人力、物力、财力的虚耗。广告不能脱颖而出的原因，一是力度不够，二是出现“错位”，三是创意贫乏。创意是广告运作的真谛和广告活动的生命线，是强化广告诉求效果的重要因素，也是形成受众内驱力的源泉，是开展广告竞争的重要砝码。

第一节　广告创意的内涵

一、广告创意的含义

创意是一种构思活动,即形成思索、主意、想象、联想、念头、点子的过程。所谓广告创意,就是广告策划人员按照一定的原则和方法所进行的构思和想象,是表现广告主题并最终形成美好意境的一种创造性思维过程。对此,可以从以下四个方面加以理解。

广告创意的本质、关键、前提和优化。

图片 5-1

(一) 广告创意的本质在于创新

任何创造活动往往是不同于传统思维和大众思维的,是为了突出个性,力争卓尔不群。经验和创新看起来是一对矛盾,其实并行不悖:经验是财富,掌握它,在碰到同样或类似问题时可以从容应对,但我们常常要涉猎是许多未知的领域,这时的经验就有很大的局限性,需要创新思维。我们学习的目的,就是为了掌握由历史经验转化而成的知识体系,同时获得在相关领域创新的能力。广告创意的本质同样也在于创新。一是由于广告与市场经济具有不解之缘,作为市场经济的先导产业,为广告主适应和挑战市场竞争,起开路先锋作用,而市场经济的深入发展,恰恰会引发无穷无尽的新情况、新问题,发现、分析并破解它,有时经验的力量是很苍白的;二是在工作、学习、生活的节奏明显加快的情况下,受众普遍存在追新求异的心态,这与在稳定或超稳定社会结构中因循成法的历史惯例是不同的。没有创新,就没有广告市场的立足之锥。

通过观摩图片 5-1,你认为这则广告的创新之处体现在哪里?创新的合理性和科学性如何?为什么在广告运作中要强调创新?

(二) 广告创意的关键是符合受众心理

广告创意及其成效有几种评价,包括自我评价和社会评价。自我评价往往是以广告主体确定的目标为依据，把结果与目标对照，这是“目标导向”评价。社会评价又可以分为受众评价和非受众评价，受众评价往往是从自身的感受、需要的满足进行的；非受众的范围比较广，可以是学者、记者、监管部门和其他同行。比较而言，在广告评价中，自我的感认缺乏实际意义，关键在于社会评价，特别是受众评价，即广告能否引起受众的关注和兴趣，产生积极的评价。创意本身不是创意的目的，它以吸引受众的注意力为前提。如果受众对你所发布的广告不闻不问，这则广告就失去了存在的价值。要引起受众的关注，就应符合受众心理。美国广告界权威人士詹姆斯·韦伯曾说过：“广告创意是一种组合商品、消费者以及人性的种种事项。真正的广告创作，眼光应放在人性方面。”这段话，揭示了广告创意从受众心理的角度去寻找、发展思路的重要性。

图片 5－2 是我国身高达 2.26 米的著名篮球运动员“小巨人”姚明登陆 NBA 之初为美国苹果电脑拍的一则广告，与他配戏的是一个在美国也很知名的侏儒演员，你认为这样的广告创意是否符合受众的心理？为什么？

图片 5－2

（三）广告创意应以科学的分析为前提

创新包括主题新、材料新、角度新、表现手法新、媒体运用新、时机选择新……不一而足。总之，令人耳目一新，难以忘怀。创新实际上是在一大堆平凡、普通的材料中提炼、加工、合成的，这就需要我们对各种相关的材料加以科学的分析。

（四）广告创意是一个不断优化选择的过程

就大多数广告作品而言，犹如千人一面，分不清张三或李四，这样的广告对广告主是财力的浪费，对受众则是时间的浪费。要形成一个健康、科学且有品位的广告创意，要反复酝酿、反复构思，集思广益，不断自我否定，经过方案优选，精益求精，形成最佳创意。

二、广告创意的适用领域

(一) 主题的创意

无论广告活动还是广告作品，都应有明确、具体、单一、健康的主题，同时要新颖，反映时代特征，别具一格，想人家没想到的，做人家很少做到的。有一句俚语，叫做“戏法人人会变，各有巧妙不同”，关键是看如何运作。

> 通过观摩图片5－3，你对这则旨在宣传节约用水的公益广告所体现的主题在品位、新颖度、个性化方面分别有什么评价？如果由你来设计，你将怎么做？

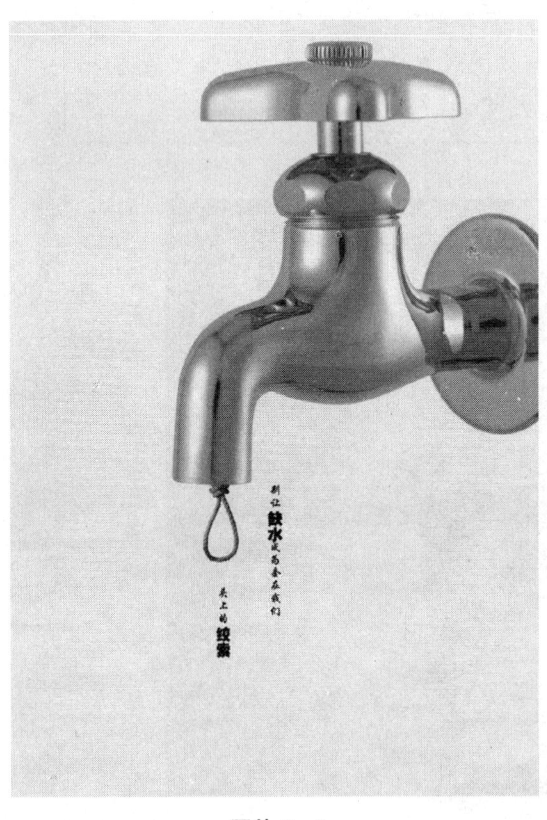

图片5－3

(二) 时机把握的创意

广告是特定时间内的活动，对时机的把握，即掌握“火候”，过于超前或滞后，就是冒进或木讷，都难以引起人们的广泛关注，效果就要打折扣。“时”与“势”是紧密相连的。所谓“势”就是人们在某一时期的关心点、兴奋点，也构成广告活动的大背景。在开展广告活动时，有些是对常规的时机把握：一类是广告主自身发展历程中所存在的有利时机，如开业、周年庆典、更名、获得荣誉、取得突出业绩、发生重大事件、遭遇危机等；一类是外部环境所提供的有机时机，如节令、盛会、国内外重大事件、时尚等。对于常规性的，主要在于有效利用，还有些是非常规性的，主要在于适时创造。

对时机的把握，要注意以下四点：一是“借势”与“造势”相结合，即利用机会与主动地策划新闻事件以达到广告效果相结合；二是如果“势”已形成，即某一事物已成为新闻单位“议程设置”的重要内容或报道重点，而受众的关心点和兴奋点在事实上已随着传媒关注点的转移而转移，广告活动就要乘机而动，若“势”未成或大势已去，均不适宜；三是时间点的选择，尽量包含了特殊的含义，如寄托了对未来美好的期待、对当下的关爱、对过往的追怀等；四是体现时代特色，即使是借助传统节日，也要体现现代元素。

> 图片5－4是可口可乐在2001年中国男子足球队经过40多年的努力后首次闯进世界杯之后做的一个广告，你认为该公司在广告时机的选择上是否合理？具体采用了哪种方法？

图片 5－4

（三）人物形象选择的创意

在电视、电影、互联网广告及印刷媒体广告中，常常有图像或图画，尤其是以画面为主的电视广告，而画面中又往往有人物形象。在人物形象的选择上，同样也要求有创意。近十几年来，洗发水、护肤霜之类的化妆品广告一直是电视广告的主力军之一，但真正有个性的极少，在人物形象的选择上大多是长发飘逸、青春亮丽的女性形象，看了以后，印象都不深，哪怕是由明星代言的广告，也是如此。在人物形象选择的创意方面，可考虑以下七个方面。

第一，把握明星人物与普通百姓选择的关系。在第四章，我们分析了名人效应的作用及局限性，也就是说，名人效应客观存在，但不是行之必然有效。一般来说，广告与消费中的名人效应的发挥关键在于权威效应、气质耦合效应和示范效应，离开了这三点中的任何一个方面，名人效应就会大大降低，甚至有可能是“负效应”。鉴此，对于大众消费品或服务项目，诸如衣食住行等相关的各类产品或服务，选择普通百姓做广告模特也未尝不可，即使是名人，也不一定局限在影视体育明星这个狭小的群体。

通过观摩图片 5－5，你认为化妆品广告是选择电影明星，还是选择普通老百姓做广告代言人比较好？为什么？如果是洗涤用品，又当如何？

第二，把握广告演员人物数量多少的关系。在参加演出的广告人物数量的安排上，少则一人，多则逾千，一般是几个人或十几个人，选择的多为生活场景和工作场景。在我们习惯了广告人物数量为几个的时候，看到可口可乐、百事可乐、力波啤酒、中国移动等选用数百人、上千人做广告的大场面，就觉得比较有新意。

第三，把握广告中人物相互间关系。由于大多数广告设置了一定的学习、工作、生活情景，在广告中出现多个角色时，他们之间就构成了一定的社会关系，如情侣、父母与子女、夫

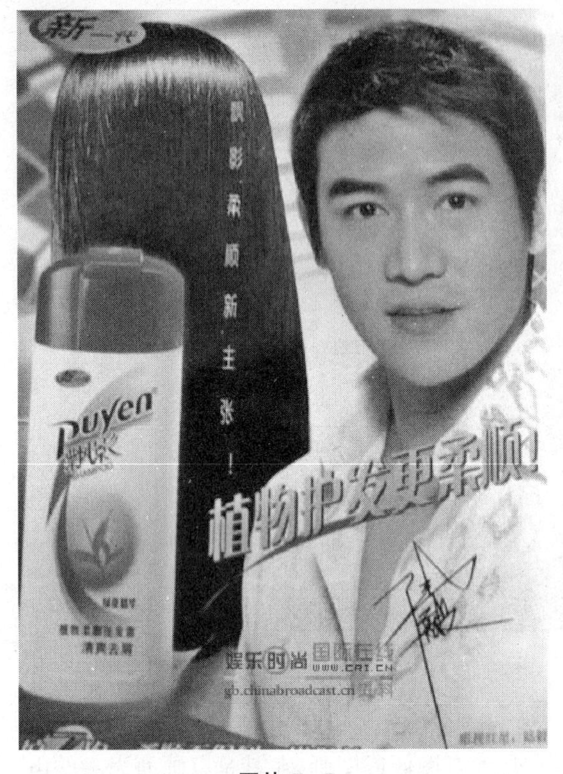

图片 5-5

妻、同事、兄弟姐妹、教练与球员、运动员与球迷、分析师与投资者等。由于社会规范的暗示和限制作用,这些角色间关系往往被固定化了,在广告创意中不少也将这些关系脸谱化、模式化了,一方面没有新意,另一方面也容易造成错觉。

第四,把握广告演员体貌美丑的关系。现在大多数广告对广告演员或广告代言人体貌的要求是英俊、潇洒、漂亮,有气度,这实际上脱离了生活的真实,因为这类人在生活中毕竟是少数,而广告是面对大众的。

第五,把握使用者、消费者和决策者角色的关系。比如尿布,使用者、消费者和购买决策者很可能不统一,在广告定位和创意中,究竟从什么角度进行,实际上并无统一模式,存在较大的创意空间。

第六,把握本国人与外国人角色分配的关系。在广告作品中,广告代言人或广告演员的选择,要考虑三个因素:一是法律法规的规定;二是产品是内销还是外销;三是产品或服务的属性。在马来西亚,所有电视广告中的演员必须是马来西亚人,而在我国就没有这方面的限制。

第七,把握广告人物形象传统型与现代型的关系。演员的气质、体貌特征、服装打扮,应该与产品或服务的特点相适应。如果是像北京同仁堂这样的中华老字号、上海老凤祥银楼这样的具有典型东方文化特点的企业,或是北京"老舍茶馆"这样的企业,就应该尽量选择传统型的人物形象。

通过观摩图片 5-6,你认为这则外国高档化妆品广告代言人在国籍、年龄、气质类型方面与产品是否协调?如果在我国开展广告活动,对代言人的选择有哪些限制性规定?

图片 5-6

(四) 广告媒体选择的创意

媒体创新也是吸引受众的一个很重要

的因素。实际上，广告媒体之所以越来越多，就是不断创新的结果，比如，在我国，公交车身广告、空中飞船广告、自行车轮盘广告、食堂餐桌广告、一次性纸杯广告、户外投影广告、网络广告等许多广告形式都是最近十多年中逐步开发出来的。日本自20世纪80年代末90年代初经济泡沫破灭后，一直到21世纪初仍难以恢复元气，有些企业只好削减广告费，但削减后更是雪上加霜，迫使他们想出新的办法。在20世纪90年代中期，日本一度流行纸巾广告，即在包装袋上印有简要的广告内容，里面装有若干片纸巾，在街上或公共场所免费派送，而人们一般都比较乐于接受，后来由于环保问题才减少下来。

不仅开发一些新媒体，即使在报纸、广播、电视、杂志等传统媒体上，也有较大的创意空间。比如，报纸广告效果最好的版面是第一版，一些广告主选择报眼、下端部位做广告。2008年的一天，某洗涤剂广告在《新闻晨报》选择了同样为奇数版的3个版做广告，版式的大小都是左右切割的1/4版。而上海同丰房地产公司选择了16个整版做广告，而且是连页。另外，还有"特约刊登"、"特约播出"、"准点报时"、"鸣谢"等形式，都是在不违反有关规定的情况下的创新。

通过观摩图片5-7和图片5-8，你觉得国外用人体和杯子作为广告媒体是否有新意？如果在我国用人体身背广告板，或者用光头做广告，或者出现"人体盛"，你觉得可行吗？

图片5-7

图片5-8

(五) 广告内容的创意

广告内容的创意，主要是指两个方面。

第一，材料新。材料对应于主题，是让受众知晓的具体内容，必须具有新意。为此，现在还较为普遍的三种现象要尽量避免。一是模仿、雷同、跟风现象。比如你说"味道好极了"，我就说"好得不得了"；你说"年轻人的选择"，我说"成功人士的理想选择"或"聪明人的选择"、"我可以，我选择"，等等。二是罗列常识对象。三是一则广告长期刊播。我国广告与西方发达国家广告在发布周期上长短不一，我国相对拉得较长。广告要常新，就要常换，反映新情况、报告新信息。

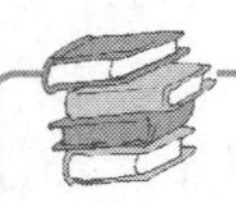

北京将禁止"与'食'俱进"等谐音广告语

2007 年 1 月 18 日《法制晚报》(记者 李洁) 诸如"百衣百顺"、"食全食美"这样在广告中故意使用错别字或用谐音乱改成语的现象,工商部门将进一步加大打击力度,一律不予核准登记。

今天上午记者获悉,针对市人大代表张毅在 2006 年"两会"期间提出的"尊重汉字、尊重母语"的建议,有关部门进行了回复。

经过调查,张毅代表发现,从"博大'晶'深"到"大智若'娱'",无论是国产还是进口品牌都存在滥用汉字打广告的现象。而已经简化到令人费解的网络语言,却被众多"QQ"一族当成时尚。

针对目前社会上各类广告中存在的故意使用错别字或用谐音乱改成语的现象,市工商行政和市政管理部门坦言,由于一些广告制作商片面追求商业利益,不规范广告用字仍然存在。今后,将进一步加大执法力度,对有不良文化倾向的广告予以拆除。同时严格审批制度,对使用繁体字、异体字、错别字或变造的谐音组成词的,如"百衣百顺"、"与食俱进"、"食全食美"一律不予核准登记。对"大东亚"等含有殖民色彩、伤害民族感情的不予核准。

第二,语言新。总体看,要把握以下四点:一是避免大话、套话、空话,做到言之有物、言之成理;二是体现时代特征,反映时代脉搏,富有时代气息;三是即使在国际性大都市,在语言的运用上,也要避免过度洋化的现象;四是对创新的流行语言,比如 2008 年的"雷"、"囧"等,要考虑它的普遍适用性。

(六) 广告表现手法的创意

广告表现手法的创意,主要是指两个方面。

第一,结构新。具体是指构成广告作品的各要素的运用及其安排是否新颖别致。比如,广告的构成要素有文字、图画等,文字部分涉及标题、标语、正文、随文,每一方面在字体、字号上存在选择,图画部分有摄影照片、插图,在创作时表现形式纷繁复杂,还涉及色彩及其组合,另外,从总体看,每一个要素如何搭配,实体与空白如何分配,都是富于艺术性和技巧性的。对比 1993 年和 2001 年北京申奥的失败教训和成功经验,可以发现在申奥宣传片的制作上就有很大区别。1993 年那次拍的多是长城、故宫、老人、太极拳、鸟笼,北京悠久的文化传统和深厚的文化底蕴是展现了,但给人缺乏朝气与活力的印象,为了吸取这一教训,再次申办时请了美国一家公共关系公司开展创意与构思,理由是他们对欧美文化比较了解,而国际奥委会 122 名委员中仅欧洲就有 53 名委员,共拍了 3 部,这时有人提出我国导演张艺谋有不少电影作品已获国际大奖,也了解中国文化和西方人的欣赏口味,建议由他也执导一部,最后在投票前陈述播放的三部宣传片中,前两部就是美国人拍的,第 3 部就是由张艺谋执导的,整体上堪称艺术佳作。

通过观摩图片 5-9,你认为这则广告作品在结构安排上对文字与图片的处理,对文字部分各内容的处理效果如何?在结构创新方面,一般要注意哪几个方面?应该怎样安排?

图片 5－9

第二，角度新。美国有些广告也不能免俗，王婆卖瓜，自卖自夸，但也有相当数量的电视广告，尤其是一些著名品牌的广告，凭借聪明的构思，夸张、借喻、悬念、幽默乃至自嘲，各种手法无所不用其极，让观众在这几十秒内如同欣赏了一个短小的艺术精品。比如有一则广告：夜幕低垂，依稀可见一户水寨人家正围坐在桌边谈笑风生，不曾料想水波浮动，一条大鳄鱼的背上驮着三条小鳄鱼，还有一箱百威啤酒，送给寨上人家。这样的广告有着丰富的想象力，手法非常新颖，看后决不至于令人生厌。

广告创意适用的领域几乎涉及广告活动的各个方面，而不是仅仅局限在与广告作品相关的领域。

第二节　广告定位与创意路径

一、广告定位的视角

如前所述，广告定位是寻找诉求重点的过程。从广告创意看，一切新的思想、点子、意念的形成及其有效应用，都来源于定位的合理性、准确性。如果细分，广告定位的角度主要有四个：一是从商品或服务角度定位；二是从受众（消费者）角度定位；三是从商品（服务）与消费者的结合点定位；四是从广告主角度，即组织形象的整体或个别要素的角度定位。其中第三点介于第一、第二点间。下面我们主要介绍三个方面。

广告定位的若干视角。

图片 5-10

通过观摩图片 5-10,你认为这则广告是从什么角度定位的?创意水平如何?在创意与定位之间存在什么关系?该广告是否体现了这些关系?

(一) 商品本位创意法

商品或服务的属性很多,理论上每一个属性都可以成为广告定位的依据,但在实际应用中,一则广告要尽量只选择其中最本质、最具特色同时最具优势的一个属性,而不宜面面俱到。这与从组织形象角度来定位,是有区别的。一般来说,商品本位创意法较为常见的是从商品的历史、产地、品质、档次、功能、价格、服务、技术含量等角度进行,具体见表 5-1。

表 5-1 商品本位创意方略

定位依据	适用商品	创意策略
历史	发展历史悠久但仍保持上升势头的产品	① 突出适应力和竞争力;② 尽量阐明各阶段的特色和创新;③ 与庆典、展览、研讨会等活动结合起来;④ 回顾历史,立足现实;⑤ 彰显员工的贡献
产地	老字号的地方特产	① 与历史渊源结合;② 与独特工艺结合
品质	质量突出的各类产品	① 引用权威机构的认证结论;② 用市场占有率、增长率等数据反衬;③ 对比法;④ 演示法
档次	档次较高的产品	① 突出商品的卓尔不群之处;② 尽量与消费者的成功、理想、追求相联系;③ 紧扣社会时尚
功能	各类商品	① 演示生活情景;② 突出基本消费用途;③ 突出最有特色的一项功能;④ 突出消费者不熟悉的功能
价格	各类商品	① 突出同类比较的低价优势;② 突出与商品品质相比较的低价优势;③ 突出与原价相比较的低价优势
配套服务	有特色服务配套的商品	① 突出有特色的服务项目、网络、方式;② 突出可承诺的服务
技术含量	技术含量高的商品	从工艺、设备、流水线、技术开发等角度创意

(二) 形象本位创意法

形象本位创意,主要是从广告主(这里专指法人广告主)的组织整体概况的若干要素来进行广告定位,而不是拘泥于商品或服务的具体内容。组织形象是一个由若干要素有机组合的整体,可以从不同角度予以归类。

——从项目看,有管理者形象、员工形象、商品或服务形象、工作环境形象、实力形象等。

——从受众评价领域看,有产品(服务)市场形象、资本市场形象、社区形象、公共舆论形象等。

——从范围看,有地区形象、国内形象、国际形象。

——从构成看,分为知名度、美誉度、和谐度及公众行为支持度。

——从内容看,分为发展战略、历史沿革、组织架构、管理模式、员工素质、组织文化、运作机制、工作环境、经营理念、工作业绩、增长态势、社会声誉等。

通过观摩图片 5-11,你认为这则广告是促销广告,还是形象广告,或者两者兼有?理由是什么?如果是形象广告,在项目、受众评价领域、范围、构成、内容等几个方面,你认为分别可以归到哪个角度?

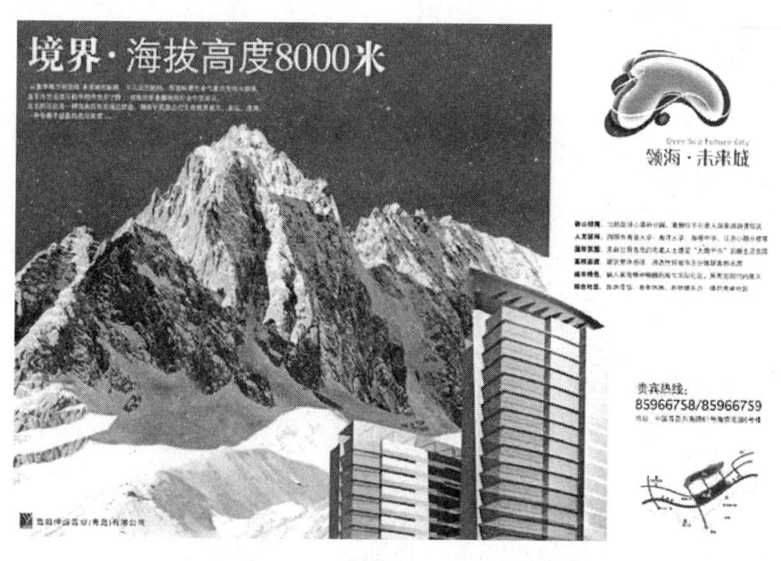

图片 5-11

根据上述区分,可以明确广告创意的方向与定位的具体着眼点和切入点。品牌、商标是组织形象的一部分,使得商品本位创意法与形象本位创意法具有一定的差别:其一,形象本位创意法的创意素材更为广泛,在某种意义上涵盖了商品本位创意;其二,形象本位创意法多用于庆典广告、辩驳广告、赞助广告、致歉广告、致谢广告、告知广告、理念广告、倡导广告、实力展示广告等广告形式中;其三,形象本位创意法一般不拘泥于具体细节,而是高屋建瓴,比较抽象、概括地表达有关内容;其四,形象本位创意法的目的在于树立、巩固、维护和重塑组织形象,而且其目的是明确、具体的,不仅仅面向消费者公众,还涉及其他公众,不仅仅涉及品牌,还涉及其他方面,所以创意难度更大。

图片 5-12 是某酒店的一则广告,你认为图片中的握手表达了什么意思?对于服务性行业而言,需要建立和维持的主要公众关系有哪些?树立、巩固、维护和重塑组织形象的方法在广告运作中有什么不同?

图片 5－12

图片 5－13

(三) 受众本位创意法

受众本位创意，就是适应受众的基本特点，从受众的角度开展广告创意。我们讲商品定位和形象定位，事实上，并没有纯粹的商品定位和形象定位，因为这一定位的合理性、准确性在很大程度上是受制于受众的，亦即要接受来自受众的检阅和过滤。从受众的角度定位，主要有三个方面要考虑。

第一，自然属性。这种定位主要是考虑受众所处的社会阶层和人口统计学的种种因素，如性别、年龄、文化程度、收入水平、种族、职业等。在分层化销售较明显的情况下，要优先考虑受众的自然属性。举例如下：

可口可乐：年轻人的选择(年龄)；

静心口服液：40 岁的女人要静心(年龄、性别)；

华联商厦：我的华联，我的家(员工、顾客、股东等角色)。

通过观摩图片 5－13，根据前面所说的四种定位方法，你觉得这则广告是从哪个角度定位的？更进一步分析，该广告在受众的自然属性上主要考虑了哪些因素？

第二，价值取向。价值取向是对客观世界的一种基本态度和看法，包括政治观、社会观、历史观、伦理观、审美观等诸多方面，是各种价值观念的总和。受众在阅读或收看广告的时候，并不是以单一的消费者角色出现的。甚至根本没有意识到消费者角色的存在，而是以“社会人”的身份，将广告看作是社会沟通的一种重要工具。同时，广告也不能成为“消费主义”的吹鼓手，通过刺激人们的色欲、虚荣、嫉妒、贪婪来引诱他们购买不需要的东西。所以，广告创意一方面要适应受众的健康的价值取向，另一方面还要倡导和弘扬体现时代特点的新风尚、新观念。

第三，心理特点。受众心理是极为复杂的，表现在需求、动机、习惯、态度和行为等许多方面。至于在具体的心理反应上，更是多种多样。

在广告定位的几个角度中，每个角度都可以分出许多细小的方面。从哪个角度、哪个方面进行，首先要全面了解，然后是综合比较，最后是择善而从。

经典广告语(节选)

好的广告语就是品牌的眼睛，对于人们理解品牌内涵，建立品牌忠诚都有不同寻常的意义。下面我们来看看这些耳熟能详的世界经典广告，是如何造就世界级的品牌的。

雀巢咖啡：味道好极了

这是人们最熟悉的一句广告语，也是人们最喜欢的广告语。简单而又意味深远，朗朗上口。因为发自内心的感受可以脱口而出，正是其经典之所在。以至于雀巢以重金在全球征集新广告语时，发现没有一句比这句话更经典，所以就永久地保留了它。

大众甲壳虫汽车：想想还是小的好

20世纪60年代的美国汽车市场是大型车的天下，大众的甲壳虫刚进入美国时根本就没有市场，伯恩巴克再次拯救了大众的甲壳虫，提出“think small”的主张，运用广告的力量，改变了美国人的观念，使美国人认识到小型车的优点。从此，大众的小型汽车就稳执美国汽车市场之牛耳，直到日本汽车进入美国市场。

耐克：just do it

耐克通过以“just do it”为主题的系列广告，和篮球明星乔丹的明星效应，迅速成为体育用品的第一品牌，而这句广告语正符合青少年一代的心态，要做就做，只要与众不同，只要行动起来。然而，随着乔丹的退役，随着“just do it”改为“i dream”，耐克的影响力逐渐式微。

诺基亚：科技以人为本

“科技以人为本”似乎不是诺基亚最早提出的，但却把这句话的内涵发挥得淋漓尽致，事实证明，诺基亚能够从一个小品牌一跃成为移动电话市场的第一品牌，正是尊崇了这一理念，从产品开发到人才管理，真正体现了以人为本的理念。因此，口号才喊得格外有力，因为言之有物。

戴比尔斯钻石：钻石恒久远，一颗永流传

事实证明，经典的广告语总是丰富的内涵和优美的语句的结合体，戴比尔斯钻石的这句广告语，不仅道出了钻石的真正价值，而且也从另一个层面把爱情的价值提升到足够的高度，使人们很容易把钻石与爱情联系起来，这的确是最美妙的感觉。

IBM:四海一家的解决之道

在蓝色巨人经营处于低谷时,提出这一颇具煽动性的口号,希望不仅成为一个名副其实的跨国企业,而且真正成为为高科技电子领域提供一条龙解决方案的企业,进入电子商务时代,IBM正在将这一角色实现,扮演着电子商务解决方案的提供商角色。

柯达:串起生活每一刻

作为全球最大的感光材料的生产商,柯达在胶卷生产技术方面的领先已无须再用语言来形容,柯达更多地把拍照片和美好生活联系起来,让人们记住生活中那些幸福的时刻。因此请用柯达胶卷,这正是柯达想要的。

山叶钢琴:学琴的孩子不会变坏

这是台湾地区最有名的广告语,它抓住父母的心态,采用攻心策略,不讲钢琴的优点,而是从学钢琴有利于孩子身心成长的角度,吸引孩子父母。这一点的确很有效,父母十分认同"山叶"的观点,于是购买"山叶"钢琴就是下一步的事情了。"山叶"高明于此。

人头马XO:人头马一开,好事自然来

昂贵的人头马非一般人能享受起,喝人头马XO一定会有一些不同的感觉,因此人头马给你一个希望,只要喝人头马就会有好事等着到来。有了这样吉利的"预示",谁不愿意喝人头马呢?

德芙巧克力:牛奶香浓,丝般感受

之所以够得上经典,在于那个"丝般感受"的心理体验。能够把巧克力细腻滑润的感觉用丝绸来形容,意境够高远,想象够丰富。充分利用联想感受,把语言的力量发挥到极致。

(中国企划网)

二、广告创意的重点在于寻找"销售难题"

对于企业来说,产品或服务如果不能有效进行市场推广,就无异于作茧自缚。在市场推广过程中,任何企业不能保证在任何时候、任何地方都很顺畅,难免会碰到这样或那样的障碍和问题,阻碍和延滞市场推广的进程和效果,这便是"销售难题"。比如,2008年岁末,美国的三大汽车公司出现了经营上的严重困难,日本的八大汽车公司之一的丰田公司更是出现了57年来的首次亏损。这就说明碰到了"销售难题",那么,问题的主要症结点究竟在哪里?是主观原因,还是客观原因?是宏观原因,还是微观原因?是系统性原因,还是非系统性的?这些原因是如何形成和演变的?它们是如何传导并作用于市场的?是否能够在短时期内克服这些不利因素?对这些问题只有及时地做出客观分析,才能找出相应的对策,化解这一难题。比如,日本较早就发明了供婴儿使用的纸质尿布,根据婴儿出生量、使用周期和频率推算,每周在该国的需求量应是很大的,但实际的结果却是微不足道。对此,一家最大的尿布生产企业进行了市场调查,发现造成销售难题的原因不是消费能力不足,不是供货不畅,不是使用不方便,也不是对婴儿没有益处,而是婴儿母亲在使用时存在心理顾虑。原来在做广告宣传时,将使用尿布当作对母亲的恩物,那么,她们担心家人和他人认为自己懒惰、浪费而不敢使用,即使用,也是惴惴不安。最后,广告商改变了广告定位的方法,着重宣传纸质尿布的吸水性能和对婴儿的方便，从而改变了人们的观念，销售量也随即攀升。

上述这些案例，给我们留下了三个启示。

第一，寻找销售难题，必须深入消费者开展深入的调查。

第二，归因时，要分清轻重缓急，找出真正的症结点。

第三，重点分析企业自身的原因，对企业或广告主自身可控的、可解决的问题重点解剖。

寻找消费难题是问题的一个方面，只是告诉我们朝什么方向去改进，但如果这些问题的解决是自己无能为力的，那也枉然。对此，一方面要创造条件，着力弥补和改进不足，另一方面要扬长避短，通过突出优势来吸引受众。如何突出优势呢？一是在各种属性的相互比较中，找出最有个性特色的那个属性；二是这一优势应为受众所倚重。

三、广告创意的思考方法

创意是建筑在思考基础之上的创意，从国际流行的思考方法来看，大致有垂直思考法、水平思考法和会商思考法。

垂直思考法、水平思考法和会商思考法。

所谓垂直思考法，就是在一个相对狭小的范围内，按照一定的路线作垂直的向上或向下的思考，在旧的观念中获得新观念，在旧的经验中开启新的经验。比如，创立于1875年的美国雷诺尔兹公司，当时烟草制品的包装设计还十分粗糙，为了美化香烟包装，公司未加选择地请了一位乡村美术教师设计香烟盒。公司只是简单地告诉他烟草进口于土耳其。这个乡村美术教师对于土耳其并不了解，于是，展开了错误的联想："土耳其—沙漠—骆驼—金字塔—伊斯兰建筑—椰子树"。设计完后，虽然荒诞不经，却仍然引发了人们的好奇心，使"骆驼"牌香烟供不应求。这个包装广告的创作是在既有的经验、知识、观念中获得暗示的，属于典型的垂直思考法。

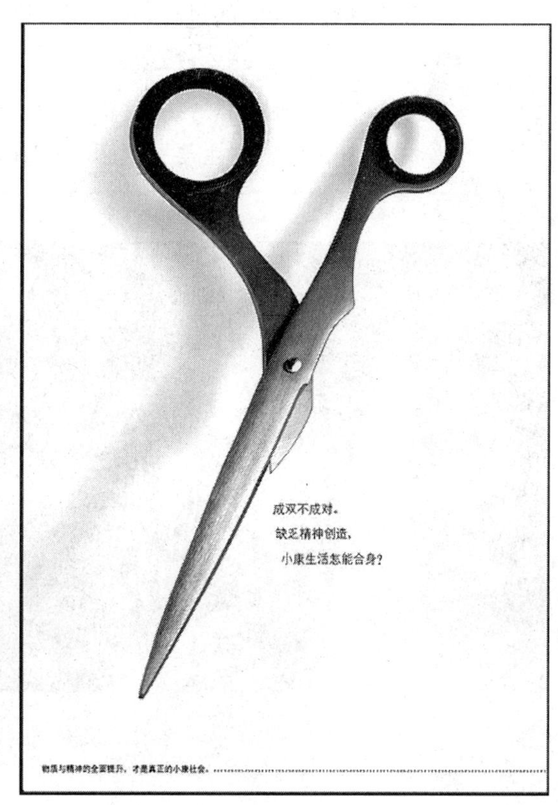

图片 5－14

图片 5－14 是一个观念广告，主要是说明"成双不成对，缺乏精神创造，小康生活怎能合身？"的道理，你认为这则广告的创意水平如何？运用的是什么方法？

所谓水平思考法,又称为横向思考法,是指在思考问题时向多方位方向发展。和垂直思考法相异,水平思考法不是一种“连续性的”思考,并不囿于原有的经验,不是由旧及新,而是弃旧从新。

英国心理学家戴勃诺对这两种方法作了详细的对照,主要表现在以下十个方面的差异。

第一,垂直思考是选择性的,水平思考是生生不息的。

第二,垂直思考的移动,是只在有了一个方向时才移动,而水平思考的移动是为了产生一个新的方向。

第三,垂直思考是分析性的,水平思考是激发性的。

第四,垂直思考是按部就班,水平思考可以跳来跳去。

第五,用垂直思考者,必须每一步都正确,用水平思考者则不必。

第六,垂直思考是为了封闭某些途径要用否定,水平思考则无否定可言。

第七,垂直思考要集中排除不相关者,水平思考则欢迎新东西闯入。

第八,用垂直思考,类别、分类和名称都是固定的,用水平思考则不必。

第九,垂直思考遵循最可能的途径,水平思考则探索最不可能的途径。

第十,垂直思考是无限的过程,水平思考则是或然性的过程。

通过观摩图片 5－15,你认为这则房地产广告与我们平时所见的同行业广告有什么不同？它主要是运用了哪种创意方法?

图片 5－15

由此可见,垂直思考可以使问题深入、具体化,但由于头脑中的偏执性,人们常受旧的观念所左右。尽管大多数广告创意采用了垂直思考法,却很少有杰出的创意出现。所以,需要与水平思考法兼而使用。为此,戴勃诺还列出了七种以激发水平思考与突破垂直思考的做法：一是对目前情况进行选择;二是挑战目前的假定;三是创新;四是暂停判断一个时期;五是把一个普通方法反其道而行之;六是为情况作类推;七是脑力激荡。

上述两种方法既可用于个人创意,也可以用于集体创意。在广告创意中,集体创意是很重要的,可以相互启发,集思广益。戴勃诺所谓的脑力激荡就是“集体创意”,现在又有人称为“头脑风暴”。经过不断地否定,不断磋商,于是使创意一步一步地走向成功。有些广告创意,即使经过了集体会商,也还有值得斟酌的地方,比如华东师大出版社原先的广告语是“给你一个智慧的人生”,这在我国出版界应用较早,在意识上也值得赞佩,但这一广告语本身显得有点倨傲(对读者而言),后来就修改为“给您一个智慧的人生”。所以,好的广告创意常常来自于集体批判,从社会学、心理学、法学、伦理学、文学、传播学、民俗学等不同学科角度加以检阅。要做到这一点，必须鼓励自由地提出构想，勇敢地否定自我，虚心地接受意见。

四、广告创意与创新思维

创新思维的含义和特征。

开展广告创意，必须有创新思维。所谓创新思维，就是发现、创造新事物的意识，是对原有思维的超越。它有三个特点：其一，非定势与反定势，一个新的意念的产生常常有跳跃性、突发性、灵感性的特征；其二，求新、求异、求变，不从众，反传统；其三，多维思考，思维发散，不拘泥一时一事。

通过观摩图片 5－16，你认为这则广告的创意能否让你耳目一新？它的“新”体现在哪里？运用的是什么思维方法？

图片 5－16

第一，发散式思维。广东华宝空调于 1997 年初置换新的商标，即在原商标基础上加以改进，在拼音“HUABAO”的第一个字母“H”中，融入“一缕春风”的形象，使商标更接近产品性质，更具可视性。为宣传新商标，华宝公司开展了一次广告活动，以“借东风送春风”为题，下列“春的风”、“民族的风”、“温暖的风”三个小标题，并分别配上“～”形的图案，文字部分表示：这是民族的风，把中华大地上民族工业的“星星之火”吹成燎原之势；这是温暖的风，吹送的是华宝人“服务必尽忠诚”的庄严承诺。这一则广告的创意就是运用了发散式思维，即指向多个方向的思维。吉尔福特认为发散式思维有三个特点：一是流畅性，即短期内能够迅速做出多种反应；二是变通性，即能够从不同角度思考问题；三是精致性，即对复杂的问题能够加以补充，使之更为完善。根据发散思维的形式,可分为正向思维、逆向思维、侧向思维、多向思维等多种形式。发散式思维强调“由一至多”,与聚敛式思维强调的“由多至一”相反。

第二,非定势思维。非定势思维不遵守逻辑规则,与遵循逻辑规则的定势思维方法,如归纳推理、演绎推理、类比推理等不同,主要有想象、联想、直觉、灵感等思维方法。

就思维方法来说,有很多类型,如我们上面所说的发散式思维与聚敛式思维、逻辑思维与非逻辑思维,还有纵向思维与横向思维,等等。总体看,有些是常规的,有些是非常规的。然而,从广告创意所要达到的目的看,是为了追求新、奇、异、特,那么,让人为之侧目或眼睛一亮的作品,必须有创新思维,而其基本方式便是发散式思维与非定势思维。

图片5－17是国外的一则户外车身广告,在观摩之后,你觉得有新意吗?运用了什么方法?能否起到刺激路人的视觉的作用?在内容上是否会产生不好的暗示?

图片5－17

第三节　广告创意思维的运用与操作要求

一、广告创意思维的具体运用

(一)发散思维的运用

广告创意中发散思维的含义和种类。

1. 正向创意法

正向发散思维,即由事物本身的特征、功能引发的常规性思维。比如,曲别针的用途较广,可以用来别材料、文件、照片、胸章、资料，等等，由某一点举一反三。这种思维本身在广告创意中运用较少，至多只是以广告的形式来表现商品或服务的用途。采用这一方式往往显得比较生硬。

2. 逆向创意法

逆向创意思维，即逆着常规思路，对事物的性质、功能、特点进行反向思考。比如，大多数广告是讲自身如何完美，虽然“王婆卖瓜”式的广告少了，但总体还是讲优势的多，讲成绩的多，这几乎成了一种“常态”。有一则广告，是球星巴克利为耐克鞋作推广的：“这就是我的新鞋，鞋子不错，穿它不会让你变得像我一样富有，不会让你变得你我一样去争抢篮板球，更不会让你变得像我一样英俊潇洒，只会让你拥有一双和我一样的球鞋，仅此而此。”这是一个大实话，运用的则是逆向思维。逆向思维的运用主要表现在以下四个方面：一是将事物的作用过程逆向思考；二是把事物和重要结果倒过来思考；三是“换位”思考；四是走向另一个极端来思考。

3. 侧向创意法

侧向创意思维，即受已有知识、经验的启发，加以类推。瓦特发明蒸汽机，阿基米得发现浮力定律，都是受了其他事物的启发。在广告创意中，也可将相关事物的有关原理、方法加以借用和移植。比如，台湾某银行职员一次在进行广告创作时，偶然地问邻居存钱的目的，邻居回答：“让孩子上学，省得将来再去卖菜。”受此启发，他创作了一句广告词——“教育是留给孩子的最好的财富”。在东亚各国或地区，历来有高储蓄的习惯，储蓄动机比较复杂，如养老、购房、子女培养、增值等，从近年来的诸多调查中均表明，子女教育动机在我国普通老百姓中已成为优势动机。所以，这一则广告很自然地紧扣了储户心理。

图片 5－18 是国外的一则手表广告，你认为图画中为什么会有雪山、狼？其中包含了什么含义？这则广告运用了什么思维方法？

图片 5－18

4. 多向创意法

多向创意思维,即从不同角度、不同侧面来思考问题。比如上海家化公司为“清妃”品牌曾发布过一则报纸广告,将女人与月亮、天鹅、音符、珍珠这些美好的事物联系起来,这四个小标题分别是“有变化才会完善”、“有变化才会高贵”、“有变化才会灿烂”、“有变化才会细润”,这一广告运用的思维方法是在同一来源上朝不同方向扩展和辐射。总体来看,这种创意方法在广告创意中运用得比较广。

对正向创意法、逆向创意法、侧向创意法、多向创意法进行比较分析,了解它们之间的细微差别。

(二) 非定势思维的运用

非定势思维的几种主要表现。

1. 想象创意法

有想象才会有所创造,人类业已取得的许多杰出成就,是受到了想象力的开启。可以说,想象力是创新思维的重要品质,就广告创意而言,想象力的激发比知识的占有更重要,因为知识是有限的,而想象是无边无垠的。就想象的方式来看,大致有以下四种。

第一,嫁接式想象,即产生类似“狮身人面”像、“美人鱼”的效果,对已有两个或两个以上的不同事物的若干属性加以合成,形成一个新事物。

第二,取代式想象。即对某一事物的个别要素用别的方法加以代替。

第三,纯新式想象。就是在头脑中抛开某一事物的实际情况,创造出一种全新形象。

第四,梦幻式想象。这是一种脱离现实、超越现实的想象。这种广告创意,一般适合于以儿童为受众的广告中。

通过观摩图片 5-19 和图片 5-20,你认为这两则国外品牌的广告分别运用了什么思维方法?对图片 5-19 中用老鼠代替鞋子的做法你能否接受?而图片 5-20 以红色作为背景色来表现麦当劳的黄色标志,如同从地平线上冉冉升起,你有什么评价?

2. 联想创意法

这是一种运用联想的心理机制产生创造性意境的方法。所谓联想,就是使不同的事物在概念上相接近,由一个事物的相似性、接近性、差异性、导源性导向另一个事物。正如英国生理学家贝弗里奇所说:“独创性常常在于发生两个或两个以上研究或者设想之间的联系或相似之处。”联想创意法也是广告创意中的一种常用方法。从方式来看,大致有以下四种。

第一,相似联想。就是使两件相似的事物之间具有某种对应联系。比如,上海对外贸易学院是我国研究 WTO 的一支重要力量,在我国入世前夕,该校发布了一个“上海市 CEO 国际贸

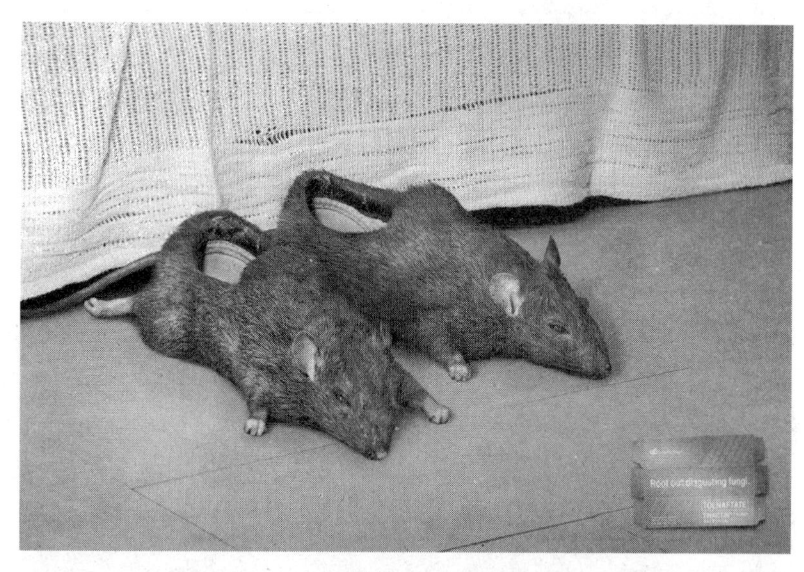

图片 5－19

图片 5－20

易(WTO 主题)高级研修班”特别召集的广告,图画中有一个手执哨子的裁判形象。从内容看,将 WTO 规则与运动员比赛规则类比,把企业 CEO 比作运动员。广告中有一句“再优秀的运动员也难免赛前紧张……”,强调了培训的重要性。这个广告在招生广告中是比较优秀的,运用的是联想创意法。

第二,接近联想。就是根据事物在时间或空间上的接近进行思考。

第三,对比联想。就是根据事物之间在形态、结构、功能、性质等属性的某一方面的差异所展开的联想。

第四,因果联想。就是由一个事物的因果关系联想到另一个事物的因果关系。

图片 5－21 是丰田汽车公司的一则广告，通过观摩，你发现了哪几个标志性建筑？它们分别是哪个国家的？把这几个标志性建筑放在一起，是想表达什么意思？该广告创意运用的是什么思维方法？

图片 5－21

3. 直觉创意法

直觉是对认识对象的短暂时间内所产生的直观性认识。它是一种无意识的思维，并不严格遵循逻辑规则，具有跳跃性、非规范性、非模式化的特征，很难提供令人信服的理由。作为一种心理活动，某些设想、观念、概念的获得，是在已有知识、经验基础上所形成的判断、猜想和预感。直觉又来自于敏锐的观察，一切认识和结论的出现似乎在冥冥之中受到了某种东西的驱动。所以，直觉又常常开启于长期的实践和观察，体现了对事物的敏感程度，是一种嗅觉。对于广告创意与策划人员来说，也应该培养"广告嗅觉"，集中体现在对某一事物的准确、迅速的预先判断的能力上，具体包括事物之间相互影响的判断能力、受众兴趣点及其大小的判断能力、创意素材比较的判断能力、社会意义的判断能力、广告价值的判断能力。直觉在广告创意中的运用，最主要的不是体现在对广告作品某一要素的安排上，而是体现在对作品的市场前途的把握上。

但是，必须指出的是，直觉在广告创意中不能任意地加以滥用。这是因为，它本身缺乏坚实的逻辑论证的力量和厚重的科学分析的基础。而它的基础——经验只是对过去惯例的刻写，还不足以应对未来复杂的各种情况和可能的变化。事实上，"老法师大跌眼镜"的现象是经常发生的。所以，广告策划与创意还是应以缜密的调查、科学的分析、规范的操作和灵活的方式为基础。

通过观摩图片 5－22 中某洋酒品牌的广告，你觉得它把酒、酒杯和玫瑰作为表现的题材，缘起于什么思维方法？如果让你来创作，你有更好的方法吗？

图片 5－22

4. 灵感创意法

关于新的意念、观点、点子的形成，素来存在两种观点：一是“过程论”，认为任何创新思维都必须经过准备阶段、酝酿阶段、启发阶段和验证阶段，是一个过程；二是“顿悟论”，认为问题的发现、提出和解决常常是同步的，问题的解决具有灵感性和突发性，并没有中间准备和酝酿的过程。实际上，有很多灵感在出现之前有过很多失败的尝试，这些尝试过程为后面灵感的出现起了很好的铺垫作用，至少排除或否定了若干可能性，同时，在灵感出现之前，思考并没有停止，只不过灵感的突发性使人忽视了此前思考过程的存在。所以，灵感实质上是思维的质变，是对所要解决的问题百思不得其解时的茅塞顿开，突然产生新形象、新概念。我们在前面就说过，广告策划不是一蹴而就的，需要对各种方案进行比较，在不断的否定中不断提出新颖的思路和设想，这时人的意识高度集中，思维处于极为活跃的状态，当“山穷水尽”之时，一个灵感的出现，马上“峰回路转”。

对想象创意法、联想创意法、直觉创意法、灵感创意法进行比较分析，了解它们之间的细微差别。

二、广告创意的操作要求

创意是策划的精髓，没有创意，广告运作的价值便荡然无存。但是，创意本身不是广告运作的目的，而是实现目的的润滑剂和促进手段。在广告创意过程中，还应坚持一些基本的操作要求。

（一）要有首创精神

创意是一种创造性活动，它以标新立异、推陈出新为基本特征。在现代社会，人们重视“首因效应”，那么，率先发起的某一活动容易引起人们的关注，到后来，浸润成俗，其效应就会渐次降低，以至于最后熟视无睹、听而不闻。作报告、写文章、装扮、促销……一切旨在引人注意的活动，莫不如此。开展广告活动，以最快的速度，在最大的受众群中，产生最大、最佳的效果，当然要强调首创精神。首创的结果是引起广泛关注，包括由争议引发的更广泛的关注，还常作为有价值的新闻线索，为传媒关注。

通过观摩图片 5－23，了解 2008 年国际妇女节前，候选的台湾当局领导人马英九先生做的这个广告，你觉得这个政治广告有没有新意？新在哪里？强调首创精神对广告运作有什么重要意义？

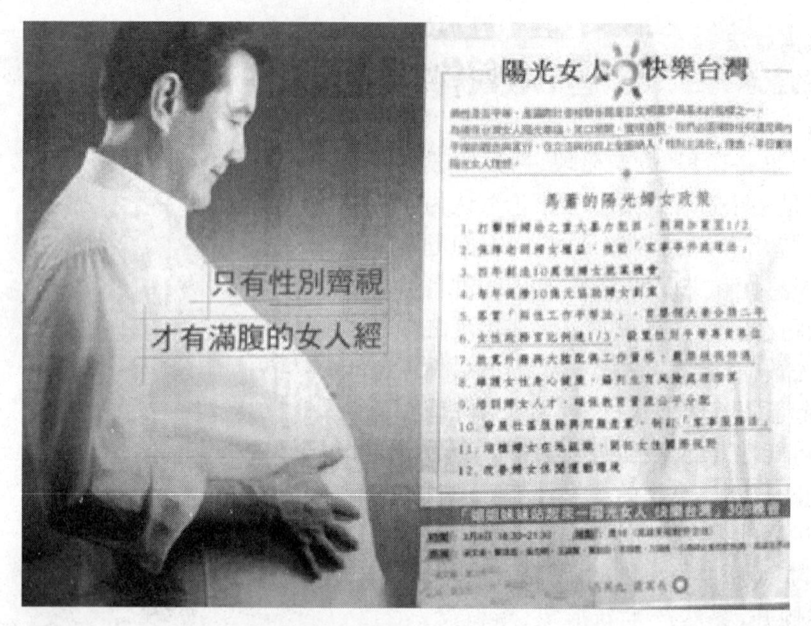

图片 5－23

(二) 真实客观

创意只是寻求一种表现形式,而表现形式又是以特定内容为载体。从广告成败的众多案例来看,成功主要是因为有创意,失败主要是因为内容不实。所以,内容与形式要统一,既要有好的创意,又要做到“意在其真”。相比较而言,真实是基础,具备这一点,广告不一定有效果,反之,归于失败;创意是添加剂,具备了,易于成功,反之,难于成功。在两者关系的协调上,最关键的是夸张手法的运用要合理。要注意两点：一是表现的对象尽可能是商品服务以外的其他事物;二是合理想象。比如白丽香皂的“今年二十,明年十八”的广告语,同样使用的是夸张手法,但是谁也不会天真地认为它是虚假广告。判断广告是否虚假,最主要标准是看它是否误导了消费者。其他诸如一个纯平电视的广告,表现的是一个少女在电视机的荧屏上滑冰,以展现荧屏的平整;另外一则电冰箱广告表现的是在冰箱的冰室中做撑竿跳运动,以展现冰室之空阔。

(三) 注意文化倾向

广告导向对人们的思想道德和社会风气,都有着潜移默化的影响。在进行广告创意时,不能片面求新、求异,忽视了广告导向。否则,容易走火入魔。在有些广告中,文化倾向不良的现象时有出现,如鼓励高消费,宣传享乐主义,暗含淫秽、黄色的内容,误导、唆使青少年沾染不良习惯和不文明举止,助长社会虚夸之风,等等,应该予以限制、取缔。另一方面,还应利用广告这一阵地,大力倡导、弘扬优秀文化、先进文化,实现广告创意与树立良好文化导向的完美结合。

通过观摩图片 5－24,你认为国外某咖啡品牌的这个广告在文化倾向上有没有值得检讨的地方?为什么?怎样使广告运作更符合一定的文化规范?

(四) 合乎法律的规范

广告创意的另一个原则是创意不能脱离法律的制约。突破了这个“禁区”,任何创意都寸步难行。比如,国家工商总局早有规定,禁止审批和发布任何有奖销售、让利销售及馈赠、降价

图片 5－24

等形式的药品广告。之所以做出这样的规定，关键在于药品是特殊商品，不能像推销一般商品那样做药品推销。

(五) 触及受众的心灵世界

现代广告相比传统广告在广告观念上经历了一些重大变化，比如广告是自我宣泄的工具，还是服务受众的手段？受众是被动的接受者，还是积极的参与者？广告是沾满铜臭的逐利场，还是参与生活设计和社会变革的又一个舞台？等等。这些归结到一点，就是如何认识受众，再推进一步就是如何认识人的尊严、价值及合理需求的问题。20世纪中叶以来，随着人本主义思潮的兴起，人的主体地位渐而凸显，于是，人的价值和尊严受到重视，人的情感和需要也得到肯定，在很多领域，尊重人、关心人和爱护人成了共同的心声。在一切传播领域，受众是"原点"，脱绝了受众，传播活动必然受阻，宣传、新闻、广告都是如此，相比较而言，广告传播更应突出受众的地位。在广告创意中，"产品"不应是重要的东西，立足点应是受众，要让他们真切地感受到关怀，感受广告内容对于自己的最大价值。他们是欣赏者、旁观者、使用者、评价者，唯有体味到广告所表现的事物与自己并不遥远，才会投出关注的目光。对此，只有深入受众的心灵世界，才会诞生出一个又一个极富创造力的有意境的作品来。

要明确广告创意不是天马行空，不受任何约束的，在这个基础上进一步了解要受到哪些因素的制约，并熟悉之所以如此的原因。

本章回溯

1. 广告创意的本质是创新，关键是符合受众心理，它是一个不断优化选择的过程。广告创意几乎涵盖了广告运作的各个环节、各个方面，并不是单纯地就某一方面而言的。

2. 广告创意的关键是广告定位,通过合理的定位,使受众耳目一新。广告定位的视角或依据较多,最基本的是从诉求对象和表现对象两个方面,也可以在两者的结合点来寻找,还可以就广告主体自身挖掘。不论何种情况,应首先找到问题的症结点,对企业而言,就是寻找"销售难题"。

3. 广告创意主要体现为构思,通过构思来获得点子、意念、方法。做到这一点,必须讲究相应的方法,从国际流行的思考方法看,大致有垂直思考法、水平思考法和会商思考法。开展广告创意,要能够对原有思维、经验、知识加以超越,有形成新概念的勇气和意识。

4. 从创新思维的具体运用看,主要是指发散思维的运用和非定势思维的运用。发散式思维强调流畅性、变通性、精致性,具体运用有正向、逆向、侧向、多向等创意方法。非定势思维不太遵守逻辑规则,具体运用有想象、联想、直觉、灵感等创意方法。

5. 创意是策划的精髓,但创意并非一味地标新立异,还有一些限定条件。总体来看,就是有首创精神,做到内容真实客观,注意文化倾向,合乎法律规范,触及受众的心灵世界。

学习重点

重点: ① 广告创意的含义和适用领域; ② 商品本位创意法; ③ 发散思维在广告中的运用; ④ 非定势思维在广告中的运用; ⑤ 受众本位创意法。

难点: ① 广告定位的视角; ② 形象本位创意法; ③ 受众本位创意法。

1. 〔法〕罗曼·罗兰:"创意是历史永远有效的契机。"

2. 〔日〕小鸠庸靖:"优秀创意的源泉就在你为之创意的产品中间,只是等待着你去发掘罢了。"

前沿问题

在广告中要强调和强化创意和创造性思维,这已经不再成为问题。至于创意的原则、方法、路径以及思维的方式、种类的研究,可以说是汗牛充栋。在对广告创意的研究中,还有几个问题需要我们思考:一是广告业在整个创意产业中的地位和作用的研究;二是对体验营销背景下的广告创意研究;三是广告创意与文化适应的关系研究;四是民族文化元素的汲取、释放与广告创意关系研究;五是中西文化传统对广告创意的影响研究;六是广告创意的形成机制研究;七是社会心理和思想观念的变迁与广告创意的调整研究;八是广告创意的生活化、世俗化研究。

[1] 吕尚彬. 差异化的追寻:广告创意理论的嬗变[J]. 理论月刊,2004,(10):62-64.

[2] 刘林沙. 当代广告人物的诉求特点研究[J]. 当代传播,2006,(01):65-68.

[3] 黄曼青. 对当前广告文案创意的反美学倾向的思考[J]. 学术论坛,2005,(03):140-142.

[4] 苏永华. 同质化时代的电视广告创意[J]. 南京广播电视大学学报,2005,(01):37-40.

[5] 初广志. 体验营销理论与广告创新[J]. 中国广播电视学刊,2006,(01):56-57.

课外练习

一、填空题

1. 广告创意的本质在于________，关键是符合________，前提是________。
2. 广告内容的创意指________、________，表现手法新是指________、________。
3. 受众本位创意，要考虑受众的________、________、________。

二、单项选择题

1. 广告创意的重点是寻找(　　)。
   A. 销售难题　B. 创意人才　C. 市场空间　D. 发展战略
2. 上海家化公司为其"清妃"品牌曾发布过广告，将女人与月亮、天鹅、音符、珍珠联系起来，标题分别是"有变化才会完善"、"有变化才会高贵"、"有变化才会灿烂"、"有变化才会细润"。运用的是什么创意方法？(　　)。
   A. 正向创意法　B. 逆向创意法　C. 侧向创意法　D. 多向创意法
3. 受已有的知识、经验的启发，加以类推，是(　　)。
   A. 侧向创意法　B. 正向创意法　C. 逆向创意法　D. 多向创意法

三、多项选择题

1. 从国际流行的方法看，创意的思考方法有(　　)。
   A. 垂直思考法　B. 水平思考法
   C. 会商思考法　D. 排除法
   E. 反问法
2. 创新思维的特点有(　　)。
   A. 非定势与反定势　B. 求新
   C. 不从众　D. 多维思考
   E. 思维发散
3. 联想创意法在方式上大致包括(　　)。
   A. 混沌联想　B. 相似联想
   C. 接近联想　D. 对比联想
   E. 因果联想

四、是非题

1. 创意是广告策划的精髓。
2. 在一则广告中，创意依据可以同时选用历史、产地、功能、品质等。

五、名词解释

广告创意

六、简答题

简述广告创意的含义。

七、论述题

在广告定位中，商品本位创意法有哪些定位依据？选其中一个分析其创意策略。

八、应用题

1. 日本较早就发明了供婴儿使用的纸质尿布，根据婴儿出生量、使用周期和频率推算，每周在日本国的需求量应是很大的，但实际却是微不足道。对此，一家最大的尿布生产企业进行了市场调查，发现造成销售难题的原因不是消费能力不足，不是供货不畅，不是使用不方便，也不是对婴儿没有益处，而是婴儿母亲在使用时的心理顾虑。原来在做广告宣传时,将使用尿布当作对母亲的恩物,那么,她们担心家人和他人认为自己懒惰、浪费而不敢使用,即使用,也是惴惴不安。最后,广告商改变了定位方法,着重宣传纸质尿布的吸水性能,对婴儿的方便,改变了人们的观念,销售量随即攀升。请你分析:广告定位的视角前后有什么不同?为什么进行调整?怎么去寻找“销售难题”?

2. 上海对外贸易学院是我国研究 WTO 的一支重要力量,在我国入世前夕,该校发布了一个“上海市 CEO 国际贸易(WTO 主题)高级研修班”特别召集的广告,图画中有一个手执哨子的裁判形象。从内容看,将 WTO 规划与运动员比赛规则类比,把企业 CEO 比作运动员。广告中有一句“再优秀的运动员也难免赛前紧张……”,强调了培训的重要性。你认为:这个广告的创意水平如何?它采用的什么创意方法?

参考答案

一、填空题

1. 创新、受众心理、科学分析 2. 材料新、语言新、结构新、角度新 3. 自然属性、价值取向、心理特点

二、单项选择题

1. A 2. D 3. A

三、多项选择题

1. ABC 2. ABCDE 3. BCDE

四、是非题

1. 对。

2. 错。应该是选择最有特色、最有优势的部分,不能面面俱到。

第六章

广告作品要素及其合成（上）

本章概要

本章主要介绍广告作品的要素。无论什么广告作品，都是由文案、图画、音响的全部或部分组成的。第一节主要介绍了广告文案的组成部分、广告标题的制作、广告文案的体例、广告标语的创作、广告文案创作的总体要求。第二节说明广告图画的种类、特点、作用，以及色彩的运用。第三节阐述广播、电视广告体裁，音响在广告作品中的作用，音响在广告作品中的应用状况，广告配乐。

学习目标

学完本章，您应该能够：

1. 了解广告文案的组成部分及其在广告作品中的地位；
2. 初步了解广告图画的种类、特点和作用；
3. 了解和熟悉广播、电视广告体裁；
4. 了解色彩的心理效能和对比应用；
5. 熟悉广告文案的体例、色彩的审美差异和广告标题的制作方法；
6. 掌握广告标语的含义和创作要求、广告文案创作的总体要求、音响在广告作品中的应用状况；
7. 能够根据所学的知识初步具备广告创作的能力。

基本概念

广告文案；广告标题；广告标语；正文；广告随文；广告图画；色彩；色相；明度；纯度；广告音响；配乐

广告运作的落脚点是形成生动、形象、具体的广告作品，因而，广告作品的设计与制作成了广告运作中最具实质意义的一项工作。广告宣传的形成纷繁杂陈，既有动态的、立体式广告，如电视、电影广告等，又有静态的、平面式广告，如报纸、杂志广告等。除了主题、创意、背景以外，广告作品的构成要素还有语言、文字、音乐、音响、图画、空白等。正是这些元素的有机结合，才形成了一个个姿态万千、趣味盎然的广告作品。本章着重介绍广告作品的构成要素。

第一节 广告文案

一、文案在广告作品中的地位

广告文案的含义、形式和作用。

所谓广告文案，又称广告文稿、广告文，即广告作品中的语言、文字部分。在不同媒体的广告作品中，其存在形式稍微有所不同：印刷型广告——印刷文字；电子型广告——语言和屏幕文字；路牌广告、海报——书写文字。

图片 6-1

在各种类型的广告作品中，语言和/或文字是唯一不可或缺的要素。原因在于：相比其他要素，语言或文字具有极强的解释能力，可以使受众能够更清晰、更明确地了解广告内容，把握广告主的意图。另外，从实证研究的结果看，通常广告效果的 50%—80%来自广告文案，这也从另外一个侧面揭示了广告文案创作的重要性，也反衬出创作的难度。

通过观摩图片 6-1，请你说明：语言、文字在广告作品中的重要性表现在哪些方面？它们的重要作用发挥的内在机理是什么？它们与广告作品中的其他要素存在什么关系？

二、广告文案的组成部分

广告文案一般由标题、正文、标语和随文四部分组成，但通常是不完整的，在绝大多数情况下，只是由其中的一个或几个要素组成，甚至将几个要素合而为一。所以，在创作广告文案时，并不像其他文字类作品，如小说、诗歌、散文、理论文章、总结报告、新闻报道等那样存在相对比较固定的写作格式，而是十分灵活的。这四部分的区别见表 6-1。

表 6－1 广告文案组成要素

项目＼要素	标 题	正 文	标 语	随 文
内容	主要是体现广告主题，一般涉及主要诉求、广告主名称、承诺等	① 商品要素，如产地、价格、质量、规格、质量等；② 服务要素，如质量、项目、规格、网络等；③ 形象要素，如历史、事业、声誉、地位等；④ 理念要素，如信念、商业哲学、文化等；⑤ 其他要素	理念、观念等	① 与商品或服务有关的，如商标、品牌、许可证、认证文书等；② 便于外部认知和外部联络的，如公司名称、住所、电话、传真、形象识别系统等；③ 与刊播广告有关的，主要是指批准文号
在广告作品中的作用	① 提示正文； ② 点明主题； ③ 引人注目； ④ 美化版面； ⑤ 指代作用	文案的核心，对广告内容说明、陈述、解释	① 表达信念； ② 倡导观念	广告正文的附加说明，处于次要地位
篇幅	可分单一型标题和复合型标题	篇幅最大	10 个字以内为宜，最多不超过 20 个字	相对正文，篇幅较小
与诉求的相关性	在大多数情况下紧密相关	紧密相关	可以游离于广告主题和内容之外	间接相关
在作品中的应用状况	在报刊广告中较普遍，其他则不然	必备要素	大公司广告或大刊位广告中较多，其他则不然	较为普遍

明确广告文案的组成部分以及它们在内容、作用、篇幅、与诉求的相关性和在广告作品中的应用状况等方面的区别。

三、广告标题的制作

(一) 广告标题的类型

1. 从内容可划分为直接标题和间接标题

一般来说，标题比正文要多 5 倍的阅读注意力。因而，广告标题通常以直接标题加以表现。所谓直接标题，就是把要表现的事物和情况直截了当地告诉给读者，读者看了之后便能大致知晓广告的基本内容。这类广告常常将广告主或品牌、服务项目的名称嵌入标题之中，如《上海××置业发展有限公司招聘启事》等，多用于报眼广告、中缝广告、分类广告以及其他刊位相对比较小的广告作品中。例如：

> 华东师范大学网络学院 2009 年秋季招生
> E 世界——你我共同的知识殿堂

间接标题则相反,标题中内容较为隐晦,本身不突出品牌、服务或广告主名称,了解和把握其含义往往需要结合正文和(或)图画才能完成。具体方式主要有寓意式、悬奇式、故事式、祈使式、抒情式、趣味式、逆反式等。例如:

> 之一:寓意式——“口服心服”(矿泉水广告)
> 之二:悬奇式——“节约日光”(太阳能热水器广告)
> 之三:故事式——“她又要鸡肉沙拉”(《礼仪手册》广告)
> 之四:祈使式——“有钱不能乱花”(银行广告)
> 之五:抒情式——“小别意酸酸,欢聚心甜甜”(酸梅汁广告)
> 之六:趣味式——“救救蟑螂”(杀虫剂广告)
> 之七:逆反式——“吸烟有害健康,连××牌也不例外”(香烟广告)

2. 从组合可划分为单一型标题和复合型标题

两者的差别在于标题是由一个还是两个或两个以上的标题组成,前者为单一型标题,后者为复合型标题。与新闻标题主要是复合型标题不同的是,复合型标题在广告作品中相对少见,占10%左右,一般由引题、正题和副题三部分组成,但在具体的组合形式上存在“引题+正题”、“正题+副题”、“引题+正题+副题”三种情况。其中,正题是广告诉求的核心,另外两种对正题起辅助作用。引题的作用在于交代背景、阐明意义、说明理由、陈述情况,副题对正题起补充或说明、解释、具体化的作用。例如:

> 自强不息　再续辉煌(引题)
> 华东师范大学60周年庆典(正题)
> 校庆活动11月陆续拉开(副题)

通过观摩图片6-2,思考并回答:“聆听自然,君子风范”这个标题是单一型还是复合型标题?这个标题与广告要推荐的汽车有直接的关系吗?如果没有,它究竟想表达什么?与图画中的其他元素是什么关系?

图片6-2

(二) 广告标题的创作要求

第一,密切结合广告主题。

第二,将最重要、最新鲜、最有价值的内容写进标题或正题。按照奥格威的文本创作原则,要把最大的消息贯注于标题当中;标题里最好包括商品名称;标题向消费者承诺其所能获得的利益,这个利益就是商品所具备的基本效果。

第三,简明扼要,一般 8—12 字。当然,从推销而言,较长的标题比词不达意的短标题,更有说服力。

第四,不能过于生僻、玄虚,令人费解,不要制作迷阵式的标题;不要写强迫消费者研读正文之后才能了解整个广告内容的标题。

第五,除非是对生命、财产有警示性意义的内容,不宜使用否定词。

第六,要使用适合于商品诉求对象的语调、语气和语速。

第七,如果是复合型标题,则应注意各标题之间的关系,同时做到衔接自然、过渡自然,但意思相对完整。

通过观摩图片 6-3,你认为“知性主义者的生活观”这个标题能否在看了之后做到一目了然?图画中左边是一件衣服,右边是楼盘的介绍,两者是什么关系?为什么要这样处理?

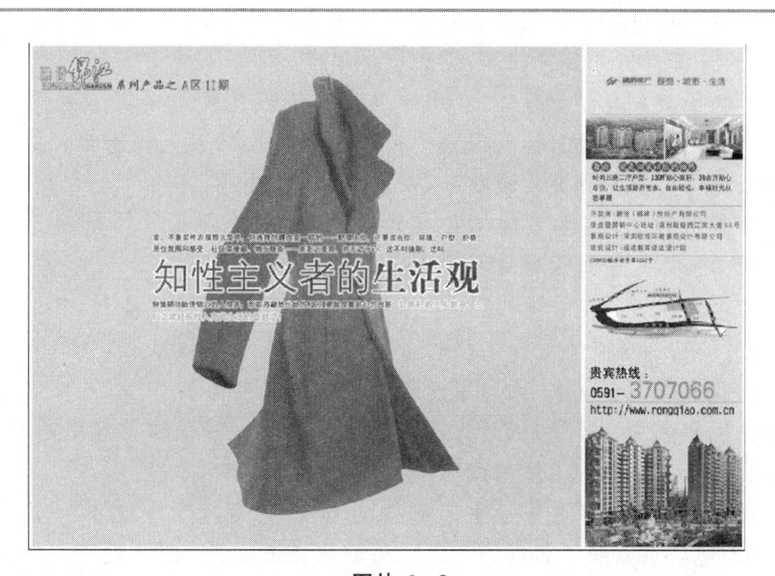

图片 6-3

四、广告文案的体例

广告文案的八种主要的体例。

(一) 对话体

这种体例在广播、电视广告中比较常见。在广播、电视广告中,有的采用独白,有的采用群口齐说,有的采用群口对话的方式。采用对话体体例,一般要设置一定的生活场景、工作场景、学习场景,编成一个小故事,情节也不复杂,利用主人公之口进行叙述、解释或说明。这一形式可以在非常自然的状态下,将需要推荐的商品或服务的特性告知消费者。至于主人公的选择,可以有很多,如夫妻、同学、师生、情侣、朋友之间等。

(二) 描写体

就是把一种商品或服务的功能、特点及其他方面进行描绘,从而使人们获得生动但又合乎逻辑的印象。比如,某楼盘广告有一段话,"大手笔擘划,腾出近135米栋距,容纳一座约6 000平方米私家森林公园茁壮成长。长20 000平方米广阔大地上,坚持只盖2幢小高层。大气规划,大度排场,匹配成功人士非凡胸怀。"

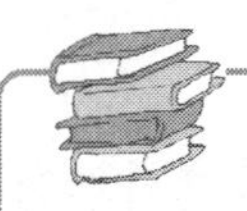

美国旅行者保险公司广告

制作者:乔治·葛里宾,美国广告大师

文案:当我28岁时,我认为今生今世我很可能不会结婚了。我的个子太高,双手及两条腿的不谐调常常妨碍了我。衣服穿在我身上,也从来没有像穿到别位女郎身上那样好看。似乎绝不可能有一位护花使者会骑着白马来把我带去。

可是终于有一个男人陪伴我了。爱维莱特并不是你在16岁时所梦想的那种练达世故的情人,而是一位羞怯并拙笨的人,也会手足无措。

他看上了我不自知的优点。我才开始感觉到不虚此生。事实上我俩当时都是如此。很快的,我们互相融洽无间,我们如不在一起就有怅然若失的感觉。所以我们认为这可能就是小说上所写的那类爱情故事,以后我们就结婚了。

那是在四月中的一天,苹果树的花盛开着,大地一片芬芳。那是近三十年前的事了,自从那一天之后,几乎每天都如此不变。

我不能相信已经过了这许多岁月,岁月载着爱维和我安静地度过,就像驾着独木舟行驶在平静的河中,你感觉不到舟之移动。我们从来未曾去过欧洲,我们甚至还没去过加州。我认为我们并不需要去,因为家对我们已经是够丰富了。

我希望我们能生几个孩子,但是我们未能达成愿望。我很像圣经中的撒拉,只是上帝并未赏赐我以奇迹。也许上帝想我有了爱维莱特已经够了。

唉!爱维在两年前的四月中故去。安静地,含着微笑,就和他生前一样。苹果树的花仍在盛开,大地仍然充满了甜蜜的气息。而我则茫然若失,欲哭无泪。当我弟弟来帮助我料理爱维的后事时,我发觉爱维是那么体贴关心我,就和他往常的所作所为一样。在银行中并没有给我存有很多钱,但有一张照顾我余生全部生活费用的保险单。

就一个女人所诚心相爱的男人过世之后而论,我实在是和别的女人一样地心满意足了。

(三) 说明体

说明体就是对商品、服务或广告主自身进行具体的解释和说明。由于要说明的内容较多,故一般选用报纸、杂志广告较多,在其他媒体广告中也有。对于有些商品或服务,运用说明体广告比较适合，如药品广告、保险产品广告、融资广告和价格不菲的商品广告等，因为这些产品对人们的生命、财产的损益有重大影响，人们在决定购买时常常要详细了解其特点及可靠性、安全性。

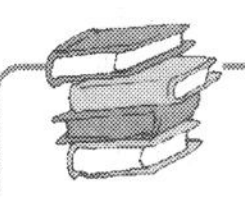

美国猪排广告

广告主：美国肉类研究所

制作人：李奥·贝纳，美国广告大师

文案：你能不能听到它们在锅里嗞嗞地响？……是那么好吃，那么丰富的 VB_1，那么合适的蛋白质。这类蛋白质对正在长大的孩子会帮助发育，对成年人能再造你的健康。像一切肉的蛋白质一样，它们都合乎每一种蛋白质所需的标准。

说明：本图章保证本广告之一切声明均经美国医药协会食品营养委员会所确认。

(四) 证书体

证书体就是用具有说服力的证明书形式来撰写广告正文。这些证明书包括与组织、品牌和其他方面有关的荣誉证书、权利证书、许可证书、合格证书等。运用这种形式的主要目的是为了提高和增强广告的可信性和说服力。但值得注意的是，一定要选用政府、非政府公共管理机构以及其他权威机构所颁发的证书，而不是一般的民间机构的评比结果，或花钱从境外买来的某种“荣誉证书”。由于国家对这类广告监管较严，主要涉及不能利用国家机关的名义，所以应慎用。比如，有一家企业将法院的判决书也用在广告中，这是不妥的。

(五) 对比体

对比体就是对某一商品或服务的品质、地位、功效等进行比较，包括三个方面：一是商品本身的对比，即新老产品的对比；二是商品使用者的对比，比较使用前后的差别；三是同类商品之间的对比，比较本产品与其他产品的差别。对第一种情况法律没有特别限制，但第二、三种情况要注意。比如，药品广告不得使用患者的名义和形象，以前曾有生产减肥、治秃的药品的厂家运用患者形象，有治疗红斑狼疮的用了患者名义，最后都被取缔。

(六) 论说体

论说体就是对商品或服务的某一特性加以评述和论证。在论证材料的选择上，可采用如下三种方式：一是专家证明(必须符合法定条件)；二是事实证明；三是反向证明，即用历史、排行榜、增长率、占有率等数据来说明，起反衬作用。

(七) 布告体

这类广告常见于通告、公告、通知、声明、启事一类，比如政府部门发布的通告、公告，上市公司发布的公告，企业、学校对外界的流言、谣言发布的声明，等等，多为印刷型、书写型广告，在具体写作中有着相对固定的格式。有些是针对刚刚发生的事，有些是针对即将发生的事，总之，这类广告都应及时公告，并适量反复发布或在不同媒体发布。这类广告在内容的表达上要郑重、平叙，讲清事由、时间、地点、进展、结论等要素，言简意赅。

(八) 新闻体

这类广告有点类似于新闻报道，如消息、通讯、特写、专访等。这主要是针对写作风格或体例而言,而不是指内容的本质,在本质上广告与新闻有明显差异,这一点我们在第一章就阐述了。采用新闻体撰写广告文案,有严格的限制:一是广告内容具有新闻价值,是对某一事实的介绍,而这一事实必须具有真实性、时新性、公开性、表义性(即对受众有意义的)的特点,此外还应该尽量具有重要性、显著性、接近性、情感性等特征;二是写作时遵循新闻报道的要求,比如撰写消息时标题一般是复合型标题,内容上一般由导语、主体、背景、结尾四部分组成,而且篇幅一般短小精悍;三是在发布时,与新闻报道应用严格的标记,以示区分。

对广告正文的对话体、描写体、说明体、证书体、对比体、论说体、布告体、新闻体这八种主要形式进行比较,了解它们的特点、适用的情况和具体的操作方法。

五、广告标语的创作

广告标语的含义、特点和创作技巧。

广告标语,是广告主从战略的角度出发,立足长远,在一定时期内反复使用的特定的宣传语。在构成广告文案的四个组成部分中,广告标语的实际应用面是最窄的,原因在于它的创作难度最大,而且对于不常做广告或仅仅只是做一些小广告的广告主来说,广告标语就成了多余的"附庸品",但是,广告标语的立意是最高的。从效果看,标题与标语的作用最大,关键在于两者语言最精炼,在布局中地位也最突出。但两者也有着明显的差别,前面从内容、作用、与主题的相关性等几个方面作了分析,它们之间最本质的差别是一个从战略考虑,一个从战术考虑。具体地说,广告标题是一次性使用的,只在特定的某一则广告中发挥作用,而广告标语一经确认,要在较长时期中反复使用,无论何种媒介、地区、形式、篇幅的广告,皆然,它几乎成了一家企业、一所学校的重要标志之一。比如"晶晶亮,透心凉"(雪碧)、"飘柔就是这样自信"(飘柔)、"活出真精彩"(可口可乐)、"清除体内垃圾"(昂立)、"想做就做"(耐克)等,传播比较广,也比较长久,现在就逐渐成了某一品牌的标志。

(一) 创作技巧

第一,口语法。这类标语是运用一些大众化的语言来表现。比较典型的例子有"味道好极了"(雀巢咖啡)、"农夫山泉有点甜"(农夫山泉)、"喝了娃哈哈,吃饭就是香"(娃哈哈)、"不要太潇洒"(杉杉西服)等。

通过观摩图片6-4,你认为蒙牛的"酸酸甜甜就是我!"是否做到了口语化?广告标语的口语化有什么好处?怎样做到口语化?

第二,排比法。就是在几句话中有些字、词大体相同或相似。如"饮南宝,全新享受;饮南宝,眼光独到"(南宝饮料)、"爸爸变叔叔,妈妈变阿姨"(凤凰化妆品)等。

图片 6-4

第三,夸张法。就是对广告内容作适当的夸大或缩小,但又不影响广告的真实性。如“今年二十,明年十八”(白丽香皂)等。

第四,对偶法。这一方法讲究工整、对仗,排列整齐。如“十里南京路,一个新世界”(上海新世界城)、“活字印刷古代显威,华光照排今日称雄”(潍坊计算机)、“走富康路,坐富康车”(富康车)等。

第五,顶针法。即上一句末尾为下一句的开头,如“车到山前必有路,有路必有丰田车”(丰田汽车)、“万家乐,乐万家”(万家乐)、“加佳进家家,家家爱加佳”(加佳洗衣粉)等。

第六,回环法。即上一句末尾为下一句开头,上一句开头则为下一句末尾。如“长城电扇,电扇长城”(长城电扇)、“益友冰箱,冰箱益友”(益友冰箱)等。

第七,比喻法。比如长虹公司以前用过“天上彩虹,人间长虹”,后面又用过“太阳最红,长虹更新”,前者指公司,后者指品牌,用的都是比喻法。“她工作,您休息”(凯歌全自动洗衣机)用的也是这种方法。

第八,双关法。就是利用一个词的两种不同表达意义来拟定标语,如“聪明不必绝顶”(美加净生发灵)、“第一流产品,为足下增光”(红鸟鞋油)、“只要你敢来,没有什么再‘大’不了的”(隆胸广告)、“停电 24 小时,依旧冷若冰霜”(航天冰箱)、“集美沙发,牛!”(集美沙发,1997 年牛年发布)、“省优,部优,葛优?”(双汇火腿肠)等。

第九,设问法。即通过设问或反问的方法来写。如“清凉世界何时来?待到菊花开”(菊花电扇)、“此处已摔死 4 人,你想成为第 5 人吗?”(某公益广告)等。

第十,押韵法。就是两句话的最后一个字韵母相同。如“强力配方同,蟑螂死光光”(雷达杀虫剂)、“骑车九十九,还是骑永久”(永久自行车)、“雪中之豹,雪中之宝,雪中送宝”(雪豹皮革行)、“要想皮肤好,早晚用大宝”(大宝)等。

此外,还有谐音法、重叠法、象征法、寓意法、嵌字法等,不一一叙述。

广告标语连线(请将两边对应的用线连起来)

走中国道路,乘一汽奥迪(一汽)	设问法
喝孔府宴酒,做天下文章(孔府宴酒)	双关法
望子成龙,小霸王学习机(小霸王电脑学习机)	谐音法
何以解忧? 唯有杜康(杜康酒)	押韵法
生活中离不开这口子(口子酒)	寓意法
维维豆奶,欢乐开怀(维维豆奶)	象征法
亚细亚,太阳升起的地方(亚细亚商场)	顶针法
一切尽在掌握(爱立信)	夸张法
坐红旗车,走中国路(红旗轿车)	重叠法
飘柔,就是这么自信(飘柔)	排比法
中意冰箱,人人中意(中意电器)	对偶法
福气多多,满意多多(福满多方便面)	口语法
长城烽火,传信万里(西门子)	回环法
东奔西走,要喝宋河好酒(宋河)	比喻法

(二) 创作要求

第一,标志性。就是与其他的广告标语,特别是与同类企业或产品相比,要有显著的差别,起到识别的作用。要做到这一点,关键是要体现公司及其产品或服务的特点。表现较好的例子很多,比如"海鸥表,中国计时之宝"(海鸥表)、"青岛双星鞋,伴君走世界"(双星鞋)、"人头马一开,好事自然来"(人头马)、"肠虫清——两片"(某药品)、"难言之隐,一洗了之"(洁尔阴)、"通则不痛"(追风透骨丸)、"好马配好鞍,好车配风帆"(某汽车蓄电池)、"保护嗓子,请用金嗓子喉宝"(金嗓子喉宝)等。

"可能"成了常态?

有四家生产运动鞋(运动服)的中外体育用品企业,分别确定了自己的广告标语,根据它们出现的先后顺序,依次是: ① 没有不可能(impossible is nothing); ② 一切皆有可能(anything is possible); ③ 无限可能; ④ 凡事无绝对。请你猜一猜这些标语分别是哪家企业的。你认为在同业竞争中采用雷同或类似的广告标语是否合适?

第二,简明性。就是要做到易读、易懂、易听、易记、易传。我们前面讲了不少成功的例子,同时也发现有些广告语昙花一现,原因较多,有的是因为绕口,如"滴滴香浓,意犹未尽"(麦氏咖啡)、"高雅淮海路,荟萃名特优"(上海淮海路);有的是因为太长,如"为名忙,为利忙,且喝一杯茶去;劳心苦,劳力苦,再倒二两酒来"(某酒家)、"叩开名流之门,共度锦绣人生"(上海精品商厦)、"牙好,胃口就好,身体倍儿棒,吃嘛嘛香"(蓝天六必治)等。

第三，适应性。主要包含了四层意思：一是对企业经营理念和价值观的适应；二是对受众心理的适应；三是对受众主体文化背景的适应；四是对媒体传播性能的适应。海尔公司1994年的标语是“海尔，真诚到永远”，1998年是“海尔，中国造”、2009年是“一个世界一个家”，都比较好地适应了海尔集团在发展的不同阶段的经营理念和基本的价值观。再如，同一句广告语，在报纸上可能适合，但广播、电视上不一定适合，比如“含羞带怯试新衣，活泼俏丽展新姿”(某服装)就由于过于书面，而可能令听众一时难以理解。

第一部分：案例内容

杜邦广告标语是如何重新定位的？(节选)

杜邦公司由法裔移民 El euthere Irenee du Pont de Nemours 于1802年在美国特拉华州创立。近两百年不断的科技飞跃，使杜邦从创业初期的一种产品——黑色火药及36 000美元的资产发展成为如今世界上历史最悠久、业务最多元化的跨国科技企业之一。杜邦已经持续了近两个世纪的辉煌，在这一迈向第3个世纪的重要时刻，杜邦公司为自己设定了新的目标，那就是要成为一家以科学为基础的可持续发展的公司。

一、项目调查

调查显示，杜邦目前在人们心中仍是一家以发明伟大的原材料，生产传统化学品的“化学公司”。而从1935年使用至今的企业口号“生产优质产品，开创美好生活”专注的是杜邦的产品。为了更好地反映杜邦公司今后发展的方向，杜邦公司决定对其企业的定位进行调整，使其能反映出企业发展策略的转移以及企业形象的改变。随着21世纪的临近，科学在各个方面都日益成为人们日常生活的一部分。杜邦在科学研究方面有相当长的历史，我们的调查资料显示杜邦是为数不多的被公众认为是具有科学实力的公司之一，而且目前杜邦正在将自己发展成为一个增长更快、知识含量更高的公司。杜邦意识到，一个能独特地表述公司精髓的新企业定位，对于加快公司发展进程极为重要。因此，杜邦公司特别邀请了四家代理公司为杜邦的新定位进行设计。各相关公司为此做了大量的市场调查，并提出了相应的建议。最后“创造科学奇迹”脱颖而出。杜邦公司充分认识到，企业的重新定位不仅仅是一个新的企业口号或一个新的广告运动。“创造科学奇迹”这个新定位是一个长期的努力，独特地描述了公司进一步发展的方向，是杜邦进行企业改革的一个重要部分。我们将它称为公司在200年历史中的第三次自我重塑。

在近两百年的发展进程中，杜邦一直领先于所处的时代，所创造的科技飞跃成为人类科技进步的里程碑，印证了人们对科学真谛的不懈追求，对人类的生产和生活均产生了革命性的影响。如掀起现代材料大革命的尼龙，20世纪20年代氯丁橡胶的首次合成以及60年代莱卡弹性纤维、NOMEX和凯芙拉高熔点芳香族聚酰胺纤维的发明，80年代环保农药磺酰脲类的推出，1998年日服一次的艾滋病药SUSTIVA的上市。杜邦人用科技的成就及技术的飞跃不断给世界带来科学奇迹。

现在这一新的定位,使杜邦公司的传统和未来得以保持一致,使杜邦的公司战略方向与可持续发展的使命相一致。

二、项目策划

杜邦在世界各地的员工参加了选择“创造科学奇迹”为公司新定位的决策过程。在“创造科学奇迹”被选定为公司的新口号之前,杜邦在各主要国家,其中包括中国进行了调查,结果显示其为各个地区的员工所喜爱。

为了推出企业的新定位,杜邦公司采取了一系列的宣传步骤来配合新定位的实施。最为突出的是在所有的对外宣传活动开始之前,公司首先与员工进行沟通,使每一位员工理解公司的新定位及新的发展方向。除了召开员工会议外,员工通讯,公司内部网都刊登了有关的内容。下述有关推广新定位的具体时间的安排就能说明公司员工在这个活动中的作用。

(1) 1999 年 3 月,在公司上一年度年报上推出(内部)。

(2) 1999 年 4 月和 5 月,在杜邦杂志,各国或地区的员工通讯中推出(内部)。

(3) 1999 年 4 月底,在美国、亚洲和欧洲推出印刷广告(外部)。

(4) 1999 年 9 月,在美国、亚洲和欧洲推出电视广告(外部)。

三、项目实施

——4 月 28 日,杜邦公司董事长、首席执行官贺利得先生向董事会解释新的企业定位。

——4 月 29 日起,一个 8 页的预告式平面广告在美国及亚洲华尔街时报、欧洲金融时报上刊登。

——5 月初,公司开始了与客户的沟通,客户收到的资料包括告客户书、预告式平面广告的重印件及有关新定位内容的新一期的杜邦杂志。

——9 月 2 日,杜邦公司全球副总裁凯瑟琳·福特女士专程来到北京召开新闻发布会,向中国媒介介绍了杜邦的新企业定位。

——9 月 20 日,杜邦召开全球员工电视会议,在会上首次播映了新的企业形象电视广告。

——9 月 22 日,杜邦公司董事长、首席执行官在美国纽约召开新闻发布会,向各国媒介介绍杜邦的企业定位及新的企业形象电视广告。

——9 月底,杜邦的企业形象广告“为地球做的事”的平面和电视广告在全球范围内正式投放。在中国,杜邦还展开了一系列的活动来更好地配合企业新定位在中国的实施,包括:

……

四、项目评估

杜邦推出“创造科学奇迹”的新定位已有半年,整个活动引起了较大反响,媒介的反应相当踊跃,各地的报纸、电台和电视台都作了报道,其中数十家媒体作了相应的报道,其中包括 CCTV 的新闻和北京人民广播电台的新闻等。

第二部分:引用该案例的目的

固然这个案例说明了美国杜邦公司在对外宣传和产品推广过程中对广告标

语的调整问题所体现出的创新意识,但是,我们这里要谈的是广告标语的创作原则、技巧与方法。扩展开来,就涉及包括标题、标语、正文、附文在内的整个广告文稿,包括文稿和图画在内的整个作品的创作问题。

第三部分:案例观摩的思路与方法

首先从有关途径了解杜邦公司的历史及其变迁,该公司对人类的贡献,以及它在行业中的地位,了解该公司的企业文化。这个广告标语可以说是杜邦公司的核心价值观,在价值观—核心价值观—企业文化的关系中把握杜邦公司为什么要确立这样的标语,为什么要寻求“与时俱进”。然后,比较我国企业在广告标语的制作上有什么特点,有哪些方面需要加以改进。

第四部分:案例点评

在国内,有些企业往往斥巨资向社会征集广告语,真可谓“一字万金”,这从一个侧面反映了广告标语创作的难度。广告标语是广告作品中的一部分,它在相当长的时间内,在公司各种媒介上发布的广告中反复出现,具有比较强的稳定性。杜邦公司的这个案例让一般人可能觉得不可思议,问题在于该公司一条广告标语可以使用60多年,不像我国有的企业要么没有广告标语,要么有也是几年一变。同时,该公司也没有僵化,也在求变,但这种变是建立在对该公司的历史、贡献、时代要求和该企业独特地位加以综合分析的基础之上的。另外,作为一家跨国公司,杜邦公司把具有标志意义的广告标语的宣传推广也看作是一件很重要的事情,这是值得我们学习的。

第五部分:版权及出处

新浪网。

六、广告文案创作的总体要求

(一) 语言文字的适应性

第一,适应广告内容。

第二,适应诉求方式。广告诉求方式一般可分为理性诉求和情感诉求,那么,文案创作要有所区别:前者通常是叙述、说明、分析、解释,以说理为主;后者通常是描写、抒情、刻画,以表情为主。

第三,适应媒介性能。媒介种类繁多,对语言文字运用的数量、表现方式及传播效果各不相同。比如,广播广告语言要通俗,海报要有鼓动性,电视广告文字要少、语言要简练,说明书文字要详细具体、平铺直叙,等等。

第四,适用对象特征。如针对儿童,语言要活泼,充满童真;对老年人要持重、平缓;对知识分子,要富于理性;对农民,要运用大众化语言,等等。某药品广告的说明书中有“顿吃”一词,按照医疗术语解释应该是一天只吃一次,但一般的病人往往是理解成每顿饭吃一次,即一天吃三次,就出现了极大的误会。

(二) 主题的明确性

第一,主题单一、具体。

第二,标题新颖、醒目。

第三,定位准确、合理。

第四,文题呼应、配合。

(三) 内容的准确性

第一,事实要准确。主要是指时间、地点、数据,引语、文摘以及其他在广告中所陈述的各项内容要做到有理有据,不无中生有,不移花接木,不夸大其词,一切尊重客观事实。

第二,语言的运用要准确。主要是三个方面:一是词性;二是语义;三是语境。比如,某公司在公交车上做广告,上面是“打着灯笼也找不到的好汤圆”,本意是为了表示“好”,但给人的印象却是市场占有率低。还有“向您敬杯,赐您欢乐”,尽管“您”字显得很谦恭,但“赐”字却有高山仰止之嫌。2009 年是我国农历牛年,在春节期间,生产牛奶制品的蒙牛公司在中央电视台等媒体上发布广告,其中一句是“Happy 牛(New) Year”,对此尽管有语言学家提出不同意见,但很快成为流行语。

通过观摩图片6-5,你认为从法律规范、语文规范的角度看,这一则关于减肥药品的广告在语言文字的运用方面存在哪些明显的问题?怎样使语言文字的运用更准确?

图片 6-5

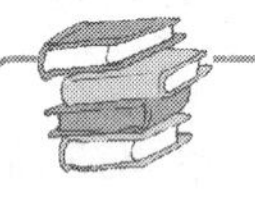

广告语言文字管理暂时规定(节选)

第三条:广告使用的语言文字,用语应当清晰、准确,用字应当规范、标准。

第四条:广告使用的语言文字应当符合社会主义精神文明建设的要求,不得含有不良文化内容。

第五条:广告用语用字应当使用普通话和规范汉字。

根据国家规定,广播电台、电视台可以使用方言播音的节目,其广告中可以使用方言;广播电台、电视台使用少数民族语言播音的节目,其广告应当使用少数民族语言文字。

在民族自治地方,广告用语用字参照《民族自治地方语言文字单行条例》执行。

第六条:广告中不得单独使用汉语拼音。广告中如需使用汉语拼音时,应当正确、规范,并与规范汉字同时使用。

第七条:广告中数字、标点符号的用法和计量单位等,应当符合国家标准和有关规定。

第八条:广告中不得单独使用外国语言文字。

广告中如因特殊需要配合使用外国语言文字时,应当采用以普通话和规范汉字为主、外国语言文字为辅的形式,不得在同一广告语句中夹杂使用外国语言文字。广告中的外国语言文字所表达的意思,与中文意思不一致的,以中文意思为准。

(四)文案的情感性

第一,要有情感性。广告实质上是广告主与受众进行交流的平台和工具,目的在于说服对方,这样应尽可能建立在双向沟通基础上,摒弃"自说自话"的做法,或者是单向的"灌输式"的宣传。与受众信息、思想、情感的沟通,情感设计是一个较好的切入口。

第二,情感的运用要有分寸。总体来看,广告文案要较好地体现人类美好的真情,表达相互间的关爱、同情与互助,如亲情、友情、爱情,对大自然的热爱,对社会的爱,对祖国的爱,对科学的爱,对工作的爱……在表现爱的同时,又包含了对一些落后、低俗、丑恶行为和现象的鞭挞和憎恨。一般来说,较好地从人性角度表现人的智慧、力量、勇气、尊严、关爱、同情、慷慨、抱负、慈善,活力等优秀品质,都能给人以心灵的震撼。当然,对情感的运用要有分寸,适合特定的文化内涵、人物间的相互关系和时代特征。

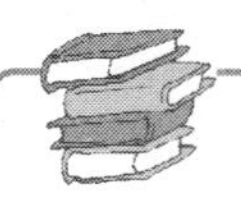

奥格威的广告文本原则

(1) 不要期待消费者会阅读令人心烦的散文。

(2) 要直截了当地述说要点,不要有迂回的表现。

(3) 避免"好像"、"例如"的比喻。

(4)"最高级"的词句、概括性的说法、重复的表现,都是不妥当的。

(5) 不要叙述商品范围外的事情,事实即是事实。

(6) 要写得像私人谈话,且是热情而容易记忆的,也像宴会对着邻座的人讲话似的。

(7) 不要令人心烦的文句。

(8) 要写得真实,而且要使这个真实加上魅力的色彩。

(9) 利用名人推荐,名人的推荐比无名人的推荐更具有效果。

(10) 讽刺的笔调不会推销东西。卓越的撰文家,不会利用这种笔调。

(11) 不要怕写长的本文。

(12) 照片底下,必须附加说明。

第二节 广告图画

一、广告图画的种类

广告图画就是用绘画、设计或摄影艺术等手段将构成广告表现对象的各种事物描绘成特定的形象,它通过图画的形状、色彩和整体画面形象来表达特定的广告意境。广告图画可以分为三种。

广告图画的种类及其差别。

(一) 广告摄影

广告摄影是以艺术设计与艺术摄影相结合的实用造型艺术,它以光线、基准画面、背景为造型要素,通过巧妙的构思、形象的设计实现事物的真实再现。广告摄影的取材极为广泛,如公司外景、商品的外观与内部构造,或者某个学习、生活和工作的场景等。近年来,随着人们审美情趣的提高和数码摄影技术的高速发展,摄影在广告中的运用也越来越普遍。摄影的表现手段主要有两种:一种是黑白照片,主要适用于报纸广告;一种是彩色照片,主要适用于杂志广告、宣传画册中。总体来看,广告摄影在广告图画中的运用越来越普遍。照片具有直接和有趣的特质,具有实证效果,所以,现在成为印刷广告中的一种习惯的表达方式。

通过观摩图片 6-6,你认为广告图画有哪几种表现形式?摄影图片在广告图画中运用的状况如何?为什么要加强摄影图片在广告图画中的应用?怎样使应用的效果达到最佳?

图片 6-6

(二) 广告插图

在许多广告中一个主要的要素就是插图，在近十多年楼盘广告中运用比较多，如方位图、效果图等。在其他的广告作品中，也可能有不少绘画。插图的表现手段多种多样，主要是三种：一是黑白画法，以线条和块面绘成黑白画，多用于报纸广告中；二是水粉画法，即用广告色或水彩绘色彩画，多用于杂志广告、招贴画中；三是油彩画法，即采用油画色、油漆材料绘制，一般适用于户外广告牌和其他大型商业绘画。在艺术形式上，大致有绘画、漫画、图表等，在流派上有写意派、现代派、抽象派等。

广告插图一般有哪几种表现手段？它们之间有哪些差别？通过观摩图片6－7，你认为它在表现手段是什么？采用的是什么艺术形式？

图片 6－7

(三) 广告图像

图画中的摄影照片或插图，都是静止的画面，而图像是运动的，主要适用于电视广告和电影广告。电视、电影广告的摄影在许多方面与印刷广告的摄影比较相似，涉及许多具体的工作，如化妆、服装设计、剧务、道具、布景、拍摄与冲印等。两者最明显的区别在于印刷广告摄影常由一个摄影师和一个助手来完成，而电影和电视广告的拍摄需动用一个工作小组。比如，某跳水女明星为雪碧饮料拍广告，表演的是空中跳伞，拍摄地点选择新西兰、泰国两地，外景地选在著名的桂河大桥边，还动用了军用飞机。像这样场面大、涉及人物多、取景复杂的广告拍摄显然是一般的印刷广告拍摄所不能比拟的。由于图像运用了蒙太奇的手法，可以创造运动感、节奏感、韵律感，有些还运用了特技手段，从效果上看远比静止的画面要好得多。

二、广告图画的表现形式和表现手法

广告图画有多种多样的表现形式，在表现手法上也是各异其趣。了解表现形式和表现手法,可以更有针对性地开展广告作品的创作。

(一) 广告图画的表现形式

第一,具象图画。它是用真实的画面或照片,或写实的绘画来表现商品的内部构造或人们使用商品的某种情形,或者是某种工作、学习、生活场景的摹写和复制,给人以真实感。从一定意义上说,受众出于求真心理,往往希望是看到而不是听到某种东西,这便是"视觉认知优势"在起作用。事实上,我们感知外部世界的主要渠道是通过视觉和听觉器官实现的,其中通过视觉器官一般要占到85%,两者合计一般为93%。而在看到的信息中,图画比文字更重要,在图画中,具象的比抽象的效果更直观。

第二,漫画或卡通片。就是用轻松、活泼、幽默、风趣的手法作适度的夸张。卡通片一般用于以少年儿童为诉求对象的广告片中,而且主要是电视广告中,而漫画在公益广告、意见广告中运用较多,适合于成年受众,通常运用在报纸广告、招贴画、传单中。平时我们所见到的许多公益广告宣传画中,就常常采用这种形式。总体来看,这一广告表现生动活泼,富有情趣,或庄或谐,读者或观众一般易于接受。

通过观摩图片 6-8,你觉得在开展公益广告宣传时,运用漫画有哪些积极作用?漫画和卡通片运用在广告作品中,它们的适用对象、内容安排、媒体选择等方面有哪些不同?

快活林活性炭室内环保宣传画

昔日新房必有味,
如今要查氨、苯、氡;

甲醛超标我不闻,
为讨说法上法庭。

快活林 宁德鑫森化工有限公司
广州订购电话020-33585205

图片 6-8

第三,抽象图画。即采用非写实的手法,比较抽象,与具象图画相反,不是直接表现商品或某一场景,但常能表现较高的意境。比如,某烟草公司发布一则1/2版的报纸公益广告,画中有成群的黄牛在奔跑,题目是《厚积薄发》。再如,中国银行曾经有一个电视广告,画面中有一大片苍翠的竹林,一个妙龄女郎身着白色的连衣裙,独处其间,竹林随微风而动,着意表现"静"与"动"的辩证关系。这都是比较有意境的。

图片 6-9 是国外的一则汽车广告,该广告文字、徽标等要素简洁,画面相对突出,而把汽车轮胎进行了夸张处理,你认为这样处理的效果如何?整个图画属于哪种类型?

第四,装饰图画。就是用装饰性的色彩和造型把人物和商品的形象加以美化,引人注目。装饰图画一般可分为装饰性绘画、图案衬托、文字装饰等几种类型。

图片 6-9

(二) 广告图画的表现手法

第一,写实法。就是将广告信息直接在图画上显示出来。它通过对事物的真实再现,使读者和观众收到"百闻不如一见"的效果。这种方法的运用比较理性,对大多数消费者是比较适合的。

第二,对比法。图画可以用来表现商品品质的优劣、技术革新的效果、使用前后的反差,特别是具有实证效果的照片和画面的运用,能够使受众获得一种比较直观的印象。

第三,寓意法。就是运用有关事物来间接地表现广告主题。比如,华硕电脑公司聘请某体操明星做广告,片长 30 秒,其中明星在高低杠上面进行上下欢腾表演的画面就占了约 25 秒,与电脑及公司都没有直接关系,结合解说,观众就能明白"成功与汗水"、"稳定与挑战"的道理,寓意深刻。当然,运用这种方法,不能过于含蓄、玄奥,否则,受众犹如坠入云里雾里,不明所以。

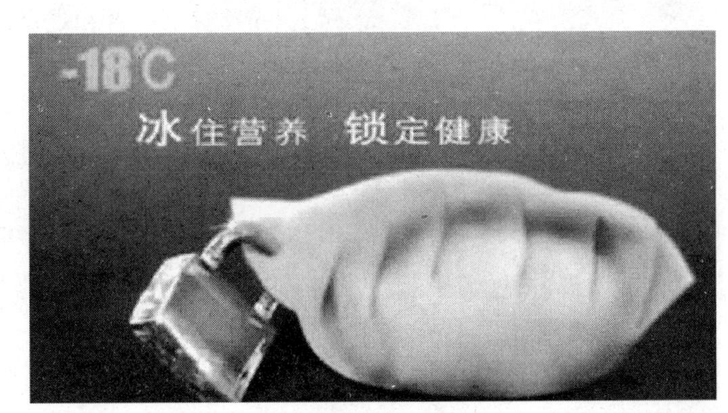

图片 6-10

第四,夸张法。在广告图画的运用中,夸张的手法多用于广告漫画,而且往往是图文并茂。值得注意的是,图画的夸张如同广告文案的夸张一样,做到适度,不至于让人费解或误解。

第五,比喻法。就是运用人们所熟知的事物作类比,使人产生联想,增强对商品的认识。

图片 6-10 比较具有趣味性,你认为运用了什么表现手法?运用的合理性如何?

第六,示范法。主要是用图画来演示商品的性能和用途。一般来说,这类广告是通过演示一个生活情景来加以表现。

搜集各种类型的广告图片,深入了解具象图画、漫画、抽象图画、装饰图画的含义和不同的适用面,同时明确写实法、对比法、寓意法、夸张法、示范法、比喻法的差别。

三、广告图画的作用及设计要求

广告图画的特点和作用。

(一) 广告图画的特点

第一,依附性。与语言或文字、音乐或音响一样,广告图画作为广告作品的一部分,也要服从或服务于广告主题。

第二,实证性。与语言、文字在广告作品中所起的作用不同,广告图画在揭示广告主题方面着重起演示、烘托、暗示作用,更好地表现企业理念和企业精神,更好地表现商品的外在气质和内在品质,具有实证的特点。当然,这只是相对而言的,主要是由于电脑技术的发展,经过"合成"或嫁接就有可能损害广告的真实性,还在于"把关"手段的运用而使之显得偏颇。

图片 6-11

第三,质朴性。尽管有人把广告称为"第八艺术",但与其他的艺术作品相比,广告图画并不要求刻意精雕细琢,而是以通俗、流畅、大众化的方式来表现,以便大多数普通读者和观众都能理解和接受。

(二) 广告图画的作用

第一,佐证价值。不过,这主要是对那些可以通过人们的视觉器官加以感受的特征而言的,如外观、造型、美感等,至于别的方面只能获得一般的印象。

通过观摩图片 6-11,你觉得中国银行的这则推销信用卡的广告图画在依附性和质朴性等方面做得如何?为什么?

第二,符号信息价值。通过图画,可以了解很多信息,而这些信息如果通过文字来表达,可能要费去很大的篇幅。所以,为了增强广告效果,应尽量有广告图画。

图片 6-12 是一则房地产广告，而图片 6-13 是国外的一则酒类广告，你认为这两则广告的图片分别主要发挥了什么作用？同时，从广告作品的构成要素看，两者又有哪些相同点和不同点？

第三，提高注意价值。广告图画运用的是视觉语言，刺激人的视觉器官，图画的形状、大小、虚实、色彩的运用，给人以赏心悦目的感觉。根据实证研究的结果，图画比文字更能引起人们的注意，彩色比黑白图片效果更好，运动的画面比静止的图片效果更好，这也是广告主热衷电视广告的重要原因。

第四，移情审美价值。广告图画尤其是电视、电影画面，只要精心构思，认真拍摄，就可以产生极高的审美价值，具有较高的艺术魅力。事实上，现在有不少广告片都具有相当的艺术品位，它不再是令人生厌的东西。由于单位时间的投入多，而且在创意上所耗费的精力更多，使得稍纵即逝的一则广告很精炼，很富于意境，人们在看后所获得的是一种美好享受。

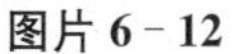
图片 6-12

图片 6-13

四、色彩的运用

与广告图画相关的一个问题是色彩的运用。在广告作品中，有很多地方要运用色彩，如商品的包装与外观、广告模特或代言人的服装与道具、室内与外景的色彩、背景色等。

(一) 色彩的心理效能

自然界中存在多种多样的色彩，其中红、黄、蓝是三个基本色，又称为三原色。另外一些色彩可用三原色调配而成。各种色彩对人的心理往往会产生不同的心理暗示作用,具体见表6-2。

表6-2　色彩的心理效能

色　彩	心　理　效　能
红色	引起兴奋、激动或紧张、恐怖
黄色	产生光明、希望、灿烂、辉煌、庄严、高贵、柔和、纯净之感
蓝色	表现深远、崇高、沉静、神圣、纯洁,也可反映忧郁、冷漠、悲伤
橙色	表明温暖、明亮、华丽
绿色	表现和平、青春、生命、活力、希望、兴旺、健康
紫色	产生高贵、优雅、尊严之感,又有孤独、神秘、忧郁、痛苦之感
黑色	非彩色,是很好的对比色。有时表现严肃、恐怖、阴森、忧伤、复古、神秘
白色	非彩色,是很好的对比色。象征光明、纯洁、高雅、坚贞、清凉
灰色	产生柔和、安静、朴素、大方、谦逊之感,也可表现凄凉、失望、沉闷、寂寞之感

(二) 色彩的审美差异

人们对色彩的偏爱与执著,有着极大的差异,这种差异既有群体之间的差异,又有个体之间的差异。造成这种差异的原因有五个方面:一是时代特征;二是民族和种族背景,以及与之相关的宗教背景;三是地域特点及与之相适应的风俗习惯;四是年龄、职业、性别、性格特征;五是角色认知与角色期待。这种对色彩的审美情趣上的差异,在广告中要得到灵活的应用。

总之,不同群体乃至个人的审美差异极为明显。但是,由于每一群体同时拥有多种特征,对色彩的偏爱可能更多地受其中一个特征的制约和影响。那么,广告图画的设计对色彩的选择及搭配要有针对性。

(三) 色彩的对比应用

由于不同色彩的视觉效果不同,当两种色彩相比较时就会形成较大的视觉差异感。这种现象往往表现为色相、明度和纯度的对比。

第一,色相。即色彩的表象特征。色相对比就是指两种或多种不同色相的色彩并置于一起,使之形成较大的反差。

第二,明度。即色彩本身的明暗程度,往往是指用同一色相在不同光度条件下呈现的不同的明暗程度。明暗对比是其他对比的基础,是决定配色的光感、明快感、清晰感的关键。邻近配置两种不同明度的色相,明度高的色彩就愈显得光感强,形象清晰度高;反之,形象含糊不清。

第三,纯度。即每一种色彩的鲜明程度。纯度对比是因纯度差别而形成的对比。邻近配置色相反差大的色彩时,纯度高的色相明确;反之,则不然。

图片6-14是喜力啤酒广告,包装和背景都是绿色,并用浅黄色衬托;图片6-15是可口可乐饮料广告,包装是红色,背景有白、黄、黑等颜色。你觉得这样处理合适吗?

图片 6-14

图片 6-15

在广告图画设计中,大面积图画的色彩对比多选择明度高、纯度低、色差小、对比弱的配色,求得明快、和谐的效果。中等面积图画的色彩对比,多选择中明度的对比。小面积图画的色彩对比较为灵活,强弱对比均匀。有时候,色彩的对比在作背景色和陪衬物的色彩处理上,一般都取单纯、简洁的色彩,使主题形象在色相、明度、纯度上形成强烈的对比。

至于色彩的配合,往往是运用调和、对照、补色三种艺术表现法来进行:调和是把两种具有共通性的色彩并置使用,取得协调的效果;对照是把两种无共通性的色彩并置使用,形成对比;补色是两种色彩对照配合使用,往往是由处于从属地位的色彩衬补处于主导地位的色彩。依据色彩的基本要素,色彩的配合有些以色相为主,有的则以明度或纯度为主进行配色。

了解色彩的类型以及不同色彩对人的心理暗示作用。了解人们对色彩偏好的群体性和个体性差异。了解色彩在广告作品中的应用。

第三节 广 告 音 响

一、广播、电视广告体裁

广播广告和电视广告的形式。

广播广告是我们熟悉的一种广告形式,它作用于人的听觉器官,所运用的传播符号是声音。体裁有两种:一种是口播广告,即广告内容完全由播音员或演员播读,与印刷广告不同的是,报纸等印刷广告用书面语言来表现,而广播广告用口头语言来表达,但共同点都是由文案来体现广告内容;一种是录音广告,这类广告由音乐、音响、广告词组成。从目前来看,口播广告还是主流,不过,近年来广播广告正试图改变这一局面,突出的变化就是形式上趋于活泼,录音广告开始增多,即使是纯粹的口播广告,也增进了一些艺术形式,如歌曲演唱式、曲艺表演式等。

电视广告的体裁有三种。其一,口播广告,即以播音语言为主体,有时辅以图片资料式屏幕文字的广告。其二,文字广告,即以屏幕文字为主体,或者与口播广告联袂播出,或者单独插映在相关画面上的广告。其三,图像广告,即由画面、语言、文字、音乐、音响组成的广告,其中以图像或画面为主。这三种体裁中,以图像广告为主,因为它综合运用了视听两类符号,而且声形兼备、声画合一,诉求效果最佳。上述三种体裁,都可以运用音乐或音响,事实上运用的确较多,尤其是图像广告之中。须指出的是,音乐或音响并不是每一则电视广告中必备的要素。

电视广告的形式除了前面介绍的几种体裁以外,还有一种被称为"植入式广告"(Product Placement)的形式。所谓植入式广告,是指将产品或服务以及有标志性意义的视觉识别系统,采用一定的方法,巧妙地融入电影、电视剧或电视文艺表演节目之中,通过情景的呈现,使观众在不知不觉中留下对该产品或服务的印象,从而达到市场推广和营销的目的。事实上,这种广告形式可以植入的途径很多,不仅在电视、电影中,而且在报纸、杂志、网络游戏、搜索引擎、手机短信,甚至小说之中也多有表现,比如报纸上的部分人物介绍、专题报道、健康专栏、新品发布的消息等都可算作植入式营销范畴。总体来看,这类广告属于隐性广告或称其为软广告。植入式广告的成功与否,关键是要避免生硬的植入,一定要与情节、道具、场景等有关,让产品或服务服从于节目或剧情的需要,而不是相反。

二、音响在广告作品中的应用状况

音响的应用是广播、电视广告作品的重要构成要素,它指的是除了有声语言和音乐之外的各种声音,如果从广义的角度理解,还包括音乐在内。可能应用音响的广告载体有广播、电视、电影、网络、录像、电话、广播宣传车等具有声音传播功能的电子型广告媒体。音响在广告作品中的应用,大致可从三个角度分类。

(一) 从自然属性分类

第一,人的声音。比较而言,人的声音是最主要的,因为在广播、电视广告中,有声语言是用以塑造形象,传达广告信息的基本工具和手段,尤其对广播广告来说,甚至是听众辨析、接受信息的唯一途径。一般来说,人的有声语言应该做到具体形象、真实自然、轻松活泼。

第二,物的声音。

第三,自然界的声音。如动物的鸣叫声、风声、雨声、雷声、波涛声、流水声……当然,大自然中的声音在广告中一般应该是正面的,因而像山崩、地裂、洪水、海啸、暴风雨等声音就不适合。

(二) 从作用分类

第一,典型音响。所谓典型音响,一是指这些音响是广告事实中所特有的音响;二是指这些音响虽不是广告事实所特有的但它发生在特殊的环境里。这些音响与广告主题直接相关,能够协助广告文案揭示和表现广告主题。

第二,背景音响,它的主要作用是表现环境、烘托气氛,与广告主题或内容没有直接关联,完全处于从属地位。现在广播广告中的音响大多是背景音响。

(三) 从音响的真实性分类

第一,虚拟音响。主要是这些音响不是广告中人物、物体所发出的声音,比如动物的拟人化,或通过模拟的方法制作的音响。

第一,真实音响。就是这种音响是由广告中的人物、物体所发出的声音。

了解对音响分类的依据以及分类的重要性。

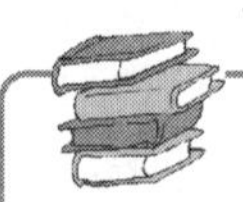

"泸州大曲酒"广告(泸州人民广播电台)

(《祝酒歌》由强渐弱)	人的声音、背景音响、真实音响
泸州大曲,中国名酒,	
浓香,醇和,酒中泰斗。	
(斟酒声)	物的声音、典型音响、真实音响
为老山英雄庆功,	
为革命先辈祝寿——	
请干了这杯泸州大曲酒!	
(碰杯声)	人的声音、典型音响、真实音响
巴拿马荣获金奖,	
驰名中外历史悠久。	
(斟酒声)	物的声音、典型音响、真实音响
庆贺女排凯旋,	
欢迎各国朋友——	
请干了这杯泸州大曲酒!	
(碰杯声)	人的声音、典型音响、真实音响
泸州大曲,陈年老窖,	
祝您节日快乐,祝您事业成就,	
祝您新婚美满,祝您健康长寿——	
请干了这杯泸州大曲酒!	
(忙乱的碰杯声,音乐混入)	物的声音、背景音响、真实音响
泸州大曲酒,您的好朋友!	

三、音响在广告作品中的作用

音响与文字、图画一样,都是体现广告主题的手段。音响在一切视听型广告中的作用,归纳起来有四个方面:深化广告主题,烘托气氛;形成节奏感和韵律感;表达思想情绪;深化广告意境。集中起来,就是增强广告的感染力和说服力。其作用机制见图 6-1。

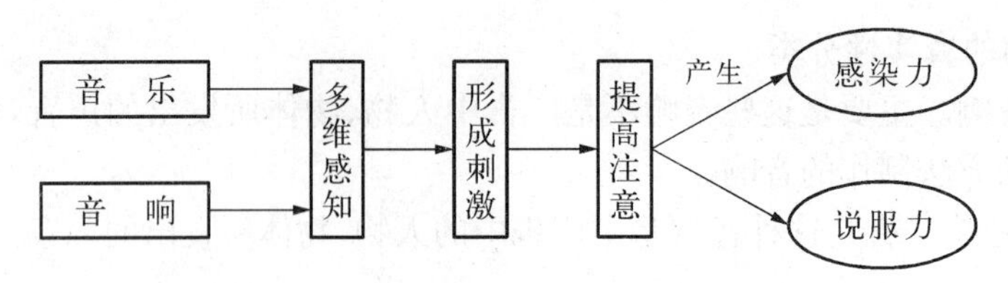

图 6－1 音响在广告作品中的作用机制

(一) 增加广告的感染力

在听广播广告时,人的注意力容易分散,也就是说注意是多向分配的,听广告时更易发生这一现象。如果是配音广告或配乐广告,音响和音乐就会起到一种特殊的刺激作用,或轻松活泼,或节奏明快,比起单纯的口播广告,录音广告更容易引起听众的注意。对于电视广告而言,由于形成视、听、读三位一体的同向多维感知通道,在同一瞬间对大脑神经中枢产生冲击,也必然会产生和提升感染力。电影从无声时代进入到有声时代所带来的革命性的变化,就充分印证了音响的特殊作用。

(二) 增加广告的说服力

对于有些广告来说,运用音响可以增加广告的说服力。比如电视广告中设置一定的工作场景或生活场景,其中有来自现场的音响,还有真实的画面,无疑可增加广告的真实性和说服力。再如,现场演示,现身说法,也都有同样的效果。

四、广告配乐

音乐在广义上也可看做是音响的一部分,与广告词相对而言。并非所有的广播、电视、电影广告都配有音乐,但多数都是如此。在电影广告的初期,很多广告都配上重复着商品名称的歌曲。再看广播广告,常见的表现形式有四种:一是直接陈述的方式,以道白为主;二是对话的方式,即通过一定的生活场景,在对话或交谈中传递广告信息;三是戏曲的方式,就是以一种短剧或曲艺的形式出现;四是歌唱的方式,就是在广播中以歌曲来表现广告内容或以配唱为主表现广告内容。这四种形式都可使用音乐,尤其是第三、四种,比如 2009 年发布的“立白”洗涤用品广告中就用了安徽黄梅戏和京剧的片段。

作为把听觉作为唯一通道的广播广告以及把音乐作为重要元素的电视广告,音乐通过旋律和节奏来服务广告主题、表达广告信息方面具有独特的作用,构成广告作品的重要元素。除了歌曲和戏曲外,音乐一般不能独立地、完整地、精确地传达广告信息,让受众获得关于产品、服务或观念的印象,因而,一般要与语言、文字、图画(画面)结合起来。在广告中采用悦耳动听的,与语言、文字和画面和谐一致的,与广告主题相适应的,与传播的产品、服务、观念信息贴近的音乐,就能够激发听众或观众的情感共鸣。特别是广告歌曲的使用,不仅可以强化广告信息,增进记忆,而且可以加强与受众的双向交流与互动,成为与校园歌曲等一样能够向社会更大领域扩散,从而延续广告的传播效果的重要形式。

音乐在广告中的作用多数情况下只是烘托气氛,它们本身与广告内容没有什么直接的关联,这样的音乐运用效果就不很突出。比如 2008 年起在中央电视台播出的某感冒药品广告中请台湾歌星周华健作为代言人,背景音乐就是周华健演唱的《朋友》。除此以外,音乐还具有表达情绪或情感,体现某种文化意境的作用。广告作品不同于其他作品,对音乐的要求往往比较特殊,主要表现在三个方面:其一,着力表现美好的情感和愉快的情绪体验,那么应表现欢快、悠扬、激越、轻松、活泼的音乐,而不是使人产生悲哀、痛苦、压抑、恐惧、紧张、不安的音乐;其

二,通常只是表演一个片断,而不能使听众和观众获得完整的印象;其三,随着流行音乐的兴起和复苏,广告配乐以流行音乐为主,由于广告的大众性,使得两者找到了结合点,当然,也不排斥使用民乐、西洋乐、古典乐和民间戏剧形式。

在背景音乐的使用上,大多是从现成的资料库中找一段配上,这有几点不足:一是容易侵犯音乐著作权,二是由于不是独创和原创,使广告创意不能全面体现。湖北某企业为其水产品在中央电视台做广告,背景音乐使用了《洪湖水,浪打浪》的一个片断,最后湖北省歌舞团将该企业起诉到法院。另有一些广告作品,即使是自行创作的,但极为粗糙,忽视了音乐的表情达意及表现广告主题的作用。这些都应在实践中引起注意。

本章回溯

1. 广告运作的落脚点是广告作品的设计和制作。关于这一问题,我们分两章加以介绍,本章分析广告作品的构成要素,下一章介绍要素的合成。一般来说,广告作品的构成要素包括语言、文字、画面、音乐、音响、空白。不同的媒体上所发布的广告,构成要素各不相同。

2. 最常见的是广告文案,表现形式是语言和文字。广告文案的完整形式是标题、标语、正文和随文四部分组成的,相对而言,它们的内容、作用、篇幅、与诉求的相关性、在作品中的应用各不相同。标题起指代作用,受关注的程度较高,要力求简明扼要。正文是文案的核心,不拘一格,可以有多种写作体例,但适用情况不能一概而论,要作具体分析。标语比较精炼,使用较为稳定,创作难度最大。随文是正文的附加部分,起说明、提示、识别作用。总体上,广告文案创作要有别于其他体裁的作品的创作。

3. 广告图画在视觉型广告中较为常见,分摄影照片、插图、图像三类,表现形式复杂,表现手法多样。在广告作品中,图画能发挥特殊的作品。另外,图画的色彩具有相应的心理效能,但在不同地区具有一定的审美差异。不同色彩的搭配能产生相应的对比效果。

4. 广告音响在广播、电视等电子型广告中得到应用。对于这类广告而言,配有音乐、音响的广告是常见的体裁,而音响、音乐本身有不同的形式,在具体运用中能增强广告作品的感染力和说服力。

学习重点

重点: ① 广告图画的种类、特点、表现形式及其应用; ② 广告文案的体例; ③ 广告标题和广告标语的创作要求。

难点: ① 广告文案的体例; ② 色彩的心理效能和对比应用; ③ 广告配乐。

1. 〔美〕大卫·奥格威:"广告文案的第一段文字最好减少为11个字,其他的每一段文字都要尽可能简短些。"

2. 徐百益:"广告不一定要太华丽,这样容易使人感到产品被人为地夸大了。我们经常做一些似乎平常的广告,反而使人产生一种自己有了新发现的感觉。"

前沿问题

目前,在关于广告作品的构成要素的研究中,涌现出了许多成果。不过,在研究中出现了试图模式化的倾向,这些如果成为人们的思维定势,就可能制约广告本来不拘一格的天性。现在还有一些问题需要思考并研究:一是广告文案与其他文书的区别;二是世界著名公司广告标语的变迁以及变化的背景和原因分析;三是广告标语创作的原则、方法和技巧;四是广告图画色彩的选择与受众的心理适应性的对应关系研究;五是电视广告中对人物形象的选择与观众的可接受度的关系研究;六是广播、电视广告配音、配乐的有效性研究,等等。

[1] 闫翠萍,刘然. 广告的后现代主义性状与本土语境[J]. 新闻传播,2005,(11):7-10.

[2] 阎勇舟,郁新颜. 强化平面广告的视觉传达[J]. 昆明冶金高等专科学校学报,2005,(06):79-82.

[3] 杨朝阳. 广告企划[M]. 北京:中国商业出版社,2007.

[4]〔美〕大卫·奥格威. 奥格威谈广告[M]. 曾晶译. 北京:机械工业出版社,2003.

[5] 汤晓山,翟灿. 广告表现与设计[M]. 北京:清华大学出版社,2007.

课外练习

一、填空题

1. 复合型广告标题,就其完整的结构而言,一般是由________、________和副题组成的。
2. 广告图画可以分为________、________和________三部分。
3. 电视广告的体裁有________、________和________三种。

二、单项选择题

1. 从与诉求的相关性看,可以游离于广告主题和内容之外的是(　　)。
   A. 标题　　B. 正文　　C. 标语　　D. 随文
2. 药品广告适合采用哪种体例创作广告正文?(　　)。
   A. 描写体　　B. 说明体　　C. 证书体　　D. 论说体
3. 广告图画的依附性是指服从或服务于(　　)。
   A. 广告主题　　B. 广告标题　　C. 广告正文　　D. 广告目标

三、多项选择题

1. 在各种类型的广告作品中,不可缺少的要素是(　　)。
   A. 语言　　B. 文字
   C. 音乐　　D. 图画
   E. 音响
2. 采用布告体创作广告作品的通常是以下哪些题材的广告?(　　)。
   A. 通告　　B. 通知
   C. 启事　　D. 声明
   E. 公告
3. 广告图画的表现形式有(　　)。
   A. 模糊图画　　B. 具象图画
   C. 漫画或卡通片　　D. 抽象图画

E. 装饰图画

4. 从自然属性分，音响可以分为(　　)。

A. 人的声音　　B. 典型音响

C. 虚拟音响　　D. 物的声音

E. 自然界的声音

四、是非题

1. 广告主题在一则广告中可以有一个主要的和一个次要的。

2. 某杀虫剂广告的一个标题是“救救蟑螂!”，用的是祈使式的标题。

3. 背景音响可以烘托气氛，揭示和表现广告主题。

五、名词解释

广告标语

六、简答题

简述广告标语的创作要求。

七、综合应用题

1. 分析：①“第一流产品，为足下增光”(红鸟鞋油)、“车到山前必有路，有路必有丰田车”(丰田汽车)、“今年二十，明年十八”(白丽香皂)、“海鸥表，中国计时之宝”(海鸥表)、“清凉世界何时来？待到菊花开”(菊花电扇)这几条广告标语分别采用了什么创作技巧？② 黄、红、蓝三种色彩分别能够产生什么样的心理效能？请指出并分析可口可乐、麦当劳广告中常见的色彩运用是否恰当。

2. 某感冒药或某音乐会演出，你认为分别采用什么体例创作广告文案比较好？为什么？然后选择一种，为其设计出一则报纸广告作品。要求文图相配，结构完整。

3. 请你评价如下几条广告词：①“今年过节不收礼，收礼还收脑白金”(脑白金广告)；②“你想知道亲嘴的味道吗?”(清嘴含片)；③“你找到红颜知己了吗?”(红岩知己酒店)；④“玩美女人”(思薇尔内衣)。

参考答案

一、填空题

1. 引题、正题　2. 广告摄影、广告插图、广告图像　3. 口播广告、文字广告、图像广告

二、单项选择题

1. C　2. B　3. A

三、多项选择题

1. AB　2. ABCDE　3. BCDE　4. ADE

四、是非题

1. 错。一则广告作品中，只能有一个广告主题。

2. 错。趣味式。

3. 错。背景音响可以烘托气氛，但不能揭示和表现广告主题。

第七章

广告作品要素及其合成（下）

本章概要

首先，介绍广告空间大小和形态的选择，文字、图画等广告要素的组合，字体和字号的选择，印刷广告的制作过程和技术，以及如何使广告布局富有美感和有效地遵循视觉规律的技巧。其次，分析广播广告的复制合成过程，如何精选典型音响，如何开展广告配音，以及如何根据广播广告的特点创作广告词。再次，主要阐明电视、电影等视听型广告的复制合成过程的几个步骤，一则广告或多则广告的编辑与合成艺术，同时针对视听型广告的具体形式和要素对语言、文字的运用提出了具体要求。

学习目标

学完本章，您应该能够：

1. 了解印刷广告的制作、广告要素的组合、典型音响的精选、字体和字号的选择；
2. 熟悉广告空间的选择、广播广告和电视广告的复制合成过程；
3. 把握广播广告和电视广告文案创作的特殊要求；
4. 能够对广告作品进行有效的布局或合成；
5. 初步掌握广告配音的技巧和视听型广告的编辑与合成方法。

基本概念

广告合成；广告空间；广告规格；字体；字号；照相制版；影印；广告布局；空白；典型音响；脚本；角色分配；选景；布景；演词；屏幕文字；解说词；音乐；画面；蒙太奇

在上一章我们谈了构成广告作品的诸多要素，但这些要素只有加以有机合成，才能形成完整的广告作品。所谓广告合成，就是将能够用视觉和听觉特征加以表现的广告要素，用适当的方式进行排列组合，形成整体，产生最佳的传播效果。这一过程不是单一地对某一要素或某一方面加以设计和制作，而是一种对构成广告作品的诸要素加以融合，并产生一体感，以形成完整的广告作品的二次创作活动。这一“再创作”过程，既是被动的，又是能动的；也就是说，它既受制于广告创作的基本规律和广告内容中所要表达的基本事实，又可以在遵循基本规律和尊重基本事实的前提下运用独特方法更好地表现广告意境。

第一节　视觉型广告的布局

一、广告空间的选择

报纸广告、杂志广告、广告宣传画册、招贴画等印刷型广告也好，路牌广告、车厢广告、霓虹灯广告等户外广告也罢，对于视觉型广告来说，都要确定广告空间的形态及大小。以报纸广告来说，一般有整版、1/2 版、通栏、1/8 版、报眼、中缝等，有的甚至跨越不同版面，或者采用出画的形式，这些都代表了不同的规格，通常用多少厘米来表示其宽度和高度，又由于报纸开本大小的不同，比如，在上海，《解放日报》、《新民晚报》、《新闻晚报》就分别代表了三种不同规格，使得每一广告的实际规格又有着极大的差异。同样，路牌广告在长宽组合上也是迥然不同，其规格大小通常用平方米来表示。在广告空间的形体上，我们见得比较多的是方形，包括长方形和正方形，在印刷型广告和路牌广告中比较常见。除此以外，还可能涉及菱形、条形、圆形、三角形、梯形等。

这种空间及形体的差异，取决于多种因素。其一，媒体自身的局限。发布广告，我们只能在媒体可能提供的时间或空间里进行。其二，与受众距离的远近。其三，广告内容的多寡。广告的内容有多寡，或繁丰或简约，尽管这不是广告空间的决定因素，但却是一个重要因素。一般来说，内容繁多，构图复杂，广告空间就应相对较大。其四，广告各要素面积的分配。对于视觉型广告来说，一般要留出较大的空白，这样才能保证广告清晰、醒目。在剩余面积里，文字与图案面积如何分配，文字部分的各个要素怎么组合，图画由几幅构成，这都要思考。

关键是要对不同的媒体进行区分，然后因此并结合其他方面来选择广告空间。

图片 7－1 是某纺织企业设置在自家厂区门前靠马路的一个路牌广告，你认为这样的广告在设置的高度、远近，广告中字号和图案的大小方面要受到哪些因素的制约？

图片 7－1

二、广告要素的组合

在可以用视觉加以感知的广告作品中，其要素大致有文字和图画两个方面。用文字表示的有标题、标语、正文、随文及文字型商标等;用图画来表示的有商品外形、公司外景、生活或工作场景、人物形象、地理方位图及图形商标等。上述两方面构成广告内容的主要方面,除此之外,还要遗留空白或衬色,加上线条,等等。

(一) 字体与字号的选择

在广告作品的创作中,字体的运用是很常见的,因为文字与字体具有不解之缘。广告字体的设计,就是运用汉字或英文、日文等文字造型的艺术理论和表现技术,根据不同文字的框架结构、字体形态及书写规范,对文字的书写和印刷进行艺术的加工,使之具有美感。

在广告字体的设计中,一般比较注重活字设计的研究和应用。其原因在于以下三个方面。

第一,活字的书体分类多,选择余地大。汉字活字书体主要有宋体、黑体、仿宋体、楷体。不同字体具有不同的特点:宋体均匀大方,端庄秀雅;黑体粗壮笔挺,富于力度;仿宋体挺拔秀美,灵气横溢;楷体笔画清新,粗细得当。外文活字的书体也种类繁多,大致分为古罗马体、歌德体、无饰线体、意大利体、草书体等几种。在这些字体中,古罗马体古朴典雅,匀称和谐;歌德体结构紧凑,颇具力度;无饰线体简洁有力,端庄大方;意大利体格调明快,洒脱自然;草书体运动自然,节奏明快。

第二,活字书体的表现丰富。无论是汉字还是外文字,活字书体都具有共性,即表现丰富,书体可大可小。如果使用同一类书体,就要注意字体的大小、笔画的粗细及字体的端正与倾斜。字体书写要规范,一个字如果用宋体,这个字的点、横、撇、捺都要用宋体。这种统一性还表现在笔画粗细一致、字体大小一致、书体倾斜度一致以及字与字间距的一致。

第三,字体编排变化大。广告字体的编排比普通书籍、杂志的编排要复杂得多,不拘一格,没有固定的风格、套路和范型,可谓变化多端。

图片 7-2

图片 7-2 是国外某饮料品牌做的广告,聘请前法国足球明星齐达内作为广告代言人,通过观摩,你觉得广告中关于品牌的名字在哪几个地方进行了体现?处理效果如何?字体和字号的选择是否合理?

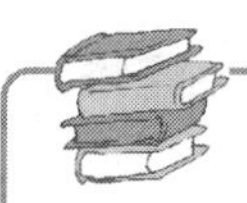

广告语言文字管理暂时规定(节选)

第十条：广告用语用字，不得出现下列情形：

(一)使用错别字；

(二)违反国家法律、法规规定使用繁体字；

(三)使用国家已废止的异体字和简化字；

(四)使用国家已废止的印刷字形；

(五)其他不规范使用的语言文字。

……

第十二条：广告中出现的注册商标定型字、文物古迹中原有的文字以及经国家有关部门认可的企业字号用字等，不适用本规定第十条规定，但应当与原形一致，不得引起误导。

第十三条：广告中因创意等需要使用的手书体字、美术字、变体字、古文字，应当易于辨认，不得引起误导。

在广告作品中，对字体和字号的应用，总体要按照相同和相异的原则进行。所谓相异，就是标题、标语、正文、随文要尽量采用不同的字体和字号，以示区分。当然，字体在每一部分的安排上不能任意滥用，比如正文和随文用宋体和楷体比较合适，但用黑体和草书体就不太适合。从字号来看，标题、标语较大，正文次之；另外，如果是复合型标题，正题字号要大，引题和副题要小。所谓相同，就是文案中的同一部分内容在字体和字号上要尽量一致，比如说同样是正文，那么，正文部分的每一个字的字体和字号要尽量保持一致。但是，有时也有例外，即为了突出关键的字、词、句，以引人注目，人为地使之变化为不同的字体或字号。

图片 7-3

通过观摩图片 7-3，你认为该广告图片中字体和字号的运用是否合理？美术字的运用是否得当？字脚的运用是否美观？

对于字体和字号的应用，还要看广告文案的复杂程度以及广告空间的大小，甚至还要看广告的具体内容。其一，文案的复杂程度。有些广告作品，内容庞杂，结构齐全，字体和字号的差异便较为明显；相反，有些分类广告，内容较为简略，结构也不复杂，如果硬性排成不同的字体和字号，反而画蛇添足，效果适得其反。正因为此，分类广告一般由报社、杂志社负责安排制作，广告主对此没有太多的选择，他们所关注的往往只是内容本身。其二，广告空间的大小。如果空间相对较大，文字表现的空间相对也就较大；如果刊位较小，如中缝、报眼以及 1/8 版以下的空间，就不宜选用过于复杂的字体和字号。其三，广告的具体内容。有道是，“字如其人”，同样的，选择什么样的字形结构也反映了广告主的经营理念。我们知道，字体可以是厚重的或轻巧的，也可以是流畅的或断断续续的，还可以是粗犷的或优雅的，字体的运用应与广告中的气氛相协调。比如，声明、启事、公告一类用黑体字、正楷字就显得较为郑重、严肃。相反，一则展示公司实力、发展远景的广告，如果字体过于纤细、柔弱，就不适合。

一种文字可能有多种写法，但应用时要注意有关规定和受众心理。比如，西方一度流行将广告正文用 ABCD 之类的大写字母来印刷，但因易读性较差而昙花一现。另外，在是否有字脚的问题上也有过一番争论。在我国内地，使用繁体字是不规范的，只能使用符合规范的简体字。至于在书写时是正着写还是斜着写，能否使用美术字，能否叠写，只要不引起误导就可以了。

图片 7－4 是一则包罗万象的分类广告，图片 7－5 文字和画面相对比较简洁，通过观摩，你认为两者的设计和制作的难易程度如何？画面的美观程度如何？能否相互替代？

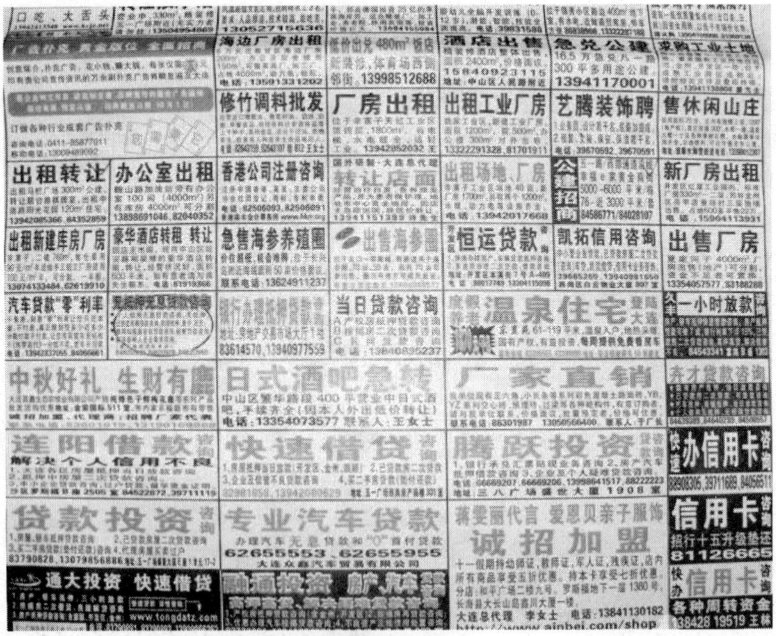
海边厂房出租
酒店出售
急兑公建
求购工业土地
修竹调料批发
厂房出租
出租工业厂房
艺腾装饰聘
售休闲山庄
出租转让
办公室出租
香港公司注册咨询
新厂房出租
出租新建库房厂房
急售海参养殖圈
恒运贷款
凯拓信用咨询
出售厂房
汽车贷款“零”利率
当日贷款咨询
温泉住宅
一小时放款
中秋好礼 生财有道
日式酒吧急转
厂家直销
连阳借款
快速借贷
腾跃投资
办信用卡
贷款投资
专业汽车贷款
诚招加盟
信用卡
通大投资 快速借贷

图片 7－4

实际上，在有了计算机以后，对字体、字号的选择就变得轻而易举了，尽管它缺少灵活性，但大多数印刷广告(如小册子、传单等)的设计是通过计算机来完成的。

(二) 色彩配色规律的运用

不少印刷广告只有文字，没有图画，或虽然有图画，但使用的是黑白两色。不过，彩色广告现在正变得越来越多，杂志广告自不待言，各种宣传画册也是如此，报纸广告如此，户外广告中彩色广告也已成为主流。原因在于，彩色广告可以更好地表现事物的形与色。而形与色恰恰是人的视觉首先感受到的，而且，彩色还可以产生相应的心理效能。在运用色彩配色规律时，要注意以下三点。

图片 7－5

第一，广告色彩的总体效果。一幅广告的色彩，或倾向温暖，或趋于寒冷，或明朗鲜明，或素雅质朴。这些色彩倾向，产生了色彩的总体效果。色彩的运用既有调和又有对照，才能产生良好的总体效果。

第二，确定主色调。广告色彩信息要想很好地表现商品特点，就要紧紧抓住商品色彩的基本主调和倾向加以发挥。为此，要根据广告主题和视觉传达要求，选择一种属于支配地位的色彩，作为主色调，并以此构成画面的整体色彩倾向。如清凉型饮料以蓝、绿等冷色调为主，但也有例外，比如“王老吉”是有去火功能的凉茶，但它使用的易拉罐是红色的，平时做广告往往也是以红色为主。

第三，恰当处理主体与背景色彩的关系。在广告画面中，既有商品等主体形象，又有起衬托作用的背景。在一般情况下，主体的色彩都比背景色彩更为强烈、明亮、鲜艳，这样既能突出整体形象，又能拉开主体与背景的色彩距离，造成鲜明、醒目的视觉效果。

> 图片 7－6 的背景色彩是黑色和白色，突出商品包装的黄色，图片 7－7 的背景色彩是蓝色，突出的是商品的绿色，你认为哪一张广告图片在处理主体与背景色彩的效果上更好一些？为什么？

(三) 广告要素的凝聚

在广告作品中起统率和灵魂作用的是广告主题。正因为此，任何一则广告都应有鲜明的主题。至于主题的提炼：一要适应整体的广告目标战略；二是集中商品、服务、形象、观念的信息，找出最本质的个性特色；三要适应受众心理。主题是相对于题材或素材而言的，贯穿全文，而其他要素则是服从或服务于它的。

如果说广告主题在作品中起灵魂或统率作用，那么，广告作品的各要素，即主题、创意、文案、图画、背景之间不能形成一条“隔离带”，而应构成有机的整体，各臻其妙，浑然一体。广告

图片 7－6

图片 7－7

图片 7－8

作品的凝聚性，主要有两层意思：一是作品的内聚力，主题的确定固然重要，但各要素之间又应该是互为吸引、配合、延伸的，给人以整体感和统一感；二是作品的外聚力，这主要是寻求作品的内容与形式、思想性与艺术性的和谐统一，给人以美感和美好意境。与之相联系，广告作品在布局上也要寻求合理配置，亦即在广告空间的处理上，或显或隐，或浓或淡，或疏或密，或缓或急……均应鲜明、得体、错落有致、严谨入微。总之，作品要讲究平衡，但这种平衡不能简单理解成对称、均匀，而是统一和谐，主次分明前提下的平衡。

> 一个完整的广告作品是由各种要素组成的，当然具体的某则广告的构成要素有区别。但是，只要是作品中出现的，在各方面都要相互吸引、延伸和配合。

通过观摩图片7－8,你认为这则广告在文字与图画之间,在文字部分的各要素之间是否做到了各臻其妙,浑然一体?你认为怎样使各要素形成一个有机的整体?

三、广告布局的美感

广告布局是一个将广告各要素及各种表现方法进行有机组合的过程,同时又是一种艺术性的再创作活动,因而,应具有美感。

如何使广告布局具有美感?

(一) 版式的选择

对于报纸广告来说,效果最好,也最能体现美感的是整版广告。当然,选择整版广告要有雄厚的财力作后盾,并不是任何一个广告主都能够做到的。至于版面大小与广告效果之间,并无必然的联系,比如发一个公告,版面大小并非决定性的因素。我们这里讨论的是版面大小与美感之间的关系,一般来说,版面相对越大,美感就越容易体现。而小的版面要发挥作用,需要有强有力的标题和精心选定的文案,有小型的、精致的插图,而且几乎没有浪费或出错的余地。另外,同样是1/3或1/2版面,我们习惯上下切割,事实上,同样的空间或面积,左右切割比上下切割的效果要好,这关键是因为报纸的版面是横窄竖宽,而我们又习惯了排版的横排。

图片7－9是麦当劳的广告,在暗红的背景衬托下,一如既往地使用了黄色的不规则的"M"型标志,另外有三把不同的叉子,远远一看,也像"M",你觉得发布这样的广告选择什么媒介,多大的规格比较好?

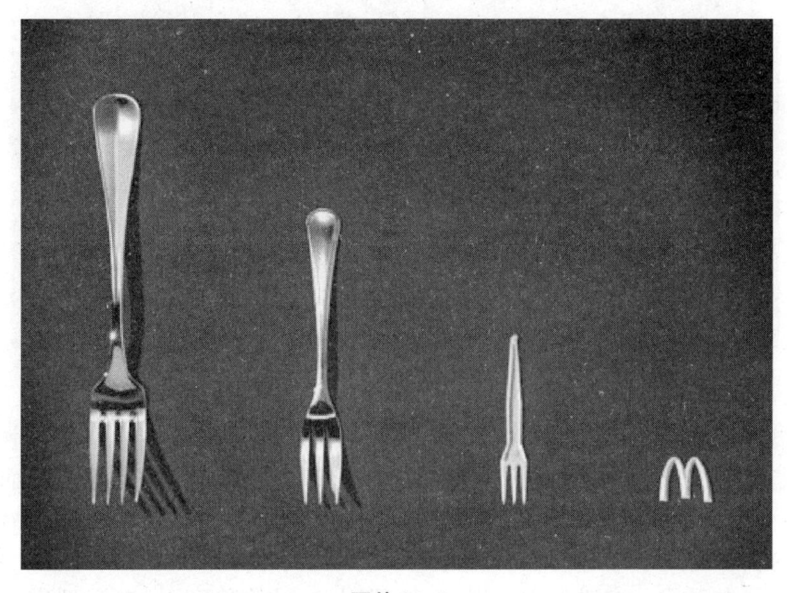

图片7－9

对于杂志广告来说，一般在封面、封底、封二、封三发布广告效果最好，由于纸质较好，接触率高，多为彩色印刷，看上去比较精美。为了吸引读者的注意力，现在又兴起折页广告、跨页广告、插页广告等形式，总之，突破既定开本的局限，使广告空间得以扩大，以便更充分地表现广告内容。它就像一个特制品一样，一般能够引人注目。问题是如何在两页之间把要表达的信息连接在一起。现实中，很容易出现标题文字丢失一半的情况，或者是丢失图表中的一半关键内容，这样，在两页之间就没有了真正的联系。

(二) 空白的遗留

对于视觉型广告来说，在广告作品中遗留空白是十分重要的，这好比坐公交车不希望人群拥挤，购房不希望房屋间距过窄那样。然而，迄今为止，不少广告作品中内容密密麻麻，还加有不少花纹、线条、边框和点缀色，让人不知从何处看起。广告主之所以这样安排，一是希望在有限的空间里发布更多的信息，二是缺少审美情趣或受制于其他因素而忽略了作品的美感。事实上，这种做法不仅使作品显得杂乱无章，而且还违背了广告创作的一般规律。如果重要的内容的确较多，难以割舍，处理的方法有两个：一是扩充空间；二是分篇处理或发布系列广告。总之，就一则广告而言，要给人简洁明快的印象，必须留出相应的空白，而且这一比例在50%以上。

图片7－10是某家房地产公司在农历猪年到来之际做的一个祝贺新年广告，我们撇开具体的内容不谈，你认为这则广告在形式上有哪些值得改进的地方？

图片7－10

(三) 形式的优化

大量研究表明，多数人在阅读报纸和杂志上的广告版页时，倾向于一瞥而过。这一点与读新闻、看小说是不一样的，关键是内容本身在吸引力上的不同。这也从另一个侧面告诉我们广告内容不能庞杂，只能撮要；不能冗长，只能简略。既然在内容的吸引力上不占有优势，那么，只能在形式上多动脑筋。从美观、引人注目的角度看，视觉型广告在形式上要做到以下八点。

第一,尽量做到图文并茂,而图画以彩色照片、素描画、漫画为主。

第二,标题要短小精练,如果太长,可用复合型标题。

第三,要将标题与图画视为一个整体。

第四,把关键字写进标题。由于人们只看标题的几率是既看标题又看正文的几率的5倍,所以,标题的制作应将关键字纳入其中。这些关键字主要是指:一是广告主名称或品牌名称;二是商品或服务的独特品质,如质优、价低、功能全、技术含量高、舒适、雅致等方面的一些字或词;三是承诺;四是对受众有特殊意义的东西;五是广告的特别主张。当然,不是将上面五个方面都融入一个标题中,而是用很简洁、精辟的词选其中一两个即可。

图片 7－11

第五,广告版式要合乎逻辑。读者大多倾向于按照某种逻辑顺序,阅读从页面上端开始,到页面下端的右下角结束,那么,对广告要素的安排要因循这一逻辑,将重要内容(如文字或文案中的标题)置放于版面的左边或上部。

第六,编排方式创新。与前一点相联系,如果使广告版式合乎逻辑,很容易给人以"常规性"操作的印象,似乎没有独创性。事实上,在尊重这一前提下,对编排方式可以进行许多创新,比如疏密编排法、梯形编排法、圆形编排法、错位编排法、方格编排法等。

第七,主次有别。广告布局中,对于文案内容的排列、不同颜色的运用、线条的处理、图文的安排等均应主次有别。

第八,和谐统一。广告布局如同建筑,要精巧对称、和谐、统一,有整体感。

通过观摩图片7－11,你觉得国外的这则手表广告在内容的排列、不同颜色的运用、线条的处理、图文的安排等布局安排上有哪些独特之处?视觉美感与视觉效果如何?

四、广告布局要遵循视觉规律

广告布局与视觉规律的运用。

(一) 把握视线流动规律

从世界各国的情况看,除希伯来文等少数语种外,在排版印刷或书写方式上大多是自左到右,然后自上而下,即横排居多。我国以前是采用竖排的方式,自右到左进行书写,现在也改过来了。由于从小就接受了这样的教育,所以这种印刷或书写方式也成了人们阅读的一种习惯方式。对于视觉型广告而言,就要因循这一基本的视线流动规律。竖排只能偶一为之,如果只有一两行,字数不多,字号比较大,且置于醒目之处,未尝不可。

图片 7-12 中既有图画,又有文字;文字部分的排列既有横排,也有竖排。在观摩之后,你认为这种处理和排列方式是否符合我们平时的阅读和欣赏习惯?

(二) 把握受众对特定空间的注意值

视觉型广告的空间以方形居多,这是由媒体的形状所决定的。视觉型广告刺激的是人的视觉器官,而人的视觉对特定空间的不同部位的注意值是有区别的。一般来说,注意值中间比周围高,上部比下部高,左边比右边高。正因为此,一般来说,标题放在中间靠上部位,随文在下端,正文在标题和随文之间;文案尽量放在左边,图画放在右边;商标、徽标及其他形象标志放在左、右上角,批准文号、许可证号等放在下边或沿边框排列。标题、标语、品牌名称的字号要相对较大,而随文的字号相对较小,这又在一定程度上强化或弱化了它们的被注意程度。当然,对某一部位注意值的高低,还会因人而异、因时而异、因事而异,上述情况只是就普遍情况而言的。

图片 7-12

图片 7-13 是可口可乐利用建筑物做的一个户外广告,中间是例行的红色酒瓶图案,左右两边是英文和中文名称,在观摩之后,你认为这个广告在对特定空间的注意值的把握上是否科学、合理?

(三) 把握由反差所带来的视觉效果

"万绿丛中一点红"和"鹤立鸡群",我们首先所看到的往往是"红"与"鹤",这是由于对比和反差所带来的视觉效果。前面我们讲要把握特定空间不同部位的注意值,只是从一般意义上告诉了我们寻找视觉中心的技巧。除此之外,还要努力去创造视觉中心,而这主要是通过不同事物或要素的对比,以形成明显的反差来实现的。对比方法主要有四种。

图片 7－13

第一,面积对比。就是通过不同要素的大面积和小面积的对比来创造视觉的注目焦点。在一则广告中,往往包括了文字和图画,其中文字可能由几个不同的部分组成,图画可能有几幅,这就需要通过面积的对比来实现“区隔”。至于哪些要素所占的面积大一些或小一些,这要根据所要表现的内容以及这些内容在揭示广告主题方面的重要程度来定。

图片 7－14 是一则牛仔裤广告,它以画中画的形式,再配上相关的文字部分加以表现,你觉得两个不同面积的图画对比以及重点突出图画而对文字部分淡化材料的方式是否合理?为什么?

第二,字体对比。就是针对不同的文字内容,运用不同的字体和字号。字号大小依重要程度而定,小到以肉眼可识别为限,大到以不破坏整体的协调为前提,只要有落差即可。

第三,色彩对比。就是前面述及的色相、明度、纯度上可以有一定的差别,明确主色和次色,一般来说,主色彩的选择应与商品特点、读者心理相适应。

图片 7－14

第四,方位对比。就是通过文案和图画的排列方式,以及广告文案中标题、正文、标语、随文等几个部分和不同图片大小及其位置的有效、合理安排来创造视觉中心。

对广告作品中运用视觉规律,关键是要了解究竟有哪些视觉规律以及如何运用这些规律。

图片 7－15

(四) 把握导向和指示作用

就是运用线、形、图的变化,产生方向感,便于读者更有针对性地注意和理解广告内容。创作中常用的表现技巧有:视线导向,即在广告作品中运用人物或动物的视线,导引读者目光转移;动作导向,即运用人物或动物,或虚拟的人物等的身体姿势所表现的方向性提示,来导引读者目光的转移;箭头导向,即用箭头加以指示,一般配有文字加以说明。

图片 7－15 是中国移动公司推销“全球通”的广告图片,画中有年轻力壮的男子在山海间射箭,右边上角有“全球通”字样,中间有“完善覆盖 通讯不虚发”的标语,你认为人物的视线与标语、公司商标之间存在什么样的内在联系?

第一部分:案例内容

宝马 5 系汽车广告(略)

第二部分:引用该案例的目的

图片 7－16 是宝马汽车的一则广告,这则广告以画面为主,文字为辅,妙趣横生,有比较明显的创新意识。引用该案例的目的是让同学了解广告作品的布局的原则、方法与策略。当然,这是一个平面广告,对于广播、电视等听觉型、视听型广告而言,各广告要素的有机组合,形成一个完整的广告作品,在技术上、方法上是有区别的。

第三部分:案例观摩的思路与方法

首先,了解这则广告的基本构成要素。

其次,注意各要素组合的方法和技巧。

再次,根据广告布局的一般原理和视觉规律,对该广告进行评价。

图片 7－16

第四部分：案例点评

宝马5系汽车具有强劲的动力功能，它能让你尽情享受驾驶乐趣，感受“快人一步”的快感。速度太快，自然会产生强大“后倾离心力”，该创意用一个可爱的小狗因为车太快而被离心力“推”到座位后的可爱造型，来体现宝马5系所能达到的超快速度是惊人的。这则广告我们注意比较多的是它的新、奇、雅、特、简，但是，我们更应关注的是作品的简洁明了。总体来看，以画面为主，文字为辅，错落有致，清晰可辨，图案色彩运用恰到好处，文字的字体、字号的运用合理，内容也比较简单。

第五部分：版权及出处

网易娱乐。

奥格威广告插图准则

(1) 据统计，普通人看一本杂志时，只阅读4幅广告。因此，要引起读者之注目，越来越困难。所以，为了使人发现优越的插图，我们必须埋头苦干。

(2) 把故事性的诉求(Story Appeal)，放进插图中。

(3) 插图必须表现消费者的利益。

(4) 要引起女性的注目，就要使用婴孩与女性的插图。

(5) 要引起男性的注目，就要使用男性的插图。

(6) 避免历史性的插图，旧的东西，并不能替你卖东西。

(7) 与其用绘画,不如用照片。使用照片的广告,更能替你卖东西。
(8) 不要弄脏插图。
(9) 不要去掉或切断插图的重要因素。

第二节　听觉型广告的合成

一、广播广告的复制合成过程

听觉型广告主要是指广播广告,而广播广告的符号是声音,包括广告词(语言)、音响、音乐三种形式。在这三种形式中,文案(在广播广告中,即广告词)是必备的要素,音乐或音响的运用视需要和可能而定,如果使用也应以文案为基础。从广播广告的复制合成过程来看,大致有以下五个阶段。

广播广告复制合成的五个阶段。

(一) 文案的确定

文案的确定主要是指五个方面。其一,广告诉求点,就是明确究竟传达什么信息。其二,广告表现形式。广播广告的表现形式是由第一点中的广告诉求的内容决定的,同时也受制于广播媒体的特点,甚至还与演播人员的语言风格有关。基于此,一般来说,广播广告的表现形式主要有直接陈述式、人物对话式、故事讲解式、小品表演式、戏曲演唱式、相声说唱式、快板评书式、诗歌朗诵式、歌曲串唱式、话题讨论式,等等。其三,广告采用单独播出或两人、三人对话的形式。其四,时间长度,即广播广告的规格,它决定着广告文案篇幅的长短。其五,广告语言风格。

(二) 音响采制

在前期,要做许多准备工作。其一,判断是否具备录音的主客观条件并据此加以完善。从主观方面看,广告本身要有较热烈或轰动的效果;广告中所涉及的播音员或演员要有较好的语言表达能力。从客观条件看,拥有开展独创的人才和设备,或能够从资料库中找到;著作权人许可使用音乐作品,等等。其二,对所需要的音响进行归类,明确需要采录的具体音响。其三,对录音设备进行检查,排除可能影响录音的各种干扰。在采制音响后,要对创作和采录来的音响素材认真、仔细地加以审听,挑选其中最理想的部分。并按照广告中的使用顺序翻录至另一个磁盘中,以供复制时使用。

(三) 文字稿的录音

把经过修改、审定的广告文案进行录音。在操作过程中,广告创意策划人员要向电台播音员或演员介绍或书面提出在录音过程中要注意的事项,主要包括语速、声调的把握,情绪的控制,与其他音响素材的协调,等等。

(四) 合成

在录制好文字稿以后,便进入合成阶段。做这项工作的人最好是参加采录、挑选音响的录音员,这样既省时又能保证质量。在复制合成过程中,对音响要以淡入、淡出为宜,不要突然出现或戛然而止。

(五) 修改

复制合成后,为了慎重起见,策划人员、播音员(或演员)、录音员要一起仔细审听,与此同时,还要征求广告客户的意见。可能的话,还可以听取消费者和专家的意见。如果发现有不妥之处,及时加以修改。

二、广播广告文案创作的特殊要求

对广告文案的总体的创作要求,我们在上一章已经作了介绍,对于广播广告文案的创作而言,同样要遵循这些要求。但是,由于广播是声音媒介,其广告文案的创作还存在一些特殊要求,具体表现在以下四个方面。

(一) 口语化

做到口语化,这主要是从增强广播广告的可说服性角度考虑的。广播广告是通过口耳相传的方式来表达的,这就常常造成一些听觉障碍,听不清楚,听不明白。关键的原因是将书面语言移植到和转换成口头语言的过程中,没有及时进行口语化的过滤。这里主要是涉及一些关键的字和词,如"愈益"、"倘若"、"彰显"等,这些对于儿童及文化水平较低的听众而言,很可能听不懂,应尽力回避,即使回避不了,也要尽量使之口语化。在这一点上,与演讲、作报告、授课是一样的。对此,我们要注意以下四个方面:其一,广告中少用生僻的隐语、典故和成语;其二,少用专业技术术语和专业名词,比如"二氧化碳超临界萃取"就是一个绝大多数人听不懂的名词,其他还有"耵聍"、"纳米"、"核酸"等也是如此,有的广告主正是利用人们的知识上的"盲区"和"盲点"大肆欺诈;其三,少说过于抽象,不说不着边际的话;其四,少用深奥、拗口的字、词、句,不说文言文。

这则广告就比较口语化。另外,我们在小时候听过许多故事,它通过精心构思的情节,精心制造的悬念,形象生动的语言,往往能够达到引人入胜的效果。实际上,它最关键的一点,就是口语化比较明显。受此启发,在广播广告的创作中,我们也可以通过生动有趣、娓娓动听的故事,从而让受众在潜移默化中接受广告内容。

图片 7-17 是面向广告从业人员,以他们为诉求对象的一则广告,目的是为了吸引他们参加广告比赛,你觉得这个广告以"是骡子是马,拉出来遛遛"作为标题是否贴切?

图片 7-17

(二) 注意同音异义词的使用

这主要是从增强听众认知的准确性角度考虑的。在生活中,传播者的编码与受传者的译码不一致,或者说受传者曲解、误解传播者的本意的现象很多,原因主要有三个:一个传播者表达不清;二是受传者认知有误,如认知片面、主观等;三是受传者理解发生偏差。从广告主的角度讲,不能寄希望于受传者认知和理解的全面、客观,只能是尽力在表述时不至于使他们因为表述不清而出现误解。同音异义的字和词的应用,就很容易出现这种情况,笔者本人就经历或听闻过这样的事,如把上海话中的"李"、"吕"听成"刘",把"吉记者"听成"劫机者",把"天天依带(小孩)"听成"听听侬的"。类似这样同音异义的词还有很多,如果在广告中出现,应加以调整。例如:

上调——上吊	纪委——计委	水道——水稻
眼睛——眼镜	注明——著名	事例——势力
食油——石油	服气——福气	防止——防治
走进——走近	视事——逝世	治癌——致癌

(三) 生动活泼

力求使广告语言生动活泼,主要是从增强对听众的吸引力角度考虑的。要做到生动活泼,可从四个方面考虑:其一,尽可能运用特定广告对象的通用语言。我国地域广阔,语言风格各异,在不同时期还会出现一些流行语,那些有个性的、生动的、健康的语言,只要适当,都可以在广告中加以应用。第二,多用一些朗朗上口的语言。其三,节奏上有所变化和起伏,做到状物感人,抑扬顿挫。其四,形式上不断创新。可以充分运用广播的特点和优势,在形式上加以创新,如配乐广告、相声广告、广告小品、广告文艺晚会、广告诗、广告短剧等。除此以外,在语言风格上也可以创新,主要是打破正常的播音频率和"正常"的播音风格。比如,相声是我国广大人民群众喜闻乐见的曲艺形式,它通过说、学、逗、唱这四种基本的功夫,采用单口相声、双口相声和群口相声的方式,以风趣、诙谐的语言,收到引人发笑的效果。再比如,快板也是听众喜爱的一种民间艺术,又称为"顺口溜"、"练子嘴"、"数来宝"等,一般以 7 个字组成的句子为基础。如果以这种深受群众喜爱的方式做广播广告,就可以使他们在娱乐中接受广告信息。

(四) 适当重复

适当重复,主要是从增强听众的记忆角度考虑的。为了引起听众的特别注意可以有两种方法:一是比正常的音量高,通过音量的对比来引起人们的关注;二是对某些内容加以重复,即所谓"三令五申"。重复又可以分为两种方式:一是一则广播广告在某一段时期内不断插播;二是在一则广告中就重点内容陈述两遍或多遍。至于重复的内容,是广告主认为最值得宣传的内容和最应提醒听众注意的内容。

广播广告文案的创作既要结合第六章中关于广告文案创作的总体要求,又要结合广播媒介的特点。

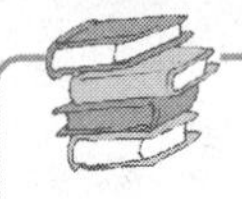

"华宴"广播广告

(背景音乐轻快,两男声)

王：哎！你吃过华宴吗？

李：国宴、官府宴，我全吃过，这华宴还真没吃过，在哪儿啊？

王：就在航天桥往西第二个红绿灯左转……它不单经营国宴菜，还特请名师制作正宗的官府菜，那儿的浓汁、黄扒系列，味特地道，特实惠，绝对物超所值。

王：有订餐电话吗？

李：有，是12345676、12345676、81234566、81234566。

三、典型音响的精选

如前所述，典型音响包括音乐即广告事实特有的音响，是能够协助提示、阐明广告主题的音响。如果要制作带有音响的广告，背景音响可以没有，联结音响也可以没有，但是不能没有典型音响，这是由于它们在广告作品中所处的地位和所起的作用所决定的。对于典型音响，必须加以精心选择。

（一）音响必须紧扣广告主题

听众对广告内容的了解，主要是通过广告词，而音响和音乐本身很难直接去揭示、表现广告主题，除非它利用了人物的谈话录音。大多数的广告音响是配合、协助广告文案或广告词来表现广告主题。所以，对音响的选择要紧扣广告主题，那种为配而配的做法其实并没有太大的意义。令人叹惜的是，目前这样的广告却太多了。

（二）音响必须清晰、自然

对于音响而言，必须清晰、自然，这是保证音响效果进而保证广播广告效果的前提。一方面，禁止使用噪声，不要使用那些杂乱无章、单调乏味的音响去刺激人的神经，提高音响的清晰度；另一方面，采用的音响要淡入、淡出、自然、流畅，不要使人感到很唐突。

（三）音响、音乐要与广告词融为一体

在广播广告中，广告词就是指除音响、音乐素材之外的叙述、描绘部分，通常由电台、播音员或演员来演播。相比较而言，如果只有音响，不用语言去表达、说明和解释，听众就不能把握广告的内容、意义和作用。事实上，有很多内容是音响无法表达的，必须借助于广告词。也正由于广告词是广播广告中不可或缺的，是起主导作用的，那么，音乐或音响的运用只能尽力对广告词起配合作用。比如广告音乐，它主要通过旋律、曲调、和声及其声乐、器乐等不同形式，产生不同的听觉形象，那么，在配乐时，要做到以下三点：其一，便于听众记忆广告内容；其二，便于表现人物的情感变化，补充和拓展广告语言的表现内容；其三，烘托气氛，使音乐能够展现商品或服务以及广告对象的特点。

四、广告配音

一则广播广告的播出，是集体劳动的结晶。在有了文案并采录了音响之后，关键就看播音员或演员的演播技巧。有声语言的表达较之书面语言的表达生动有趣，技巧性更高，需要恰当地把握语调的高、低、强、弱以及节奏的轻、重、缓、急。也就是说，有声语言中包含了大量的副语言因素，有时候，同一句话就可以有多种表达方式，分别表达不同的含义，甚至是截然相反的意思。在演播技巧的运用，主要做到以下三点。

第一，准确理解文案。主要从四个方面加以把握：一是广告文案的适用对象；二是广告语

言所包含的情感倾向;三是广告文案中需要重点突出的字、词、句;四是文案各个部分内容之间的关系。对此加以准确理解,可以据此决定语气、语调、音量、语速等。金嗓子喉宝、老凤祥银楼、光明学生奶的广告中通过拉高音量、放缓频率来突出重点内容,在处理上也是比较好的。

第二,学会合理断句。对于语言来说,既要做到说的人不吃力,又要做到听的人不费力,做到这一点,长句子是不适合的。一方面,文案的创作中要多用动词,少用形容词、副词;另一方面演播人员也要学会合理断句,在不损害文案基本意思的前提下使长句子变短。

第三,总体上语调要柔和舒缓。这一点上,与新闻播音是不同的。新闻播音相对较为严肃,而广告配音较为活泼,充满温情。

第三节　视听型广告的合成

一、视听型广告的复制合成过程

视听型广告主要是电视广告、电影广告、录像广告,作用于人的视与听两大通道,这与报纸广告等纯粹视觉型广告和广播广告等纯粹听觉型广告只作用于人的单一器官是不同的。从电视、电影广告的制作过程来看,大致可分为五个阶段。

电视广告复制合成的五个阶段。

(一) 筹划

在这一阶段,主要是确定广告主题,确定播出日期、周期和频率,确定广告片的长度或规格,确定具体的策划和创意人员以及具体的运作进程,确定经费预算,等等,使节目制作人、导演、编辑等人员能够开展先期思考。

(二) 广告脚本的创作

电视广告制作首先必须有一个广告脚本。所谓分镜头脚本,就是文字初稿和故事草图,又称摄制工作台本,它是将文字转换成立体视听形象的中间媒介,是广告拍摄的蓝本。分镜头脚本的基本任务是根据解说词和文字初稿来设计相应画面,配置音乐和音响,把握整个广告片的节奏和风格等。广告片是由一个个的镜头或画面组成的,而每一个镜头或画面都要表达一个基本的情节或意思,那么,都应以故事草图的方式作分段表达,故事板应配合解说词,还应附音乐、音响效果,场景安排等,初步具备拍摄的雏形。分镜头脚本的创作和设计要考虑四个基本要求:一是充分体现广告创意的意图、思路和风格;二是分镜头之间必须清晰、流畅、自然,而且连接必须明确;三是画面形象须简洁易懂;四是对话、音效等标识要明确,而且应该标识在恰当的分镜头画面的下面。

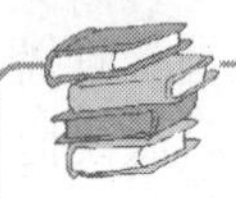

安踏电视广告

时尚运动篇　　时间 30 秒　　音乐:急速动感的 ROCK 乐

镜头一(2秒)

一名时尚装扮的年轻人踩着滑板进入画面,能清晰看到滑板及鞋上ANTA字样。(特写腰以下部分)

镜头二(8秒)

滑板者在马路上的车流中自如地穿梭。(特写腰以下部分)

镜头三(2秒)

一辆小轿车迎面而来(近景)发出"嘀——"的长鸣。(音乐急停)

镜头四(1秒)

滑板者腾空而起(仰视,慢镜头)越过车顶。

镜头五(1秒)

滑板者身后,几个滑板青年越过车顶(侧仰视,慢镜头),画面中车的主人目光吃惊地看着滑板青年们。

镜头六(4秒)

滑板者着地,向右边一条无车行驶的马路拐去,不时回头看身后。

镜头七(2秒)

滑板者发现前方无路可走,仓促左拐,撞在一扇关闭的铁门上(急促的刹车声)。

镜头八(6秒)

随着"咣——"的一声,画面晃动,音乐停止,滑板者呈大字仰倒在地上(俯视),画面上出现左右跳动的字幕——"不要得意忘形"。

镜头九(4秒)

"吱——"的一声,铁门上一块类似拍电影用的开镜牌子的左边掉了下来(牌子上画有ANTA),以右边为支点自由左右摇摆,画面渐渐消失。(画外音:安踏)

(三) 制作

一旦广告的脚本获得通过,广告公司就要选择广告制作公司来拍摄广告。制作公司与广告公司首先要拟定一个拍摄计划,并对广告的成本加以评估。这将涉及广告拍摄中的所有项目,如摄影、照相、美工、音乐、道具、演员、化妆、选景、布景、音响、编辑、化妆等。其中比较主要的有以下四个方面。

第一,角色分配。电视或电影广告拍摄需要演员,有的是表演,有的是为广告作解说或"旁白"。在角色分配的问题上,要注意五个方面:一是不要选在其他广告中过多出现的人物形象和声音,因为观众很容易识别他们,而过多的广告拍摄,很容易使观众认为他们对某一产品或服务的"用情不专",从而降低效果;二是在脚本创作时应对选哪一种类型的演员有一个合理、清楚的概念,并能准确地对演员进行描述;三是在选用名人形象或名人声音尤其是影视圈中的明星要慎重,关键在于为了防止名人喧宾夺主,从而掩盖了广告中需要塑造和推广的企业形象和品牌价值,另外,这个准备选择的名人的形象或声音如果在其他广告中经常出现,就不宜采用;四是考虑成本的因素,名人的要价一般较高,而"不知名"的演员随着可能的广告重播也可能要价不菲,鉴此,有的在广告拍摄中更多地采用卡通制作,以及使用特技以产品为基础进行拍摄;五是广告中人物之间的关系要合理界定。

第二,选景。选景是一项既费时又困难的工作,分布景和选外景两个方面,其中内景的选择相对比较简单,一般以室内用品广告拍摄为主,外景的选择相对比较复杂,有的甚至到山郊野外乃至境外拍摄,还有的是在闹市区。在选景过程中,要对景点加以合理布置。

第三,拍摄。在拍摄过程中,除了演员以外,导演、摄像师、制片人发挥着重要的作用。在具体的拍摄中,要弄清"镜距",一般分为远景、全景、中景、近景、特写等五种,其中远景的作用主要在于揭示场面的辽阔和深远;全景的作用在于清晰地显示人物或人物之间完整的运动状态;中景比较适中,其场景看起来远近适当;近景则能够清楚地了解人物面部表情和其他近距离的拍摄对象;特写的作用在于放大人物的面部表情,或者人体或物体的某个局部,以强化人们对这个局部的印象。镜头角度可分为平视、俯视、仰视和混合运用四种。动画镜头的运动一般有两种方法:一是纵深运动,包括拉镜头、推镜头、跟镜头三种方式;二是平行运动,主要是指摇镜头。通过镜头进行叙事的方法如同写小说那样,主要有三种:一是顺叙,即按照事件发生的时间顺序来编排故事;二是插叙,即在故事的中间进行穿插说明;三是倒叙,即先制造一个悬念,或者交代某个结果,然后再进行说明和解释。

通过观摩图片 7-18,你觉得国外的这则旅游广告在拍摄时在"镜距"上是怎么选择的?如果换成别的"镜距"是否有同样的效果?你设想一下,在整个广告片的拍摄过程中,演员、导演、摄像师、制片人分别要做哪些具体工作?

图片 7-18

第四,录音。电视或电影广告的录音工作常与拍摄分开进行,虽然在拍摄过程中为达到口语化,有些话已被录进去了。一般来说,电视广告的录音由语言、音乐、音响效果组成。

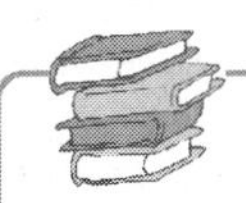

文曲星30秒公益广告《网络游戏篇》

画面一：上课铃响了，四年级一班正在上英语课。（轻松的音乐）

画面二：老师在黑板上写着板书。（轻松的音乐）

画面三：小峰眼睛貌似看着黑板，其实眼皮早已开始打架，显得非常困顿。（音乐变缓，缺乏生气）

画面四：小峰的脑中全都是各种各样电脑游戏的画面，老师讲的课完全没有听进去。（激烈的游戏声）

画面五：这时，老师走到他的桌前，敲了敲桌子。小峰这才被惊醒。（敲桌子声）

画面六：莫让游戏耽误学业！

（四）成片

一天或两天的时间就能拍摄出很长的片子，一旦广告片拍成，通常第二天，未经剪辑的样片就出来了。下一步就是将广告片准确地剪辑为合适的长度，并与录音合成起来。最初，剪辑与录音这两项工作以一种“双脑”形式平行开展，没有完全结合起来，在这一阶段，不需要进行再处理就能独立地修改其中任何一部分。现在是将两者结合起来考虑，使其在画面、解说词、字幕、音乐、音响乃至色调方面浑然一体，形成样片。现在计算机技术比较发达，为广告的后期制作提供了全新的手段。

（五）广告主(广告客户)审片

电视或电影广告的制作是受广告客户委托进行的，那么，在形成样片之后，要提交给广告主(客户)审查。一旦审查通过，并接受有关部门的核验，即可付诸播放。

二、视听型广告文案创作的特殊要求

就最为普遍的电视广告而言，广告文案存在三种表现形式：第一，解说词。解说词是广告画面的背景语言，用于对出现的广告画面进行讲解、延伸或补充，以加深观众对广告画面的理解。第二，演词。即广告画面中演员或拟人化商品的独白，或者是人物之间的对白，借画中人物来传达商品、服务和观念信息。第三，屏幕文字。即把广告信息以文字形式显示在屏幕上，主要涉及企业名称、品牌名称、广告标语、地址、电话、广告标语等内容，或在片头片尾打出，或叠印在画面上，或在包装及商品外壳上显示出来。

电视广告文案具有三个特点：其一，解说词是以画外音形式表现，而演词是以画面人物的谈话或对话来完成的；其二，解说词和演词作用于观众的听觉器官，而屏幕文字作用于观众的视觉器官；其三，总体来说，广告文案是电视广告中不可或缺的要素，有特殊的解释、说明、显示功能。

对于电视广告文案创作而言，除了要体现上一章关于广告文案创作的总体要求外，还要紧扣电视广告的特点，主要有四个方面的特殊要求。

第一，内容简短。电视广告片的长度较常见的有3秒、5秒、8秒、15秒、30秒五种规格，由于人们在收听或收看某一信息时，往往有一个心理准备期，所以，3秒、5秒的电视广告并不太适合，而超过30秒的广告显得比较冗长，因而，电视广告一般以8秒、15秒、30秒这样三种规格居多。如果按每秒钟 4 个字的正常播音频率,30 秒钟的广告片中解说词及演词的语言文字部分就不超过 120 个字。事实上,电视广告不等同于广播广告,不可能从头至尾都用语言来表现,中间有停顿,所以内容还应压缩。这样,语言部分一定要简短。至于有些内容,可以通过屏幕文字来显示。

第二,注意一定的听觉效果。电视广告中的解说词和演词是以声音形式来表现的,那么,要加强听觉效果。前面我们对广播广告文案创作所提出的特殊要求同样也适合电视广告文案的创作。但是,在内容上比广播广告要更加简练。

阿迪达斯是北京奥运会的主赞助商,该公司在奥运会举办期间在我国发布了一个电视广告,音乐低沉轻快,画面简单明了,语言言简意赅,与之类似的还有 LG 的一个广告。通过观摩图片 7－19,你认为电视广告在语言、文字的运用上有哪些特殊之处?

图片 7－19

第三,屏幕文字的运用要适当。一般来说,屏幕文字的运用要注意五个方面:一是文字一般在屏幕两侧或下端,或者在不影响画面的前提下出现在画面的周围;二是字体的选择要根据产品和对象的特点,同时,不宜采用装饰体以及笔画过于纤细的字体,便于识别;三是有些文字可通过产品包装、商品外观和公司招牌或其他形式表现;四是文字的色彩、大小、变形等可以采用一些艺术性手法;五是屏幕文字显示的时间要与画面的切换和解说词的出现有效衔接。

第四,图像广告重在突出画面,而文案部分只是起辅助作用。我们在前面讲过电视广告的体裁,如果是口播广告、文字广告,语言或文字应可以成为主导内容,但在图像广告中就不适合。

电视广告文案的创作既要结合第六章中关于广告文案创作的总体要求,又要结合电视媒介的特点。

三、视听型广告的编辑与合成

广告片的质量取决于多种因素，如布景与拍摄、创意与构思、解说与配音等。但是，质量的高低并不是取决于单一的某一要素的运用，而是各种因素的综合。这些都需要较好地加以编辑。

在视听型广告的编辑过程中，首先要明确电视广告或电影广告的表现形式。归纳起来，大致有推荐式、示范式、展示式、生活片断式、歌曲式、悬念式、动画式、幽默式、木偶式、情感式等。同样，究竟选择哪一种表现形式，既要看广告的诉求内容，又要看广告的诉求对象，还要看广告中准备聘请的代言人或演员年龄、性别、相貌与气质、语言的音质与风格，等等。每一种都可以用语言、文字、音乐、音响、画面乃至图表、数字加以表现。此外，还可以采用一系列的特技效果，还可能将电视广告拍摄在胶片上或制成录像，成为录像广告。电影广告较之电视广告也有其特殊性，表现在三个方面：其一，电影放映点少，传播范围窄，而电视可以在办公室、居室、活动场所观看，普及率高，传播范围宽；其二，电影屏幕宽大，音响强烈，效果逼真；其三，制作工序更为复杂，要求更高。电影广告形式主要有广告短片、幻灯片、幕幔等，一般在放映前播放，也可通过“广告镜头安插”将广告置于故事片或纪录片的情节之中。

在视听结合型的广告作品中，画面是最重要的要素。画面作为一种特殊的语言，它有自己的“语法”和逻辑关系。语言文字表达意念的基本单位是“词”；画面语言的基本单位是“镜头”，镜头在独立存在的时候就像单词一样，只能表达一个简单的意思，如果把分散镜头所拍摄的不同画面组接起来，并连续下去，最后完成表达的任务，这就是通常所说的“蒙太奇”。作为电视广告编辑，应能熟练地运用蒙太奇的技巧和手法，才能把拍摄的影片或录像资料整理成形象的语言，变成完整意义上的广告片。电视广告片一般分为静片和动片两种，所谓静片即静态的照片拍摄，与幻灯片一样，制作比较简单；广告动片即动态的电影摄影或录像摄影，相对较为复杂。从效果来看，动片比静片好，因此，在我们所看到的绝大多数电视广告中，采用的是动片。画面有较强的直观性、联想性和生动性，而这些都是在一个个镜头的连接和组合中实现的。

图片 7－20 是大众公司的一则广告，你认为完成这样一个画面，在之前还应该有哪些画面，请你为它进行补充性构思。

仅仅只有画面并不能使观众清晰地了解画面的真实含义，也不能了解画面之间的逻辑关联，这就需要解说词、演词或屏幕文字的帮助。声、画、字的合一，关键要看画面，以画面作为基础，来搭配其他要素。在搭配过程中，要注意四个方面：其一，在画面中涉及人物形象时，用演词，没有人物形象时，用解说词；其二，在同时刺激视觉和听觉器官时，人们更关心的是视觉，而不是听觉，这是注意力分配中的普遍现象，因而，解说词和演词应紧密结合画面，而且语言要精练；其三，文字在需要重点强调某一内容时推出；其四，由于电视广告片一般较短，不宜采用长镜头，而应该较快地切换画面，远景、全景、中景、近景和特写交错使用，画面中的演词与画面外的解说词也应随之调整。录音有些在现场进行，大多数是在录音棚中进行，对电视广告的编辑来说关键的是时间的合理分配和整体把握，每一句话所占用的时间都要进行精确计算，做到与画面的切换恰到好处。至于语音清晰、语调抑扬顿挫、语速有序、语气舒缓这些技术上的要求，同样也是必须强调的。

图片 7－20

音乐的选择和运用也是电视广告诉求以及诉求能否成功的重要因素。从制作角度而言，音乐可以在资料库中查找，也可专门谱曲录制，前者一般作为背景音乐使用，后者相当于为这一广告特制的，成了广告的一个重要组成部分。如前所述，广告音乐在广告作品中有着特殊的作用，事实上，它也正变得越来越敏感，必须正确地、合理地去发挥它的作用。

《义勇军进行曲》成了某口香糖广告的背景乐

2007 年 1 月，在俄罗斯至少三家电视台上播放了一则长达 1 分钟的广告。该广告以某亚洲国家迎接外宾的故事为背景。广告一开始，是一群衣着正式的亚洲人伴随着《义勇军进行曲》的旋律赶往机场，为首的是一位高级官员。到达机场后，这名官员站在飞机舷梯边迎候外宾，众随从则在他身后一字排开。这时，官员身旁的一个年轻人从口袋里摸出两粒口香糖，塞进嘴里，惬意地用俄语说“多么清新的味道”，芬芳的气味从年轻人的口中飘出，弥漫在迎宾队伍中。随后，一名西方外国女领导人从舷梯走下，她没理会那位等候在舷梯旁的高级领导，而是直奔这名吃口香糖的年轻随从，并献上了一个香吻，这让在场所有人惊愕万分，一直在演奏《义勇军进行曲》的军乐团也停止了演奏。随后，电视屏幕上出现了“Orbit”口香糖的字样。1 月 3 日，中国驻俄大使刘古昌在得知这一消息后，予以高度重视，立即指示使馆有关部门同俄方进行交涉，要求其立即停播有关广告，并弄清背景情况。由于该广告是美国“箭牌”糖果公司委托 BBDO 广告公司制作后，投放到俄电视台播出的，因此，播放广告的几家电视台并不知道广告中有中国国歌。BBDO 莫斯科分公司总经理基里克恰称，素材音乐来自一家英国公司提供的音乐数据库，而根据该曲目在数据库中的编号等信息，无法判断它就是中国国歌，因此才出现了这场“误会”。

根据这则广告：① 你认为这真的是“误会”吗？② 在电视广告的制作过程中，能否直接从音乐资料库中寻找素材？为什么？③ 为什么我国政府要进行干涉？

还有一个问题,并没有引起我们的足够重视。上面我们所说的是一则广告的编辑与合成问题,但是,平时我们所见到的并不是单一的某则广告,而是多则广告放在某一档节目的前后或中间集中播出,短则2、3分钟,长则近10分钟。在如何处理的问题上,不少电视台是根据客户指定的时段任意安排,形成一道"广告套餐"。事实上,这样做的效果往往并不理想。在广告编排上,要注意各条广告间在内容、风格、表现方法、节奏等方面的内在关系,编排方法有以下三种。

第一,长短交错,快慢交错,一动一静,一张一弛。

第二,软硬搭配。那些相对比较严肃的理念性广告与富有人情味,相对轻松、活泼的或充满趣味的广告结合起来,交替播出,形成题材上的节奏感。

第三,集纳法。将几条内容相同或相仿的广告串在一起,形成一种声势。

在了解电视广告作品的构成要素的基础上,明确其主要内容,以此综合其他要素,组成一个完整的广告作品。同时,不同广告作品的搭配与组合也是重要问题。

本章回溯

1. 作品要素是孤立的、单一的,广告合成就是使各种要素按照一定的规则加以整合,是关联的。如果说对作品要素的设计属于初始创作,那么,广告合成就是在此基础上的二次创造活动。本章从视觉型广告、听觉型广告、视听型广告这一新角度分别分析广告的布局与合成问题。

2. 对于视觉型广告来说,由于其构成要素是文字和图画,作用于人的视觉器官,就涉及字体、色彩、空间、空白等问题,也涉及视觉规律的运用。首先要确立的是广告空间的大小和形状,如何确定要考虑媒体、内容、要素的分配等因素。在此基础上,再确定构成广告作品的各要素如何组合,其中包括字体和字号的选择,色彩的选择。不论构成要素有多少,内容有多少,印刷采取何种方式,都应强调广告布局的美感,在版式的选择、空白的遗留、形式的优化方面加以体现。另外,广告布局还应遵循人们的视觉规律。

3. 听觉型广告主要针对广播广告而言。首先要了解的是广播广告的制作过程,实际上就是文案与音响的协调安排。广播广告的文案要紧扣广播的特点加以创作,存在一系列特殊的要求。广告音响的选择着重是典型音响。广告配音也应和文案、音响等结合起来。

4. 视听型广告主要针对电视、电影广告而言。与广播广告一样,首先也应了解电视广告的复制合成过程,由于电视广告一般有语言、文字、画面、音乐、音响等要素,既作用于人的视觉器官,又作用于人的听觉器官,因而,制作与合成的环节更多,也更为复杂。就文案创作来说,也是独具特色。对各要素的合成,画面是最重要的要素,应以此为中心,编辑与合成其他要素。

学习重点

重点: ① 广告要素的组合;② 广告布局如何遵循视觉规律;③ 广播广告、电视广告文案创作的特殊要求;④ 视听型广告的复制合成过程。

难点: ① 广告布局的美感;② 广告布局如何遵循视觉规律;③ 广告配音;④ 视听型广

告的编辑与合成;⑤ 广播广告的复制合成过程。

1. 〔美〕泰德·贝尔:"对于非常技术性的东西,有很多技术性的文字说明或信息需要传达,我们就不愿意用30秒的电视广告。"

2. 〔美〕乔治·盖洛普:"奇巧花哨的拐弯抹角和深奥的开场白完全是对宝贵的电视广告时间的浪费。此外,电视还额外具备声音和动作等辅助手段。不过,除这些因素外,说服的基本原则还是相同的。"

前沿问题

在关于广告作品各要素合成问题的研究中,同样取得了许多成果。但是,比较多的是把其他艺术作品的设计和制作的方法简单地移植到广告作品中来,这同样会产生误导。另外,往往是指出了"要怎样",而没有讲"为什么"。因而,在研究过程中,要将立足点放在"授人以渔"上面,即对蕴藏在策略背后的作用机理进行理论上的升华,而不是"授人以鱼",只是简单地提供一般的知识。另外,还有几个具体的问题需要进一步思考:对印刷型广告来说,就是空白的遗留问题、内容的精选问题、分类广告的注意力提升问题、版面的扩张问题等;对户外广告来说,就是整体布局与广告监管问题等;对广播、电视广告来说,就是音乐和音响应用的合理性问题、不同广告的组合问题等;对互联网广告来说,就是如何提高广告浏览的便捷性问题等。

[1] 蔡雯.美国报纸如何刊登头版广告[J].传媒观察,2005,(11):62-64.

[2] 董春晓.人际传播与传统广告形象的审美特性[J].人文杂志,2005,(04):153-156.

[3] 张家平,袁长青.影视广告经典评析[M].上海:学林出版社,2005.

课外练习

一、填空题

1. 印刷广告的制作可采用四种方法,即________、________、________和影印。
2. 广告布局中对比方法主要有:________、________、________、________。
3. 在电视广告拍摄过程中,负责整个拍摄工作的是________,负责后勤事务的是________。
4. 就电视广告而言,广告文案有三种表现形式,分别是________、________和屏幕文字。

二、单项选择题

1. 在广告作品中,通常哪个部分的字号最小?(　　)。
   A. 标题　　B. 标语　　C. 正文　　D. 随文
2. 在视听型广告中,最重要的要素是(　　)。
   A. 音乐　　B. 画面　　C. 文字　　D. 音响
3. 在视听型广告的制作过程中,首先必须有(　　)。

A. 演员　　B. 脚本　　C. 道具　　D. 美工

三、多项选择题

1. 视听型广告主要包括(　　)。

A. 电视广告　　B. 电影广告
C. 录像广告　　D. 广播宣传车
E. 广播广告

2. 电视广告的制作过程中,比较主要的工作有(　　)。

A. 化妆　　B. 角色分配
C. 选景　　D. 拍摄
E. 录音

四、是非题

1. 一则广告,要给人简洁明快的印象,必须留出相应的空白,而且这一比例在50%以上。

2. 广播广告的重复是将一则广告的内容重播两至三遍。

五、简答题

在广告布局过程中,如何遵循人的视觉规律?

六、论述题

广播广告文案的创作,有哪些特殊要求?

七、综合应用题

某出版社准备为一本关于礼仪的图书发布一则30秒的电视广告,请你为该广告写一个广告脚本。

参考答案

一、填空题

1. 铅字印刷、胶版印刷、照相制版印刷　2. 面积对比、字体对比、色彩对比、方位对比　3. 导演、制作人(或制片人)　4. 解说词、演词

二、单项选择题

1. D　2. B　3. B

三、多项选择题

1. ABCD　2. BCDE

四、是非题

1. 对。

2. 错。是针对重点内容,而不是全部。

第八章

非商品广告的运作策略

本章概要

本章主要介绍商品广告和服务广告以外的非商品广告。首先，分析了公益广告的含义、特点、产生背景、促进功能、种类和运作的基本策略。其次，说明了形象广告的种类，报知性广告的报知事项和运作策略，展示性广告的基本内容和运作策略，理念性广告的两个方面和运作中要注意的问题，外联性广告的形式和运作中要注意的问题，释疑性广告运作的注意事项。再次，阐述了意见广告的含义和特点，意见广告的特殊功用，在中国的应用前景以及运作的基本策略。

学习目标

学完本章，您应该能够：

1. 了解公益广告的含义、种类、产生背景和促进功能，形象广告的种类，报知性广告的报知事项，展示性广告的基本内容，外联性广告的形式，意见广告的含义、特点及其在中国的应用前景；
2. 熟悉公益广告的特点和运作的基本策略，报知性广告、展示性广告的运作策略；
3. 弄清理念性广告、外联性广告、释疑性广告运作的注意事项以及意见广告的特殊功用和运作策略。

基本概念

公益广告；社会共感机制；公共关系；形象广告；知名度；理念；致歉；赞助；辩驳；意见广告；政治诉求；舆论；负面广告

传统广告学研究的唯一课题就是商品(服务广告)，1980 年我国《辞海》对广告的定义及 1995 年 2 月开始施行的《广告法》中对广告行为规范的规定，都是将广告界定为商品或服务推销。现在看来，这一说法显得比较狭隘，不足以囊括全部广告现象。事实上，随着广告事业的飞速发展，广告领域被极大地拓宽，不仅有商品广告，还有大量非商品广告，如公益广告、公共关系广告、政府广告、社会广告、意见广告等，两者在传播内容、目的、运作方式和运作技巧上有着很大的区别，这都是现代广告学中应该研究的问题。本章着重阐述公益广告、形象广告、意见广告三类。

第一节 公益广告运作

一、公益广告的含义和特点

公益广告的含义和特点。

关于公益广告，有人又称为“社会义务性广告”、“社会公共教育广告”、“公共事业广告”、“公共服务广告”等。公益广告是倡导良好的公共道德风尚和公共生活秩序的广告，目的在于为社会提供无偿服务。公益广告诞生于20世纪40年代的美国，重要背景是随着经济的高速发展而引发了一系列社会问题，为了向社会呼吁，引起社会公众的关注和响应，于是公益广告应运而生。我国素有道德教育的传统，包括利用学校、家庭、社会等各种途径所开展的教育，但以广告形式来开展宣传教育还比较晚，起步于1986年贵阳电视台的《节约用水》和1987年中央电视台播出的《广而告之》，但发展较为迅猛。在1987年至1994年，我国公益广告的发布主要是由媒体机构主导，此后，企业开始介入，发布了一些公益广告。在现阶段，公益广告主要运作模式是由政府主导，企业唱主角，媒体提供主要支持的全覆盖模式。

通过观摩图片8－1，你觉得这个标语口号能否算得上公益广告？为什么？

图片8－1

与商业广告、形象广告、意见广告、社会广告这四种主要的广告形式相比，公益广告的特点主要有四个方面。在理解和把握的过程中，要把这四个方面作为一个整体来加以认识。

第一，目的上的无偿性。与商品或服务广告相比，公益广告不是为了追求经济价值的实现，而是提供公共服务。从广告动机来看，一般有自利和利他两种，利他动机又分为付偿性利他和无偿性利他两种。公益广告的开展是以利他为出发点，但有时能提高和强化对社会公众的亲和力，塑造自身形象，增强信任感。现在许多与环境保护、慈善活动有关的广告，就比较典型。发布这样的广告，与商业广告的近利动机有着本质差异。

图片8-2是2008年四川汶川大地震发生后发布的一则公益广告：一个孤儿在茫茫原野孤苦无助，树木虽然凋零，但根还在……这个广告要表达的是“我们在一起”的信念。你认为这则广告在目的上是有偿的吗？

图片 8-2

第二，主体上的多样性。公益广告活动的主体有政府、企业、广告经营者和广告发布者，具有主体的多样性特征。

第三，对象上的普遍性。公益广告的服务对象是公众，往往忽视了对象年龄、文化程度、性别、职业等自然属性的差异，其广告内容对任何人都具有教育意义、指导作用和宣传价值。2009年1月开始，在上海市文明办的支持下，由上海光雍广告有限公司制作的关于“八多八少”(少一点琐事争吵，多一点邻居你好；……)的公益广告宣传，以海报张贴和灯箱滚动两种形式陆续进入沪上数千个小区。再如，上海影视广告公司以“上海十大杰出青年”之一洪泽的事迹为题材，创作了《做一个有用的人》的电视公益广告片，也具有普遍的教育意义。

第四，内容上的思想性。公益广告的思想性是显而易见的。公益广告内容多涉及政治、法律、道德范畴，与商品广告相比，思想性强，宣传色彩浓。

对公益广告特点的掌握要从目的、主体、对象、思想四个方面完整地了解，缺一不可。

图片8-3是一则由奥运会冠军获得者代言的旨在呼吁人们防御禽流感的公益广告，从大的方面说，就是与环境卫生有关，你认为该广告的思想性是怎样体现的？

图片 8-3

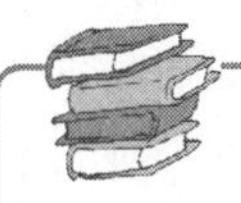

《身残志坚》——听太阳

(海浪声，舒缓的音乐起)

(女声旁白)凌晨，一个快要失明的少女来到海边，想要最后看一眼海上日出，一位伫立在礁石上的老人出现在她模糊的视线里。

(少女声)老爷爷，你也是来看日出吗？

(老年男声、温和地)我是来听日出的。

(少女声)听日出？

(老年男声)我的眼睛三十年前就看不见了。

(少女声)可日出您也能听得见吗？

(老年男声，充满激情地)你听。(音乐转为激昂)太阳出来时，大海对他欢呼着，我虽然看不见，但我心里却感觉到了。

(乐声渐强，随着男声结束，达到高潮)

(少女声，兴奋地)老爷爷，我听见了，我听见了，太阳走过来了！

(男声旁白)只要我的心中拥有太阳，生活就永远充满希望！

二、公益广告的促进功能

第一，促进社区文化建设和社会文明水平的提高。从人类社会进化和社会变迁的角度看，总是逐步摆脱野蛮状态，向文明时代过渡，并使社会及人自身都得到良好发展。由于历史和现实的原因，社会上还存在一些带有迷信、愚昧、颓废、庸俗等色彩的落后文化，甚至还存在一些腐蚀人们精神世界的腐朽文化。这需要我们加强以当代中国马克思主义理论、中国特色社会主义共同理想、以爱国主义为核心的民族精神和以改革创新为核心的时代精神，以“八荣八耻”为基本内容的社会主义荣辱观为基本内容的社会主义核心价值体系的宣传教育,并以此引领各种社会思潮。为此,需要利用一切形式、工具和手段,使之“大众化”。其中,开展公益广告,也是对人民群众进行思想教育的一种有效方式,从一定意义上说,发布公益广告的数量和水平如何,是一个国家、一个社会成熟的标志之一,也反映了一个社区、一座城市的文明程度。

第二,促进城市环境的美化。发布公益广告除了利用报纸、广播、电视等大众媒体外,最主要的载体是户外媒体,如建筑物、街头、广场、地铁站口、公交站点等,形式有油画、布幔、大屏幕显示、城市雕塑、海报、招贴画、标牌、灯箱等。公益广告如一股清新之风,还增添了城市的生机、人文气息,美化了城市环境。

第三,强化公关效应,促进品牌价值的提升。对于广告主而言,开展公益广告,是对社会负责的表现,容易体现和增强亲和力,新颖别致,给人留下深刻的印象,进而促进品牌形象的推广和品牌价值的提升。这主要表现在三个方面:一是通过发布公益广告,可以扩大企业的知名度和社会信誉,从而增强企业的竞争力;二是有些公益广告与企业产品相关,或者是包含了推销产品的暗示,但由于公众对于公益广告的不设防心理,使这种广告比赤裸裸的商业广告更容易让人接受,比如台湾一家鞋油公司推出“穿新鞋不要忘旧鞋”的广告,表面上看是提倡节俭,但其中包含着用鞋油可以将旧鞋变成新鞋的营销策略;三是企业通过做公益广告可以展现健康的经营理念和企业核心价值观,从而增强企业的内聚力和吸引高水平人才,为企业可持续发展打下良好基础。企业开展公益广告,淡化了对金钱的欲望和利益的追逐,把企业的商业性目的深深掩藏于对公益事业的积极支持和参与之中,让“上帝”在欣赏以至钦佩中接受企业的文化及其推销的产品和服务。

三、公益广告的种类

我们讲建设,包括政治建设、经济建设、文化建设、社会建设;我们讲文明,包括物质文明、政治文明、精神文明和生态文明。公益广告的覆盖面是比较广的,涉及除经济建设以外的其他一切领域和除物质文明以外的其他一切方面。具体可分为八个方面。

图片 8-4

第一,资源能源类。主要是指宣传植树造林、节约用电、防止水土流失、保护矿藏及人文资源等方面的广告。比如,四川水井坊有限公司在2003年伊拉克战争期间发布公益广告,向人们介绍巴别通天塔、汉谟拉比法典、巴比伦城门、巨牛神像等伊拉克古代文物,传播关于珍爱文物、保护文物的价值观,提出“文明是世界的,世界也应该是文明的”的口号,这一则广告既是公益广告,对公众有着教化的作用,同时也可以说是政治广告,表达了反对战争、呼唤和平的理念。

在看了图片8-4之后,请你辨认图中写的是“木”还是“水”字。木枯在于缺水,你认为这则广告想告诉我们什么?它在类型上属于哪一类的公益广告?

第二，环境卫生类。这类广告一般在公共场所设置，如公园、会议厅堂、影剧院、各类等候室、游乐场、街道两旁等，内容多涉及禁止吸烟、禁止随地吐痰、禁止乱扔杂物、保护绿化等。

第三，公共秩序类。公共秩序包括工作秩序、学习秩序和生活秩序三个方面。

第四，治安法律类。这类广告包括交通、消防、社会治安防范及其法律、法规的宣传。

我们知道，酗酒不仅影响健康，还有可能破坏公共秩序，危害社会和他人的利益。通过观摩图片 8－5，你认为这个广告最有新意的地方在哪里？

图片 8－5

第五，伦理道德类。这是公益广告的重要内容之一，具体包括社会公德、职业道德和家庭美德和个人美德四个方面。目前，公益公告可从最基本的道德层面开始，如讲文明礼貌、爱岗敬业、团结互助、修身养性、尊老爱幼、教子持家、平等互爱等。中国人寿保险公司有一个广告语，即“树欲静而风不止，子欲养而亲不待”，就是伦理道德类的公益广告。

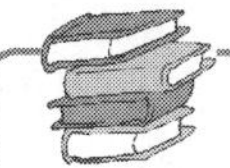

台湾统一企业在“父亲节”做的广告

爸爸的脚步

爸爸的脚步，永不停止
曾经，我们携手走过千万步
逛过庙会，赶过集会
走过沙滩，涉过溪水
爸爸的脚步、陪我走过好长的路……
一面走、一面数
左脚是童话，右脚是盘古
前脚是龟兔，后脚是苏武
爸爸的脚步，是我的故事书
一面走、一面数
左脚一、三、五，右脚二、四、六

前脚是加减,后脚是乘除
爸爸的脚步,是我的算术
爸爸的脚步,是我的前途
为了孩子,为了家
爸爸的脚步,永不停止……
今天,让我们陪爸爸走一段路

第六,廉洁自律类。每一个行业都存在自律的问题,不论机关、企业、还是医院、学校等,莫不如此,尤其是领导干部。廉洁自律重在自我约束、自我控制,这一类广告的内容主要涉及行业守则、行为规范、服务承诺、监督电话等。

第七,公益赞助类。对公益事业,包括教育事业、文化事业、体育事业、慈善事业等提供资金、财物支持,达到广告目的,也是公益广告的一部分。以慈善事业来看,在我国现阶段,残疾人近8 300万人,需要帮助的贫苦人口约1亿人,每年遭受各种灾害需要救助的人达2亿多人。既是政府的责任,也是企业社会责任的体现,还应成为公民的理念。

第八,便民利民类。这类广告与一般的服务广告不同,主要是为群众提供方便,而不是针对特定的消费者,如顾客、游客、旅客等。

关于公益广告的种类,可以从思想道德建设和公民教育的范畴来加以认识和理解。

四、公益广告运作的基本策略

(一) 加强公益广告的整体规划

从总体来看,尽管公益广告发展速度较快,但仍存在一些不足,为此,应加强公益广告的整体规划,主要措施有以下六个方面。

第一,将公益广告宣传纳入城市精神文明建设的重要组成部分,由文明办、工商行政管理部门牵头,市政、市容、规划、公安等部门积极参与,制订规划,积极协调,专项管理。

第二,规定广播、电视、报纸、杂志刊播公益广告的最低刊播量,户外公益广告也应有最低的数量要求,并作硬性指标。从发达国家和地区的情况看,一般占全部广告的10%,我国规定是3%,而且是指定媒体类型、规定播出时段的,应该说仍然有差距。

热爱祖国、关爱他人、善待自己、爱护环境是当今构建和谐社会的基本内容,其中对生命的照顾与珍惜也是题中之意。通过观摩图片8-7,你认为“珍惜生命,就是给自己最好的礼物”这个主题在立意上如何?你认为政府、媒体在公益广告的组织、协调、设计、制作与发布等方面分别有哪些职能?

第三,发挥广告主、广告经营者、广告发布者的积极性、主动性、创造性,鼓励他们向社会奉献更多更好的公益广告作品，在设计、制作、发布费用上提供优惠，同时，政府在相关税收上也给予一定的优惠。

第四，把握时代的脉搏，唱响主旋律，公益广告宣传要有明确的主题。在当代中国，就是要以邓小平理论、“三个代表”重要思想和科学发展观为基本内容的当代中国特色马克思主义理论作为指导思想的社会主义核心价值体系引领各种社会思潮。

第五，加强公益广告宣传的计划性。我国的公益广告往往是根据时事来表现的，比如“非典”时期，所有的公益广告都是提醒市民通风、洗手；北京奥运时期，提醒市民讲文明、树新风、知礼仪；“汶川大地震”时期，所有的广告又是倡议大家关注灾区、关爱灾区群众。另外，每当遇到年节、重大事件、庆典、会议、赛事的时候，相关的公益广告就一窝蜂地出现，之后又很快就销声匿迹，难以持久。这相比过去当然是一种进步，问题在于计划性、战略性、整体性不够。

第六，将公益广告宣传与城市规划、环境保护等结合起来，做到合理布局。

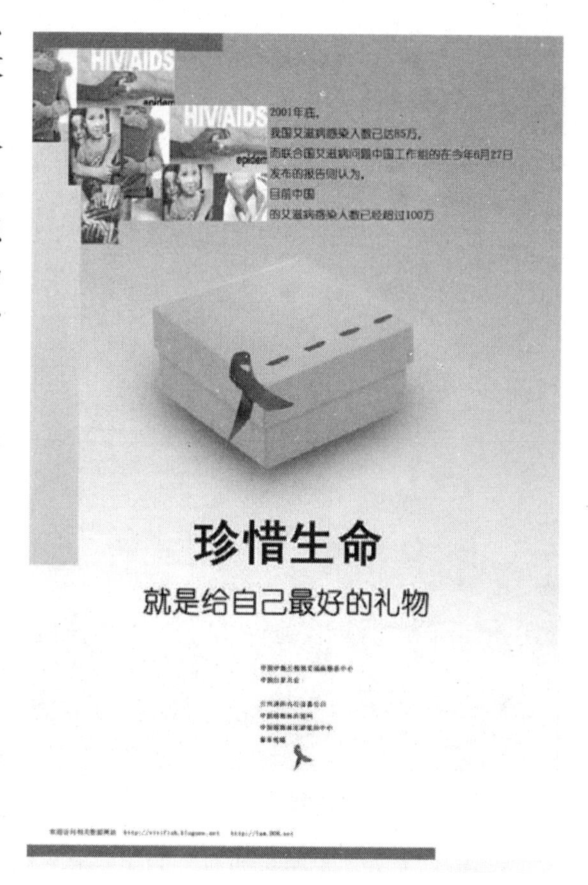

图片 8－6

通过观摩图片8－6，你认为当前开展公益广告宣传怎样和当今时代的主旋律进行有机的结合？怎样与其他的宣传形式和手段有效地结合起来？

（二）形成和谐的社会共感机制

公益广告很容易演变成说教，甚至粗暴的命令，效果往往适得其反。鉴于这种状况，应形成良好的、和谐的社会共感机制，在运作过程中，应注意以下五个方面。

第一，要有清晰的“概念”，不能流于一般的表述，而应抓住能引起社会人群共鸣的切入点。

第二，由于切入点的不同，诉求点也应有差异。

第三，强化情感渗透。对于受众来说，情感最容易激起共鸣。公益广告当然包含了教育的动机，但为了体现效果，应尽可能放弃直露的简单的甚至粗暴的说教的企图，尽可能寻找人们心灵中最容易触动的情感要素，使人们由认知的被动阶段进入知觉的主动阶段。

通过观摩图片 8－7 和图片 8－8，你认为这两则广告的切入点是否新颖？其情感渗透性和诉求力如何？为什么？

图片 8－7

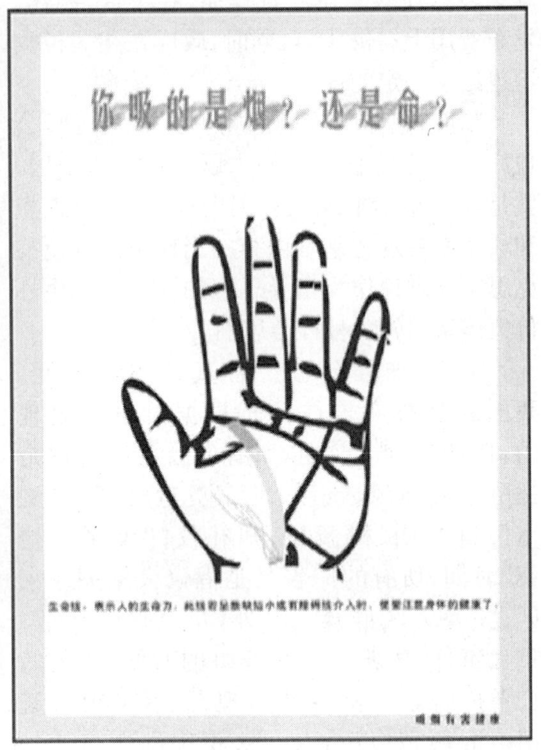

图片 8－8

第四，注意诉求策略。随着人们主体意识的增强和人格的独立化，对于说教的抵触情绪也会增长。所以，相比其他形态的广告，公益广告的创作难度更大。公益广告能否达到预期效果，关键看对受众心理活动冲击力的大小。美国有一则呼吁不要虐待小孩的电视广告，画面是监狱里每间牢房都关着一个男人，镜头依次扫过，背景声音是骂小孩的话，最后突然播出画外音“你虐待过的小孩，今后成为罪犯的比例会更高”，这个广告有极强的煽情作用，远比直接说“不要虐待小孩”要好。当然，这个广告放在中国，情形会有所不同。

第五，采用群众喜闻乐见的诉求方式，寓教于乐，力求生动活泼。在我国传统的宣传教育工作中，探索出一些行之有效的途径和方式，如故事会、散文、诗歌朗诵、歌舞表演、寓言、曲艺、戏剧、宣传画等多种艺术形式，这些形式都可运用到公益广告宣传中，特别是社区性活动。除此之外，还可利用现代传播手段。无论采取什么样的广告表现形式，其目的就是要达到更好的广告效果，让受众能够接受。

(三) 媒介的选择和使用以辅助性媒体为主

理论上公益广告宣传几乎可以利用一切媒体或形式，但总体而言应以辅助性媒体为主，这主要是因为公益广告总体上属于社会教育的范畴，揭示和宣扬的往往是一些较为浅显的、常识性的道理，目的主要在于重申社会准则，对社会大众起鞭策、提示、规劝作用，这就要求公益广告像一个无所不在的使者出现在人们常常出没的公共场所，如机场、码头、车站、步行街、影剧院、体育场馆、购物场所、小区、食堂、广场等。也只有在公共场所，由于人群聚合较多，对于秩序、规则重要性的感受才会更明显。既然如此，可以尽量选择一些辅助性媒体。

对公益广告的运作策略的认识和把握,要在分析现状、解剖原因的基础上提出,同时,还要考虑我国公益广告的历史、现实和趋势。

第二节 形象广告运作

一、报知性广告的运作策略

公共关系最基本的目的是扩大知名度,即扩大影响和辐射范围,而广告由于其特有的扩散功能和放大功能,以及在发布后可能的人际接续功能,使之成为公共关系目的一个重要手段。报知性广告就是将有关信息以广告的形式向有关受众报告。报知事项主要有三种。

报知性广告的三项主要的报知事项。

第一,组织名称。我们讲知名度,就是社会对你的了解程度,其中"名"包括了三个层次:一是组织名称;二是内部设置机构,如大学的学院、系、专业,企业的子公司、控股公司;三是员工及产品或服务,亦即品牌。在现代社会,各行各业的重组(改制、兼并、托管等)现象层出不穷,往往会引起组织名称、住所、电话、邮编、标识等一系列要素发生变化。出现这些变化时,为便于与外界联络,同时为提高管理效率,迅速扩大影响,应通过广告形式报知。

图片8-9和图片8-10分别是我国三大电信运营商中的中国移动公司和中国联通公司的公司徽标图案。你作为消费者,平时是否留意过它们的徽标?能否准确地区分这两家公司以及中国电信公司的徽标?另外,请你搜索耐克与我国李宁、鸿星尔克的徽标,你能够弄清它们之间的细微差别吗?

图片8-9

图片8-10

第二,重大事件。主要是指设立分支机构、人事更迭、突发事件等,对企业来说,还包括营业时间及其变更、购并计划及股权转让、更换会计师事务所、股票上市、利润分配方案、投资计划、新产品上市等。

第三，重要荣誉。主要是指权威机构的统计结果、各类重大奖项。

运作报知性广告时，要注意以下六点：其一，如遇重大变化，或发生重大事件，应及时报告，不能延误，对于上市公司来说，重大事件报告不仅是法定义务，而且还有法定披露时间要求，一般要求第一时间完成；其二，报告内容必须是最新发生或即将发生的重大事项，或对广告主、对受众有特殊意义的事项；其三，报告内容应是可公开的信息；其四，为做到周知共晓，起到社会公告作用，应尽量选择大众媒体发布，尤其是报纸；其五，可以适当重复；其六，尽量采用公告体广告体例。

图片 8－11 是某汽车公司为其新款“皇冠”牌轿车上市，以“和谐为道，欲达则达”为标题的广告，通过观摩，你认为新品上市为什么要做广告？怎样通过广告手段迅速地开辟和扩大市场？

图片 8－11

二、展示性广告的运作策略

展示性广告的目的也在于扩大影响，在了解的基础上使受众加深对广告主的理解。展示的内容要有以下五点。

展示性广告一般有展示的五项内容。

第一，历史。主要涉及组织的设立与变迁、事业历史、公司创始人、创业精神等。

第二，事业。主要涉及营业项目、产品总览、制度、服务、多角化经营等一切对内、对外的有重要意义的活动或举措。

第三，业绩。

第四，实力。包括资产规模、员工素质、业务延伸领域和范围、国际化程度、市场占有率、竞争力、发展潜力和空间、社会贡献、行业或地区排行榜、社会声誉等。

第五，品牌。即与商品或服务有关的各种素质。这既是商品广告的范畴，又是形象广告的一部分，所以，形象广告超越了一般的商品广告。但是，两者在内容选择上有所侧重，形象广告相对比较抽象、概括，立足于品牌价值的提升，后者比较具体，有明显的促销色彩。比如，1999 年春节中央电视台在黄金时间里，播放了这样一部广告片：14 000 只美丽努羊，在墨尔本以西的草原上，悠悠地走着、走着……忽然走出“恒源祥”三个大字。这部广告的拍摄动用了两架大型直升机和三十多箱摄影器材，组织大量专业摄影师在澳洲草原上，训练 2 万只美丽努羊后拍摄而成的，而且，之所以选择 14 000 只羊，是因为当时恒源祥公司每天生产羊毛绒线所需要的羊毛量正好需要从 14 000 只羊身上剪下来。显然，这一广告是为了展示品牌形象。

图片 8－12、图片 8－13 和图片 8－14 分别是楼盘、服装、运动鞋广告，通过观察，你认为它们分别是为了展示什么？历史、事业、业绩、实力和品牌这五个方面，对企业而言，能够截然分开吗？

在运作展示性广告时，一般要注意以下四点：其一，可以结合有关庆典活动进行，如周年庆典、获得高规格表彰、取得突破性业绩的时候，配合发布形象展示广告；其二，除了在报纸、广播、电视上发布广告外，还可以制作宣传册、幻灯、画报、多媒体等多种广告形式；其三，尽量选用权威数据、统计资料、文摘，并注明出处，增强可信度；其四，在具有知名度的情况下，要让受众更喜欢而不是更了解。展示性广告有扩大知名度的因素，更包含了形象展示的成分，使之获得更高的社

图片 8－12

图片 8-13

图片 8-14

会声誉。比如,小天鹅公司为了开拓农村市场,增加双桶洗衣机的销量,曾经选用20世纪80年代影坛很活跃的一个女影星做广告推介,没想到播出后引起了很多城市消费者的反感。广告的本意是要借名人效应扩大知名度,但事实上小天鹅品牌在城市的知名度已比较高,人们就不再欢迎这种形式,对公司来说,就应转而考虑如何提高美誉度。

可口可乐进入我国是在20世纪80年代,通过观摩图片8-15,你觉得在当今还有比可口可乐更有知名度的品牌吗?经过20多年在我国的持续高密度的广告轰炸后,可口可乐在我国已经耳熟能详,你认为它应该怎样从战略上转型,以便"展示"更多不为人知的东西?

图片 8-15

三、理念性广告的运作策略

理念属于哲学范畴，表明对社会、对公众的基本态度，揭示某种特定的伦理法则、法制观念和价值取向。如同一个人具有相应的人生哲学那样，一个社会组织也往往具有一种集体的哲学思想和行为准则，它是多年来积累而形成的，包含了几代人的集体智慧，特别是创始人、重要领导人的个人理念对它的形成产生了重要影响。集体理念一经形成，便会成为这个集体每一个成员应该恪守的精神要素，并在实践中身体力行，还会在组织运作的每一方面、每一环节体现出来。广告是表达、宣传理念的主要工具，主要体现在两个方面。

理念性广告的两个方面。

第一，自我发展理念的表达。不论企业还是学校，在自我发展过程中，都有一个最基本的精神原动力。海尔集团在过去有一句广告语，叫做“真诚到永远”，这实际上就是该集团的发展理念，同时这也就意味着真诚的服务。

第二，社会发展理念的宣传。从社会发展来看，有很多涉及政治、法律、伦理等范畴，对那些正确的、健康的、符合时代要求的内容，理应通过各种手段加以宣传和弘扬。对于广告主来说，也可利用广告手段来宣传社会发展理念。一般有两种情况：一种是倡导一种在某个领域内社会最需要的理念、价值选择和行为规范；另一种是响应社会生活中的某一重大问题、重要理论，表示热切的关注、支持和赞许。总的来看，这两类广告都不是立足于自我发展，而是立足于社会发展所发布理念性广告，但是，在广告中突出了广告主的身份，所以客观上有利于体现对社会的关怀，密切与社会的联系，加强对社会的亲和力，树立良好的社会公益形象和爱心形象。

在运作理念性广告时，要注意以下四点：其一，表达和宣传的理念正确、健康，符合时代要求；其二，自我发展理念的表达要尽可能简化为一条简练的广告语并且在各种媒体上得以反映，并保持相对稳定，如“IBM意味着最佳服务”、飞利浦的“让我们做得更好”、TCL的“为顾客创造价值”、新飞的“新飞广告做得好，不如新飞产品好”等；其三，社会发展理念的宣传尽可能结合社会热点、重要理论、重大题材进行，包括重大事件和重大灾害提供的契机；其四，理念性广告要做到意义表达清晰、寓意深刻，又采用轻松活泼的形式。

图片 8－16

图片8－16是中国邮政广告公司的标语“邮路通天下，信息传万家”，通过观摩，你认为这个标语是自我发展理念的表达，还是社会发展理念的宣传？你认为怎样使理念性广告的有效性得到提高？

四、外联性广告的运作策略

公共关系还有一个很重要的使命，就是加强与各类公众的联系，密切与公众的关系。在使用广告手段上，针对内部公众就不常用，而在处理与外部公众的关系方面，包括处理虽然属于内部公众，但分布较为广泛的股东的关系，广告手段就经常使用。一般有以下五种形式。

外联性广告的五种常见形式。

第一，致谢。就是对曾经为自己事业的发展提供支持、帮助的公众、表示感谢，不管这种支持是在什么背景下，以什么方式进行，都应表示感谢。通过广告形式，将所取成绩谦逊地记在有关公众头上，以此赢得好感。

第二，祝贺。就是在当地或本行业有关单位拥有喜庆的时候，如周年纪念、开业、获奖、工程竣工、取得突破成绩等，通过广告形式，表示祝贺，以他人之喜为喜，以他人之乐为乐。这种诚挚的祝贺，是很容易博得好感的。

第三，问候。一般在特定时期，向有关公众表示慰问，密切双方的关系。时间一般选择节令或节日。这类广告带有明显的礼仪色彩。

"天时、地利、人和"对于国家、组织和个人发展都是重要的条件，图片8－17不是广告图片，但画中不分民族和种族，也不分男女老幼，彼此面带微笑手拉手的场面值得我们思考。图片8－18是一个道歉广告。你认为一个单位学会感谢、慰问、祝贺、道歉，并对他人提供真诚的帮助，究竟是损失还是收获？

图片8－17

第四，致歉。这类广告一般用在社会组织出现失误或在工作中客观上给有关公众造成了损失、不便，这时要有博大的胸襟，勇敢地承认错误和工作中的不足，诚恳地表示歉意，并致力于改进。一个社会组织如同“金无足赤，人无完人”那样，不可能时时处处尽善尽美，有了问题并不可怕，关键是要有承认错误的决心和勇气。

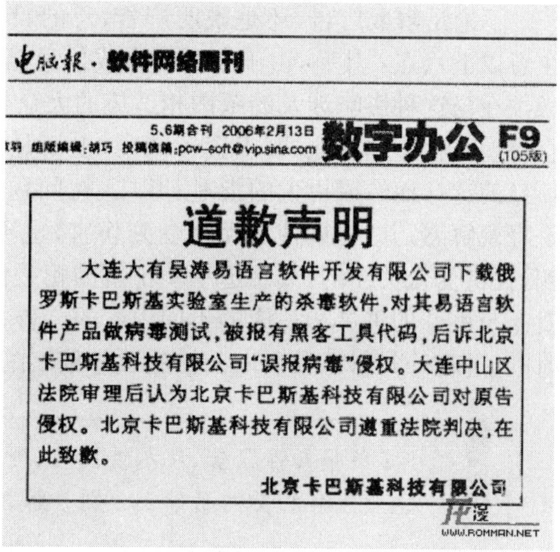

电脑报·软件网络周刊

5、6期合刊　2006年2月13日　编辑·胡巧　投稿信箱：pcw-soft@vip.sina.com　数字办公　F9（105版）

道歉声明

大连大有吴涛易语言软件开发有限公司下载俄罗斯卡巴斯基实验室生产的杀毒软件，对其易语言软件产品做病毒测试，被报有黑客工具代码，后诉北京卡巴斯基科技有限公司“误报病毒”侵权。大连中山区法院审理后认为北京卡巴斯基科技有限公司对原告侵权。北京卡巴斯基科技有限公司遵重法院判决，在此致歉。

北京卡巴斯基科技有限公司

WWW.ROMMAN.NET

图片 8-18

第五，赞助。赞助问题，我们在前面讲过。赞助既可以说是公益范畴，又由于赞助总是由捐赠人和被捐赠人双方组成，而赞助的实施几乎总可以激起被捐赠人对捐赠人的好感，拉近双方的距离，所以，它又是形象广告的一部分。

上述五类广告有一个共同的特点，就是都是为了密切与有关公众，特别是外部公众的关系，故称为外联性广告。在如何处理关系上，有的立足于恢复，有的立足于巩固，有的是立足于发展。个人、集体事业的发展都有赖于天时、地利、人和，建立与相关公众的融洽关系，不能简单地构筑在需要的满足上，还应主动地强化礼仪，而这五类广告就其实质而言，又可以说是礼仪性广告。

在运作外联性广告时，应注意以下六点：其一，加强对象选择的针对性，无论是致谢、祝贺，还是致歉、问候、赞助，对象应尽可能明确、具体；其二，要用“平视”的眼光，既不阿谀以显媚态，又不俯视以显傲态，总体上要把握分寸；其三，不论哪一类广告，态度要诚恳，立足于主动，有助于改善和发展合作、互助关系；其四，除了用公开的广告形式外，还可以通过“半公开”的形式，如利用专函表示祝贺、感谢或歉意；其五，讲清事由；其六，广告主自身不宜过分突出。

五、释疑性广告的运作策略

释疑性广告的两种表现形式。

社会组织在发展过程中，不能一帆风顺，事事遂意，如同个人一样，也会经历形形色色的挫折。这些挫折的出现，常常使自身形象遭到破坏，有时甚至是致命的。形象受到损害的原因是多方面的，主要有：其一，由于自身的原因，如质量不佳、服务不周全、承诺不兑现等；其二，受到他人的刻意诽谤；其三，公司名称、商标被假冒，引人误解；其四，不实或夸大的、不明确的报道；其五，社会流言的传播和扩散。总的来看，对于这些来自社会的诬陷、曲意诽谤等不实之词，应通过媒体辩驳、澄清，防止以讹传讹，造成更大的负面影响。

针对不实之词，要发布辩驳广告或澄清公告。还有另外一种情况，就是广告主本身存在这样或那样的问题，被媒体曝光，从而使自己的形象遭到破坏。碰到危机事件发生以后，对于有关公众来说，他们迫切需要了解真相，弄清是非曲直，这个时候最需要的不是淡化处理或“冷处理”，而应积极主动地提供情况，争取谅解，广告形式同样也不失为重要手段，这种广告可称之为说明广告。

不论是辩驳广告,还是说明广告,总的目的是为了释疑解惑,正本清源。在运作时,要注意以下六点:其一,由于不利传言或信息已不胫而走,在社会上已造成相当的影响,因而必须在与这种影响涉及的范围相适应的大众媒体特别是报纸上发布广告,作为“当事人”的直接的声音影响受众,既不置若罔闻,也不是简单地靠新闻发布会由记者作“二传手”因为信息的选择而造成更大的混乱;其二,在问题出现的第一时间,不要抱侥幸心理,应立即着手释疑解惑;其三,即使是无辜受到伤害,也不宜剑拔弩张,火药味四溢,而应心平气和;其四,提供受众关注的,或想进一步了解的相关信息;其五,在事件的发生、演绎、结局的全程,发布与事件的进展相适应的不同内容的广告;其六,最好以公告体广告发布,对事由、数据、时间、过程等材料以及采取的措施要仔细斟酌。

在了解报知性广告、展示性广告、理念性广告、外联性广告、释疑性广告的含义、形式和种类的基础上分别了解和熟悉它们的运作策略。

第三节 意见广告运作

一、意见广告的含义和特点

意见广告是不以营利为目的而陈述意见、发表政论、表明信念的一种非商品广告,其核心是政治广告。意见广告具有以下五个特点。

意见广告的含义和五个特点。

第一,金钱为政治诉求铺路。政治广告中表现最突出的是竞选广告,在以美国为代表的西方国家中正变得愈益普遍。参与竞选的候选人,包括总统、首相、议员乃至州、市、县的各类选举的背后大多代表着某一党派的利益,党派利益的争夺过去更多的是通过武装斗争来实现,而现在则更多地通过政治斗争、思想斗争的形式来展开,给人蒙上了一层“温文尔雅”的面纱。由于媒体表面上作为“第四力量”存在,对立法、行政、司法力量保持了相对独立性,又由于美国媒体自身的商业化目的,而政客们能够清醒地认识到大众媒体特别是电视对于影响公众舆论的巨大作用,于是政治广告应运而生,且投入不断增大。以美国总统大选为例,广告投入分三部分:一是候选人用个人筹集经费做广告;二是候选人所属政党所投入的;三是民间团体自己带有倾向性的广告。

第二,意见广告具有鲜明的时评特征。从内容来看,意见广告几乎总是与特定时期的热点事件和热门话题联系在一起的,而意见广告又常常是对这些事件或话题发表评论,表达自己的观点。

第三,以政治诉求为主要内容。商品广告以商品为诉求点,公益广告以伦理道德为主要诉求点,形象广告以理念为主要诉求点,而意见广告以政治纲领、观点、态度等为主要诉求点。比如,2001 年伊始,美军不惜投入 1.5 亿美元在 NBC、福克斯、美国有线新闻网等媒体中发布招募广告,值得注意的是,1981 年开始使用,持续了 20 年的广告词“尽你所能”被“一个人的军队”取而代之，当初的创意更多是宣传美国军人的风险奉献精神，现在则希望体现每个士兵个人的价值，要求具有无私服务、责任、忠诚的价值观，不管怎么变化，都强调的是个人对国家的态度，显然它是一种政治诉求。至于竞选广告，政治诉求就更明显了。

图片 8－19 是我国台湾省的所谓选举广告，通过观摩，你认为政治广告的基本内容与商业广告有什么不同？一般是由谁发布的？对象是谁？选举广告的发布选择公交车有什么特殊考虑？

图片 8－19

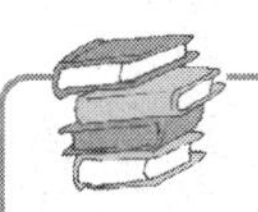

部分国家军队广告语

成为所有你能成为的！（美国军队，1981—2001）

如今强大，往后也强大。我们是支团结一致的部队。（美国军队，2005）

陆军，发挥你的才干。（美国陆军，1994）

精诚团结。奉献高于个人。每件事都做到卓越完美。（美国空军，2004）

它不是你的日常工作。（美国陆军预备役，2003）

英国真相就是，我们需要他们。（英国预备役部队，1992）

你的雇员加入预备役部队，为你更辛勤地工作，为我们大家更辛勤地服务。（英国预备役部队，1998）

训练越多，收获越多。（英国军队，2003）

大不列颠国泰平安，各行各业蒸蒸日上。（英国预备役部队，2001）

两种人生合二为一。（英国皇家空军预备役，2007）

你有当兵的实力么？（印度陆军，1999）

一种人生……不再循规蹈矩。（新西兰海军，2004）

第四,意见广告有浓厚的宣传色彩。广告与宣传本来有明显的差别,但在公益广告、意见广告这里找到了结合点,尤其是意见广告,宣传的色彩极为浓厚。CNN播过一则广告:两个幼儿亲密地在一起玩耍,下面分别写着以色列人、巴勒斯坦人;紧接着又出现波斯尼亚和塞尔维亚幼儿、伊拉克和科威特幼儿等几组亲密玩耍的镜头,然后打出字幕“停止战争,为了孩子”。署名:联合国儿童基金会——UNICEF。

第五,意见广告的目的是影响公众舆论和行为。意见广告往往是以自己的意见影响公众的意见,进而影响公众的行为。

二、意见广告的特殊功用

意见广告以政治广告为主要内容,通过广告形式直接或隐晦地表达政治立场、观点、态度、立法,具有一定的政治动机。

意见广告的政治动机。

第一,表达政治信念。我们前面曾经提到过一个例子,就是海南生态实业有限公司于2000年3月17日在《人民日报》华东新闻版用一个整版做广告:中间是一幅中华人民共和国地图图案,上书三行大字:“想把台湾从祖国分裂出去/中国人民能答应吗/绝对不能”,公司名称只是在广告的右下角用很小的字写出。广告中的三行字是国务院总理朱镕基在两天前答记者问时所讲的一段铿锵有力的话,又正值台湾岛内各派政治力量“选举总统”前夕,而岛内的“台独”势力甚嚣尘上,这一广告显示了坚决维护祖国统一的坚定信念。

第二,谋求政治利益。谋求政治利益是多方面的,如在党派竞争中获胜、加入某一政治或经济组织、促成或阻止某种政治行为、民族利益的维护、领土和主权完整的保护以及其他具有政治意义、政治目的的利益。

第三,表明政治态度。表态式的政治广告,或赞成,或反对;或表扬,或批评;或接近,或疏远,以此表明对某一政治现象、政治行为、政治观点、政治集团的看法。从这个角度看,取材应该说是十分广泛的。

第四,影响政治决策。对于非政治团体来说,意见广告还是游说、影响公众舆论,进而影响决策的一个手段。早在20世纪50年代,美国国会曾通过法案,拟向国外进口钢铁,这意味着劳动力密集型的冶金业将有大量员工失业,为此,美国伯明翰钢铁公司通过广告向美国公众陈述自己的看法,力陈利弊,从而赢得了美国公众的支持,并迫使国会取消该法案。

图片8-20是我国台湾省的一则利用幌子发布的所谓选举广告,在内容上与图片8-19差不多,图片8-21是深圳一个市民给人大代表的公开信以广告的形式发布在报纸上。通过观摩,你认为这两则广告分别有哪些作用?

图片 8－20

图片 8－21

香港政府今日登报征求市民对港政制发展的意见

中新网 2004 年 2 月 23 日电(陈幸嫚)　香港特区政府今天在本地 16 份报章刊登半版广告,向市民征求对政治制度发展的意见,共花费 35 万港元。

“中央社”报道,广告内容分为两部分:第一部分主要阐明政制发展的三大原则和五大法律程序等问题;第二部分则列出八条问题,向市民征求政改意见。

广告上刊出的政制发展三大原则,包括“基本法”内有关北京政府与特区关系的原则、特区行政长官和立法会产生办法的“实际情况”及“循序渐进”原则,以及兼顾社会各阶层人士利益和有利资本主义经济发展的原则。至于五大法律程序,则集中交代“基本法”附件一、附件二有关行政长官及立法会产生办法的内容。

广告向市民征求意见的八条问题,包括目前各界意见极为分歧的 2007 年、2008 年能否普选特首及立法会,例如“基本法”有关行政长官的产生办法中,“二零零七年以后”应如何理解,是否包括这一年在内,修改行政长官和立法会产生办法应如何激活、“实际情况”和“循序渐进”又包含着什么及如何理解等。

三、意见广告在中国的应用前景

在新中国成立之前,意见广告在我国即已出现。20 世纪 30 年代,蒋介石曾著文号召开展“新生活运动”,无非是要百姓勒紧裤带,以利内战,于是苛捐杂税多如牛毛,百姓不堪忍受。上海永安堂利用虎彪牌万金油广告加以讥讽,他们在报刊上以醒目标题打出“提倡新生活必须学会揩油”的广告,由于正文中有提神醒脑之类表明产品功效的内容,当局也无可奈何。另外,新中国成立前的上海有一种毛线的牌子叫“羝羊牌”,实际上就是用其谐音来表达抑制洋货,发展民族工业的意见。建国初期主要侧重于广告市场的改造,“文革”期间广告市场荡然无存,直到我党十一届三中全会召开以后,广告业才出现恢复性发展,但从各类广告的数量来看,商品或服务广告铺天盖地,形象广告出现与商品广告分庭抗礼的趋势,公益广告日渐增多,以政治诉求为主的意见广告却如凤毛麟角,偶尔一见。与以美国为代表的西方国家相比,形成较大反差。当然,两者的背景也不一样。

第一,政治制度不同。西方国家在政治制度上大多实行两党制或多党制,通过竞选轮流执政;在权力分配上实际立法权、行政权、司法权三权分立;在中央和地方的关系上,联邦下面的州拥有较大的立法自主权。此外,还有形形色色的政治团体和非政府组织。总之,政治主体呈现多元化格局,大家分别代表着不同利益集团,而彼此间在利益上有时充满了难以调和的矛盾。由于利益不同,则观点、主张、态度各异,就需要利用适当形式和场合来表达,如演说、广告、集会等。我国实行的是在中国共产党领导下的多党合作和政治协商制度,不论何种政治组织,都是代表了最广大人民群众根本利益的,不存在根本的利益冲突,这样也就不需要像西方国家那样为了各自的利益而发布广告。

第二,媒体所有制不同。在西方国家,尽管有部分媒体是官办的,如美国之音(VOA),但大部分报纸、杂志、广播、电视由财团资本所控制,如华尔街日报、财富杂志、CNN等,有些作为公司还发行股票,在股票交易所上市。在这一背景下,媒介对于政治团体在股权、人员、资金等许多方面具有较大的独立性。这些媒介从历史到现实,对各种政治主张都难免有一定的倾向性,但不是天然的、义务的宣传员。我国媒体还不允许私人资本介入,尽管极少数杂志已经有集团资金注入,但绝大多数还是较为单一的国家所有制,它们既是群众的“喉舌”又是党的“喉舌”,我党从其创立之初,就十分注重宣传的作用,在取得执政地位后由于与媒体形成了特殊的所有制关系,要表达自己的政治诉求,在境内并不一定通过广告的形式。

第三,媒体性质和目的不同。媒体在西方国家尽管客观上为公众传播信息并进一步在塑造大众文化方面起了重要作用,但其最终目的是为了赢利。市场这只看不见的手,自始至终在操纵报纸、杂志、广播、电视的生存和发展的动向。在我国,自十一届三中全会以后,对媒体的要求始终是“二为”方针,强调社会效益与经济效益并重,这样,报纸、广播、电视不能像西方媒体那样四处伸手要钱。

第四,法律限制不同。我国规定,不得利用国家机关和国家机关工作人员的名义做广告,这样就限制了意见广告的发展。

这样一分析,似乎意见广告在当代中国没有应用前景。是否如此呢?答案是否定的。原因有四点。

第一,理论上广告应反映社会生活的全部。与新闻一样,广告不应存在“盲点”,而应覆盖政治、军事、外交、经济、教育、科技、体育、卫生等各个方面,跨越国际与国内,社会、学校、家庭等各个领域。公益广告在我国的发展史就说明,广告的空间是逐步扩大的,从而改变了商品广告一统天下的局面。从公益广告的内容看,主要侧重伦理、法律范畴,实现了广告与宣传的结合。那么,完全可以预期,侧重政治的意见广告在我国也会逐渐增多。

第二,复杂的国际政治需要意见广告。政治分为国内政治与国际政治两部分。我们传统的宣传工作,在境内可以充分运用各种舆论工具,但在处理与我国相关的复杂的国际和地区事务时,特别是开展对外宣传时,由于国际广播电台和境内报纸的海外版传播受众有限,且多为华人,那么,为了表达自己的观点,或反驳某些观点,就需要充分利用境外媒介,而这些媒体又是不可控的,故而可以通过广告的形式,即花钱买发言权。以2008年为例,3月在西藏发生的打砸抢烧事件、5月的汶川大地震、8月的北京奥运会,等等,在国际社会尤其是西方出现了许多不利于中国的“噪音”和“杂音”,但我们缺乏有效的渠道来反击这些声音。悉尼申办2000年奥运会举办权获得成功就是一个很好的例子,值得借鉴。就在国际奥委会委员投票的前一天，即1993年9月22日，他们在全球性报纸《国际先驱论坛报》上做了四大版申办广告，其中头版刊登的是悉尼全景，三版由澳大利亚记者霍普金斯介绍悉尼的申办情况，如绿色和平计划、奥运村计划、文化计划等，四版是朝阳中的悉尼歌剧院，如诗如画，表达了悉尼人的海港生活，旁边加了句："悉尼，地球上最美丽的地方之一。"

第三，从国内政治看，意见广告也有很大的发展空间。在我国虽然还不宜开展竞选广告，但在开展意见广告方面空间还是比较大的，比如在宣传政策、维护民族团结和国家统一、维护国家和民族尊严、打击邪教、宣传宪法和法律、宣传时事和成就，等等。近几年来，在时事宣传方面，即配合一个时期的重要会议、重大活动和重大事件，发布了一系列广告，如在改革开放30周年纪念、北京奥运会举办、建党80周年纪念、APEC会议召开之际，不少单位做了大量广告。另外，在展示国家或地区在某一方面所取得的成就方面，也做了大量工作。但总体上，附和意见多，独立意志少，还有改进和完善的空间。

第四，随着我国政治体制改革的不断推进深入和新闻事业体制的不断深化，尤其是互联网的开放，意见广告有着极大的发展机遇。

从现在和未来发展趋势两个角度，从正反两个方面，从我国与西方国家或地区的比较上把握意见广告在我国的发展前景。

四、意见广告运作的基本策略

尽管意见广告这一形式在我国现阶段尚不普遍，但随着政治参与意识的增强，随着政治体制改革和新闻事业体制改革的逐步深入，意见广告必然增多。我们要总结国外和我国历史上开展意见广告的经验教训，探索适应我国历史背景、经济发展水平和国民教育水平的新路。在运作时，要注意以下五点。

第一，精选议题。意见广告取材的范围极广，每一个热点中，只要存在价值取舍的不同，大到发展观、民族观、国家观、历史观，小到质量观、人才观、效率观，都可以成为意见广告取材的源泉。但从多年来养成的宣传的惯性思维出发，往往使意见广告演化为几条干巴巴的标语和口号，而事实上这样的广告已经很难激发人们的兴趣。这样，必须精选议题。主要把握三个问题：一是紧扣时代主题、热门话题和焦点事件，从中挖掘议题；二是切入口相对较小，不能过于宽泛；三是诉求点集中，一般一则广告选一个，内容不必复杂。

第二，适应当代舆论的特点。舆论即一定数量的人对特定事件、问题和现象展开议论、发表意见的集合现象和社会控制力量。意见广告的目的就是影响公众的舆论，那么，一定要适应当代舆论的特点。当代舆论除了具有针对性、复合性、共同性、复杂性、多变性等舆论的一般特点外，还具有一些新的特点：一是舆论主体的普遍性和舆论生命力的短促；二是舆论的独立性倾向更趋明显，对立、排斥性舆论增多；三是舆论更趋复杂，扑朔迷离，飘忽不定。这给我们运作意见广告留下四点启示：其一，唱响主旋律；其二，通过理性的方法、对比的方针引导公众舆论，防止和减少对立的和排斥性舆论，努力扩大有利于自身的优势舆论的范围；其三，一则广告的发布周期不宜过长；其四，内容上要有一定的鼓动性和冲击力。

第三，严格把关，防止"负面广告"出笼。所谓"负面广告"就是披露对方的失误、弱点，批评对方政纲的错误,从而反衬出自己的正确和英明,并且发展成为对竞争对手个人的贬低和攻击,其中不乏恶语相加,甚至是直接的形象丑化。这种攻击性的,否定式的广告既违政治伦理法则,又极易构成侮辱、诽谤,故不宜使用。2008 年大选先是民主党内奥巴马与希拉里竞争总统候选人,后是奥巴马与共和党总统候选人麦凯恩对决,由于他们之间有男(奥巴马、麦凯恩)有女(希拉里),有老(麦凯恩,72 岁)有少(奥巴马,46 岁),有黑人(奥巴马)有白人,其间就出现了许多关于种族歧视年龄歧视与性别歧视的现象。负面广告还包括可能给公众带来误导的信息传播及可伤害公众情感的那些广告。因此,对意见广告也应严格把关,特别是涉及宗教问题、民族问题、公众关系、国际事务方面,更应小心从事。把关人由各级宣传部门担纲。

第四,观点鲜明,论证有力。意见广告要表达观点,那么,观点要鲜明。在表达观点的同时,一种是加以论证,一种是不加以论证。不加以论证的,通常是那些常识性的、原则性的问题,或事件、现象已经被传媒广泛报道,公众已经熟知。如果需要采用论证,那么,论据要充分,论证要有力。

第五,意见广告的发布追求的是在短期内产生最大的影响,因而应尽量选择大众传媒,在形式上以文字表现为主,还可以配以图片、漫画、幽默剧等多种形式。

根据意见广告的特点,根据西方国家或地区开展意见广告的实践中的经验教训对意见广告的运作策略形成正确的认识。

巴勒斯坦拟在以色列报纸上登广告(节选)

新华网 2008 年 11 月 20 日(记者齐湘辉 华春雨) 巴勒斯坦民族权力机构 19 日在约旦河西岸城市拉姆安拉宣布,巴决定在以色列三家主要的希伯来语日报上刊登广告,号召以色列民众支持“阿拉伯和平倡议”。

巴勒斯坦解放组织(巴解)秘书长亚西尔·阿比德·拉布说,巴民族权力机构 20 日将在这三家报纸上刊登整版广告,向以色列民众介绍“阿拉伯和平倡议”,希望获得他们的支持。

拉布说:“相当一部分以色列人对‘阿拉伯和平倡议’一无所知,而且一直以来以色列媒体也曲解了这一倡议。”

拉布强调,巴以之间的任何和平解决方案都要以以色列撤出所占领的阿拉伯土地为前提,只有这样,阿拉伯世界才能与以色列建立正常关系。

巴勒斯坦首席谈判代表埃雷卡特 19 日表示,这是巴勒斯坦民族权力机构首次以广告的方式,向以色列民众直接传达巴方的想法。

本章回溯

1. 传统的广告形式是商业广告,或经济广告、商品广告。现代广告领域大大延伸,除了商品广告以外，还有大量的非商品广告，如公益广告、公共关系广告、政府广告、社会广告、意见广告。这些非商品广告性质与特点各异，运作技巧与方法也各不相同。

2. 公益广告起源于欧美，至今已有70多年历史，在我国方兴未艾。公益广告具有无偿性、多样性、普遍性、思想性等特征。涉及的领域较广，如伦理道德、历史文化、公益赞助、环境保护、计划生育等。由于公益广告有鲜明的宣传色彩，而且是开展精神文明建设的一种重要方式，那么，在广告运作中要着力建立一种社会共感机制。

3. 公共关系广告又称为形象广告，广告主体包括企业但又不限于企业，泛指一切组织。即使是企业，形象广告也超越了商品广告。由于公共关系的基本目的是扩大知名度、提升美誉度、增加和谐度，故公共关系从目的划分，大致有报知、展示、理念表达、外联、释疑五类。本章在分析含义、特点、形式、要素的基础上，着重对具体的运作策略作了介绍。

4. 意见广告以政治诉求为核心，政治性、思想性、评论性较强，在西方发达国家和地区较为常见，也有较长的历史渊源，在我国起步晚、种类少，但应用前景广阔。意见广告旨在影响公众舆论，而舆论表现复杂，在当代又有一些新的特点，在广告运作中应精选议题，观点鲜明，论证有力，形式多样。

学习重点

重点：① 公益广告的含义和特点；② 公益广告的种类；③ 形象广告的种类；④ 报知性广告的报知事项；⑤ 展示性广告的基本内容；⑥ 外联性广告的形式；⑦ 意见广告的含义和特点；⑧ 报知性广告的运作策略；⑨ 外联性广告的运作要注意的问题。

难点：① 报知性广告的运作策略；② 展示性广告的运作策略；③ 理念性广告的运作要注意的问题；④ 外联性广告的运作要注意的问题；⑤ 释疑性广告运作的注意事项；⑥ 意见广告的特殊功用。

1. 〔美〕大卫·奥格威："企业(品牌形象)广告不愧是一项报酬极高的投资。美国民意调查公司发现，一个了解公司的人，他对公司的好感至少是五倍以上。"

2. 〔美〕尼莫，菲尔斯博格："现在的付费电视政治广告构成了当代竞选政治的主流。"

前沿问题

从总体来看，与商业广告相比，公益广告、形象广告、意见广告都是比较新的课题，目前这方面的研究虽然在前几年有所进展但总体仍然不多，有些方面甚至已经落在了实践的后面。根据现有的研究，基本上仍然局限在含义、特点、类型、作用、原则和方法的研究上，或者是对有关案例的收集和整理上。现在主要有以下几个问题需要重点思考：一是对这几类广告的特点如何做进一步的归纳，使之更准确地反映其属性；二是对这几类广告在国外和我国的发展历程进行系统的总结，并归纳其特点；三是对我国这几类广告不发达的深层原因进行解剖；四是探索这几类广告行之有效的形式、途径和方法；五是怎么增强这几类广告的"易读性"，探索大众化的路径。

[1] 徐文策.质疑公益广告的“去商性”[J].南通大学学报(社科版),2006,(04):137-140.

[2] 韩超.论公益招贴的“兴、观、群、怨”[J].美术观察,2005,(08):98.

[3] 陈彦卿.公益广告——企业的理性选择[J].湖南科技学院学报,2005,(08):735.

[4] 刘小燕.政府形象传播与民意互动[J].国际新闻界,2004,(06):44-49.

课外练习

一、填空题

1. 公益广告的特点主要有目的上的________、主体上的________、对象上的普遍性和内容上的________。
2. 意见广告的目的是影响公众的________和行为。

二、单项选择题

1. 公益广告诞生于20世纪40年代的哪个国家?(　　)。
   A. 中国　　B. 美国　　C. 英国　　D. 日本
2. 关于游园、观灯、展览、运动会而发布车辆改道的公告,是属于什么类型的公益广告?(　　)。
   A. 伦理道德类　　B. 治安法律类　　C. 便民利民类　　D. 公共秩序类
3. 外联性广告的实质是(　　)。
   A. 沟通性广告　　B. 敷衍性广告　　C. 国际性广告　　D. 礼仪性广告
4. 意见广告的核心是(　　)。
   A. 经济广告　　B. 政治广告　　C. 观念广告　　D. 社会广告

三、多项选择题

1. 在报知性广告的报知事项中,关于组织名称主要包含了哪几个层次?(　　)。
   A. 组织名称　　B. 内部设置机构
   C. 品牌　　D. 历史
   E. 领导人名字
2. 展示性广告的内容一般包括哪几个方面?(　　)。
   A. 历史　　B. 事业
   C. 业绩　　D. 实力
   E. 品牌
3. 外联性广告一般有哪几种形式?(　　)。
   A. 致谢　　B. 祝贺
   C. 问候　　D. 致歉
   E. 赞助

四、是非题

1. 公益广告媒介的选择和使用应该以辅助性媒体为主。
2. 当外界对组织出现了负面的评价时,可以置之不理,“走自己的路,让人家去说”。

五、名词解释

1. 公益广告
2. 意见广告

六、简答题

1. 在运作报知性广告时，要注意哪些方面？

2. 在运作外联性广告时，要注意哪些方面？

3. 意见广告有哪些特点？

七、综合应用题

1. 分析：美国有一则呼吁不要虐待小孩的电视广告，画面中有一座监狱，每间牢房都关着一个男人，镜头依次扫过，背景声音是骂小孩的恶毒语言，最后突然播出画外音："你虐待过的小孩，今后成为罪犯的比例会更高"。这个广告运用的是什么诉求策略？

2. 综合：海南生态实业有限公司于2000年3月17日在人民日报华东新闻版用一个整版做广告：中间是一幅中华人民共和国地图图案，上书三行大字："想把台湾从祖国分裂出去/中国人民能答应吗/绝对不能"，公司名称只是在广告的右下角用很小的字写出。广告中的三行字是国务院总理朱镕基在两天前答记者问时所讲的一段铿锵有力的话，又正值台湾岛内各派政治力量"选举总统"前夕，而岛内的"台独"势力甚嚣尘上，这一广告显示了坚决维护祖国统一的坚定信念。请你分析：① 这则广告说明了意见广告的什么作用？② 企业在意见广告的发布上有没有开拓的空间？③ 意见广告的制作与商业广告的制作有哪些共同点和不同点？

参考答案

一、填空题

1. 无偿性、多样性、思想性 2. 舆论

二、单项选择题

1. B 2. D 3. D 4. B

三、多项选择题

1. ABC 2. ABCDE 3. ABCDE

四、是非题

1. 对。

2. 错。必须在第一时间处理。

第九章

受众心理及广告运作策略

本章概要

分析了受传者的选择性因素，并提出了促进态度改变对广告作品的基本要求，阐明了如何吸引受传者对广告的关注，如何加深受传者对广告的理解，如何强化受传者对广告的记忆，如何通过广告手段改变或扩大消费者的习惯领域，如何运用广告手段减少或消除受传者的偏见，如何调适受传者的逆反心理的技巧和操作策略。介绍了受传者对广告内容和形式的兴趣的具体表现，提出了熟练运用对受传者的广告激励方式。说明了在有效识别意见领袖的基础上确立广告的主攻方向、利用流行现象、有效遏制流言和谣言、利用广告形成优势意见、针对突发事件的社会心理效应的具体广告策略。

学习目标

学完本章，您应该能够：

1. 了解受传者选择性因素、受传者对广告作品内容和形式的兴趣的表现、意见领袖的识别与广告主攻方向的确立；

2. 熟悉吸引受传者对广告的关注、强化受传者对广告的记忆、改变或扩大消费者的习惯领域、减少或消除受传者的偏见、对受传者的逆反心理进行调适的方法；

3. 掌握对受传者的广告激励方式、广告对流行的制造和顺应方法，以及根据传媒、社会心理、舆论的互动规律确立优势意见，通过广告手段遏制流言和谣言的方法。

基本概念

选择性因素；注意；理解；记忆；态度；习惯领域；偏见；逆反心理；激励；意见领袖；个体差异论；社会分类论；社会关系论；流行；舆论；流言；集群行为；突发事件

广告是广告主与受众互动的过程。广告运作的成败，广告效果的良莠固然受制于诸多因素，但最终是通过受众的态度与行为的变化表现出来的。受众的自然属性、价值取向和心理特点影响着他们对客观世界的认知、理解和反应的形式，当然也支配着对广告现象、广告活动的认识及行为选择。就其根本点而言，受众心理表现、心理过程是自然属性、价值取向与外在的环境、特定的刺激相互联系、相互作用的产物，是最直接地左右人们行为及其方向与强度的因素。所以，研究广告运作，受众心理的分析是一个难以回避的问题。“受传者”与“受众”均指广告信息的接受者，不同之处在于受传者既可以是群体也可以是个体，而受众特指信息接受者群体，是众多受传者的总称。本书提到的“受传者”，是从个体层次进行论述的。基于广告的目的，广告内容是大量复制的，即大量的人接受的是相同的信息。换言之，广告的对象是受众，少则几十人，多则上亿人。但是，受众毕竟是众多个体的集合。那么，研究受众心理覆盖了两个层次：一是受传者个体心理；二是受众—受传者相互联系的社会心理。相应地，在广告运作中的策略应用应有所差别。

第一节 受传者心理与广告策略

一、受传者选择性因素及其对应策略

受传者的选择性因素。

受传者对广告信息常常是有选择的，表现为四个方面或前后相继的四个环节，即选择性接触、选择性注意、选择性理解（解释）和选择性记忆。在琳琅满目的各种媒介面前，我们能够接触、有兴趣接触的媒介只是少数，而在形形色色的广告中，真正为我们所关注的只是极少数，原因在于五点：其一，广告众多，而任何个人对媒体的接触有限；其二，个人的文化程度、视野、兴趣、关注点以及与此相关的消费结构、知识结构在不同时期有所侧重；其三，就一般情况而言，广告信息本身对受众的吸引力低于新闻、历史、情报等其他社会信息；其四，广告信息本身的价值和所推广的产品或服务体现的价值对不同受传者物质和精神需要的满足程度不同；其五，广告信息的易得性高低不同，即是否容易获得和认知的属性。在注意的基础上，由于个人的立场、视角、经历和理解能力的不同，往往见仁见智，可能出现不同的理解，既与其他受传者不同，又可能与广告主的意图相悖。比如，2007 年，某产品在电视上做广告，有小孩说在吃了以后“爽歪歪”，意思就是近年来的一个大众流行词语“爽”，但有从事地方语言研究的同志说“爽歪歪”是福建闽南一带的用来表示男女暧昧关系的一个词，是很不雅的。争论的焦点就是如何理解的问题。当然，这是比较极端的一个事例。事实上，在其他广告作品中，也可能发生理解上的分歧现象。从认知协调论的角度解释，人们一般对某一事物做出与自己原有倾向相一致的解释。在注意、理解的基础上，人们会记住其中一部分，而另一些会被筛选和过滤出去。毕竟人的记忆容量是有限的，人们会根据事物的重要程度，与自己的相关程度以及信息对于自己的难易程度等因素来决定记忆与否。上述四个选择性因素由于不断过滤，它就像四道防御墙那样，逐渐深入，真正在大脑中留下印象的就更为少见，具体见图 9－1。这也从另一个侧面说明大多数广告是无效的或只是为最终效果的显现作铺垫。另外，在不同的受传者那里，选择性因素是不同的。关键是每个人“先天因素”与“后天习得”的差异形成了不同的心理结构或个性，使得对信息的注意和反应形式不同。

（一）如何吸引受传者对广告的关注

在对媒介选择性接触的基础上，选择性注意是指在广告活动中，对广告信息的选择性注意。注意是唯一的门户，只有打开这扇门户，外部世界才能进入到我们的心灵世界。铺天盖地的广告，如果人们不闻不问，则无异于社会资源的极大浪费。影响注意的因素可以分为两大类：一是结构性注意；二是功能性注意。前者主要包括信息的强度、对比度、重复率和新奇度；

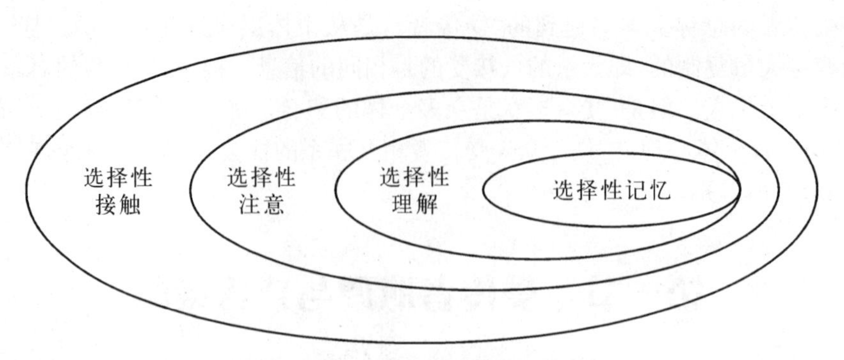

图 9－1　受传者的选择性因素或环节

图片 9－1

后者主要包括持久性因素和即时性因素。一般来说，这两类因素总是组合在一起作用于人的注意的。因而，首先要考虑的是如何吸引受传者对广告的关注。在具体操作方法上，主要做到七个方面。

第一，选择受众接触率较高的媒体及其版面、时段、区域或空间发布广告。

第二，内容与受传者的需要和关注点紧密结合。

第三，内容与受传者所属群体的总体文化程度和认知能力相适应，既不能随意拔高，也不能任意降低。

第四，形式新颖，通过制造悬念、欲扬故抑等手法来激发受传者的好奇心。

第五，内容简明扼要，图案清晰明了。否则，杂乱无章，反而降低受众的兴趣。

第六，摆脱和改变功能演绎的传统做法，刻意提升广告作品的文化品位和艺术魅力。

第七，强化对比，在字体、空间、色泽、动感、音量、音调等方面形成视觉或听觉反差。

图片 9－1 的背景色彩有黑色和黄色，突出的是红色；文字简洁，突出的是画面；玫瑰、佳酿……在观摩之后，你认为这个广告是因为哪些因素吸引了你的关注？

恒源祥的生肖广告

2008 年年初，作为北京奥运会主赞助商之一的恒源祥推出了带有奥林匹克标志的12生肖的广告，广告词从"恒源祥，北京奥运会赞助商，鼠鼠鼠"开始一直数遍十二生肖，时间长达一分钟。由于内容重复无趣，画面枯燥乏味，被民众批评是"折磨人的广告"，广告被骂得体无完肤，可恒源祥在一夜间爆得其名。2009年春节期间，恒源祥公司又做广告，同样是在电视媒体上，同样是一分钟，同样是以生肖为题材，具体是"我属牛，牛牛牛！我属虎，虎虎虎！……"这个广告勾起了人们对一年前那则广告的回忆，同样引起了人们的争议。你认为这个广告会不会引起人的视觉疲劳？为什么会出现逆反心理？在存在许多争议的情况下，恒源祥为什么会选择"故伎重演"？再则，请思考知名度与美誉度哪个重要？

（二）如何加深受传者对广告的理解

影响理解的因素，按照沃纳·赛佛林、小詹姆斯·坦卡德的分析，归纳起来，就是五个方面：① 假定与理解；② 文化期待与理解；③ 动机与理解；④ 情绪与理解；⑤ 态度与理解。我们认为，选择性理解发生的原因主要有以下十个方面：① 过去的经验；② 知识和认识的结构；③ 成见；④ 固有观念；⑤ 心理满足程度；⑥ 预先的想法；⑦ 周围人的看法；⑧ 个性的差异；⑨ 从自己的利益出发；⑩ 立足点的不同。由于文化程度、知识结构、理解能力的不同，人们常常对广告作品出现理解障碍或理解上的分歧。如何使受传者正确理解广告作品，不至于费解、曲解、误解呢？

第一，语言的运用要适应特定的对象。

第二，针对特定的对象，广告语言文字的运用要适应其文化程度、知识结构和理解能力。

第三，有些方面要做出特别说明。

第四，慎用含义隐晦的语言或可作多重理解的语言。

第五，注意文化差异与符号解读的关系。这在跨地区，乃至跨国的广告传播中，尤其要加以注意。

第六，在广播、电视广告中注意同音但有着不同含义的字、词、句的应用。同时，在各种广告中还要注意句逗的合理运用，避免产生"无肉鱼也可以无鸭鸡也可以"这类通过不同句读而引发歧义情况的发生。有许多因广告引发的争议，往往就是因为这个原因。

第七，考察广告的象征价值，不至于使人产生错误的联想。

第八，语言文字的运用，不能使人产生可能影响良好社会风尚的误解和不良联想。

公交车身出现广告：100元换个"老婆"回家？

2004年3月13日《贵州都市报》(实习生许丹、周陟、吴莹，记者王剑)　"100元换个'老婆'回家"，这是打在贵阳市某路公交车上的大型广告词，引起了贵阳市民的广泛争议。

3月11日,记者在某路公交车车身上看到了这句据称"好诡诈"的大型广告词,记者仔细观察,广告词后面还写着2004年某某贵阳服装展。听广告界人士介绍,"花100元换个'老婆'回家"的意思是说只要体贴妻子的丈夫花上100元给妻子买一套新衣服,妻子就能换个新的形象,"旧妻"变"新妻"。但是,市民对此却有不同的看法,记者在贵阳市内多次听到市民在议论此事,张女士今年四十出头,她说她看到这样的广告词真的吃惊和气愤,她说:"不管什么意思?换'老婆'这样的字眼出现在广告词中,就明摆着带有性别歧视!"她旁边的一位老太则不停地说真不明白现在怎么这样的话都可以登在车上。"100元就可以换个老婆回家,那还得了哦!"几名正在喷水池等车的大学生,则觉得这则广告很有创意,通过文字的巧妙转换达到促销的目的,比那些赤裸裸推销东西的俗广告词更容易让人记住。那么,这则广告的目标对象男士们是怎样理解的呢?王先生是某房产公司的,他认为此广告是有意打擦边球,完全是在哗众取宠。大部分市民则认为广告在考虑新颖创意之际,也应该从社会的伦理道德、风俗习惯等方面综合考虑。

有误导"玩弄美女"之嫌　"玩美女人"广告受处罚

2001年12月20日《解放日报》(记者马骋)　因争议而引起诉讼的地铁灯箱内衣广告"玩美女人",日前,由黄浦区法院作出一审认定,该广告词极易误导地铁客产生"玩弄美女"的不良印象,并判决维持工商黄浦分局对广告主、广东"思薇尔"公司的处罚决定。

"思薇尔"服装有限公司于今年4月,委托广告公司在本市地铁4个站点发布"玩美女人"的内衣灯箱广告,一周后,受到工商黄浦分局责令停止发布该广告、罚款20多万元的查处。"思薇尔"公司不服,并向法院起诉。该案争论的焦点是:"玩美女人"广告词其意究竟是"崇尚美好的女人",还是"玩弄美女"。

法院经审理后认为,广告应真实、合法、符合社会良好风俗和社会主义精神文明。广告主应让广告受众准确理解自己的广告创意宣传,而不应曲折、隐晦地表示自己的广告创意,使受众产生歧义,更不能误导、引发违背社会良好风俗的后果。"玩美女人"广告词中"玩"的多义性及"玩美女人"词语搭配所致,极易误导受众产生"玩弄美女"的不良印象,客观上有悖于社会良好风尚,工商黄浦分局对此行为进行查处并无不当。

(三) 如何强化受传者对广告的记忆

选择性记忆是指受自身愿望、需要、态度及其他心理因素的影响而回忆信息的倾向。选择性记忆的发生,与以下五种情况有关:① 信息本身的复杂性;② 信息本身的新颖性;③ 与对象的相关性;④ 信息传播的先后顺序;⑤ 与对象的固有观念的契合性。广告对消费行为的激励,有些是即时的,大多数情况下是滞后的,如果说前者兴趣起了主要作用的话,那么对后者产生深刻影响的是记忆。强化受传者对广告的记忆,也是提高和扩大知名度的重要内容。如何建立比较稳固的印象呢?

第一,提高注意的效果。引起注意是前提,所以,首先还是从提高注意的效果入手,即广告策划做到"新、奇、实、简、雅",既激发有意注意,又引起无意注意。

第二，遵循人的记忆规律，广告投入有张有弛。
第三，突出重要的内容。
第四，营造一定氛围，帮助记忆。
第五，内容简单，朗朗上口，易读易记。

从注意—理解—记忆的逻辑顺序，从注意、理解和记忆的一般心理规律出发，认识和把握受传者对广告作品的认知效果，并把握运作策略。

图片9－2是某资讯公司的一则广告，你能否在一定时间内记住这个广告？为什么？要加深对广告作品的记忆，一般要从哪些方面入手？

图片9－2

二、受传者态度改变及其对应策略

有人把广告理解为劝说工作。劝说的目的就是为了改变受传者的态度和行为。所谓态度，就是人们对客观事物的评价倾向，包括认知、情感和行为倾向三个方面。作为受传者，在接触了广告之后，会形成相应的态度：或漠然置之；或首肯、赞许、接受；或否定、批评、谴责。态度的核心是评价倾向，既有正向和负向之分，又有程度之别。发布广告旨在改变受传者的态度，立足点是广告主的意图、愿望或目标，那么，这种改变就包含了两层意思：其一，方向上的改变，具体地说，就是使负面评价变为正面评价，由否定到肯定，由诋毁到信任，由批评到支持；其二，程度上的改变，即由谴责到沉默，由赞许到合作。还应该加以说明的是，这里所说的“态度”，是指受传者对广告主及其产品、服务所形成的态度，不是指对广告作品或广告活动本身的评价，当然，广告投放力度的大小、广告作品的良莠，在一定程度上也揭示、代表着广告主形象。

下面我们从受传者的习惯领域、偏见、逆反心理三个方面加以说明如何改变或强化他们的态度,具体见图 9-2。

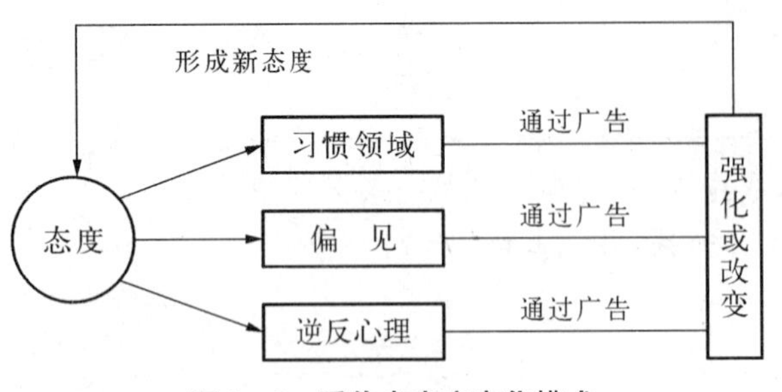

图 9-2　受传者态度变化模式

(一) 促进态度改变对广告作品的基本要求

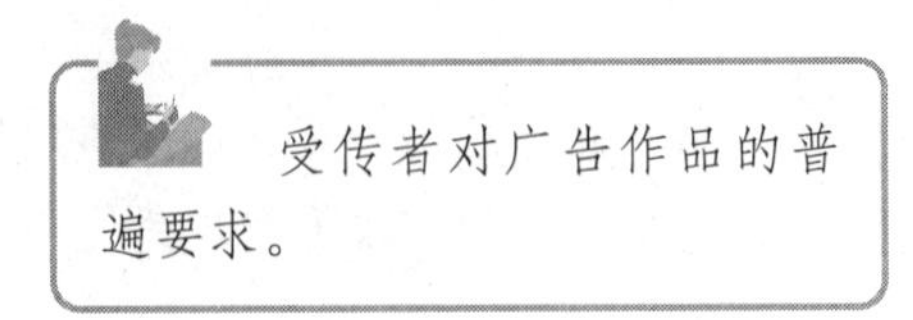

受传者对广告作品的普遍要求。

第一,本着求实的原则。

第二,不得贬低同业竞争者。

第三,不得有损害良好社会风俗,影响人们身心健康和破坏人的价值天条的内容。

第四,不滥用情感资源。

东山再起的史玉柱靠的是"脑白金"实现第二次创业的,他在迄今的三次重大转型中,都十分依赖广告手段,尽管许多人对脑白金颇有微词,但他却认为最成功的就是这个广告。通过观摩图片 9-3,请你对脑白金广告词及其对情感资源的运用进行评价。

图片 9-3

(二) 习惯领域及其扩大

习惯又可理解为定型,是较长时期内经验的积淀的产物,是一种对较为稳定的行为风格、思维方法和应付生活、工作的技能。每个人在任何方面本无习惯,随着经验的积累,便形成了习惯。习惯形成之后，一旦未来遭遇相同或类似的事物，经验便成了驾轻就熟的工具，但是，对习惯的维护，又可能使我们孤陋寡闻，抱残守缺，对新事物、新思维麻木不仁，坚持从过去来开启现在，不是以未来导引现在。所以，我们一方面说经验是一笔宝贵的财富，另一方面又说习惯是一种可怕的势力。由此可见，习惯是中性的，既有好的一面，又有不适应时代发展的一面。习惯作为藏于内心的态度，存在于各个领域，表现在各个方面，无处不在，尽人皆有。然而，从历史的眼光看，习惯并不是永恒的，随着新经验的获得、新信仰的形成，习惯领域的扩大也会与时俱进。不过，有些习惯的变化周期较长，有些则较短。在视野开阔、变化频仍、互动激烈的当今时代，对传统习惯的挑战远大于历史上的任何一个时期，同样，今天的习惯领域在今后也会不断扩大。

广告作用于消费者，首先的遭遇战就是消费者习惯领域的维护与挑战。广告既是传统习惯的维护者，如茶道、中秋赏月等，又是新的消费方式的倡导者。因而，广告既存在适应习惯领域的一面，又要扩大习惯领域。比较而言，由于新事物、新产品与日增多，对习惯领域的扩大任务更重、更多。从扩大的方式来看，主要有两种：其一，改良性扩大，或称局部扩大，它是对原有念头、思想、概念、方案、思路做一些局部改进；其二，突破性扩大，或称整体扩大，即超出了原先潜在的领域。

如何改变或扩大消费者的习惯领域呢？

第一，榜样示范，灵活运用名人效应和群体扩散效应。

第二，着力表现新事物、新产品、新技术、新构造、新款式对于消费者所具有的价值。

第三，从习惯领域相对不够稳固的，支配较多社会资源和家庭资源的中青年那里率先打出缺口。

第四，理性诉求为主，可采用比较的方法。

第五，采用渐进的方式，一切在“悄然无声”中展开。

第六，反复刺激，不断强化。

第七，形成事物之间的相互联想。

第八，改变与事物相关的参数。

图片 9-4 和图片 9-5 都是国外的广告，一个是推销高档手表；另一个是推销中档轿车，在观摩之后，你认为对我国现阶段大多数消费者来说适合吗？如果在我国发布广告，你认为应该怎样改变消费者的消费习惯？

（三）偏见及其消弭

偏见是一种负态度，具有偏执性，是关于某一事物或人的极端的否定评价。偏见产生的原因主要有三个：其一，过度类化，即以偏概全，以局部乃至个别要素窥探和洞悉全局；其二，信息占有不全面或不准确，即认知狭窄；其三，将媒介提供和造就的拟态环境对应现实的客观环境。由此可见，偏见缘起于认知之误。由于每个人了解外部世界的途径是传媒的介绍、自我的观察和他人的转述，但这些都只能告诉我们皮毛，远远不能穷尽整个大千世界，所以，每一个人都可能有过关于某一事物的偏见。对于企业、学校及其他各类社会组织来说，持有偏见的人越多，意味着取得公众支持的可能性越低，生存的空间越小。因而，减少和消除偏见事关形象维护和持续发展，应予充分重视。

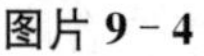
图片 9-4

图片 9-5

如何运用广告手段减少和消除受传者的偏见呢?

第一,寻找并确认持有偏见的主要地区和主要人群,并了解偏见的性质、强度及可能波及的范围、产生的实际后果和潜在的不良影响。

第二,增加新的重要信息,有针对性地摆事实、讲道理,扩充受传者的认知领域。

第三,邀请相关的具有权威效应的意见领袖(即在人际关系网络中,可能为他人提供相关信息并具有影响力的那些人)进行恳谈,向他们提供翔实的资料和有说服力的信息,并通过他们对社会大众产生影响。

第四,由于偏见具有扩散性,应该选择在有影响力的大众媒体发布广告。

第五,配合开展公共关系活动,将公关手段与广告手段结合起来。

新快报讯:广州黄埔夏园村"为维护公共安全",最近实行一项新规:住在该村的外地人必须办出入证,每人每季交10元,无证人员禁止进村。当地不少居民抱怨说,这种做法不仅有歧视外地人的嫌疑,更让大部分居民不便。

图片 9-6

通过观摩图片 9-6,请你举一反三,结合现实生活中对企业、学校以及它们提供的产品或服务所存在的种种偏见,然后分析:偏见是怎样形成的?这些偏见造成了什么样的危害?针对偏见,有哪些应对策略?广告手段的运用怎样才能做到有效?

（四）逆反心理及其调适

逆反心理在广告运作中是指受传者的心理状态与广告主的期望相反，具有明显的反射性特征。从广告主的愿望出发，当然是取得受传者的认可、支持、配合，而受传者的态度却是逆向的。这一状况的发生，不仅不能取得预期效果，反而由积极走向消极。因而，对受传者的逆反心理，要把握其具体的形成原因，在广告运作中加以调适。

第一，不能哗众取宠。

第二，广告频率和密度要合理安排。

第三，恰当地运用“扬”与“抑”。

第四，恰当地把握方法的“新”与“旧”的关系。

习惯、偏见、逆反心理都是与态度有关的问题，这些因素的存在，都会影响受传者对广告作品以及广告诉求的具体内容的认知、理解和接受。

请同学们分成三组，其中一组代表广告主，一组代表受众，一组代表广告管理机关。然后，从广告心理的角度讨论和评价以下两则广告。

其一：2005年6月，麦当劳（中国）餐饮食品有限公司推出5元商品打折的30秒广告，分成了若干段落，在画面的末尾是这样的：在一家音像店门口，一名顾客希望老板能够给予优惠的价格，但老板表示，优惠期已过，不予优惠，该顾客竟然双腿跪地，抱着老板的裤管乞求，画外音则响起“幸好麦当劳了解我错失良机的心痛，给我365天的优惠……”的声音。

其二：2004年3月22日，上海某学院发布招生广告，内容是：“为了协调成功男士的家庭关系，首届企业家夫人研修班在上海开办。据介绍，一些成功人士总是抱怨妻子在形象、言谈举止上不够完美，不愿意带着妻子参加社交，这也是社会上‘包二奶’、找情人现象不断产生的原因之一。参加一些专门的培训不但可以使‘夫人们’提高自身素质，而且还有助于调整夫妻间的感情……”

三、受传者行为激励及其对应策略

广告并不是广告主向受传者单向地施加影响，还应该包括来自受传者的反馈，从而构成完整的双向互动过程。从广告主的目的来看，单纯对广告主自身而言，不外乎以下八个方面：其一，传播信息，沟通情况；其二，促进销售，创造流行；其三，扩大影响，塑造品牌；其四，履行责任，完善形象；其五，澄清是非，消弭危机；其六，密切关系，改善环境；其七，招募人才，征集意见；其八，扩大交往，拓展空间。对应这八个方面，在广告发布之后，效果如何就要检验受传者的反馈情况。积极的反馈是相对于无反馈和消极反馈而言的，包括两个层面：一是对作品的正面评价，这是直接的；二是基于前者而出现的，对广告主的认可、合作与支持，如购买产品、道义支持、间接推广等。要真正形成积极的反馈，前提是按照“注意—兴趣—记忆—欲望”的逻辑顺序，逐级深入，最后的落脚点是行为。从广告的最终目的看，就是要使广告主的目的化为受传者的现实行动。这取决于很多因素，比如产品的销售就受质量、价格、款式、规格、包装、维修等因素的影响,但广告对购买行为的激励有鞭策、驱动作用。

(一) 提高受传者(消费者)的满足感

个体行为的发生,受动机的支配。动机的产生缘于两个方面:一是内在的欲求,即需要;二是外在的刺激物的出现。由此可见,需要是原动力,广告的出现只不过构成了产生动机的另一个方面。要开展行为激励,就要研究需要,这应从两个角度展开:其一,作为受传者的需要,主要体现在对广告作品或广告活动的要求上,又分内容和形式两个方面;其二,作为消费者或其他社会公众的需要,主要体现在对广告主及其产品、服务等方面的要求上。这两种角色是否同时出现,关键看他是属于“现实公众”或“潜在公众”还是“非公众”,如果他由于种种原因,属于“非公众”,那么,他至多以受传者角色出现。受传者行为激励模式见图 9-3。

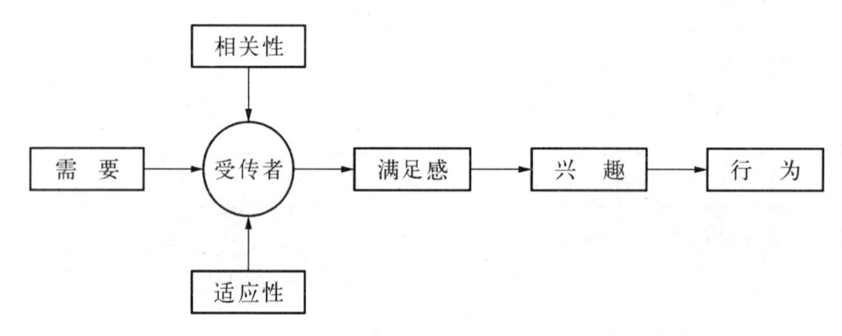

图 9-3　受传者行为激励模式

作为受传者,对广告作品内容的兴趣表现在八个方面:其一,增添新的知识,减少或消除认识上的不确定性;其二,将各类广告作为了解民俗、消费走向的一个“窗口”;其三,将广告作为消费指南,为自己和家人的学习、生活和工作提供便利;其四,满足好奇心(主要对儿童而言);其五,情感寄托和升华;其六,获得审美情趣;其七,消遣娱乐;其八,寻找“谈话话题”的需要。

图片 9-7

对广告作品的形式,普遍的动机是五点:其一,生动活泼;其二,内容简洁;其三,形式新颖;其四,诉求集中;其五,对象明确。

> 图片 9-7 采用的背景色彩是浅蓝色,通过观摩,你觉得这个广告在内容上和形式上分别有哪几点能够适应受传者的兴趣?你认为一则广告能够满足人们的全部动机吗?

作为消费者,了解广告作品是一方面,还会透过作品对广告中的具体内容加以关注。这个时候,他主要是从相关性和适应性的角度考虑的。即使是与自己日常生活相关的产品或服务，也往往要考察自己的偿付能力是否具备，与自己的年龄、性别、气质、职业、体貌等角色特征是否适应，自己的现实状况是否存在消费或产生新的消费的迫切愿望，各种“诱惑”是否产生了足够的影响力。另外，消费也不是简单的衣食住行玩，在不同场合，以不同的方式，对不同档次的消费，还体现了不同的需求，大致可分为物质需要和精神需要两类，物质需要与健康、实用、安全、舒适、方便等有关，精神需要则体现为自由、独立性、成功、友谊、理想、审美、社会承认、素养等方面。

图片9－8是国外的一则房地产广告，以浅蓝色和浅黄色作为背景色彩，你认为有必要在中国做广告吗？如果在中国做了，你有兴趣看吗？在涉及跨地区、跨国做广告的问题上，楼盘广告与旅游广告、汽车广告有什么不同？

图片9－8

在广告运作中，就应有针对性地满足受传者（消费者）的需要，只有这样，才能引起他们的关注，提高他们的兴趣，进而激发他们的行为。近年来，一些广告较好地做到了这一点。比如，在情感的运用上，迪比尔斯（DeBeers）钻石广告片设置了一对两小无猜的男女成年后走进婚姻圣殿，永结同心的场景，并配上“钻石恒久远，一颗永流传”的广告语，可以说是对纯洁爱情的讴歌，意义也很贴切。受传者的需求点往往就是他们的关注点，关注点往往就是兴奋点，广告运作要准确地把握受传者的需求点来提高效果。

在需要、动机、目标与激励之间，存在某种对应关系。要开展有效的激励，就必须了解和适应受传者的需要。

（二）激励方式的选择

如果把广告发布看作为激励过程，那么，这一激励过程由四个要素组成，具体是激励者（广告主)、被激励对象(受传者)、激励内容(广告信息)和激励方式。这四个要素密不可分,都对激励的强度、水平和效果发生影响。在广告激励方式的选择上,要注意以下五点。

第一,激励方式要密切结合受传者的特性。人与人间在个性上具有极大的差异性。比如,在性格上,有的沉静、温顺、自信心弱、可说服性高,而有的人格中的叛逆成分较多、活泼好动、自信心强、可说服性低;有人重理性,有人重情感的作用;有的以个人为本位,有的以社会和他人为本位;有的重物质追求,有的重精神享受。再如,在文化水平上,有的文化程度低,知识面狭隘,理解能力低;有的则相反。此外,在年龄、性别、经历、职业、信仰、收入等方面也有较大的差异。在广告运作中,就应该看到这种差异,有的放矢地开展工作。

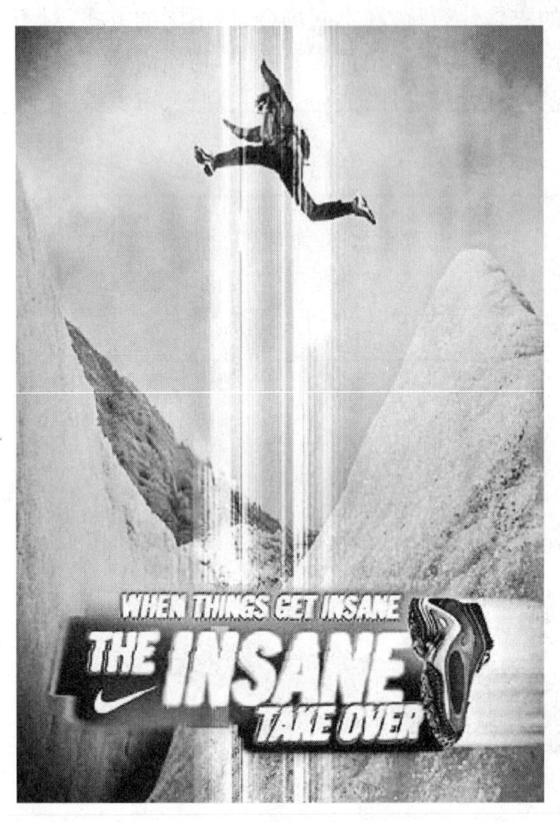

图片 9 - 9

图片 9 - 9 是耐克运动鞋广告,采用的是蓝白相间的背景色彩,有一个小伙子正在跨越两座白雪覆盖的高山,在观察之后,你觉得这个广告表现出了一种什么精神?一般来说,适合于什么类型的人群?这样表现的合理性如何?

第二,激励方式要紧密结合激励内容。在有些情况下,激励方式要受到激励内容的制约,比如药品广告以及声明、启事、公告等,内容较为特殊,在文案创作及表达方式上也就显得较为“正统”,要求严谨,采用说明、理解的方法。在前面,我们着重分析了受传者(消费者)的需要及其满足,主要是从激励内容的角度进行的,但是,如何提高满足感,应与激励方式结合起来。这里主要有两个问题需要解决:其一,建立合理的目标效价,即消费者对实现某一需要重要性的认识;其二,建立合理的目标期望值,即消费者对实现某一需要可能性的认识。

图片 9 - 10 是耐克的主要竞争对手——阿迪达斯在北京奥运会期间在我国做的一个电视广告,观摩之后,你认为这则广告在激励的形式上有什么特色?它是如何与激励内容结合的?

第三,物质激励与精神激励的结合。如前所述,人的需要在于物质和精神两个方面,那么,在广告激励中也可从这两个方面着手,但在具体操作中却显得较为复杂。需要是分层次的,有生存、享受、发展之分,也有生理、安全、社交、自尊、自我实现的阶梯进化之分,这些不同层次的需要对不同的人,对处于人生发展不同阶段或遭遇不同境况的人来说,显然具有不同的意义。

图片 9－10

第四，正向激励和负面激励的结合。正向激励，就是以肯定、赞许的形成，维持或加强某种行动。反之，就是负向激励。比如，某龟鳖丸商品广告讲的是一个老人守望远方游子归来的故事，画外音是："每个父亲都知道儿子的生日，哪个儿子记得父亲的生日呢？"和"爸爸，我记住了您的生日了。"所运用的就是正向激励。再如，某矿泉水广告，广告词"××山泉，有点甜"，画面是喝了之后回味无穷的人物形象，也是通过暗示来鼓励人们来购买。在商品广告中采用激励的方法，应以正向激励为主，这是由广告的性质所决定的，也是为了避免逆反心理的发生。至于负面激励，一般在公益广告中较为常见（当然，公益广告并非只能通过负面激励），通过这种形式使人明辨是非，在思想上引起重视。在其他广告中，也有采用负面激励的，如某银行广告强调"有钱不能乱花"，旨在鼓励人们储蓄，再如某空调广告要求"别让老人受凉，别让宝宝着凉"，接着就是正面陈述"天凉了，呵护好你的孩子，照顾好你的亲人"，类似这样的广告，人们一般不会非议。当然，措辞要力避生硬使人有居高临下之感，采用恐惧诉求，也应慎之又慎。

图片 9－11

图片 9－11 是利用一家酒店的外墙制作而成的大型户外广告，通过观摩，你觉得这则广告在内容上是采用了物质激励还是精神激励，是正向激励还是负面激励，在形式上是采用了传统的激励方式还是新型的激励方式？

第五,传统的激励方式与新型激励方式的结合。现在广泛采用的名人广告或明星广告,实际上就源于传统的榜样示范法。再如,竞赛激励法、节令慰问法、精神鼓励法、对比分析法、利益诉求法、因势利导法、恐惧诉求法等一些在其他领域广为采用的方法,经过移植和改良,在广告运作中也可以得到较好的运用。但是,随着时代的发展,在方式和方法上也需要创新,如近年来颇为流行的市场细分法、卡通法、电脑特技法就是创新的结果。事实上,无论是媒体开发还是布局构图,无论是时机把握还是推广策略,方方面面都在与时俱进。

在对激励方式的选择中,关键是把握五个方面的辩证关系。当然,在特定的广告活动中,激励方式的选择各不相同。

第一部分:案例内容

国民党、民进党掀起广告战(节选)

2003 年 12 月 28 日凤凰卫视　中国国民党将于 12 月 30 日推出影射陈水扁儿子陈致中购买积架名车的电视广告“喜欢吗? 爸爸买不起!”,陈吕竞选总部新一波电视竞选广告主打“连战财产篇”则提前在 26 日下午上档。

东森新闻报报道说,国民党将推出最新电视广告,抨击民进党执政之后,社会上贫富差距扩大。连宋竞选总部发言人蔡正元表示,先前“无麦安奈”广告在有线台播送的效果很好,受到民众非常热烈的回响,党中央及各县市党部接到许多鼓掌叫好的电话。虽然民视有线、无线台同时撤播了广告,但国亲联盟能体谅民视的压力,将不会对民视提出告诉。

新一波电视广告“喜欢吗? 爸爸买不起!”是叙述一对贫穷的父子手持一张张当票,对车外驾驶积架跑车的军官、抱着身挂大金牌小孩的年轻夫妇的影像投以羡慕目光,但穷爸爸对小孩说:“我连你都养不起了,还养什么金孙?”广告最后并以字幕显示:“有梦最美,美到谁? 希望相随,衰到谁?”指绿色执政造成人民生活水准下降。

此外,连宋竞选总部也在各大平面媒体,登载一份“玩火的孩子,我们不跟你玩了”的文宣,强力诉求妈妈站出来,“为孩子投一票”。

陈吕竞选总部发言人吴乃仁对此表示,任何社会都有所得分配的问题,每个家长都会尽自己最大的力量疼爱小孩,陈水扁过去是贫民出身,随后担任律师,以律师所得来为小孩奉献,这有什么问题吗?

吴乃仁反问连宋,当了一辈子的公务员,为什么连战儿女的生活这么好? 为什么宋楚瑜可以为儿子在美国购置 5 栋房子? 吴乃仁表示,如果国民党要操作这种议题,民进党早就做好可以回应的文宣,随时都可以播出。

因应中国国民党近来推出的最新电视广告片,民主进步党 2004 年总统大选水莲配竞选总部下午公布最新竞选广告片“连战财产篇”,广告片以历史影片为背景,强调揭露“两个公务员的致富传奇”。这支广告片预计下星期一上档。

广告片的旁白指出："民国三十四年(1945年)，他父亲(连震东)从来台担任接管委员，是家无恒家的公务员；民国三十八年，他父亲(连震东)登记了第一笔私有土地，国产变家产，动作比政府还快，之后，这家人变身农民，不断购买农地，变更为建地，就连在美国留学，也可以购买农地。"

影片中字幕也打出，"连震东自耕农地四年变建地、连战自耕农地一年变建地、连惠心自耕农地三年变建地、越洋购置农地、出国留学自耕农"。

影片旁白指出，"透过不断购买农地，变更为建地，他们持有土地足足可以盖上五个天母棒球场的土地"，"由于连战只需缴六万元的遗产税，因此，一面当公务员之外，还可以进行多元的金融活动，借给伍泽元三千六百万元，所以，两人打破公务员纪录，根据媒体保守估计，财产总值已超过两百亿元的财产"。

因此，最后，广告字幕反讽指出："回台五十年，两代公务员，不是靠特权，哪来这些钱?"

第二部分：引用该案例的目的

在我国台湾地区，选举事务繁多，各种政治广告也是五花八门。2004年3月20日是台湾所谓"总统"大选投票的时间，在此之前，代表国民党的连战与代表亲民党的宋楚瑜联合起来组成了"泛蓝联盟"，与代表民进党并争取连任的陈水扁、吕秀莲展开竞选。为此，双方都在电视、报纸上大做广告。引用该案例的目的是让学生对"竞选广告—政治广告—意见广告—非商品广告"有一个基本的了解和认识，更在于让同学对广告策划与运作过程中如何结合受众的心理特点，如何适应他们的心理和行为变化的规律，进一步说，如何引起受众的关注，加深他们的理解，并形成期望中的效果，有一个认识和把握。

第三部分：案例观摩的思路与方法

首先，通过查阅有关书籍或通过网络对台湾的政治人物和政治生态，尤其是案例中提到的这几个人物的特点有一个大致了解。

其次，了解台湾民主制度的形成和推进过程和台湾"两党制"的发展和演变过程。

再次，从政治学、心理学角度对这则广告展开进一步的思考。

第四部分：案例点评

选举广告与其他广告存在比较大的区别：内容多为政治纲领、主张、态度、意见，或者对竞争对手的能力、操守、人格等进行攻击；对象是选民；主体是候选人所属党派、参与竞选的候选人以及对候选人表示支持的其他团体或个人。当然，与其他广告也有共同之处，那就是有创意，有震撼力，争取能够打动人心。换言之，都要遵循心理学上的AIDA法则。在这个案例中，为什么双方的候选人都在围绕"财产"问题做文章？就是想告诉老百姓对方本不应该有这么多财产，而现在超出了可能，无非是暗示这些财产可能在获得的途径上是不正当的，从而引起受众(选民)对竞争对手的道德操守加以怀疑。而人们对政治家或政客的道德水平的期待，要比社会上的一般人要高，也就是说，这是人们持续关注的一个问题，所以，在广告中围绕这些方面做文章，往往能够收到比较好的效果。

第五部分：版权及出处

2003年12月28日凤凰卫视。

第二节　受众心理与广告策略

一、意见领袖的识别与广告主攻方向的确立

意见领袖的含义、形成机理和认定指标。

每个单一的受传者对信息的注意、理解和反应形式，不仅与其个性差异有关，还要受到他所属的社会群体类别以及他与其他人所结成的社会关系的影响，前者即“个体差异论”，后者分别称之为“社会分类论”和“社会关系论”。首先，每个人都要归属到不同的群体之中，在性别、年龄、籍贯、文化程度、职业、信仰、收入水平等方面表现出来，这些方面可以细分，有些方面还由于时间的推移而发生变化，在人生发展的不同阶段，很可能在居住地、信仰、生活状况、财富占有等许多方面发生变化。每个人所自然或人为加入的群体，都是很具体的。一方面，群体的共同准则和习惯使成员产生相应的群体意识和群体归属感；另一方面，个人对群体的认同又强化了群体的属性以及与基于同一标准而划分的其他群体的差别。其次，在现代社会，每个人都不可能离群索居，必然与他人结成这样或那样、直接或间接的各种关系，从人际关系的角度说，与学习、生活、工作有关，大致有亲缘关系、业缘关系和地缘关系三种。所以，分析受传者的心态，还要看群体及其相互联系中的受传者。

在群体内的相互交往中，在大多数情况下，每个人影响他人和接受他人影响的现象是同时存在的，只不过影响的领域和力度不同而已。之所以如此，是由于“相似相亲”和“相近相亲”机理的存在。一般而言，在某一方面或多方面具有相似性，彼此认同、接近的可能性就会增大，如果空间距离缩小，建立友谊的可能性也会增大。在一个特定的交际圈里，那些较为活跃的，经常为他人提供意见并具有影响力的意见领袖，就是广告主攻的方向。美国社会学家拉扎斯菲尔德的二级传播理论认为，大众传播并不是直接流向受传者，而必须经过意见领袖这一中间环节。意见领袖可以在各个领域里涌现，如政治、投资、娱乐、购物、时尚等领域，也不一定就是正式组织中的“领导人”。成为意见领袖一般有三个指标：一是社会经济地位；二是社会阅历和经验；三是社会交往的能力和状况。

图片9－12是在日本做的一则咖啡广告，而图片9－13是中国做的一则汽车广告，请你结合当前日本和中国这两种商品的主要消费群体，分析如何有效识别这两个领域的意见领袖，并通过意见领袖发挥他们对消费者的引导、推荐作用。

二、广告对流行的制造与顺应

广告是时尚兴起的催化剂，因为广告在信息传达过程中，在不知不觉中也在传递着一种生活价值观，倡导或维护着一种生活方式，它驱动着人们不断地向旧有的生活方式告别或寻求它

图片 9－12

图片 9－13

的复苏。在我国广告业恢复发展的近 30 年中，广告市场的变化轨迹与整个国民经济的脉搏和国民的消费观念的变化息息相关，相辉相映。对于广告运作来说，首先要了解时尚形成的基本规律，把握其变动的轨迹，从而制造消费热点。

第一，着力于观念倡导。行为的发生与改变常常以观念的形成和变化为先端。一般来说，在广告中要将观念的改变与消费者利益的实现、维持与发展结合起来，比如绿色家电和数字化产品的出现就是迎合了消费者的需要。

第二，以城镇居民和青年人为主要诉求对象。时尚一般发端于人口众多、政治经济处于中心地位的大中城市，然后向城镇、乡村辐射，这是时尚流行在空间上演变的一般规律，因为流行要有相应的物质条件作基础，而流行在某一个特定阶段又具有新潮或时髦的特点，城市居民易于接受。相比较而言，在年龄上，年轻人的习惯思维和习惯行为较少，对新事物、新技术、新产品、新款式的关注较多，也是积极的追逐者，所以，广告运作可以把 18—40 岁年龄段的人作为主要诉求对象。

通过观摩图片 9－14，你认为以手机为代表的数码产品在新品、新款、新技术、新功能出现时，在地区和具体人群方面，一般是从哪里开始流行起来的？

第三，巧妙地利用社会热点。所谓社会热点，就是一个时期人们普遍关注并广泛议论的问题、事件和现象。既然人们普遍关注，就很可能在其中蕴藏着商机，从而出现流行时尚。比如，2008 年底，大陆赠送给台湾的两只大熊猫“团团”和“圆圆”抵达台北，在全台湾尤其是小朋友中引起了很大的反响，航空公司、动物园、旅行社、邮政公司等利用这一商机，形成了所谓的“熊猫经济”。

第四，把握流行的周期，因时而变。任何时尚都有产生、发展、变化、终结的过程，但长短各异。有的属于“阵热”，迅猛生成，却又戛然而止；有的维系时间较长，悄然演变。流行周期的长短，与以下三个因素有关：其一，替代产品的出现；其二，消费者消费价值取向的转移；其三，舆

图片 9－14

论焦点的变化。以第二点来说，比如大屏幕彩电的流行，一方面是由于替代产品的出现，另一方面就是众多家庭居住条件明显改善后消费者价值取向的转移，广告的运作要敏锐地把握流行的周期，一旦替代产品问世，就马上投放广告，着力宣传替代产品的优势，使消费者产生兴趣；在流行形成之后，则强化品牌推广；在流行处于强弩之末时，可以考虑淡出。

第五，避免“时狂”现象。时狂是一种狂热的流行现象。有些流行对自己、他人和社会都不具有破坏作用，而有些则不然。

第六，倡导健康、文明、科学的生活方式。

第七，适应社会大众相互暗示、模仿、从众的心理机制。

从心理学、社会学角度了解流行的特点、形成机制和变化规律，分析我国群众物质和精神生活中的各种流行现象，了解相应的广告运作策略。

通过观摩图片 9－15 和图片 9－16，并请你结合我国改革开放 30 年的发展进程分析：你认为服装和音乐制品的流行是否存在周期性？流行的周期与过去相比呈现出什么特点？在广告运作中，怎样利用人们的暗示、模仿心理？怎么巧妙地利用社会热点？

三、传媒、社会心理、舆论的互动及优势意见的确立

当代社会有别于传统社会的一个显著差别是公众对传媒依赖和利用的程度，在当代社会，信息环境或传播环境已经成为公众生活的重要方面，人们认识、了解客观世界的基本途径除了

图片 9 - 15

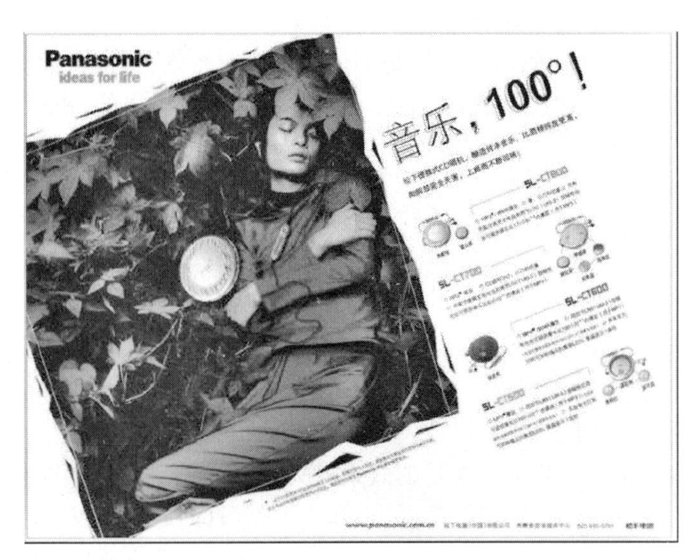

图片 9 - 16

学校、家庭、单位、社区，就是大众传媒。成千上万乃至更多的人，接收着相同的信息，包括具体的内容和关于某一事件、问题、现象的评价，都接受着来自传媒的暗示，这样，人们对很多问题的认识会趋于一致。人们普遍相信，接受了相同信息的其他人必然受传媒明示或暗示的观点、意见的左右，于是认为传媒的意见就是多数人的主导意见。正因为此，传媒对各种事物有选择性的报道或介绍，影响着受众对事物重要性的判断，一般来说，传媒作为重点加以报道或介绍的内容，受众也会引起重视。这便是大众传媒的“社会地位授予功能”。这种心理机制的存在，也从另外一个侧面提示我们应重视在大众传媒发布广告，其心理效用表现在三个方面：其一，认为只有实力雄厚的大公司在大众传媒发布广告，从而影响人们对公司实力及前景的判断；其二，品牌虽然众多，但称为名牌的极少，名牌“地位的授予”在很大程度上是依靠广告对受众视觉器官的反复刺激实现的，亦即受众使之声名鹊起；其三，广告是广告主与受众进行交流、沟通的一座桥梁，可以拉近双方的心理距离。

大众传媒对广告主的作用不仅仅在于使其声名显赫，还在于可以为其营造一个有利的舆论环境。所谓舆论，就是一定数量的人对特定事物的运动状态展开议论，表明意见的集合的现象和社会控制力量。结合广告运作来说，舆论的主体就是受众，而非单一的受传者；舆论的客体就是广告主及其产品或服务，以及与广告主直接相关的各种事件、问题和现象。一个社会组织或个人存在于社会生活之中，在社会联系中的一举一动，无论是善举、义举还是不义之举，难免不被议论。《公关世界》杂志在 2007 年和 2008 年分别对发生在 2006 年的十大企业危机事件和 2007 年的十大危机公关事件进行了解读，通过综合和比较，可以发现，由于企业产品原因造成危机的分别是 4 起和 5 起，如 2006 年著名的 SK - Ⅱ 含铬事件和 2007 年的年初的 LG 翻新事件；由企业对内管理造成的危机分别有 2 起和 1 起，如 2006 年的华为员工“过劳死”事件和 2007 年的华为等知名企业因新《劳动合同法》实施而引发的辞工潮事件；由企业对外管理造成危机的各为 4 起，包括 2006 年的欧典地板虚假广告宣传、太平洋建设集团欠款和 2007 年的西门子贿赂丑闻、中石油因获得由人民网颁发的“人民社会奖”引发的社会责任风波。从这里我们可以看出任何危机的出现都是有其合理因素的，俗话说“苍蝇不叮无缝的蛋”，当企业出现舆论危机的时候，必定是企业自身有某些问题没有做好，即使有别人在网络上散布言论，企业自身也还是最大问题。

碰到这种情况,关键是如何形成正向舆论、减少负面舆论。利用大众传媒发布广告,同样也是一种有效的手段。根据德国学者诺依曼提出的“沉默的螺旋”假说来解释,传媒对某一观点的不断强化,会导致一种意见的人际支持愈益增多,最终成为一种优势意见;与之相反,与传媒持对立意见的人因害怕“孤立”而选择沉默,或改弦易辙,从而使劣势意见的人际支持逐步减少。这种螺旋式的变化过程,揭示了社会心理的微妙反应对舆论从个体的酝酿、表达到群体形式的呈现过程的影响,也再一次证明了大众传播对受众心理演变的巨大作用。广告作用于受众,从中可以获得如下三个方面的启示:其一,大众传媒的运用或覆盖较宽的媒介组合,可以营造一个利于自身的舆论环境;其二,不能冀望于朝夕之功便可化解消极舆论或确立优势意见,而应有因时而变的长期作用过程;其三,在叙事、明理的基础上,使广告主公开的意见成为受众认可的意见。

能否产生如上所述的效果,那就看广告策略的运用,主要有以下八点。

第一,弄清问题的症结点和关键点,有的放矢地发布广告。

第二,主动地设置议题,而不是一味被动地等待议题的出现,开展有效的议题管理。

第三,了解和熟悉受众主流的价值取向,以便把握受众基本的评价倾向,从而决定诉求的重点和策略。

第四,把握时机。从当代舆论的特点来看,既有与过去相同的一些属性,如集合性、复杂性、变迁性等,在性质之良莠、范围之遐迩、程度之深浅等方面都可以作具体分析,但也有一些新的特点,突出表现在舆论的放大极为迅猛,而生命力极为短促。这就要求广告运作要把握“火候”,找准时机,超前或滞后均不可取,沉默更不可取。

第五,以诚挚的情感发表意见,不发“微妙之言”、“恍惚之辞”,更不能用“言辞欺人”。

第六,不作偏执之论,做到有所节制。

第七,正确对待来自竞争对手的广告竞争,广告主发布广告的目的是传播信息,引导舆论,有时来自竞争对手的相反的广告宣传往往会削弱这一效果。如何处理这样的情况?首先保证自己不首先利用广告手段攻击竞争对手,如果遭遇攻击,主要还是用事实予以回应。

图片 9-17

第八,在法律法规允许的前提下,利用相关专家的代表性言论影响公众的舆论。在这里,专家实际上就是意义放大了的意见领袖。当然,不能滥用,必须在法律法规允许的前提下。

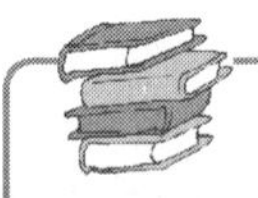

通过观摩图片 9-17,你认为应该怎样利用、制造社会舆论?怎样通过媒介形成有利于自己的优势意见和减少、避免不利舆论的出现?在广告活动中,怎样开展议题管理?

议题管理名词解释

1982年,美国议题管理协会提出了议题管理的定义:"了解、动员、协调与引导组织所有的策略与政策规划,及公共关系手段,以有效地影响目标人群或相关组织。"此后,研究者们提出了一些更具体的定义,如著名危机公关专家提莫斯·库姆认为:"议题管理是一套有系统的方法,目的在于引导议题如何发展及应该如何解决,使事端可以朝有利于组织的方向发展。"

四、流言、谣言的遏制及广告策略

流言是蛊惑人心的,流传较广的虚假信息,而谣言是其中的极端形式,含有恶意的攻击成分。流言的源头常常难以查考,由点到片再到面,如同幽灵一般,可以在短时间内迅速扩散,形成燎原之势,以至于满城风雨。流言的表现形式可谓光怪陆离,既有针对个人的,涉及道德操守、生活境遇、职位升降、人际关系等方面,也可能是针对机构或社会组织的,若以企业来分析,可能涉及资产重组、投资决策、盈利前景、重要合约、人事更迭、经营策略、产品质量、卫生条件、分配政策、同业竞争等方面。在性质上,大多数流言属于黑色的,总是预告灾患、危机、死亡、背叛、悖德、违法,将人描绘得极为阴暗、无耻、卑劣。但是,也有玫瑰色的流言,往往是极言夸张,刻意拔高。

流言的受害者一般是具有一定社会影响的单位和个人,至于流言的制造者,一般是与受害者相近或相关的人,从企业来说,可能是消费者、经销商与供应商、竞争者、社区公众、传媒与网站、自由撰稿人以及其他别有用心的人。流言的产生,大致有六个原因:其一,信息匮缺导致"大道不畅、小道流行",而信息超量也会导致流言增多,特别是网络传播的不可控性更增加了这种可能性;其二,受害者的地位和声望遭人嫉妒;其三,视流言为"人咬狗"式的新闻,追寻变态的快意;其四,发泄内心的不满,企图通过制造舆论来打击对方,或迫其就范;其五,经过精心伪装,使流言显得真实、可靠,达到迷惑人、征服人的目的;其六,话题往往寓于刺激性,能够满足一部分人的低级趣味。

流言在众多的人之间进行传导,或在单位、社区之内,或在更大的社会领域,或人际接续传播,或小报、网站的猎奇、猜测与讹传,或以匿名不实举报的方式展开。从其演变的一般规律看,先似"蚁穴",后像"管涌",在放大和扩散中,以讹传讹,使流言的内容和范围双重扩充。所以,流言也是一种典型的社会心理现象。这种现象在根本上是一股破坏性的力量,"三人成虎"、"人言可畏"就是生动的写照。流言的破坏性结果是直接使流言的对象名誉受损,在名誉受损之后再发生灾害性后果。流言的破坏性作用是通过精神的麻醉而实现的:赋予它一定的神秘感,利用一部分人的猎奇心态和流言所包含的信息本身难以考证的现实,经过“催眠”,使人的意志得以瓦解,再彼此交叉感染,理智逐渐处于下风,并被激情所主宰,使受害者如临洪水猛兽。

流言乃至谣言及于自身,自然不能漠视,但在如何处理的问题上,却是费思量的。总体来看,司法的、行政的、经济的、舆论的手段,可以综合使用,其中舆论手段又包括举行新闻发布会、策划新闻事件、广告发布等。从广告手段的应用而言,也要讲究方式方法。

第一,要在知悉流言的第一时间发布广告,以免被外界误解为理亏。

第二,广告手段应与其他手段配合使用。面对流言的传播与扩散,理论上法律手段、行政手段以及其他手段都可以采用,但是行政干预或调节、法律诉讼和仲裁往往过程繁杂,时效不强,不足以在第一时间对流言做出有力的反应,而借助记者之口、之笔又由于新闻事实的选择性而难以准确地表述事件的过程、性质和对此形成的基本态度,有时由于媒体的不恰当“炒作”,甚至会扭转方向,陷自己于被动。

第三,着力于解释、说明与澄清。

通过观察图片 9-18,思考并分析如下问题:为什么股市往往成为“谣言的制造所”?对我国近 2 000 家上市公司来说,怎样应对形形色色的与公司有关的各种谣言?在互联网和其他媒介比较发达的态势下,企业应该怎样构建信息管理系统?广告手段在反击谣言或流言、传闻的过程中能够发挥什么作用?怎样发挥作用?

图片 9-18

第四,明确反击流言的范围和重点地区。流言的传播总是在特定地区和特定人群中进行的,那么,对流言的反击一般就局限在这一范围之内,以免让不知情者因为反击范围的扩大而知道了流言。这就对媒体的选择提出了更高的要求。

第五，注意证据，着重证伪。流言是虚假的信息，要遏制流言的扩散，就要证伪，通过言之凿凿的论证，使之败露。“流言止于智者”，因而，通过提供确凿的，有专业权威部门反驳、补充、提供的鉴定结论和情况说明，就可以提高受众对真假信息的甄别能力。

第六，态度平和，冷静应对。在流言出现后，战略上要引起重视，不能盲目迷信“真金不怕火炼”、“公道自在人心”，但在战术上要心态平和。总之，既要义正词严，态度鲜明，又不能咄咄逼人，无情打击。

第七，保持畅通的信息渠道，提高透明度。

认识和了解流言的形成规律以及它在当代呈现出的新特点，掌握如何通过广告手段并与其他手段配合使用以遏止其流传的策略。

五、突发事件的社会心理效应及广告策略

还有一种社会心理现象应引起我们的重视，那就是集群行为。所谓集群行为就是针对某一社会组织，在激烈互动中产生的，受情绪冲动所支配的高强度的一致性行为。这种行为具有群体性、突发性、狂热性。既可能是合作行为，如消费者的抢购行为等；又可能是非合作行为或对抗行为，如员工集体跳槽、罢工或怠工，客户及合作伙伴投诉或起诉明显增多，企业遭遇大规模退货、退票，银行发生储户挤兑现象，上市公司发生投资者恐慌性抛售股票，企业被供货商集体“封杀”等。对于后者，我们称之为突发事件，它与自然灾害相对而言是由人为造成的突发事件，在现实中表现极为普遍。这一类突发事件往往存在特殊的契机，或由于自身工作失误，或受流言所累，或被蓄意陷害，不一而足。它的形成貌似突发，实则有一个参与者预谋、暗示、感染和互动的过程，只不过由于群情激烈，又以集体爆发的形式表现出来，给人以猝不及防的感觉。如同任何其他以群体形式表现的那样，突发事件这种集群行为也会产生强大的力量，对于矛头所指的社会组织及其管理层而言，不能等闲视之，必须努力调适，除了谈判、斡旋、公共关系、法律等手段外，还可以运用广告手段。

第一，要勇于面对危机，敢于将真相示人。有些企业擅长进攻性广告，却不擅长防御性广告，一旦遭遇危机，为流言所困，往往无所适从，甚至刻意回避，使流言或传闻加剧最终导致在“沉默”中消亡。

第二，发布公共关系广告。在突发事件发生之后，相关的社会公众对广告主往往充满了怀疑、否定的情绪，表现不合作乃至对抗的行为，而且社会反响强烈，消极舆论集中，广告主一下子陷于矛盾的重重漩涡之中。是在激流中葬身，还是从漩涡冲出重围，这关键看采用什么样的公共关系策略。从广告运作的角度看，这个时候的当务之急是发布有针对性的公共关系广告。

通过观摩图片 9-19，思考并分析如下问题：当出现公共危机或其他重大的社会性突发事件时，政府应该承担什么责任？在媒体策略的选择上，政府与企业有什么区别？为什么？

图片 9－19

第三,分析事件的具体原因,在广告内容上要有所区别。如果是受流言所致,应以证伪为主,只要有足够的证据揭穿谎言,集群行为就会很快冰释瓦解。如果是由于自身工作失误或管理不善造成,可以检讨错误与不足,提出切实的改进措施及实施步骤,好言相慰,诚恳地呼唤理解,争取信任与合作。如果是外部因素的蓄意胡为,应严词谴责,应努力寻求司法途径解决问题,在广告中可多一些声明、启事,阐明真相,表明立场。

第四,根据事件扩散的范围,采取不同的广告策略。现代资讯极为发达,任何突发事件都有可能通过一定的形式扩散出去。在这个时候,人们往往不辨真伪、不察其详,为传言所困,对于卷入是非的当事人来说,三缄其口,态度暧昧,都是不可取的,因为这样做不能有效地阻止事态的扩大,不能影响受众的观察与思考。此时要做的就是在已经波及或将来可能波及的范围内正面出击,广而告之,让受众直接感受来自当事人的声音。

从管理心理学、公共关系学角度认识和了解各种危机的特点、表现形式和不良后果,分析和把握广告手段在化解危机中的作用和方法。

福莱灵克公关公司危机沟通公式:(3W＋4R)·8F＝V1 或 V2

3W 是指在任何一场危机中,沟通者需要尽快知道三件事情:我们知道了什么(What did we know),我们什么时候知道的(When did we know about it),我们对此做了什么(What did we do about it)。

4R是指收集正确的信息以后，就该给企业在这场危机中的态度定位。由此给我们带来了：遗憾(Regret)、改革(Reform)、赔偿(Restitution)、恢复(Recovery)。

8F是沟通时应该遵循的八大原则：① 事实(Fact)：向公众沟通事实的真相。② 第一(First)：率先对问题做出反应。③ 迅速(Fast)：处理危机要果断迅速。④ 坦率(Frank)：沟通情况时不要躲躲闪闪。⑤ 感觉(Feeling)：与公众分享你的感受。⑥ 论坛(Forum)：企业内部建立一个最可靠的准确信息来源，获取尽可能全面的信息。⑦ 灵活性(Flexibility)：对外沟通的内容不是一成不变的，应关注事态的变化。⑧ 反馈(Feedback)：对外界有关危机的信息做出及时反馈。

如果3W、4R和8F做得正确，企业在危机中就会成为V1，即“勇于承担责任者(Victim)”。公众会认为企业很负责任，企业会想尽办法要解决问题并且让他们满意，公众会对企业从轻发落；相反，如果不能做好3W、4R和8F，企业很可能会被当作V2，也就是“恶棍”(Villain)。公众会认为企业的行动和言辞避重就轻，不负责任，这容易导致各种不良后果。

本章回溯

1. 广告是广告主与受众互动的过程，受众心理直接影响广告运作的效果。本章研究受众心理是从两个层次展开的，一是作为个体受传者心理，一是以群体形式表现的受众心理。

2. 受传者对信息的选择分为三个方面或三个环节，即选择性注意、理解与记忆，那么，应吸引受传者对广告的关注，加深对广告的理解，强化对广告的记忆。这主要是从对广告的认知而言的。第二步就是对受传者的情感倾向发生作用，即着手态度的改变，包括对原有习惯领域的突破与扩大，偏见的消除，逆反心理的调适。从广告的最终目的看，就是使受传者在接收广告信息后发生与广告主预期相一致的行为，对此，要提高他们的满足感，采取合适的激励方式。总之，按照认知—态度—行为的轨迹，对受传者心理展开分析，并针对不同的环节，提出相应的广告策略。

3. 受众是受传者的复合体。对受众心理的分析，要注意广告传播→意见领袖→一般受众的现象，识别和寻找意见领袖，以及确立广告的主攻方向。广告能够制造流行时尚，特别是消费领域，为此要把握流行的周期，巧妙地利用社会热点，运用暗示、模仿、从众的心理机制。在传媒、社会心理和舆论的互动中，广告要有利于优势意见的确立。针对社会上于己不利的流言、谣言，必须通过广告予以解释、说明与澄清。针对突发事件所产生的社会心理效应，也应采取灵活的广告策略。

4. 本章研究的重点不是受传者或受众心理，而是针对各种心理现象、心理过程所应采取的广告策略。

学习重点

重点：① 如何吸引受传者对广告的关注；② 如何加深受传者对广告的理解；③ 如何强化受传者对广告的记忆；④ 如何通过广告手段改变或扩大消费者的习惯领域；⑤ 对受传者的逆反心理进行调适的技巧和操作策略；⑥ 受众的选择性因素；⑦ 受众对广告作品的形式的普遍动机；⑧ 广告对流行现象的顺应和制造。

难点:① 对受传者的广告激励方式;② 识别意见领袖与广告的主攻方向的确立;③ 广告对流行现象的顺应和制造;④ 如何利用广告手段有效遏制流言、谣言;⑤ 如何利用广告形成优势意见;⑥ 突发事件的社会心理效应及广告策略。

1.〔美〕大卫·奥格威:"根据调查显示,观众记得广告的比例惊人的高但却忘了品牌的名字。你的片子所表现的,却往往被认为是竞争者的品牌。广告新产品时,你必须在电视广告上教人记住你的牌子。"

2.〔美〕皮埃尔·马蒂诺:"如果生产商想使自己的产品畅销,想让消费者对产品产生一种依赖感和从属感,就必须利用言外之意来赋予一个产品以个性;必须赋予它丰富的联想与形象;给予它多层含义。"

前沿问题

关于广告心理及其传播策略的研究,始终是一个热点。但是,在研究的过程中,显得比较褊狭,就是注重研究受众的心理并针对受众的心理实施不同的广告出来,而对广告主的心理、广告经营者乃至从业人员的心理研究不多,这需要在今后的研究中加强。除此之外,比较而言,对作为个体对象的消费者心理研究比较深入,但是,对作为群体的社会大众或消费大众的心理把握不够;对商业广告中消费者心理研究比较多,而对作为公益广告、意见广告、社会广告、形象广告的受众心理把握不够。凡此种种,必须加强。另外,立足于信息化、全球化背景,人民生活水平提高的现实,新一代人成长后他们的思想观念不同于其父辈、祖辈并由此导致心理世界的代际差异地、变化快的现状分析社会心理及其走向的研究不多,也需要在宏观和微观两个层面展开研究。

[1] 曹辉.危机事件中媒体公关的应对策略分析[J].黑龙江社会科学,2006,(04):147-149.

[2] 李兴国.从"感受"的视角解析品牌危机[J].国际新闻界,2006,(03):20-25.

[3] 胡丹.公共危机中的谣言传播处理[J].公关世界,2006,(03):28-31.

[4] 石束,权玺.论广告传播对流行文化的影响[J].社科纵横,2005,(06):200-201.

[5] 吴垠,陆斌,蔡勇.京沪穗蓉广告态度有何差异?[N].中华新闻报,2005-05-25(C).

课外练习

一、填空题

1. 受传者对广告信息常常是有选择的,表现为四个环节,即选择性接触、选择性注意、________、

________。

2. 广告旨在改变受传者的态度，这种改变包含了两层意思：一是________上的改变；二是________上的改变。

二、单项选择题

1. 现在广泛采用的名人广告或明星广告，实际上是源于传统的（　　）。

A. 对比分析法　B. 榜样示范法　C. 精神激励法　D. 竞赛激励法

2. 在广告活动中，要形成积极的反馈，前提是（　　）。

A. 注意—兴趣—记忆—欲望　B. 注意—兴趣—欲望—行为

C. 兴趣—记忆—欲望—行为　D. 注意—兴趣—记忆—行为

3. 广告主攻的方向是（　　）。

A. 一般受众　B. "最后采用者"　C. 意见领袖　D. "早期开拓者"

三、多项选择题

1. 要提高广告的注意效果，必须使广告策划做到（　　）。

A. 新　B. 奇

C. 实　D. 简

E. 雅

2. 通过广告手段改变或扩大消费者的习惯领域，方法有（　　）。

A. 榜样示范　B. 理性诉求

C. 循序渐进　D. 反复刺激

E. 改变参数

3. 对广告作品的形式，普遍的动机有（　　）。

A. 生动活泼　B. 内容简洁

C. 形式新颖　D. 诉求集中

E. 对象明确

四、是非题

1. 制造消费热点，广告运作要以城镇居民和青年人为主要诉求对象。

2. 开展广告运作，要主动地设置议题，而不是被动地等待议题的出现。

五、论述题

1. 如何吸引受传者广告作品的关注？

2. 如何加深受传者对广告作品的理解？

六、综合应用题

1. 分析：2004年3月3日，时任美国总统布什的电视竞选广告在全美的各大电视台开始播出。然而广告开播只有一天，就因为其中使用了9·11恐怖袭击废墟的画面而招致9·11受难者家属和民主党人的批评。有受难者家属指责说，布什用3 000多人的生命为自己争取政治资本，还有支持民主党竞选人克里的救火队员联盟要求共和党撤回广告。民主党竞选策略专家说，9·11是全体美国人心中的伤疤。利用这一议题争取选票可能赢得同情，也可能适得其反。请你从广告心理的有关理论上加以分析。

2. 综合：如何根据青年人的特点，在广告活动中从内容、诉求、媒体选择等方面有效地利用流行现象？

参考答案

一、填空题

1. 选择性理解（解释）、选择性记忆　2. 方向、程度

二、单项选择题

1. B 2. A 3. C

三、多项选择题

1. ABCDE 2. ABCDE 3. ABCDE

四、是非题

1. 对。

2. 对。

第十章

行业分布及广告运作策略

本章概要

本章主要介绍各行各业广告运作的具体策略。首先，分析了我国广告市场的行业分布概况，阐明了任何行业不可能脱离广告手段的两个理由，归纳了影响广告市场行业分布的主要因素；其次，从零售业、金融业、旅游业、餐饮业、酒店业、建筑业、房地产业、装潢业、物业、服务业、交通运输业、邮电通信业等几个方面分析了零售和服务业的广告运作策略；再次，具体分析了日用品广告(食品广告、烟草广告、服装鞋帽广告、家用电器广告、药品广告、妇女用品广告等)、生产资料行业广告、大宗消费品广告的运作策略；然后，阐述了出版业、音像业、电影业、新闻传媒业、演出业、体育产业广告的运作策略。

学习目标

学完本章，您应该能够：

1. 了解我国广告市场的行业分布的概况；
2. 了解零售业、金融业、旅游业、餐饮业、酒店业、建筑业、房地产业、装潢业、物业、服务业、交通运输业、邮电通信业、新闻传媒业、演出业、体育产业广告运作策略；
3. 弄清影响广告市场行业分布的主要因素；
4. 把握日用品广告(食品广告、烟草广告、服装鞋帽广告、家用电器广告、药品广告、妇女用品广告等)运作策略；
5. 熟悉大宗消费品和出版业、音像业、电影业广告运作策略。

基本概念

广告市场；行业景气度；零售业；服务业；制造业；食品广告；烟草广告；药品广告；产业政策；生产资料；文化产业

随着人类社会化程度的逐渐提高，社会分工也越来越细密，形成了不同的行业，彼此相互依托，相互促进。竞争作为社会化、市场化、国际化过程中的必然现象，更多地表现为区域或行业内部的竞争，但也可发生在不同区域和行业之间。由于市场格局、竞争地位等因素，不同行业对广告手段的依赖程度往往有天壤之别。2006 年行业投放广告额排名前五位的分别是房地产、药品、食品、化妆品和汽车行业，广告投放额分别为 160.0 亿元、149 亿元、135.8 亿元、109.1 亿元、96.7 亿元，对比 2005 年行业广告投放额排名变化，房地产行业从第 3 位跃居到第

1位,汽车行业从第7位跃居到第5位。从增长幅度看,行业投放广告额增幅排列第1位的是汽车行业,增幅高达37.2%,汽车开始成为居民消费升级的新一轮高档消费品,行业投放广告额增幅分别排名第2、3位的分别是金融保险广告和招生招聘广告,增幅分别为36.63%和36.53%。正视这种结构性和阶段性差异,开展有针对性的广告运作,是崭新的但又极具意义的一项课题。

第一节　我国各行业参与广告市场分析

一、我国广告市场的行业分布概况

我国广告市场在行业分布上的三个特点。

我国广告市场在行业分布上有三个特点。

第一,广告主要集中于与公众生活水平和生命质量密切相关的领域。除传统的衣(服装业、纺织业等)、食(食品业、餐饮业、烟草业、乳品业、水产业、畜牧业等)、住(房地产业)、行(汽车业、航空业、出租汽车业等)领域外,在广告市场中,涉及休闲、美容、娱乐、健康、理财、教育、游戏、就业、沟通等与公众生活质量和生命质量的提高密切相关的领域,如旅游业、金融业、医药业、信息产业、文化产业等行业的企业的广告也在增多。比较而言,房地产业、医药业、食品业、化妆品业、汽车业、电信业等行业广告居多。

第二,随着人民生活水平的提高和改革的深入,不同行业的广告分布往往因时而变。改革开放30多年来,我国的综合国力不断增强,在2007年GDP总值已经居于世界第3位,仅次于美国和日本,与此同时,人民生活水平也不断提高,在20世纪末已基本达到"小康"水平的基础上,部分地区如上海人均GDP在2008年已经超过1万美元,达到欧洲中等发达国家的平均水平,其他如北京、深圳等地也超过了欧洲中等发达国家的下限。在这一背景下,人民的消费水平已由"百元级"(如手表、自行车、收录机、缝纫机等)升至"千元级"(如电视机、冰箱、洗衣机、照相机、电脑、摄像机等)再至"万元"级乃至"十万元"级(如境外旅游、住宅、汽车等)。另外,在近30年中,各项改革也在全面深入地展开,如国企改革、住房分配改革、医疗体制改革、教育改革、投融资体制改革,等等。表现在广告发布上,也发生了一些变化:其一,不同行业的广告分布在不同时期发生了变化;其二,同一行业内部的广告分布在不同时期也发生了变化。

海尔是我国家用电器行业中的一面旗帜,1984年成立后最早以电冰箱、洗衣机、冰柜起家,现在则覆盖了几乎全部的家用电器领域,产品种类数万种。通过观摩图片10-1,并了解海尔集团的成长史,把握它的事业开拓的历程,然后分析:在过去的20多年时间中,该公司在发布广告方面,在不同的阶段里,分别是以推销什么类型的商品为主?为什么会发生这种变化?

图片 10－1

第三，不同行业发布广告的比例还不够协调。总体来看，生产资料行业如钢铁、煤炭、石油、化工企业，还有供水供气供电部门，纺织、机械、水泥、造纸、军工等行业广告较少，在大众传媒上极为鲜见。

二、任何行业都不可能脱离广告手段

在我们的印象中，电信、银行等行业由于其“垄断”地位是不需要做广告的，图书出版业由于“自命清高”是不屑于做广告的。然而，时过境迁，一切都已经或正在发生变化，现在以中国工商银行、中国银行、中国建设银行为代表的几十家银行纷纷祭起了广告的大旗，电信业广告热点正酣，图书广告也早已经撩开了原先神秘的面纱。这一切都源于两个变化。

第一，市场竞争的加剧。中国电信业已走过百年历程，1900 年第一部市内电话在南京问世，到 1949 年还只有电话容量 37 万门，普及率只有 0.05%，又过 50 年后的 1999 年已达 14 700万门，普及率升至 13%，2007 年，如果将固定电话和移动电话加在一起，普及率达到 69 部/百人，可见电话由奢侈品变成为日用品，成为百姓的生活帮手。随着电话迅速“平民化”，使得电信企业被迫走下“神坛”，特别是组建多家电信运营企业，如果一旦允许外资进入电信行业，在外资强大的资金、技术压力面前，不得不对竞争环境重新审视。

原先我国的电信企业只有一家，现在是三足鼎立。通过观摩图片 10－2，你认为电信运营商之间的竞争态势对它们自觉地利用广告手段产生了哪些影响？请你比较中国电信、中国移动、中国联通三家企业在当前广告市场的表现。

第二，认识水平的加深。人们对某一事物的认识，往往有一个由肤浅到深入的过程。对图书营销的认识就是如此，大多数出版社原先抱持着“酒香不怕巷子深”、“是金子总会发光”的观念，

图片 10－2

这在“短缺时代”是无可非议的，问题在于现在全国计有500多家出版社，每年出版图书10余万种，还有相当数量的进口图书，一方面读者的选择余地已极为广阔，另一方面，出版社面临众多同行的更多挑战，而且，书店、读者还有喜新(版)厌旧的习惯，那么，如何尽快地将作者的东西变为读者的东西，将产品变为商品，既关系到经济效益，还影响到社会效益。在这种情况下，人们开始重视策划、广告，从选题到装帧，从广告到书评，从订货会到交易会，对广告手段的运用已成为众多出版社的选择。近年来，《学习的革命》、《富爸爸，穷爸爸》、《哈利·波特》、《哈佛女孩刘亦婷——素质培养纪实》、《大败局》、《品三国》、《于丹〈论语〉心得》、《兄弟》等书先后走红，广告可以说功不可没。

有没有哪个行业可以不依靠广告手段呢？这只能发生在以下四种情况之下：其一，实行高度垄断经营的或受政策特殊保护的行业；其二，出于战略原因，涉及国家安全的行业或部门；其三，严重供不应求的行业；其四，自给自足的行业。然而，从动态的发展过程来看，上述四种情况实际上现在都已经不复存在：完全自给自足的农耕时代已成历史；由于战争、自然灾害、社会危机或其他原因导致的供不应求局面从历史的经验看都只是人类历史长河中的短暂现象；全行业涉及战略、国防的也不存在；至于垄断或政策保护性行业随着条件的变化和政策法规的调整，也会经历沧海桑田的巨变。既然任何行业都不可能脱离广告手段来加强市场竞争，那么，在我国从事公益服务的煤水电部门及管理公共事务的政府部门几乎很少运用广告手段，就十分令人不解，因为它们同样也存在对内沟通和外树形象的问题。事实上，这些部门在西方国家对广告手段的应用是极为普遍的。

图片 10－3

对书中提到的几个特殊行业的历史与现状有一个初步的了解和认识，然后观察和分析这些行业在广告分布中的表现。

观摩图片10－3，并了解我国航空业发展的历史与现状，思考并分析：为什么垄断性行业现在越来越多地运用广告手段？

三、影响广告市场行业分布的主要因素

影响广告市场行业分布的四个因素。

（一）行业性质

根据不同的标准，对行业可以作不同的归类。从其所承担的任务和活动范围来分，可以细分出几百种，仅制造业中就有纺织业、冶金业、化工业、汽车业等，金融业又可分为银行业、保险业、证券业、基金业等。从垄断程度看，可分为竞争性行业和非竞争性行业。从产品或服务的用途来看，可分为生活资料行业、生产资料行业和其他行业。从行业出现的历史，可分为传统行业和新兴行业，比如，三大传统工业指钢铁、机械、化学工业，三大新兴工业是指信息工程、生物工程、材料工程。从各国或地区不同时期产业扶持的重点来看，又可分为支柱行业和非支柱行业。不同的行业性质，在广告市场的投入就会有区别。

（二）行业景气度

行业景气度的高低揭示了某一行业的整体运行态势，表明不同的发展状况、增长潜力和扩张空间，通常又反映了公众（经理人、消费者等）的评价倾向和信心指数。不同行业的景气度总体上互有差异，同一行业的景气度在不同时期也互有差异。行业景气度差异影响着广告市场行业分布的格局，比如，旅游业由于人民生活水平的提高，对闲暇生活方式的重视，以及自1999年国家开始在五一国际劳动节、国庆节、元旦、春节放3—7天的长假，使我国旅游业发展持续升温，不仅境内旅游如火如荼，截至2007年底到境外旅游的目的地也达到约40多个国家和地区，旅游业在广告市场的份额也在上升，浙江、上海等地还向社会征集了广告标语。反观纺织业，在广告意识备受压抑、各种广告全面禁止的20世纪50—80年代期间，在国民经济发展中占了重要地位，在上海作为支柱产业，利税曾占四分之一，那个时候不习惯做广告，此后纺织业逐步走向衰落，不少地区纷纷压锭，实施“退二进三”，至90年代中期由“朝阳产业”迅速成为“夕阳产业”，在广告市场也就力不从心了。由此我们可以得出一个结论：一个行业在广告市场位次的升降，与行业景气度的高低是正相关的。在广告市场，似乎在冥冥之中暗含着这样一个道理：当某行业在广告媒体上声名“显赫”时，昭示着这个行业存在激烈的竞争，但还有相当的利润空间，而一旦淡出，预示着颓势的来临。像房地产广告在1998年下半年国家取消福利分房后而明显增多，尤其在北京、上海、深圳及各省会城市更是如此，预示着房地产业这一典型的周期性发展的行业的“春天”正在到来，各地不断攀升的开工、竣工、销售面积数据和曲折走高的房价也证明了这一点，而在2007年之后情况似乎在发生微妙的变化。

通过观摩图片10－4和图片10－5，思考并从行业性质、行业景气度角度分析：为什么现在的广告很多都是“想吃你就多吃点”、“劲酒虽好，可不能贪杯哟！”之类的与“吃药”、“喝酒”、“美容”等与人们的日常生活有关的商品广告？

图片 10－4

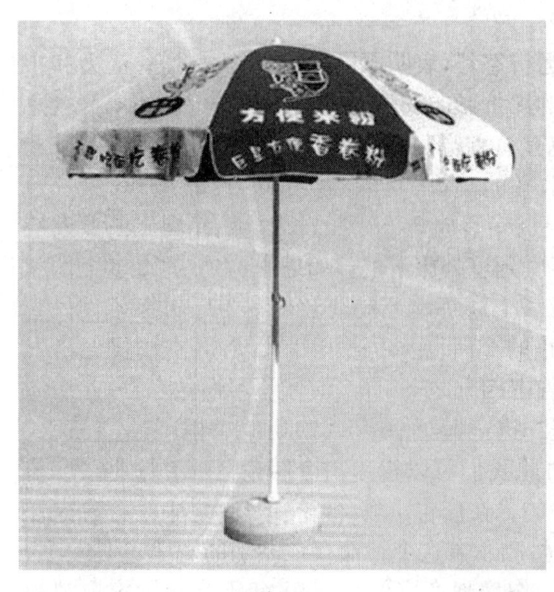

图片 10－5

(三) 市场运行状况

每一个行业从产品或服务项目的角度，都对应着一个个市场，如文化市场、房地产市场、彩电市场等。同时又交叉地共同面对一些市场，如人才市场、资本市场等要素市场。一个行业在广告市场中的份额，与市场运行状况不无关联。主要表现在四个方面：其一，市场竞争的状况。如果竞争程度不高或在过度竞争后众多竞争者因兼并、破产、转型等原因而"消亡"，导致复归垄断局面，那么总的广告投入相对减少。一般来说，竞争主体多元化，竞争格局粗具雏形，行业广告投入就多，如现阶段的啤酒业、酒精饮料业、化妆品业、食品业、房地产业等就是如此，面对数以千计乃至数以万计的同行的竞争，又缺少以一当百的超级企业的存在，大家都在利用广告寻求突破的途径。其二，市场的成熟程度及对广告的重视程度。在一个不成熟的市场，人们可以通过不当手段获得不当利益，自然不会重视广告。即使采用正当手段，如果不思进取，或过分信赖其他手段或环节，如规模、价格、多元化、技术等，也不会重视广告的投入。其三，市场容量的大小。广告的重要目的之一是寻求市场及其份额的拓展和巩固，但任何一个市场在特定时期都存在增长的极限，那么，在市场膨胀的初期和中期，是行业广告投放较多的时期，一旦趋于饱和，广告投入就锐减，即使仍然高额投入，也往往徒劳无益。其四，公众消费取向以及由此带来的消费结构的变化。公众消费取向不是一成不

变的，它随着人们认识的加深、消费能力的提高而改变，形成时尚，它同样也会影响行业的走向，进而影响在广告市场的地位。

（四）政策的调整和变化

政策的特点在于指导性、强制性和动态性。政策的调整和变化，作为一种外部环境因素，同样也会影响不同行业在广告市场分布状况。主要表现为两种情况：其一，鼓励或限制某一行业发展的政策及其调整；其二，直接表现为某一行业进入广告市场的鼓励或限制的政策及其调整。从第一种情况看，根据1998年3月国务院提出的“三大改革，五个到位”的目标，1998年后推出了住房分配制度改革的举措，1999年后推出了高校扩大招生规模并大幅度提高学费标准的措施，2001年后又陆续开始医疗制度改革，从而改变了原先住房、就医由国家或单位统包独揽的格局，尽管最终在2005年前后出现了失控的局面，但直接激活了房地产市场、教育市场、医药和医疗市场，由于导入了社会化、市场化机制，这些行业在广告投入上明显增加。从第二种情况看，主要表现在媒体限制和费用核算等一些具体规定上。比如，烟草广告历来受到控制，受限制的媒体越来越多。所以，烟草行业尽管利润丰厚，但广告投放相对较少，仅相当于酒类的1/3，化妆品类的1/5。再如一度引发较大社会反响的国家税务总局关于广告费所得税前扣除标准的问题，在2000年以前，除粮食类白酒企业外，企业的广告费均可以在税前据实列支；2000年7月6日国家税务总局下发《企业所得税税前扣除办法》，该文件第六章规定纳税人每一年度发生的广告费支出不超过销售额（营业收入）2%的，可据实扣除，超过部分无限期向以后的纳税年度结转，但粮食类白酒广告不得在税前扣除，另外，纳税人因行业特点等特殊原因确须提高广告费扣除比例的，须税务总局批准。这一规定出台后，立即在全国企业界、传媒界、理论界引起轩然大波，大家普遍认为，这是限制市场竞争的做法，只会对经济发展产生负面影响，而且，不符合目前广告市场的现状。由于反响强烈，国家税务总局采取务实的态度，于2001年8月5日下发通知，对有关规定作出调整，具体是对制药、食品（含保健品、饮料）、日化、家电、通信、软件开发、集成电路、房地产开发、体育文化和家具、建材等行业的企业，广告费扣除从2%提高到8%，而且，从事软件开发、集成电路制造及其他业务的高新技术企业、风险投资企业还可以在公司登记成立之日起5个纳税年度内经审核后广告费据实扣除。这一政策的变化，就影响着行业或企业广告费用的增减。近年来药品广告的减少与此有关。

图片 10－6

图片 10-6 是几年前的一则广告,通过观摩,请你在查阅有关资料后比较 1998 年至 2008 年我国药品广告的投放量的变化,了解其变化的轨迹,并从政策的角度分析其具体的形成原因。

第二节　零售与服务业广告的运作

零售业主要是指商店、超市、购物中心,服务性行业主要包括旅游业、酒店业、餐饮业、修理业、金融业、建筑业、房地产业、交通运输业、邮政业、电信业、仓储业等。零售与服务业提供的是服务,广告内容主要涉及服务的种类、项目、档次、质量、水平、态度、网络、特色。

一、零售业广告运作策略

零售业可以有许多类型,如大店与小店、单体店与连锁店、综合店与特色店,等等。零售业广告运作,值得注意的有如下四点。

第一,大店和大型超市可以考虑在大众媒体发布广告,众多中小店家以发布社区性广告为主。

第二,构筑有特色的商业街区或商圈,以此为基础各店设置售点广告。在前面章节我们讨论过售点广告(POP 广告),但这是就某一家商店而言的。就效果而言,这是不够的,还应与整个商圈协调起来。

第三,"大卖场"或大型超市可发布直邮广告。麦德龙、家乐福、沃尔玛等许多境外零售商进入我国市场给我们的一个重要启示是,在实施会员制的基础上,向会员定期邮寄商品信息,涉及品种、价格、时间、赠品等,并配有彩色图片,与稳定的客户直接沟通,而且广告成本低廉,对象明确,效果较好。适合采用这一形式的主要是大卖场或跨区域的大型超市。对此,可与邮政系统开展合作。

第四,内容上宜着力推介特色服务。

图片 10-7 是我国最繁华的商业街区——上海南京路步行街的夜景,这里有我国最大的几家商店。通过观摩,你认为对于具有全国性影响力的大商店做广告应该怎么做?与一般的社区性小店比较在做法上有什么不同?为什么?

二、金融业广告运作策略

金融业是现代市场经济的核心,涵盖银行业、保险业、证券业、基金业、信托业、期货业等,在国民经济发展中占有重要地位。从证券业的发展情况看,截至 2007 年,我国有证券公司 90 多家,营业网点3 000多个,年末境内上市公司(A、B 股)数量由上年末的 1 434 家增加到1 550 家,市价总值327 141亿元,比上年末增长265.9%,到 2008 年,上市公司近 1 600 多家,其中包

图片 10－7

括许多在国计民生中占有重要地位的公司，比如工商银行、中国银行、中国石油、中国石化、中国联通等已经进入世界 500 强的企业，市场规模进一步放大。至 2007 年，保险公司保费收入增加到7 036亿元，比上年增长 25.0%，更是 2001 年的 3 倍多。至于银行业，历来是我国金融业的“龙头”，2008 年各类存款达到 46 万亿元人民币，外汇储备达到 1.95 万亿美元。期货交易所、期货公司、期货品种日益增多。自 20 世纪 90 年代以来，我国相继颁布和实施了中国人民银行法、商业银行法、保险法、担保法、公司法、证券法，还有一些法规和规章，形成了银行业、证券业、保险业分业经营、分业管理的架构。金融业正日益成为与广大城乡居民日常生活密切联系的一个行业，而且由一个具有较高垄断地位的行业演变为竞争较为充分的行业，需要利用广告手段。在广告运作中，应注意如下三点。

第一，对产品和服务创新作重点推介。在一般人的印象中，银行、信用合作社、财务公司、信托投资公司、金融租赁公司、证券公司、保险公司、基金管理公司这些金融机构的经营范围的界定不够清晰，即使是同一类金融机构，它们的“个性”也不够鲜明，似乎银行就是吸储与放贷，证券公司就是经纪、承销、自营、咨询、资产管理，彼此没有差别。这里既有金融机构业务雷同，产品和服务创新不够的原因，还有宣传推广不力的原因。所以，在产品和服务创新的基础上，还要大力推介，以创造和发展个性和特色，并努力锤炼具有标志作用的品牌。

第二，广告内容应严格体现有关金融法规的规定。金融安全与否是涉及国民经济能否健康发展的大问题，如有不慎，将引发金融危机、经济危机乃至社会危机，1997—1998 年亚洲金融危机的爆发和 2007 年美国“次贷危机”引发的 2008 年的全球性金融危机的蔓延，就是如此。所以，广告宣传总体应贯彻谨慎、诚信、公开原则。目前，一些金融企业在广告中已出现了一些问题，应引起重视。主要表现在三个方面：其一，虚假陈述，隐瞒重要事实，这在一些金融机构增资扩股的募集公告中较为常见；其二，部分保险公司在开发投资联结险或分红保险险种的广告中，对投资前景作不切实际的宣传，有误导嫌疑，部

图片 10－8

分证券公司与客户签订委托理财协议，承诺保底收益，这都是违反金融法规的行为；其三，部分地方尤其是农村信用社公开宣传高息揽储，高利放贷，部分只能从事经纪业务的证券公司违规发布开展其他业务的广告。

第三，开展理财服务的广告宣传。随着改革开放的深入，人们金融意识开始觉醒，对金融业的金融服务提出了更高的要求。金融机构可以开展一系列广告活动，加强与客户的联系，为他们储蓄、信贷、证券投资、外汇交易提供周全的服务，在形式上可以采用免费派送宣传资料、开办社区金融夜校、举办讲座和沙龙、广播漫谈等，宣传政策法规，分析宏观走向，解剖热点问题，设计投资策略。

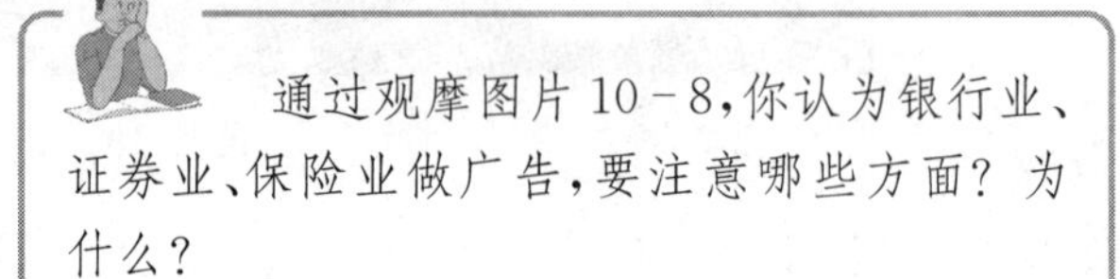

通过观摩图片 10－8，你认为银行业、证券业、保险业做广告，要注意哪些方面？为什么？

三、旅游业、餐饮业、酒店业广告运作策略

旅游通常是与购物、餐饮、住宿联系在一起的，但反过来不一定成立。所以，我们将此合并起来加以分析。世界旅游组织在《旅游业：2020 年前瞻》的展望报告中预测："第一，到 2020 年全世界每年将有 16 亿人次到外国旅游，是现在的 3 倍；第二，每年的国际旅游消费是 2 万亿美元，平均每天 50 亿美元，是目前的 4—5 倍。从增长速度来看，游客数量每年的增长率是 4.3％，旅游收入的增长率是 6.7％。中国旅游业的发展更是强劲，出境游增长将成为新亮点。预计 2013 年出境游增长率为 22.4％。到 2020 年中国将成为第一大旅游目的地和第四大旅游输出国，成为第一旅游强国。"这些都表明我国旅游市场十分广阔，开发空间仍然比较大。在广告运作中，应注意以下四点。

通过观摩图片 10－9，你认为现在我国旅游企业比较多的是发布促销广告而不是形象广告是否具有合理性？怎样通过广告手段塑造个性化品牌？即使是促销广告的发布，怎样加强针对性？

第一，着重发布形象广告。旅游消费是一种典型的个性化消费，游客的游览兴趣和对景区、景点的择取倾向各不相同，那么，对于不同的城市、地区乃至景区，都可以根据自然和人文特征，展示独特的旅游形象。

第二，把握有利时机。旅游业在一年之中有淡季和旺季之分，广告发布一般应在旺季到来前夕。比如春节、清明、劳动节、国庆节期间，到埠外和境外的人群相对比较集中，发布旅游广告容易引起人们的关注。另外，一些特殊事件引起的旅游商机也要善于捕捉，比如

大型体育赛事、重要会议、重大庆典活动的举行。

第三，作品力求富于品位。旅游可以缓解紧张、增长见识、修身养性、调节关系，所以，旅游消费不同于其他“快餐式”消费，讲究的是审美情趣和人文气息。那么，旅游广告作品要俗中见雅，富有品位。

第四，广告运作要适应旅游市场分层消费的多元化趋势。近年来，旅游市场经历了由无差别消费到不断细分的过程，出现了出境游与入境游，豪华游与普通游，历史游、工业游、健身游与观光游，老年游、儿童游与情侣游；标准化游与自助餐式游等许多类型，在对象、方式、规格、线路、时间、价格等方面都有较大差异，那么，广告运作要加强针对性，不能采取统一的广告策略。

图片 10－9

四、建筑业、房地产业、装潢业、物业服务业广告运作策略

这几个行业是相互关联的。以房地产业来说，在其上游和下游形成了一个涉及 40 多个行业的产业链。自 20 世纪 90 年代初以来的近 20 年中，我国房地产市场经历了由最初的狂热到沉没萧条，再步入良性循环，复归狂热四个阶段，现在已成为拉动国民经济发展的一支重要力量，与大众生活的关系日益密切。房地产广告及与之相关行业的广告也日渐活跃。在广告运作中，要注意以下三点。

第一，要区分各自的主要广告对象。建筑企业的产品可能包括地铁、桥梁、隧道、铁路、住宅、写字楼、工厂、商店及各种场、馆、楼、堂、所等，那么，其客户可能涉及各类社会组织，其中与住宅相关的直接客户就是房地产企业。房地产公司的客户是潜在商住楼、写字楼楼盘的购买者和租赁者。装潢企业面对的是已购买或租赁有关楼宇的客户。物业公司则以已入住的客户为对象。由于对象不同，则广告媒体的运用有所侧重。一般来说，建筑企业以直邮广告、传真广告为宜，房地产企业通常应选择大众媒体，在售楼处或相关的展览会配备精美画册，装潢企业可选择广告传单，大型企业可发布大众媒体广告，物业公司可在小区设置广告栏或广告橱窗。

第二，广告正文采用说明体体例或通过图画、多媒体展示。对于居民住宅来说，住宅消费在现阶段无疑是大宗消费。正因为是大宗消费，而且，绝大多数消费者以自住为目的，很可能一生只有一次这样的经历，所以，他们总是以极为理性的态度、极为挑剔的眼光来审视与楼盘有关的一切因素，如材料质地、小区绿化、商业网点、楼宇间距、产权证书、按揭方法等。而这些因素都必须了然于胸，认为物有所值才会最终决定购买。所以，广告要着力于说明、解释，以减少和消除顾客的疑虑。至于装潢，一般每平方米也要达到 1 000 元以上，同样在发布广告时也应以说明为主。

第三，广告内容要真实、全面、客观。近年来，购房者投诉较多的是房地产虚假广告。

常见的虚假广告主要有以下六种表现：其一，效果图随意浓缩距离；其二，夸大渲染，动辄“贵族气派”、“皇家经典”或“水景豪宅”；其三，虚构由著名设计师设计的事实；其四，牵强附会地将楼盘与邻近学府、地铁出入口等联系起来；其五，房屋销售价格模糊，如“基价×××元”或“××××元起”，甚至只是笼统地表示是“震撼价”；其六，预售广告的承诺与交付时的实际情况不一致。实际上，在有关房地产广告的专门规定中，就明确要求房地产广告中的项目位置示意图应当准确、清楚，比例恰当；涉及的交通、商业、文化教育设施及其他市政条件等，如在规划或者建设中，应当在广告中注明。

通过观摩图片10－10，你认为对于普通大众而言，房地产广告的文案是写得富有诗情画意，还是实实在在更好？为什么？

图片 10－10

五、交通运输业广告运作策略

交通运输业包括铁路、航空、公路、水运等部门，广义上还包括仓储、物流等行业，总体分为客运和货运两部分。比较近年来我国交通运输业在广告市场中所占的份额，所占比例较小，其中铁路、公路、水运部门广告更是绝无仅有。原因在于：其一，在我们的习惯思维中，将公交、铁路、航空与煤水电部门一起视为公用事业，受政策的影响较大，对政策的依赖程度也高；其二，由于交通一直是制约我国经济发展的一个“瓶颈”，对货运和客运都造成较大压力，使交通运输业产生了“自大”情结。基于这两点，自然不会重视广告。

对于交通运输业来说，首先要做的是增强广告意识。有三点理由：其一，交通运输则有较大的选择性；其二，20多年来，在我国运输线路中，无论是铁路里程、公路里程还是民航里程每年都有新的延伸，在平时运输压力将大为缓解，而且随着高速公路的建设、铁路线的延长和火车的几次提速，各城市地铁建设速度的加快，桥梁和隧道的建设，磁悬浮项目的上马，农村道路基础设施的改善，经过一定时期的发展，情况将进一步好转，更是如此，但随着人员的大规模流动和贸易量的大幅度增长，有时可能存在一定的困难，比如2007年旅客运输总量达到223.7亿人次，比上年增长10.5%，货物运输总量也增长了10.7%；其三，近年来，公路、铁路、水运、空运之间的竞争格局初步形成，公路运输的崛起和水运的萎缩就是竞争的结果，在一些大城市，公交、出租、地铁、轻轨公司在争夺客流上的竞争局面也已形成。所以，本质上交通运输业应走市场化的道路，从政策的樊篱中解放出来。

其次，利用自身优势，开展广告宣传。交通运输业拥有较多的广告资源，包括机场、码头、车站广场及等候室，车身、船体，道路沿线站牌，车票、船票、机票，等等。这些资源多年来主要是对外租赁，而交通运输企业及相关经营实体自己加以利用的则不多。当然，这些资源只能用来制作户外广告，在受众的知晓面上还有局限。因而，为了展示自我形象，还应利用大众媒体发布广告。

图片 10－11 是上海铁路局用漫画形式做的一则广告，目的是通过一碗茶的工夫就从上海到了南京的小故事表明火车提速后的方便快捷。以前素有“铁老大”、“电老虎”之说，你认为目前铁路部门与其他交通运输部门相比，在广告运作的意识、投放量、技巧和能力等方面存在哪些差距？

六、邮电通信业广告运作策略

邮电通信部门原先与铁路、航空、港务部门都是“穿制服”的部门，但邮电通信部门经过改革重组，破除垄断，引入竞争，为行业快速健康发展注入了新的生机和活力。电信业务量的迅速发展也为行业广告的发展提供了契机。在当前广告运作中，要注意以下两点。

第一，强化企业形象的塑造。近十年来，我国通信与信息服务市场经过多次重组，现在已经形成中国电信、中国移动、中国联通这三家骨干企业，它们分别是在吸收了部分其他中小企业的基础上成立的。这一竞争格局在今后仍可能由于新的竞争主场的出现而加以改变，必然促发在广告领域的竞争。由于不少属于新生公司，全行业处于频繁的重组之中，公众对电信企业的历史沿革、业务范围、经营举措、发展取向等往往不甚了解，以为彼此并无差别，只不过地域归属不同或移动电话的号码不同而已，所以，在现阶段及今后一段时期，应着力于企业形象的塑造，在同时有多家运营商可供选择的情况下，使消费者出现“指牌消费”的情况。

第二，强化服务项目的推广和介绍。在目前近 10 亿电话用户中，有 8 亿户是在 2001

图片 10－11

年之后的7年中发展的新客户,他们往往并不十分熟悉电信服务企业的服务项目、方式、效果、价格及各企业之间的比较优势。事实上,电话特别是手机提供的服务越来越多,一些新技术的使用,将使新的服务项目进一步拓展。比如,2008年底,经过多年的等待,我国终于发放了3G牌照,那么,由2G到3G,许多人可能就不清楚它们之间究竟有什么不同。针对这一状况,电信服务商还应强化服务项目的推介。电信服务专业性、技术性较强,在推介时可制作说明书、宣传册,如同电话黄页那样免费派送给城乡居民,还可有选择地利用综合性报纸发布广告,加以演示和说明,巩固消费者的现有需求,并激发新的需求,因为用户是有极限的,但通话功能之外的功能开发及用户需求可以是无限的。

综合比较分析零售业、金融业、旅游业(含酒店业等)、建筑业(含房地产业、装潢业等)、交通运输业、邮电通信业这几类服务性行业的广告运作策略。

图片10-12是中国移动公司的下属分公司在农村做的一则广告,你认为这个利用墙体做成的广告标语是否适应了我国当前农村、农民和手机信息消费市场的特点?为什么?

图片10-12

第三节 制造业广告的运作

我国在现阶段仍然处于工业化进程中,突出表现为总体上工业对于经济增长的拉动作用明显高于其他产业,2007年在GDP总值中所占比重约为50%,不仅高于欧美等发达国家,在发展中国家中也算较高的。在工业中,制造业分布最广。从广告运作的角度,我们可以分为两部分：一是与公众日常生活密切相关的行业，如纺织、服装、食品、化妆品、家电等；二是产品生产周期较长的行业，如冶金、造纸、机械、化工等，以及技术含量高、产品价格较高的行业，如汽车、船舶、飞机、电子通信设备等。

一、日用品广告运作策略

日用品主要是与公众的衣食住行和保健、娱乐、通信等有关，如服装鞋帽、食品（含饮料）、冰箱、彩电、电话、自行车等。在不同的时期和地区，日用品的概念是不完全相同的。总体来看，生产日用品的行业与消费者的联系最为广泛、紧密，市场需求最大，一般广告投入较大，对广告的重视程度也比较高。

从全球范围看，目前有四大强势产业：一是医疗保险业；二是金融产业；三是电子信息产业；四是食品消费品产业。而这四个产业都是与公众的日常消费联系很紧的。下面，选择六种主要的加以分析。

（一）食品广告运作策略

食品、食品添加剂、饮料、白酒、乳制品等食品广告运作，要注意以下五点。

第一，严格履行广告审批手续。食品广告的申请，应交验食品卫生监督机构出具的《食品广告证明》，而特殊营养食品广告和食品新资源广告，应交验省级以上卫生行政管理部门出具的证明，同时，食品广告表示其低脂、低糖、低盐、低胆固醇等含量的，必须出具卫生监督机构说明其明显低于同类产品的证明。据统计，我国每年食物中毒例数至少20万—40万人，“毒茶叶”、“地沟油”、“甲醇掺酒”、“瘦肉精”、“致癌大米”、“大头娃娃”、“三鹿毒奶粉”……桩桩件件，令人心惊肉跳。由于食品涉及人的生命与健康，那么，食品广告应严格履行审批手续。

第二，倡导现代消费观念，广告内容要科学。

第三，不得使用医疗用语或易与药品混淆的用语。食品广告中不得出现“延年益寿”、“防老抗癌”、“齿落更生”、“白发变黑”、“补品”、“强壮食品”等或类似的词句。

第四，注意对象的差异。食品与每人有关，但分层化销售的特征极为明显。所以，广告要紧扣对象的年龄、地区、身体状况、性别等特征的差异。

第五，注意风俗习惯的因素。比如，在我国母乳代用品广告受到严格控制，主要是从营养科学性比不上母乳以及不利于培育母子亲情角度考虑的。

图片 10－13

通过观摩图片10－13，再结合2008年发生的三鹿集团等一大批企业卷入“三聚氰氨”事件，你认为食品饮料广告最重要的是把握什么方面？另外，你对铺天盖地的奶制品广告如何认识？

(二) 烟草广告运作策略

烟草广告的限制性规定及其理由。

中国吸烟总人数达3.5亿，比美国总人口还多，而且是全球唯一的一个增长的市场，每年新增300万吸烟者，远远超过其他五大卷烟消费市场(美、日、英、法、德)。烟草所带来直接和间接危害较多：吸烟与肺癌、冠心病、肺气肿等多种疾病有直接关系，直接损害身体健康；影响家人及下一代的身体健康；影响家庭开支的上升及医疗费用的上升；导致火灾的发生，间接造成社会财富的流失。正因为它关系到人民群众的健康与财产，不少国家和地区对烟草广告严格控制，甚至全面禁止。我国也采取了相应的控制措施，这也是近年来烟草广告投入远低于其他日用品广告的根本原因。在广告运作中，主要就是了解和把握有关规定。

第一，媒体限制的规定。2003年5月31日世界卫生组织(简称"WHO")在日内瓦通过了国际性法律文件《烟草控制框架公约》(简称《公约》)。我国于2003年11月10日签署了《公约》，到2004年6月29日，已有168个国家签署了《公约》，WHO宣布《公约》自2005年2月28日生效。按照《公约》第13条的规定，在公约对其生效后的5年内，广泛禁止所有的烟草广告、促销和赞助，其中包括广泛禁止源自本国领土的跨国广告、促销和赞助。同时《公约》还要求各缔约方应考虑制定一项议定书，确定需要国际合作的广泛禁止跨国界广告、促销和赞助的适当措施。尽管《广告法》规定禁止在广播、电影、电视、报纸、期刊五大媒体和各类候车室、影剧院、会议厅堂、体育比赛场馆四种公共场所发布烟草广告，但违法发布烟草广告的现象仍然存在，需要加大执法力度，依法规范，逐步减少烟草广告。当前还需要补充在互联网上发布烟草广告的监管规定。烟草促销、赞助活动是涉及卷烟作为合法产品的正常经营活动，国外不少国家也合法存在，如F1方程式赛车广告等。

第二，主体限制的规定。对烟草广告的限制，不仅是指卷烟，还包括烤烟、烟丝；不仅指烟草制品，还包括烟草经营者。根据《烟草广告管理暂行办法》，烟草经营者名称与烟草商标名称相同时，经营者名称广告，不论直接的还是间接的(即该名称出现在其他广告中，如报花、栏头、冠名、冠杯，等等)，都不允许利用大众传媒发布相关信息。当然，若两者不一致，则不受此限。

第三，内容限制的规定。在烟草广告中，不得出现下列情形：一是吸烟形象；二是未成年人形象；三是鼓励、怂恿吸烟的；四是表示吸烟有利人体健康、解除疲劳、缓解精神紧张的；五是其他违反广告管理规定的。另外，烟草广告中还必须标明"吸烟有害健康"的忠告语，且易于辨认。

图片10-14

图片 10－14 是烟草公司的广告，根据现行的《广告法》及其相关的《实施细则》，你认为违反了什么方面的规定？另外，你对全面禁止烟草广告持有什么看法？

(三) 服装鞋帽广告运作策略

第一，把握服装鞋帽的文化含义。服装鞋帽通常是一个民族的文化象征，而且，在不同的场合，其颜色、款式、搭配代表了不同的文化意义。比如，西服本来是舶来品，尽管在我国已较为普遍，但一般用于较为正式的场合。

第二，把握使用者的特性。服装鞋帽的选择，与使用者的年龄、性别、职业、收入、审美情趣等因素密切相关。在广告运作中，要充分考虑这种差异，并在诉求方式上体现出来。

第三，把握服装流行的趋向。在日用品的消费中，流行与时尚较为普遍，而在服装鞋帽领域更为突出。在广告运作中，一方面可以利用广告创造某种时尚，一方面可以适应某一时尚利用广告加快流行的速度和扩大流行的范围。但是，流行的东西一般并不长久，比如自 1988 年后上海出现持续 16 年的暖冬现象，先后流行过皮夹克、棉毛内衣等，均引发过广告大战，但真正产生效果是流行的酝酿期、扩散期，而不是消退期。所以，广告投入要适可而止。

图片 10－15

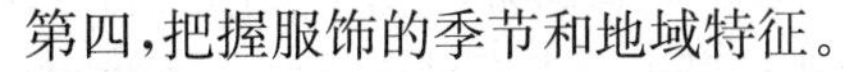

第四，把握服饰的季节和地域特征。

通过观摩图片 10－15，你认为开展服装鞋帽的促销广告应该怎样考虑商品的文化含义、对象特征、流行周期、季节特点和地域属性等因素？对于服装类企业而言，应该怎样塑造品牌形象乃至整个企业形象？

(四) 家用电器广告运作策略

第一，适应产业发展的阶段性特征，采取有针对性的广告策略。一个产业的发展一般要经历五个阶段，即产业启动阶段、产业整合阶段、产业有限竞争阶段、产业升级阶段、产业过度竞争阶段，这在家电领域表现得尤为明显。在不同阶段，表现出不同的市场特征，对此要采取有针对性的广告策略。具体见表 10－1。

表 10－1 中国家电产业发展阶段及广告策略

阶 段	特 征	广 告 策 略
产业启动阶段	① 市场基础比较薄弱；② 核心技术一般要依靠引进	通过高密度广告投放，建立强势品牌，如 1997 年前后影碟市场，爱多、步步高、新科、厦新、长虹等角逐市场

(续　表)

阶　段	特　征	广 告 策 略
产业整合阶段	① 竞争由无序到有序；② 竞争主体由少到多再逐步淘汰	通过广告提升基于品质的品牌美誉度，如冰箱市场曾有9个阿里斯顿、2个以上利渤海尔以及其他众多品牌，最后剩下的强势企业只有海尔等少数几家
有限竞争阶段	市场发展相对稳定	保持平稳的广告投入，并着力推广企业形象，即从产品转向企业自身
产业升级阶段	① 产品技术出现换代式升级；② 品牌延伸增多	如彩电由14寸到42寸，长虹、TCL、海尔、春兰等纷纷进入主业以外的其他领域。对延伸品牌重点推广，在此基础上，继续企业形象宣传
过度竞争阶段	① 严重供过于求；② 技术相对落后；③ 行业平均利润率大幅度降低。	削减广告投入，并配合产业转型，实现广告战略与策略的转型

值得注意的是，家用电器行业门类众多，不同类型的家用电器在同一时期所处的产业发展阶段是不同的，所采取的市场策略及广告策略应有差异。

第二，广告对象和媒体定位要注意城乡差异。城乡居民在收入水平和消费能力上总体存在差异，而家电各领域乃至不同规格的价格差异较大，因而，广告运作要采取差别化策略。比如，在现阶段，电视机、冰箱、洗衣机等大众化家电可重点在农村推广，2008年末2009年初中央推出的“家电下乡”计划应该说是可取的，而电脑、背投电视、摄像机、数码相机等可重点在城市推广。当然，即使是电脑，台式电脑和笔记本电脑的销售现在也出现了变化，后者在2008年底首次超过了前者，如果在农村销售，目前恐怕应以前者为主。

通过观摩图片10-16，你认为在我国目前传统家用电器广告的重点地区应该放在哪里？对新型家用电器和高档家用电器广告应该重点针对哪些人群？怎样根据产品的生命周期开展广告运作？目前家用电器广告的主体你认为应该是制造商还是零售商？为什么？

(五) 药品广告运作策略

药品广告的限制性规定及其理由。

在广义上，药品广告还包括医疗器械广告。随着我国药政制度和医疗保障制度改革的不断深入，药品市场和医疗市场的竞争日益加剧，尤其是一批民营医院的出现，使得这种竞争在最近几年更为明显，其中广告手段也得到了较充分的运用。由于事关人的生命与健康，我国广告法和药品管理法都对药品广告作了比较严格的规定。在广告运作中，要注意以下五点。

图片 10－16

第一，明确能否发布广告的药品的范围。广告法规定，现阶段我国不允许为麻醉药品、精神药品、毒性药品、放射性药品做广告，即在任何媒体，采取任何方式都是受禁止的。出于风俗、道德的考虑，与性保健有关的药品一般也不允许以大传播的方式发布广告。另外，国家还规定，从 2002 年 7 月 1 日起，地方标准的药品禁止在任何媒介发布广告，从 2002 年 2 月 1 日起，治疗心绞痛、高血压、肝炎、糖尿病处方药以及抗生素类抗感染处方药和激素类处方药禁止在大众媒体发布广告，从 2002 年 12 月 1 日起，扩大到全部处方药品。

第二，明确关于药品广告内容的禁止性规定。主要有十个方面：其一，含有不科学的表示功效的断言或者保证，诸如“疗效最佳”、“根治”、“药到病除”、“安全无副作用”等用语不得出现；其二，贬低同类产品，与其他进行功效和安全性对比以及用药前后的对比；其三，有绝对化的语言和表示，如“最新技术”、“最先进制法”等；其四，有治愈率、有效率及获奖的内容；其五，有利用科研单位、学术机构、医疗机构或者专家、医生、患者的名义、形象作证明的内容；其六，使用儿童的名义或形象，以儿童为广告诉求对象；其七，有直接显示疾病症状、病理和医疗诊断的画面；其八，含有“无效退款”、“免费治疗”、“保险公司保险”等承诺；其九，有明显或暗示服用药品能应付紧张生活或升学、考试的需要以及能增强性功能的内容；其十，含有奖销售、让利销售等广告形式。

第三，明确药品广告审批的程序。按规定，药品广告应经省级人民政府卫生行政部门审查批准，否则，不得刊播、散发和张贴，同时，药品广告内容应以国家或省级卫生行政部门批准的说明书为准。

第四，明确处方药和非处方药的区别。我国现有 6 万多种药品，其中到 2001 年底分批颁布的非处方药只有2 000多种，而且国家规定新药上市后 5 年内均按处方药处理。由于 2002 年 12 月 1 日后按照规定所有处方药不得在大众媒体上发布广告，那么，一方面要努力开发和利用新的广告媒体资源，另一方面要及时了解处方药变更为非处方药的信息，以便及时调整广告策略。另外,处方药广告还应在内容中表明“请按医生处方购买和使用”。

第五,明确药品广告的诉求方式。一般来说,应采用说明体的广告体例,不宜采用对比体、证明体、论说体体例。

中华人民共和国广告法(节选)

……

第十四条　药品、医疗器械广告不得有下列内容:

(一) 含有不科学的表示功效的断言或者保证的;

(二) 说明治愈率或者有效率的;

(三) 与其他药品、医疗器械的功效和安全性比较的;

(四) 利用医药科研单位、学术机构、医疗机构或者专家、医生、患者的名义和形象作证明的;

(五) 法律、行政法规规定禁止的其他内容。

第十五条　药品广告的内容必须以国务院卫生行政部门或者省、自治区、直辖市卫生行政部门批准的说明书为准。

国家规定的应当在医生指导下使用的治疗性药品广告中,必须注明“按医生处方购买和使用”。

第十六条　麻醉药品、精神药品、毒性药品、放射性药品等特殊药品,不得做广告。

第十七条　农药广告不得有下列内容:

(一) 使用无毒、无害等表明安全性的绝对化断言的;

(二) 含有不科学的表示功效的断言或者保证的;

(三) 含有违反农药安全使用规程的文字、语言或者画面的;

(四) 法律、行政法规规定禁止的其他内容。

第十八条　禁止利用广播、电影、电视、报纸、期刊发布烟草广告。

禁止在各类等候室、影剧院、会议厅堂、体育比赛场馆等公共场所设置烟草广告。

烟草广告中必须标明“吸烟有害健康”。

第十九条　食品、酒类、化妆品广告的内容必须符合卫生许可的事项,并不得使用医疗用语或者易与药品混淆的用语。

(六) 妇女用品广告运作策略

从日用品使用的性别差异看,有的是无差别的,如食品、冰箱、彩电等;有的以男性或女性为主要消费群体,如烟、酒以男性为主,化妆品以女性为主;有的具有性别属性,如自行车、手表、手机、服装等;有的属于女性专用品,如卫生巾、胸罩等。女性与男性一样,都是重要的消费群体,而且,女性特别是25—44岁的已婚女性往往是消费的决策者。对于妇女用品广告的运作,主要是适应女性生理和心理特征,把握其需要、动机、消费习惯。

第一部分：案例内容

国家工商总局曝光借防非典名义发布的虚假广告

国家工商行政管理总局日前将一批以防治非典型肺炎名义发布虚假违法广告的典型案例向社会曝光，以提醒广大消费者树立自我保护意识。

被曝光的这些典型案例如下。

4月22日，四川华美制药有限公司在重庆一家日报发布“三勒浆”虚假广告，称“这次广东省中医院在非典型肺炎的救治过程中，通过服用中药来增强医护工作人员的身体抵抗力，取得良好效果。这一经验完全可以在高考考生的流行病预防工作中予以借鉴。经过众多中药产品的筛选，笔者发现已面市多年的三勒浆颇具这方面的价值”。

4月23日，重庆华创药业有限公司在重庆一家日报发布“固之源氨基酸钙”虚假广告，称“固之源氨基酸钙增强免疫能力，预防非典型肺炎”。

4月27日，西安市临潼区养生神醋酿造厂违法散发虚假印刷品广告，称“服用神醋后才能预防非典的传染，并能清除非典型肺炎感染者体内的疫患”。

4月28日，扬州市工商局查处扬州市邮政速递有限公司为恒顺集团设计制作的虚假印刷品广告，广告称“恒顺集团生产的白醋具有很强的杀菌效果。对预防非典型肺炎效果非常明显”。

4月21日，《医药养生保健报》以新闻报道形式发布违法医疗广告，称“乾坤医院防治非典药品在保质保量的前提下，价格大幅下调30%”，涉嫌虚假用语，且违法发布该医院的“非典”防治热线电话。

4月24日，兰州大得利生物化学制药(厂)有限公司在《西部商报》发布“声明”广告，称“近期国内部分地区‘非典’疫情严重，兰州市被列为全省重点防疫区域，注射用胸腺肽作为免疫增强剂，可提高基础免疫力”。广告未经省级药品监督管理部门批准，且内容严重误导消费者。

4月22日，福州市冯建华假冒“中华医学会”名义发布治疗非典型肺炎的虚假印刷品广告，称“近日，冠状病毒肆虐，感染‘非典’病例日增，人人谈‘典’色变”“现推荐一种无任何毒副作用的免疫调节新药(生物制剂)。临床主要应用于治疗及预防病毒性感染和自身免疫性疾病”。

4月23日，鑫艳电器兰州分公司发布违法广告，称“预防非典有好办法了”“为保证您的家人的健康，购买解毒机预防‘非典’是您现在最明智的选择。国难当头，我公司从人道主义出发，特价出售”。

此外，大连、北京、重庆等地工商局还查处一批以防治“非典”名义，推销与防治“非典”无关的商品服务，严重误导消费者的广告。如“吃火锅、防非典”违法招牌广告；“健康美食送防非典护肺汤”虚假店堂广告；“‘非典’肆虐，戴梦得珠宝，保你平安”误导广告等。

国家工商总局有关负责人表示，有关防治“非典”的方剂处方未经卫生部防治非典型肺炎领导小组审定同意,一律不准擅自发布;严禁在广告中引用"非典"病例、数据和对"非典"疫情进行描述;有关治疗、预防"非典"的药品、医疗器械以及医疗广告,必须严格依照程序进行审批,不得超出批准范围进行宣传;严禁利用广告宣传,引发社会不安情绪,哄抬预防"非典"药品、医疗器械的价格,误导欺骗公众的违法行为。他说,国家工商总局已责成各地工商行政管理机关把户外广告、印刷品广告、店堂广告作为监管重点,加强对广告市场的巡查和监测,对违法虚假广告做到及时发现、及时处理。

第二部分:引用该案例的目的

这里我们选用的都是违法违规的广告,所涉及的行业有食品业、化妆品业、药品行业。引用这些案例的目的是让学生了解广告违法违规的各种表现,了解我国在各行业广告发布中对广告主、广告经营者和广告发布者有哪些具体的规定,从而增强广告是否违法违规的辨别能力,也为今后有机会设计和制作广告时提供一个行动指南。

第三部分:案例观摩的思路与方法

首先,认真阅读我国《广告法》以及其他相关的广告管理法规和规章。

其次,对上述各种违法违规广告有一个梳理,分析它们违法违规的类型、原因,存在于哪些行业,为什么会出现这些现象。

最后,做到举一反三,根据你所掌握的知识分析现实生活中还有哪些广告是违法违规的。

第四部分:案例点评

在有人群的地方,就有违法违规,这是必然的现象,广告行业也不例外。从我国现阶段的情况看,虚假广告占了将近一半。而且,在各行各业都有。2003 年爆发的"非典"对我国经济发展和社会生活造成了严重的冲击,还夺去了许多人的生命,这个教训是深刻的。但是,有的企业却把这看成了"商机"招摇撞骗。我们讲广告创意,不是说可以天马行空,还必须遵守相应的法律法规,否则,很可能前功尽弃,得不偿失。从另一个方面看,虽然我国在改革开放之后就逐步建立和完善了广告法律法规,但与实践相比,是比较滞后的,有的与实践严重脱节。

第五部分:版权及出处

新华网 2003-5-5。

二、非日用品广告运作策略

(一) 生产资料行业广告运作策略

生产资料行业包括石油、煤炭、机械、钢铁、有色金属、水泥、化工、化肥、木材、电力、农药等行业或部门。这些行业一般具有四个特点:其一,在国民经济发展中起基础作用,企业资产、销售额、员工数量较大;其二,投资大,见效慢,生产经营周期较长;其三,产品生命周期长,不像一般日用品那样淘汰快、可替代性高;其四,除少数产品外,一般不与个体消费者直接发生联系,而主要是集团消费,如发电部门主要与供电部门、钢铁部门主要与建筑、汽车部门发生联系。作为非日用品生产部门,在广告运作中应注意四点。

第一,应侧重发布形象广告。总体来看,生产资料产品型号、规格、质量等方面有差异,但品牌效应并不明显，比如电力，不论水电、热电、火电、风电、核电，本质差异并不大。基于这一点，广告发布可侧重企业形象。这些基础工业企业对自我形象包装往往不够重视，我们从企业名称这一最直观的表象符号就可看出，一般是"地域＋行业＋组织形式"组合而成，如中石化、国家电网、马钢、宝钢、武钢、乐山电力、岷江水电，等等。所以，这些行业可以侧重发布企业形象广告。

第二，产品广告宜选用辅助性的印刷媒体。如前所述，生产资料尤其是钢铁、机械产品大多不与公众发生直接联系，那么，为节省广告成本，不宜在大众媒体发布广告。同时，为加强广告的针对性，户外广告等形式也不适合，最好选用辅助性的印刷媒体，发布直邮广告，以相关客户的负责人和经营采购部门为主要受众。

第三，强化在资本市场的广告宣传。自20世纪80年代中期以来，我国开始实行股份制试点，90年代中期以后步伐明显加快，以推进现代企业制度的建立，而股份制改造的重点是传统产业中的大型国有控股企业，这些企业又较多地集中于生产资料行业。而且，随着资本市场的进一步发展，这类企业将更多进入资本市场。资本市场具有融通资金、资产重组等诸多功能，而且自1990年后近20年的发展，至2008年我国已有1.3亿投资者。那么，作为与资本市场已建立广泛联系的生产资料行业来说，应注重在资本市场开展路演等推介形式，内容上以形象宣传为主。

第四，广告密度适中。既然存在市场竞争，没有广告并不可取，但也不能参照一般日用品行业那样高密度、高强度地投放广告，因为这些企业规模较大，历史较长，一般已在一定范围内形成了较高的知名度。

（二）大宗消费产品广告运作策略

"大宗消费品"与"大众消费品"的重要区别在于价格的高低及消费者的承受能力的高低，后者普及率高，前者只适用于工资性、经营性或财产性收入上的"高端人群"。从消费能力来看，大宗消费品具有三个特点：其一，由于产业升级和技术升级，消费对象总是处于上升趋势；其二，由于经济不断发展，消费总水平不断上升；其三，消费群体是分层的，并呈现塔状分布结构，越往上，消费能力越强，但人数相应减少。对大宗消费品的广告运作，应注意以下三点。

第一，广告对象要定位于高收入人群。从世界各国和地区来看，收入分配的两极分化是一种普遍现象，我国也是如此，基尼系数由2001年的0.39升至2007年的0.43，在东西部之间、城乡之间、不同行业之间都存在较明显的差距，比如城乡人均年收入达到1∶3.5左右。从"五分法"的角度看，大宗消费品的销售应针对收入水平和消费能力最高的那个20%的人群，显然广告运作也应以此为诉求对象。

第二，广告运作要适应诉求对象的特点。一般来说，高收入人群年富力强，具有较高的社会经济地位和职业声望，富于开拓和进取精神，具有较高学识素养和认知能力，社交和人际交往能力较强。因此，除了少数依靠拥有垄断资源、继承或通过博彩而成为高收入者外，他们一般被认为具有自信达观、开拓进取、领先一步、追求成功、敢于挑战、人情练达等品格。那么，广告运作可以结合诉求对象的特点，着力表现人性中的这些美好的东西。

第三，适应"大宗消费品"向"大众消费品"转化的进程，及时调整广告的策略。大宗消费品通常是新开发的消费项目，最初只有少数人尝试，渐而扩散，以至于演变为大众消费品，即从"神坛"走向"民间"。变化的原因：一是为利所趋，资本流向集中，导致供给扩大，价格受到抑制；二是出于种种原因，如追赶时髦、自我显示等，模仿者增多，到后来，所注重的是产品或服务的价值及对调节身心所具有的种种功用。可见，大宗消费者不是恒定的,在向大众消费品的转化过程中,其消费者群体也不是固定的,必然向"塔状分布结构"中的下端扩展。对象变了,而且,先期的广告投入已在一定程度上加深了公众对这一消费项目和品牌的认识,那么,广告的策略也要因人、因时而变。

图片 10-17

首先要区分日用品与非日用品,然后找出制造业中不同商品广告的运作的方法。特别要注意的是,关于食品广告、烟草广告和药品广告,法律上有许多限制性的规定,必须熟悉。

图片 10-17 显示的一幢幢房子虽然只是公寓,但对许多收入不高的人来说仍然是"大宗消费品",你认为开展大宗消费品广告与大众消费品广告在对象、媒体、风格、内容等方面存在哪些区别?并且陈述理由。

第四节 文化产业广告的运作

作为第三产业,本书所指的文化产业包括教育、科技、文学艺术、新闻出版、广播电视、体育卫生等从事生产、复制、传播文化的部门,相应地,广告主主要是指学校、报社、电台、电视台、杂志社、出版社、科研院所、医院、体育场馆、文艺院团、图书馆、博物馆、文化资讯机构等。广义上,文化产业也属于服务性行业,考虑到其特殊性,故与其他服务性行业区别开来。2007 年末全国共有艺术表演团体 2 856 个,文化馆 2 921 个,公共图书馆 2 791 个,博物馆 1 634 个。广播电台 263 座,电视台 287 座,广播电视台 1 993 座,教育台 44 个。年末全国共有卫生机构 31.5 万个,其中医院、卫生院 6 万个,妇幼保健院(所、站)3 007 个,专科疾病防治院(所、站)1 400 个,疾病预防控制中心(防疫站)3 540 个,卫生监督所(中心)2 590 个。虽然它们的区域性特征明显,但同样存在推广形象和品牌的问题。

一、新闻传媒业广告运作策略

新闻传媒特指报纸、广播、电视及周期较短的杂志。它们既是新闻信息传播主渠道,也是广告传播的主要载体。在为他人发布广告作"嫁衣"的同时,新闻传媒业自身也应增强广告意识。尽管在加入 WTO 后我国的新闻媒体不吸收外资与私人资本,仍由国家经营,尽管我国新闻事业集团化改革后增强了综合实力，但相比世界上最大的报业集团默多克新闻集团差距较大，而且随着媒体版面或频道的增多以及跨地区传播的普遍而出现的同业竞争也与日俱增。所以，新闻传媒业也应加强广告运作，以扩大发行量或提高收视率、收听率，吸引广告商，取得更好的社会效益和经济效益。

第一，通过媒介组合发布广告信息。对媒体的选择，首先当然是自有媒体。除此以外，还可以结合传播覆盖区域，选择其他相对强势的媒体，甚至可以在城市发布交通广告和户外广告。在这方面，历史悠久的《新闻报》就一直有这样的传统。

第二，精选广告信息。可以侧重四个方面：其一，报社、电台、电视台或集团形象，我国自20世纪90年代后期开始中央和地方成立了许多报业集团和广电集团，分别下辖若干个成员单位，由于成立不久，要强化形象推广；其二，重点推广有地方或媒体特色的名牌节目或栏目，不必面面俱到；其三，对非常规的重要的节目，如体育赛事、文艺晚会、重要庆典、电视连续剧等加以推介，以便广告招商；其四，对改版的状况加以介绍。

第三，报纸、杂志可以开展限时免费赠阅，或订报派送赠品的活动，以吸引读者。

第四，定期或不定期开展受众调查，或举办专家研讨会、读者（听众、观众）恳谈会，通过一系列活动型广告，既密切与受众的联系，又促进传播内容和形式的调整。

二、出版业、音像业、电影业广告运作策略

按照我国在加入世贸组织时所作的承诺，在分销服务方面，3年内逐步向外国服务提供者放开在国内市场的书报刊批发零售业务；在音像制品方面，在不损害中国审查音像制品内容权利的情况下，允许外国服务提供者按照中国法律法规的有关规定，与中方伙伴设立合作企业，从事国内市场音像制品的分销。由于对境外图书和音像制品的引进早已开始，这样，出版业、音像业从生产到流通已进入全面竞争的时期，有鉴于此，我国500多家出版社及众多音像制品制作单位广告意识明显增加，但力度还不大。所以，在增强广告意识的基础上，还应调整广告战略与策略。

第一，由以面向经销商为主变为面向最终消费者为主。我国传统的图书销售大多通过订货会、展销会等形式，广告定位也就主要是从书店这一代理商、批发商、零售商角度考虑，与读者这一最终消费者还无法直接沟通。而书店往往并不承担广告的义务，有的还余额退货，不仅造成营销成本上升，读者还是无从了解有关信息。对电影作品来说，实际上也不能只是面向电影院，而是面向观众，近几年中我国如《非诚勿扰》、《大腕》、《英雄》、《手机》、《集结号》等影片的发行取得成功，就尝到了不少甜头。实际上，图书、音像制品也是日用品，既非生产资料，也不是大宗消费品，广告诉求对象应以最终消费者为主。

第二，部分图书和音像制品的广告可由以辅助性广告为主变为以发布大众媒体广告为主。一本《学习的革命》借助中央电视台发布广告，发行量达到近600万册，《品三国》也创造了图书出版的佳话，说明大众媒体对于图书营销具有重要意义，这不是简单的展台布置、海报张贴、书目介绍等辅助形式可以达成的目标。现在也有利用大众媒体做广告，但多为读书类报刊，读者面过窄，效果并不明显。因而，可以拓展至其他大媒体。当然，并非所有图书都适合在大众媒体发布广告，一般应针对以下六类：其一，公众人物（并非学术圈中的知名人士）撰写的作品；其二，常年销售的实用性工具书；其二，适应面宽，但又非政府指定使用的高水平教材；其四，与社会热点相联系的各类读物；其五，与公众价值取向相适应，与公众学习、生活和工作相联系，能够开启思路，达到博闻、启蒙、益智目的的书籍；其六，其他可能具有良好销售前景的读物和

作品。

第三,要有明晰的受众定位。图书和音像制品是教育、娱乐、消遣的主要工具,总的来说,人们的接触或使用的动机不同。一般而言,人们读书的动机不外乎对工作与生活具有参考价值的“实用动机”,消除疲劳、缓解紧张的“休憩动机”,获得他人称颂的“夸示动机”,转移日常生活烦恼的“逃避动机”,以及“求知动机”、“探索动机”,等等。对于音像制品,使用的动机大体相仿,但与接触图书的动机侧重点有所不同。另外,这种兴趣或动机在极大程度上与受众的角色、身份、追求、收入水平等因素有关。在广告运作中,应有明晰的受众定位。

第四,突出个性特色,塑造和提升品牌价值。一家出版社真正能产生较好社会效益和较大经济效益的图书和音像制品毕竟是少数,因而,广告运作不能平均使用力量,而应着重宣传特色产品、拳头产品、名牌产品、系列产品和延伸产品,以此彰显出版社的特色。

第五,把握广告的时机。一般来说,除名著和精品外,大多数图书和音像制品都有较明显的生命周期,只能维持两年乃至更短的时间,这与社会热点增多及社会转型加快有关,直接驱动受众兴趣的快速转移。因而,从选题策划到广告策划,都应敏锐地捕捉热点生成与演变的趋势。

> 通过观摩图片 10-18 和图片 10-19,你认为对电影作品做广告,除了传统的海报形式外,是否还有其他的形式和途径?我国每年生产的电视剧约有 60% 没有和观众见面,你认为宣传推广能否成为一个原因?另外,为什么有的图书热销,广告在其中起了什么作用?

图片 10-18

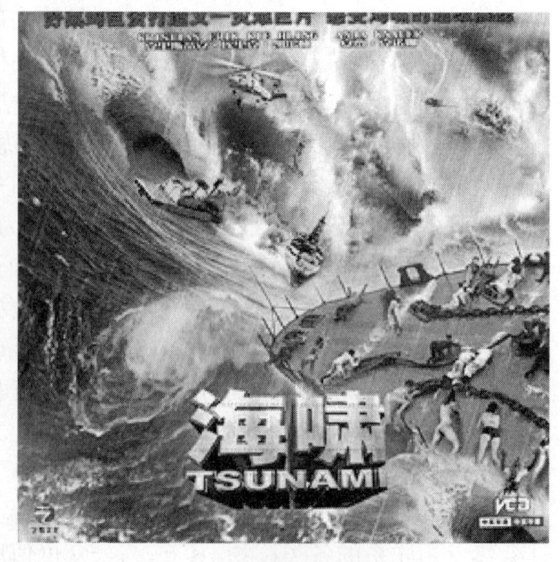

图片 10-19

三、演出业广告运作策略

演出业主要是指音乐、舞蹈、话剧、戏曲等舞台演出行业，那么，广告主就是与之相关的文艺团体。在我国，文艺院团主要被视为宣传思想工作的阵地，是公益事业单位，表现为自给能力较低，规模相对较小，既缺乏广告经营意识，又缺乏广告运作资金。要变被动为主动，变滞后为超前，广告手段就是重要手段。但是，广告的策略要体现演出行业的现状和特点，争取以最小的投入取得最佳的效益。其一，演出要走出剧院，深入学校、社区、企业、机关、军营，因而，可以制作精美的说明书、招贴画、传单，派人与具有一定规模和良好演出条件的单位定向联系，即通过直邮广告开展工作。其二，一些大型演出，可以通过报纸发布预告，部分演出可能还有现场直播，那么，可以通过电视发布预告。其三，在广告内容上，应重点突出艺术家或演艺明显、精彩节目、新颖的形式或恢宏的气势、独特的韵味、感人的情节，等等，而主办、协办单位之类可淡化处理。其四，现在一些演出广告多采用布告体或公告体，比较呆板，恰恰与艺术生动形象的本性不符。其五，充分挖掘和利用明星效应。

通过观察图片 10-20，你认为音乐、舞蹈、话剧、曲艺、戏剧演出广告如果是面向团体和面向个人，在方式上有哪些区别？

图片 10-20

四、体育产业广告运作策略

体育产业作为一个新兴产业，一般包括三部分：一是体育本体产业；二是体育相关产业；三是体育部门办的第三产业。对于俱乐部或运动队、体育场馆、体育器械企业、体育经纪公司、体育服装和饮料企业以及其他以体育为载体的机构或部门来说，如何利用广告手段扩大业务量，争取公众更大支持，展示自我形象，也是值得思考的一个问题。在运作上，与文艺演出业有类似之处，但不完全相同。类似的是明星效应突出，都在于为公众（歌迷、戏迷或球迷）提供娱

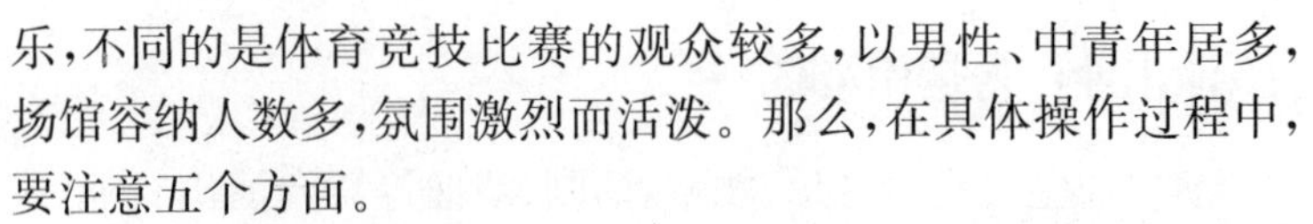

图片 10－21

乐，不同的是体育竞技比赛的观众较多，以男性、中青年居多，场馆容纳人数多，氛围激烈而活泼。那么，在具体操作过程中，要注意五个方面。

第一，不同的体育部门采用不同的方法。在体育专业市场，分健身娱乐业、竞赛表演业、技术培训业、体育服务业等多个门类，在参与人群、服务对象、经营领域、运作方式等方面都有差异，在广告手法上自然也就不同。

第二，伴随体育交流增多的状况，改变体育广告的区域性状况，大力开拓跨地区乃至跨国界的广告市场。

第三，努力开发衍生产品，如年历、签名球、专用服装鞋帽等，以此作为推广形象的载体。

第四，利用明星效应，策划新闻事件，包括举行庆功会、公众联谊会、球迷恳谈会、博览会、友谊赛等多种形式，以扩大影响。

第五，广告内容主要以健康、意志、力量、团队精神、青春等为主旨。

综合比较新闻出版业、电影电视业、文化演出业和体育产业的行业发展态势，了解这些行业利用广告的现状，分析不同行业的广告运作策略。

图片 10－21 是中超联赛巡回路演的海报，但结果是现场看球的观众人数随着由“甲 A”到“中超”的升级而减少，你认为是广告本身的功能在弱化，还是做广告不得法，或者是出于别的原因？

本章回溯

1. 从我国广告市场的发展来看，各行业之间是不平衡的。影响广告市场行业分布的主要因素是行业性质的差异、行业景气度的高低、市场运行状况、政策的调整和变化等。就总体趋势而言，任何行业都不可能离开对广告手段的运用。本章从零售业与服务业、制造业、文化产业等几个大类对大部分行业广告的运作策略作了比较系统的分析。

2. 零售和服务业所提供的是服务，广告内容主要涉及服务的种类、项目、档次、质量、水平、态度、网络、特色等。然而，零售业、金融业、旅游业、餐饮业、建筑业、房地产业、交通运输业、邮电通信业等服务性行业的行业性质、发展水平存在较大差异，对广告市场的开发和利用也不一样，不同行业采取的广告策略也不相同。

3. 制造业是我们关注的第二大类，它的门类也比较广泛。从广告市场的格局分，我们主要分成两部分：一是与公众生活密切相关的行业，如食品、烟草、服装、家用电器、药品、妇女用品等；二是产品生产周期相对较长或现阶段技术含量、产品价格较高的行业，主要是指石油、煤炭、钢铁等生产资料行业，汽车、船舶、电子通信设备等消费品行为。与零售业和服务业不同，制造业提供的是产品。但是，不同行业与城乡居民的联系不同，产品的生命周期不同，行业发展状况不同，法律对相关行业广告的具体规定不同，那么，采取的广告运作策略自然也不相同。

4. 如果说零售业与服务业、制造业主要与公众的物质生活领域相关的话，那么，文化产业如教育、科技、文学艺术、新闻出版、广播电视、体育卫生等，则主要与人们的精神生活领域相关。这些行业同样也需要借助广告市场来推广其精神产品。

学习重点

重点：① 影响广告市场行业分布的主要因素；② 零售业广告运作策略；③ 食品广告、烟草广告、药品广告的运作策略；④ 金融业、旅游业、餐饮业、酒店业、建筑业、房地产业、服务业广告运作策略。

难点：① 我国广告市场的行业分布概况；② 任何行业不可能脱离广告手段的两个理由；③ 影响广告市场行业分布的主要因素；④ 大宗消费品广告运作策略。

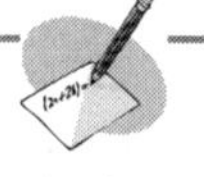

1.〔英〕亚当·斯密："一旦商业在一个国家兴盛起来，它便带来了重诺言守时间的习惯。"

2.〔美〕约翰·科恩："你知道人们在一杯饮料里放几块冰？一般来说，人们都不知道，可是可口可乐公司知道。"

前沿问题

总体来看，与从媒介角度研究广告相比，从行业角度研究广告除了有关的统计公报外，并不多见。另外，即使是研究各行业广告，主要是从法理上进行探讨或对某些广告的合法性进行评论与解读。实际上，从行业角度研究，也是有意义的课题，尤其体现在前瞻性、预测性研究中。在研究的过程中，可以从以下五个思路展开：一是了解、把握和分析各行业广告投放、市场份额的结构性差异及其原因；二是在收集、整理、总结各行业广告投放量在一个较长的阶段内的变化趋势的基础上，开展预测性研究；三是对不同行业的广告运作策略提出符合该行业特点的观点；四是根据各行业在广告市场的分别状况，分析投入与产出的比率，并提出政策建议；五是对法律针对某些行业广告的发布有明确的禁止性规定的行业广告进行专题研究。

[1] 赵双阁. 商业言论的法律保护——兼论广告表达权[J]. 经济与管理，2005，(09)：36－39.

[2] 惠文. 传媒业发达国家的广告监管[J]. 传媒，2005，(06)：18－19.

[3] 杨彦. 重庆公交 LED 广告应用研究[J]. 重庆工学院学报，2005，(05)：136－137.

[4] 鞠英辉. 广告策略与房地产品牌的塑造[J]. 广州大学学报(社科版)，2005，(05)：73－75.

课外练习

一、填空题

影响广告市场行业分布的主要因素有________、________、市场运行状况和___________。

二、单项选择题

1. 金融业在对其服务开展的广告中,重点应推介(　　)。
   A. 传统业务　　B. 创新业务　　C. 单一业务　　D. 综合业务
2. 旅游业、餐饮业、酒店业在总体上应着重发布(　　)。
   A. 形象广告　　B. 产品广告　　C. 公益广告　　D. 促销广告
3. 建筑业、房地产业、装潢业、物业、服务业发布广告,总体上应采用什么体例撰写广告正文?(　　)。
   A. 新闻体　　B. 论说体　　C. 说明体　　D. 描写体
4. 出版业、音像业、电影业发布产品广告的对象主要是(　　)。
   A. 经销商　　B. 产业消费者　　C. 最终消费者　　D. 政府

三、多项选择题

1. 任何行业都不可能脱离广告手段,这是因为(　　)。
   A. 市场竞争的加剧　　B. 认识水平的加深
   C. 受众收入的增多　　D. 广告公司代理能力的提高
   E. 监管的加强
2. 一个行业在广告市场中的份额,与市场运行状况不无关联,主要表现在哪几个方面?(　　)。
   A. 市场的分割　　B. 市场竞争的状况
   C. 市场的成熟程度及对广告的重视程度　　D. 市场容量的大小
   E. 公众消费取向的变化
3. 在烟草广告中不得出现以下哪些情形?(　　)。
   A. 吸烟形象
   B. 未成年人形象
   C. 鼓励他人吸烟;表示吸烟有利于人体健康、解除疲劳、缓解精神紧张的内容
   D. 在报纸上发布
   E. 在体育比赛场馆发布
4. 哪几种药品不能发布任何广告?(　　)。
   A. 性保健药品　　B. 麻醉药品
   C. 精神药品　　D. 毒性药品
   E. 放射性药品

四、是非题

1. 食品广告中不得出现"延年益寿"、"齿落更生"、"白发变黑"、"补品"、"强壮食品"等或类似词句。
2. 药品广告的发布,应经过县级人民政府卫生行政部门批准即可。
3. 烟草广告必须写明"吸烟有害健康"。

五、简答题

零售业广告运作,值得注意的有哪几个方面?

六、论述题

在我国,药品广告运作,一般要注意哪些方面的问题?

七、综合应用题

1. 应用:我国对烟草广告、药品广告的发布,在政策和法规上有哪些限制性规定?在这一背景下,你如

何开展广告活动？

2. 分析：① 结合我国电视机产品从20世纪80年代至今的产品生命周期的演变，回顾性分析和总结在不同阶段的广告策略的应用情况；② 零售业广告为什么从大众媒介广告转向辅助媒介广告？

3. 综合：比较分析大众消费品与大宗消费品广告在对象选择、内容确定、媒介安排、诉求方式等方面策略运用的差别。

4. 评价：有一种观点认为：军队、大型国有企业、供不应求的产品、自给自足的行业不需要做广告。你是否同意？为什么？

参考答案

一、填空题

行业性质、行业景气度、政策的调整和变化。

二、单项选择题

1. B　2. A　3. C　4. C

三、多项选择题

1. AB　2. BCDE　3. ABCDE　4. BCDE

四、是非题

1. 对。

2. 错。理由：省级。

3. 对。

第十一章

跨文化广告运作策略

本章概要

介绍了跨文化广告传播的含义和影响广告运作的主要文化因素，分析了十一届三中全会后我国广告业的发展态势。说明了广告传播的实质是跨文化传播，分析了把握文化对广告业的深刻影响并提出了开展跨文化广告运作的策略。揭示了中国广告业融入世界的急迫性，阐述了中国广告业融入世界的途径和方法，并提出了在跨文化广告传播中，对语言符号和非语言符号的应用方法和对重点地区和境外主流媒体的确定原则。

学习目标

学完本章，你应该能够：

1. 了解跨文化传播的含义、影响广告运作的主要文化因素和十一届三中全会后我国广告业的发展态势；
2. 弄清广告传播的实质是跨文化传播，中国广告业融入世界的急迫性；
3. 熟悉文化对广告业的深刻影响，跨文化广告运作的策略，中国广告业融入世界的途径和方法；
4. 初步掌握在跨文化广告传播中，对语言符号和非语言符号的应用方法和对重点地区和境外主流媒体的确定。

基本概念

文化；跨文化传播；世界观；价值观；文化维模；文化价值；思维模式；国民性倾向；宗教文化；语言符号；非语言符号

广告传播在大多数情况下是跨地区，乃至跨国界的，而文化又具有鲜明的地缘性特征，因而，广告传播的实质是跨文化的传播或文化间的传播。文化是一种历史的积淀物，是关于知识、信仰、价值观的积淀，涵盖了哲学、政治、法律、道德、宗教、科学、艺术、风俗等诸多要素，是这些要素的综合体，包括物质文化层、制度文化层、思想意识和行为文化层三个层面。文化规定着社会的结构、生活的模式、行为的风格、沟通的方式，频繁地、持久地、无所不在地影响和制约着社会生活，同样也理所当然地对广告传播产生审视、观照、暗示作用。在一种文化中编码（符号化）的信息必须在另一种文化中解码（符号读解），广告在跨文化传播过程中，编码与译码的一致性与非一致性问题，使其在策划与运作中成为普遍的、恒久的，同时也是最大的难题。

第一节　跨文化广告运作的文化环境因素

一、广告传播的实质是跨文化传播

与同一文化背景下人们的相互沟通不同，跨文化传播是指跨越不同文化背景之间的传播行为，还可称之为超越文化的传播。它可能蕴含了如下三层意思：一是指跨地区的传播，即“信源”与“信宿”或者传者与受者分属于不同的地区；二是指跨民族的传播；三是跨国传播。这三种跨文化传播形式，又是相互联系的，比如大多数民族往往有一个比较稳定的聚居区，民族文化与地区文化具有一致性，同时，一国内部不同地区存在的较大的文化差异，而相邻的国家之间则很可能存在共同的文化渊源和文化样式。

关于广告的跨文化传播，与其他信息的传播相比，有一定的特殊性。比如，在外交、国际商务谈判抑或对外宣传中，传播过程不仅受到国家的政策和自身的目标、需求和经济利益的影响，还要受到国际法、双边或多边协议、军事力量与国际舆论的制约，在形式上礼仪色彩较浓，表现为国家之间和政府之间的传播。而广告传播主要是一种组织行为或集团行为。另外，广告传播不一定发生在国家之间，同样也可以发生在同一国家内部有不同文化特色的地区之间。

图片 11－1 是广告主和受众都在国外的一则广告，实际上各行业、各领域的外商来华广告我们是如数家珍了。你认为出现越来越多的跨文化广告传播，其必然性和必要性表现在哪些方面？

图片 11－1

文化的具体表现是多种多样的，与民族相关的是文字、服饰、宗教、艺术、信仰、世界观，与地区相关的是语言、风俗、习惯、法规，与国家有关的是政治、法律、道德、科技等。在不同的民族、国家和地区,存在不同的文化模式。如果放眼全球,我们会发现英国人、法国人、德国人、日本人、俄罗斯人以及其他各国或民族有着各不相同的文化传统和文化模式,在世界观(含个人与自然的关系、科学与技术、物质主义)、行为取向(含现状取向、发展取向和行动取向)、时间取向、人性取向、自我感知、社会组织等方面存在较大的差异。即使在一个国家内部或者一个民族内部,文化模式也不是纯而又纯的,比如阿拉伯民族现在就有 30 多种方言。

通过观摩图片 11-2 和图片 11-3 中服装的差异,分析世界各民族、各地区在文字、服饰、宗教、艺术、信仰、世界观、语言、风俗、习惯、政治、法律、道德、科技等方面的文化差异的形成原因以及这种差异对跨文化传播的影响。

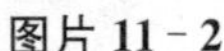
图片 11-2

图片 11-3

文化的多元性如同地域性、民族性、社会性、阶级性、层次性、复合性、历史性、变迁性一样,都构成为文化的典型特征。文化的多元性表现为不同的行为主体承传了不同的文化“基因”,吸收了不同的文化养料,从而使其行为本身具有特定的文化内涵,并使彼此区别开来。我们说,任何具有意义的行为都是信息,哪怕是表象化的姿态、微笑、皱眉、行走、摇头、手势等,也可能被赋予一定的意义,而这种意义除了本能的或无意识的动作以外,都可以在文化上找到原因,发现其之所以发生的内在机理。文化多元性的局面,与其历史渊源及其向不同方向的演变与扩展有关。许多给予某一文化以极大影响的思想,即使没有数千年,至少也有数百年的历史了,诸如《律法书》、《圣经》、《古兰经》、《论语》、《老子》这类典籍,释迦牟尼、孔子、穆罕默德、亚里士多德这类人物都对历史及其文化产生了深刻而弥久的影响。就某一文化生成的最初形态看,它们往往局限在某一狭小的区域,为一部分人所知晓和掌握,原因就在于传播工具的落后和传播渠道的狭窄,像基督教在西方的扩散,中国古代四大发明的向西传播,都经历了漫长的岁月,而一种文化在特定区域的积淀与强化,又经集体继传形成了相应的文化特色,又由于它以区域、民族、国家为依托，故形成了文化在地区、国家、民族间的多元性。近现代以来，世界历史开始发生根本性的变化，伴随工业化进程特别是信息化时代的到来，文化融合的进程也大大加快，而且是呈加速度的融合。以语言为例，世界上现存的语言约 6 000 多种，已大为减少，其中以汉语、英语、法语、阿拉伯语、德语、西班牙语等语种的人口居多。

然而，文化的融合相比政治的联合、经济的一体化，有着滞后的趋势，这是从社会的横断面而言的，它与从历史—现在—未来的纵剖面分析所表现出的加速度趋势一起，是同样明显存在的两个特征。欧盟 27 国中的比利时、德国、希腊等 12 国从 2002 年伊始统一使用欧元，以取代原先各国使用已久的货币，表明经济上寻求一体化迈出了实质的一步。欧盟议会的出现又标志着政治的融合步伐大大加快。然而，在文化上要走出这一步还很漫长。为什么？文化不仅是一种工具，如语言、科技等，可以为社会的交流、进步起促进作用，还是一个民族、国家和地区的象征，是体现其自豪感、尊严感的原动力，是表明其"个体性"存在的价值天条。基于文化的工具意义和实用价值，所以要进行文化交融；基于文化的象征意义和夸耀价值，所以要进行文化维模。文化维模即对固有文化风格的维护与巩固，既意味着对本土文化的遵从，又意味着对外来文化的排拒。正由于此，使得文化的多样性成为一种客观实在，谁也不能改变这一局面。人们的一切行为都是对他们自己文化的一种反应，同时又是文化对他们的作用。就文化与传播的关系而言，我们的全部传播行为，几乎都取决于我们所处的文化背景，可以说文化是传播的基础。广告便是携带了文化信息的传播行为，当它散播四方而走向异域的时候，就是文化碰撞抑或文化适应的过程。换言之，广告的跨文化传播是一个必然趋势。

图片 11－4 是日本立邦漆的一则广告，你觉得这个广告的趣味性是如何体现的？它在表现过程中，应该怎样适应文化的差异？

图片 11－4

二、影响广告运作的主要文化因素

影响跨文化广告传播的五种因素。

(一) 世界观

世界观是关于上帝、人、自然、宇宙以及其他与存在概念有关的哲学问题的取向。在我国传统文化中，历来强调"天人合一"、"道法自然"，这种儒家、道家的世界观与基督徒、穆斯林、犹太教徒或无神论者的世界观截然不同。美洲土著印第安人常把自己放在与自然并列的位置上，他们认为人与客观世界的关系是平行的，而欧美人深受近代启蒙思想家，如卢梭、伏尔泰、洛克、杰斐逊、潘恩、穆勒等关于平等、自由、民主、博爱思想的影响，用"人权"取代"神权"，坚信人类是至高卓绝的，把人类看作是世界的中心，同自然相分离，把宇宙看做是实现自己希望的所在。表现在人与自然的关系的认识上，各地也有一定的差异。比如，斗牛作为人兽之间的勇力竞赛，在西班牙和大多数拉丁美洲地区是得到肯定评价的，可口可乐公司曾以此作为广告的诉求点，得到广泛欢迎，但在英国、却被视为虐待动物的违反生态伦理的不道德行为。

图片 11－5

与世界观紧密相连的一个问题便是宗教。宗教在很多国家和民族都是影响至深的，世界 65 亿人口中信仰宗教的占 60%以上，足以说明问题。宗教教义和教条所显现的世界观弥漫于整个文化之中，对信念、价值观以及文化的许多侧面都会产生影响。宗教以特殊的方式规定着我们对自己、对他人、对自然、对世界的一系列看法。对宗教的信仰，可以产生相应的宗教心理和情感，在极端情况下，甚至出现宗教狂热，不容亵渎与冒犯。在广告中有不少折戟沉沙的案例，就是因为触犯了宗教的"天条"。比如，1994 年世界杯前夕，可口可乐在其易拉罐上、麦当劳在其儿童套餐的包装纸上，印有包括沙特阿拉伯在内的 24 个参赛国国旗图案，遭到信奉伊斯兰教的广大穆斯林的反感。

图片 11－5 是国外一则用石头像做成的旅游广告，你认为这个广告中表现了一种什么样的世界观？世界观对广告运作的影响表现在哪些方面？

（二）价值观

价值观代表了一种评价倾向，是主体对客体的认知和推断，包括诸如用途大小、好坏程度、审美差异、满足需要的能力等特质。比如，“舍生取义”表明了“义”的重要性，可以达到为之献身的程度；“不为五斗米折腰”也表达了“尊严”的信念。价值观分为社会价值观、群体价值观和个体价值观。社会价值观又可称为文化价值观，比如西方价值观和儒家价值观，就属于这种类型。文化价值观规定着并存在于我们每一个人的思想和行为之中，一般是规范性的，它能使人确定事物的良莠、正误、真假、积极与消极，规定什么应予维护，值得为之奋斗并献出生命和财产，什么应竭力回避并加以阻止。在不同文化中，对同一事物所赋予的价值往往差异极大。

近代以来，关于中西文化的论争在我国就绵延不绝，相关的论著可谓汗牛充栋，大多局限在差异及其优劣的比较上。一般认为，我国是礼仪之邦，有很多规范制约着长幼、父子、兄弟、朋友、夫妻、师生、上下、尊卑、邻里等各种关系，使彼此之间不越轨、不失常，比如，对长者的尊奉，不论是家族的祖辈与父辈，还是其他方面的长者，在称呼时使用的特殊敬语，饮食起居方面的特殊照顾，处理问题时的意见垂询，死后的凭吊等方面，老人往往可以拥有长者之尊，也构成了一种美德，所以，一些旨在表现敬老敬祖的广告往往比较受欢迎，比如海南椰岛鹿龟酒的电视广告一般在重阳节后，春节前播出两户人家的子女分别给父母赠送补酒，以表达“好礼送给至亲人”的美好意境。类似的广告在日本、韩国可能有同样的效果，但在美国很可能并非如此。再看，个人主义这一问题，美国人很小就萌生了这一观念，儿童的自我中心是很少受到责难的，孩子们受到鼓励去自己做出决定，开拓自己的见解，解决自己的问题，强调自力更生、自主抉择、尊重隐私、尊重他人、言论自由、平等和民主程序等，这些又与我们传统的教育理念相去甚远。

通过观摩图片11－6耐克以蓝白相间的色彩作为背景色彩的广告，请你对照文化价值分类比较表，说明这则广告在传递着哪些价值观？你是否认同这些价值观？

（三）法律体系

在当代社会中，广告已是极为普遍的社会现象和经济现象，但是，各国或地区对其所作的限制与鼓励的规定就有很大的区别，这与文化范畴中的法律体系有关。法律一般是对广告运作的程序、内容、方式、手段等作出义务性、禁止性、授权性的规定，通常涉及广告语言的运用、广告人物的选择、广告媒体的安排、广告内容的界定、广告代理的认可、广告审批或核验程序的确定、广告违法责任的查处等内容。比如，就广告内容的规定而言，德国、意大利等欧洲许多国家认为比较广告非法，中国、美国等一些国家则不然。再如，对广告人物的选择，阿拉伯国家不允许广告中出现女性形象；马来西亚要求所有的广告必须在马来西亚拍摄，演员也只能是马来西亚人；澳大利

图片 11－6

亚做出了与马来西亚的类似规定,禁止进口广告。法律作为一种行为准则,对广告运作有着极大的影响,在实施跨文化传播时,必须知其“可为”与“不可为”。

(四) 风俗习惯

风俗习惯属于地域性文化范畴,是特定地区的一种独特的文化现象,多与生活方式有关,涵盖劳动的、交际的、消费的、宗教的、生育的等诸多领域,涉及饮食起居、婚丧嫁娶、迎来送往、尊老敬祖、宗教仪礼、节日庆典等,有的偏重个人的自立自为,有的偏重个人与他人沟通与交往;有的偏重物质方面,如服饰、居住、饮食、生产、交通、贸易等,有的偏重精神方面,如信奉、禁忌、谚语、民间戏剧、乡风民约等。一些约定俗成的习惯性行为,经多年的集体继传,浸润成俗,有的流传于一个相对狭小的公共生活圈,仅仅存在于一个特定的山寨和村落之内,有的则流传较广,比如我们中国人素来看重春节、端午节、中秋节、元宵节、重阳节、清明节等演化成了全国性节日,其中有些节日在越南、朝鲜、韩国等国也是重要节日,堪与国外的圣诞节、感恩节、万圣节、情人节、开斋节、复活节等相比拟。风俗与法律、道德、宗教、制度一样,都是社会规范,对行为起制约作用,影响行为的发生、方向及强度。风俗中一部分以信仰的形式存在,一部分以禁忌的形式存在,在广告传播中应加以适应。比如,日本一年中最重要的节日是阳历年的1月1日,按惯例,日本人要向神佛祈求一年的平安,神宫前边有一个洗手处,自己先用木勺舀水漱口、洗手,洁净之后,才能到神佛前面参拜,或求生意兴隆,或求功名,或求五谷丰登,不一而足,如果有企业到日本去做广告,并且较好地结合这一点,必然容易成功。有道是“入乡随俗”。倘若发布广告,触犯了禁忌,最终只能是归于失败。

图片11－7是韩国的一则广告,红色的背景色彩,商品堆放成一个爱心图样,通过观摩,你觉得这个广告的效果如何?另外,在我国,各种民间节日比较多,风俗习惯各具特色,你认为在广告运作中怎样与风俗有机地结合起来?

图片 11－7

(五) 思维模式

某一社会群体流行的心理活动的过程、推理的方式和解决问题的途径是文化的另一个组成部分。我们应当知道，在思维的许多方面都存在文化的差异。在大多数西方思维中，非常注重理性和逻辑思维，人们认为真理是外在的，遵循正确的逻辑程序就可以发现真理。西方世界有根据亚里士多德的原理建立起来的一整套逻辑体系，发展了体现这些原理的思维方法。2 500 多年来，三段论的推理，即演绎推理的运用已经成为西方思维的基石。然而，东方文化在那之前已有所发展了，并不受惠于古雅典，有着别样的特色，在认知、联想、想象等方面有不同的方式。文化的思维模式影响着人们的传播行为，世界各民族之间的相互理解与和睦的关系之所以受到阻碍，不仅是由于语言的复杂多样，更是由于思维模式的差异。广告的跨文化传播，同样也受制于思维模式的差异。

图片 11－8

图片 11－8 是国外的一则户外圆柱广告，画面中有一个男人的脸部形象，你觉得从媒体选择到内容构思，从文字到图画，在思维方式上表现了哪些有别于我们中国人习惯的思维模式的特点？

《恐惧斗室》广告

案例介绍：2004 年 11 月，全国许多省市电视台播出了名为《恐惧斗室》的最新 Nike 篮球鞋广告片，代言人是 NBA 巨星——勒布朗·詹姆斯。在广告中，詹姆斯需在 5 层楼中与 5 个对手进行篮球大战。第一个场景：詹姆斯走到一楼大厅内。这里有一个擂台，台阶旁还立着两个石狮子。突然从空中落下一位中国人模样的老者，身穿长袍。两个人随后开始“争斗”。突然，詹姆斯做出一个杂耍般的动作，从背后将篮球扔出，经柱子反弹将老者击倒，后跃起上篮得分。第二个画面：詹姆斯来到二层。这里到处飘着美钞和身穿中国服饰的妇女。飘浮的女子与敦煌壁画中的飞天造型极其相似。这些女子暧昧地向主人公展开双臂。不过，随着詹姆斯扣碎了篮板，“飞天形象”随之粉碎。在名为“自鸣得意”的第四单元，篮板旁出现了两条中国龙的形象，二龙吐出烟雾和阻碍詹姆斯的妖怪。不过，詹姆斯几个动作晃过所有障碍，投篮得分。其他两个场景没有“中国元素”出现。这则广告首先在新加坡，然后在中国内地，引发了很大争议，认为有损中国人形象，玷污了中国文化，甚至是侮辱了中国人，电视台也纷纷停播了该广告。

讨论要求：① 重点从东西方思维模式角度讨论；② 可以组成正方与反方展开辩论。

三、文化对广告业的深刻影响

文化对广告业影响的四个方面。

概而言之，文化对广告业的影响主要有如下四个方面。

第一，影响对广告地位和作用的认识。文化既是多元的，又是变迁的，那么，在不同的文化体系中，在文化发展的不同阶段，人们对广告地位和作用的认识是不一样的。根据历年的统计，北美地区、欧洲与非洲、中东的广告额往往有几十到上百倍的差距，而人口总量的差异并不悬殊，这不仅反映了经济总量的差异，还揭示了文化差异的深刻影响。同样是欧洲，强调投资与贸易自由化，崇尚竞争的老牌资本主义国家与原先实行社会主义制度的东欧诸国也有较大差异。同处东亚的日本、韩国尽管历史和传统不同于西方国家，但较早地融入了资本主义精神，开展市场竞争，广告投放量也比较大。

图片 11-9

可口可乐是美国比较有代表性的一家企业，现在已经是享有较高的全球知名度的跨国公司，图片11-9是可口可乐早期的广告作品，观摩之后，你认为在世界500强的企业中，为什么美国企业首屈一指？请你从广告的角度加以分析。

第二，影响广告法律法规的建立。纵观世界各国或地区法律法规体系的建立状况，有一些是共同的，如倡导公平公正、诚实守信，反对欺诈，在价值、利益、平衡之间找到结合点。但是，又有鲜明的特色，在发布时段控制、语言文字的应用、演员或模特的使用、内容的禁止、媒体的择用、代理权的授予、仲裁与诉讼、监管模式等许多方面做出了不同的规定。

第三，影响广告的诉求和表现。跨文化广告传播，所运载的广告信息往往并非本土文化意义上的东西，而是目标地区受众的文化。由于文化多样性的存在，不同地区的文化传统、形态、内涵及表现不同，必然影响广告诉求和表现。比如，英国人追求绅士风度，日本人推崇“菊与刀”的武士道精神，我国敬重儒雅、识礼、博学、慎行、谦和的君子之风,还有人认为,东方人表情含蓄、内向、委婉,西方则外露、奔放、直接,这就是差异,那么,广告也会打上深刻的烙印。

通过观摩图片 11-10,这则旨在推销皮鞋的广告把皮鞋表现成了什么?这样做有没有合理性?会不会影响诉求的效果?

第四,影响广告的理解和接受。注意是理解的基础,理解又是接受的基础。从受众对广告的理解和接受来看,在多数情况下,是由于文化的差异和隔膜、造成了认知和理解上的困难。人们一般将姿势、面部表情、目光接触和凝视、身体动作、接触、衣着、饰物、器具、静默、空间、时间和辅助语等作为非语言符号,然而,在不同文化中的寓意是不一样的。比如,在泰国,人们在公开场合互不接触身体,如果触碰他人的头部是一种不大敬的行为,阿拉伯人却不这样认识;在美国,捏紧拳头,跷起大拇指用来表示要顺便搭车,在我国表示赞许,而在有的国家是一种侮辱性动作,可能引来一顿暴打……在广告运作中,如果不能准确地识别其中的差别,就可能带来理解的困难。比如,佩戴戒指有不同的含义,包括左手和右手,手上的哪一个指头,意义全然不同,有一家婴儿护理品公司为一种香皂做广告,在匈牙利发布,人们一直怀疑画中人物是一个未婚妈妈,因为匈牙利已婚妇女的戒指戴于右手,而该演员的戒指却在左手,而未婚妈妈是匈牙利社会所不能接受的,这个广告的命运也就可想而知了。

图片 11-10

图片 11-11 是汽车广告,图片 11-12 是世界杯广告,在观摩之后比较分析这两则广告分别想说明什么?你能否准确地理解和把握其中的含义?

图片 11-11

图片 11-12

第一部分：案例内容

丰田公司公开道歉 问题广告出自中国人之手

11月5日，一汽丰田为其三款新车——陆地巡洋舰、霸道和达路特锐举行了隆重的上市仪式。可是半个月后，两则丰田汽车的广告却将丰田公司、广告制作公司和刊登广告的杂志推到了风口浪尖，在互联网的论坛上，喊打之声一片。

为新品刊登广告是再平常不过的事了，刚刚成立不久的一汽丰田汽车公司为了推广三款新车，于是在全国公开招标广告公司，最后，美资背景的盛世长城广告公司在5家公司中脱颖而出，为丰田三款车代理平面和电视广告。两则霸道和陆地巡洋舰的广告，引发了“丰田问题广告”风波。

两则广告中，争议最大的是霸道的广告。画面上，霸道越野车威武地行驶在路上，而两只石狮蹲坐路旁，一只挺身伸出右爪向“霸道”车作行礼状，另一只则低头作揖。配图的广告语写道：“霸道，你不得不尊敬。”

另一则是陆地巡洋舰的广告。它的画面是，在可可西里无人区的崎岖山路上，一辆丰田“陆地巡洋舰”迎坡而上，后面的铁链上拉着一辆笨重的、军绿色的、看似“东风”的大卡车。在画面左侧，还挂着追捕盗猎者所用的军大衣、冲锋枪等。

看到这两则广告后，立即有人在网上留言，表示了疑义和愤怒。认为石狮在我国有着极其重要的象征意义，代表权利和尊严，丰田广告用石狮向霸道车敬礼、作揖，极不严肃。更有网友将石狮联想到卢沟桥的狮子，并认为，“霸道，你不得不尊敬”的广告语太过霸气，有商业征服之嫌，损伤了中华民族的感情。

而对于“陆地巡洋舰”的广告，网友也认为，用丰田车拉着看似“东风”的大卡车跑，有贬低中国落后之嫌。

网友的声音迅速扩大，仅新浪网上关于此事的网友评论就达到了3 000多条，网友的关注程度远远超过了其他汽车新闻。其中，大多数网友把抨击的矛头指向了丰田公司、广告制作公司和刊登广告的杂志，要求他们赔礼道歉。一位网友甚至还模仿“霸道”广告制作了一幅图画，画面上狮子把霸道车按在了爪子之下。

媒体也迅速跟进报道此事，12月3日，国内最具影响力的媒体——新华社对“问题广告”进行了报道，随后，国内的许多媒体都不同程度地对此事进行了追踪。而在日本颇有影响的报纸——《朝日新闻》也用“有两盒香烟大小的版面”报道了此事，并带动了其他日本媒体的关注。

工商局也对这两则广告表示关注，并要求投放刊登广告的杂志社提交了书面材料。

各方的强烈反应，使整个事件从“问题广告”有向“日资企业在华经营风波”方向转化的趋势。丰田公司、广告制作公司和刊登广告的杂志也认识到了严重性，用各种途径开始道歉。

12月2日，《汽车之友》在自己的网站上向读者致歉。表示“由于我们政治水平不高，未能查出广告画面中出现的一些容易使人产生联想的有伤民族情感的图片，广告刊出后，许多读者纷纷来信来电话质询，我们已认识到问题的严重性，在此，我们诚恳地向多年来关心和支持《汽车之友》的广大读者表示衷心的歉意”。同时，《汽车之友》还表示，将停发这两则广告，由于发行原因，将于明年1月在下一期杂志上正式刊登道歉函。

隶属于中国汽车工程学会的国有杂志《汽车之友》的道歉并没有平息事态，相反，此事被进一步传播扩大。网友们在广告之外，还对“霸道”的中文车名（英文为Prado）提出质疑，认为，太过张扬。

12月3日晚上9点，丰田公司在紧急磋商之后，启动了危机公关程序，对本报记者表示了他们的歉意。第二天（4日）上午，日本丰田联合一汽丰田，在新浪等主要网站上，刊登了道歉信，晚上6点半，又紧急召集记者到京广中心，正式宣读道歉信。

12月4日，这两则广告的制作公司——盛世长城国际广告公司也公开致歉，表示“一些读者对陆地巡洋舰和霸道平面广告的理解与广告创意的初衷有所差异，我们对这两则广告在读者中引起的不安情绪高度重视，并深感歉意。我们广告的本意只在汽车的宣传和销售，没有任何其他的意图”。同时，还表示，“对出现问题的两则广告已停止投放。由于12月的杂志均已印刷完成并发布，这两则广告将在1月份被替换。”

链接一：　　　丰田汽车公司对中国消费者的公开致歉信

丰田汽车公司对最近中国国产陆地巡洋舰和霸道的两则广告给读者带来的不愉快情绪表示诚挚的歉意。

丰田汽车公司已停止这两则广告的投放。丰田汽车公司今后将一如既往地努力为中国消费者提供最满意的商品和服务，也希望继续得到中国消费者的支持。

丰田汽车公司 2003/12/4

链接二：谈及霸道、陆地巡洋舰两则广告的出笼，一汽丰田公司总经理古谷俊男解释，这两则广告只是一汽丰田和盛世长城两个公司决定的，事先并没有征求丰田汽车中国事务所的意见。“我们以前每则广告都要征求丰田事务所的意见，但这次把这道程序给落掉了，这是我们的失误，为此，服部代表把我们大加训斥。”古谷总经理还介绍，两则广告的创意其实都是中国人设计的，陆地巡洋舰广告上的绿色卡车也不是真的图片，而是手绘上去的。“但我们是广告主，我们要负责任。”他还介绍，在推出中国产巡洋舰和霸道两款汽车前，丰田采取的是招标方式，向包括盛世长城在内的5家广告商征集创意，每家广告公司有1个半小时的陈述。而参加陈述会的15个人中大部分是中国人，日本人很少。“大家最终选择由盛世长城做出具体的广告策划，广告表现内容也是经过了一汽丰田的确认。非常遗憾的是，我们在工作中考虑不周全，出现了这样不愉快的事情，非常对不起。”

第二部分：引用该案例的目的

进入21世纪以来，特别是近几年来，一些外商来华广告，比如立邦漆、麦当劳、丰田汽车等出现了有被中国人理解成冒犯尊严的事件。与此同时，还有一些外国企业在其他国家也发布了一些同样让中国人愤怒的广告，比如美国一家生产口香糖的企业在俄罗斯电视台采用了中国国歌，雪铁龙在西班牙做广告用了我国的开国领袖毛泽东的画像,而且刻意把嘴巴弄歪。这些广告还引起了外交争端,更多的是在国内激发了广泛的舆论,其中反对的居多。对这些问题怎么看?有的的确存在问题,有的主要是理解与认知的问题。引用这个案例的目的在于让学生能够从文化学的角度分析各种广告现象。在当今时代,出口广告与外商来华广告在全球化与信息化的背景下越来越多,类似于上面提到的这类广告今后还有可能出现,怎么去认识?怎么去理解?怎么去形成一种包容的心态?都是我们需要加以认真思考的。

第三部分:案例观摩的思路与方法

首先,熟悉教材中的有关内容,并有选择地阅读有关文化学、民俗学、美学方面的书籍。

其次,对中日之间关系的历史和现状有一个了解,并对当前两国国民心态有一个了解。

再次,对这个广告的来龙去脉和前因后果有一个大概的了解。

最后,在了解这个广告后,展开思考,获得一个正确的认识和理解。

第四部分:案例点评

在这个广告的背后,实际上揭示的是一个文化适应的问题。大家知道,文化有社会性、历史性、变迁性、民族性、地域性等多种属性,而且,文化是广告传播的基础和背景,广告的典型表现和实质是文化。世界上有192个国家,200多个地区,每个地区的历史、哲学、艺术、科学、宗教、道德等各方面都有比较大的差异,从而形成了不同的文化,这些文化的因子对广告的策划与运作必然产生深刻的影响。当广告走出去的时候,要做的是适应;当广告来到我们中间的时候,需要的是客观的认识和正确的理解。反映在这个广告上,尽管日方道歉了,在我看来,并不仅仅是他们感到做错了,而且是感到在强大的民意面前,不想犯了众怒,从而失去在中国的业务,颇有点委曲求全的味道。不过,这也给该公司提了一个醒,那就是在中国和日本民间因为历史问题和其他问题而彼此都不太信任的情况下,尽管由中方人士策划、设计、制作广告,但广告主是日方企业,仍然要努力适应中国人的民族感情,不至于产生错误的联想。

第五部分:版权及出处

2003年12月5日和12月10日新浪网,原载《信报》,作者李佳。

第二节 跨文化广告运作的策略

一、选择重点地区和境外主流媒体

从我国的对外贸易看,在现阶段,欧盟(27国)、美国、日本是我国的三大贸易伙伴,其中2007年我国出口到这些国家和地区的货物总额分别达到2 452亿美元、2 327亿美元、1 021亿美元,另外,中国香港、东盟(10国)、韩国、俄罗斯、印度、中国台湾分列第3至9位,这就决定了我国当前应以这些国家和地区作为主要的广告地区。在欧元正式投入使用之前，美国人口2.72亿，在世界贸易中的份额高达20.3%，欧元区12国(不包括英国、丹麦、瑞典)人口3.02亿，在世界贸易中的比重达到15.2%(不包括欧盟15国间贸易)，日本人口1.26亿，世界贸易份额为8.1%，时至2008年，大的格局基本上没有太大的变化，说明这三个地区在世界贸易中占有重要地位。广告活动伴随经贸活动、文化交流活动而展开，那么，经贸活动、文化交流活动的重点地区在哪里，广告活动的重点地区就在哪里。但是，这三个地区人口由于欧盟扩大和美、日人口自然增加后毕竟也只有10亿刚刚出头，而世界人口现在接近65亿，世界贸易份额之和由于中国、印度、巴西、俄罗斯"金砖四国"和其他新兴经济体的快速、持续发展而持续走低，近十多年来一直在50%之下。这也就要求我们开展广告活动不仅要明确重点地区，以加强针对性，还要将视野扩大，以提高覆盖率，结合不同的行业属性，在世界各国或地区确定相对的投放重点地区。

除了确定重点广告地区外，还应确定重点的广告媒体。一般来说，在广告跨文化传播之前，在目标地区知名高不高，所以，为扩大影响，应着力选择大众传媒。而在大众传媒中，又应以发行量大(或收视率、收听率高)、权威性高的媒体为主。当然，大众传媒中有些是商业性的，有些则是非商业性的，那些非商业电台、电视台大多由教育机构和私人基金会拥有或赞助，或有偿收费，并不发布广告。另外，传媒还可以分为综合性传媒和专业性传媒，如美国有1万多种杂志，属于综合性杂志的，只有800种左右，不足10%，而市场营销往往是分层的，所以，广告发布往往选择专业性媒体。

图片11－13是法国的标志性建筑——埃菲尔铁塔，它是为庆祝法国大革命100周年在巴黎举行国际博览会于1889年建成的，成为世界贸易的象征物。现在我国开展对外贸易为什么要以美国、欧盟、日本这些地区为重点?

图片11－13

二、适应境外受众的文化背景

文化中真正属于深层背景的是政治思想、法律观念、伦理道德、风俗习惯、宗教教义，其他很多方面是由此衍生的。这些深层文化背景相对比较稳定,其变化较为缓慢,非一朝一夕之功。在广告跨文化传播中,只能选择适应。

在全球2 000多个民族中,百万人口以上的有278个,占全球总人口的96.3%。不同的民族不可能有完全相同的民族文化,必然有着不同的民族性格或国民性倾向,并在建筑风格、语言文字、文学样式、艺术类型、饮食传统、服饰装扮,乃至节日庆典、社会风尚方面表现出独特的爱好。与之相反,有的民族尽管散居各地或混居于其他民族之中,他们的民族文化却顽强地保留下来,比如,卡累利阿人、维普斯人与俄罗斯人有着密切联系,甚至用俄语,但仍保留了自己的民族文化。总之,世界各民族文化丰富多彩,同样的广告诉求方法并不能适合任何地方。

近一些年来,美国公司的广告频频出现于我国,且有日益增多的趋势。早年有万宝路,后来是可口可乐、百事可乐、IBM、英特尔、通用汽车、强生、麦当劳、肯德基……这对于开放中的中国来说,是必然的现象。我们面对这些精彩纷呈,不断出新的广告,看到了美国独特的商业文化,如主宰自然、与自然和谐相处的世界观;高度重视科学与技术的价值,坚信科学及有关的技术是了解自然、控制自然的主要工具;追求物质的富足、身体的健康、清洁的环境;讲究效率,注重未来,把时间当成宝贵的消费品,同时也意味着紧跟时代的步伐;注意高适应性、标准化,强调实用性,等等。这些广告当然传递了美国文化的信息,同时总体上又较好地适应了前进的中国人正在经历变化的观念,尤其是那些对新思想、新事物颇为敏感的青年一代的文化心理。比如说,我们就餐的传统是在家中细嚼慢咽,不太习惯快餐,但经过多年的观念更新,在工作、学习与生活的节奏明显加快后,人们意识到时间就是金钱,对麦当劳快餐之类的就能够接受。

在世界上许多国家和地区,宗教文化是一种植根于社会结构深层的精神现象,离开了这一点,我们不能理解域外文化的精髓,广告传播也行之无效。按照马克思的说法,"宗教是这个世界总的理论,是它的包罗万象的纲领"。的确,宗教与政治、道德、风俗、艺术以及人们的社会生活有着密切的联系,它作为一种精神力量,古往今来,对人类生活产生了和正在产生着重要的影响。在广告运作中,要注意的问题主要有两个方面:其一,了解宗教基本教义、教派的分类及主要的信仰人群。比如,基督教分为天主教、新教、东正教三大教派,其中东正教主要分布在希腊、塞浦路斯、俄罗斯、罗马尼亚、南斯拉夫、保加利亚等地。伊斯兰教信徒分布于亚、非、欧,其中亚洲就占80%,尤其是中东的伊朗、沙特阿拉伯、伊拉克、约旦、也门、科威特,北非的埃及、摩洛哥,中亚的阿富汗、巴基斯坦、哈萨克斯坦,东南亚的文莱、印度尼西亚、马来西亚,南亚的马尔代夫等国奉伊斯兰教为国教。佛教分为大乘佛教、小乘佛教、藏传佛教,教徒主要分布在亚洲地区,其中泰国、缅甸、柬埔寨等国以小乘佛教为主,我国西藏、蒙古等地以藏传佛教为主。其二,回避宗教中的禁止性内容,当代宗教学家贝格尔说"宗教是人建立神圣世界的活动",在宗教信徒看来,他们的信仰是神圣的,不容亵渎的。他们怀有深厚的宗教感情,有时甚至走向极端,演化为冲突乃至战争,比如阿以冲突、印巴争端、前南解体等许多历史事件就其起因都包含了宗教冲突乃至教派冲突的因素。正因为宗教问题是如此敏感,稍有不慎,就很可能触犯雷区,那么,在广告运作中应竭力回避宗教题材,特别是特定宗教教义、教条中禁止性、否定性内容,更不能逆势而为。相应地,只能遵循宗教心理、宗教道德中正面的、合理的那些方面,比如,世界上有很多重要节日与宗教有关,如圣诞节、复活节、佛诞节(又称浴佛节)、开斋节等,结合这些节日庆典,就可开掘出不少广告创意的主题与题材。

我们讲文化,总是很具体的,即与特定的组织及其系统、结构相关的文化。全世界每天可能有数以万计的婴儿诞生,他们呱呱坠地的那一刻,彼此是那样的相像,之后他们的差别却是与日俱增，关键在于他们进入了不同的文化环境。由于他们总是存在于特定的空间，履行着相应的角色，那么，在他们身上就有地理文化和角色文化的色彩，前者如风俗习惯、民间戏剧等，后者指的是与其在社会、家庭、学校中扮演的角色相联系的，是一种群体规范。相比宗教、法律、政治，它们只能算微观层面的文化要素。虽然如此，这些微观的文化要素却是更直接的。比如，在很多亚洲国家，孩子们发现父亲是家庭的首脑，年长者、男子拥有更高的决断权，而且，他们更倾向于支庶众多的大家庭，长幼、夫妻、男女之间在事实上往往并不平等，强调忠诚的家庭关系，而西方人倾向于组建核心家庭，忠诚与义务主要限于直系家庭，子女稀少，还有不少单亲家庭和空巢家庭。因此，在我国一些以家庭为主题，着重表现代际亲睦、父慈子孝、夫妻恩爱的广告，大多能够激起受众的共鸣。

首先要了解我国当前对外贸易的主要伙伴，然后了解广告在国际贸易中的作用，最后分析究竟应该选择哪些地区为重点地区。

通过观摩图片 11－14、图片 11－15 和图片 11－16，你认为不论是外商来华广告，还是出口广告，或者在本土发布广告，为什么要适应受众的文化背景？应该怎样去适应？

图片 11－14

图片 11－15

图片 11－16

三、尊重境外受众的文化倾向

受众的文化倾向是个体在社会化过程中通过后天学习而获得的，通过言行举止表现出来的外在趋势，又由于相互模仿、暗示而演变为群体的行为特征。受众的文化倾向通过语言符号和非语言符号加以表现，在广告跨文化传播中应正视这一差异，并尊重这种差异。

语言符号和非语言符号的应用。

(一) 语言符号的应用

在跨文化传播中，包括有声语言和书面语言在内的语言符号是最重要的交流与沟通工具，也是表现各种文化要素最重要的手段，包括语言、文字两部分，广义上还包括数字、公式及 COBOL、BASIC 和 FORTRAN 等计算机语言，甚至音乐也是一种语言。当然，最普通的形式是口头语言和书面语言。历史上所出现的语言文字有许多种，有的消失了，有的进化了，所剩已经不多，在世界范围内使用较广的语种现在主要是汉语、英语、法语、德语、俄语、日语、西班牙语等，它们都有不同的符号(词汇)和规则(语法和句法)，差异极大，存在符号的转换与解读才能实现沟通的问题。

在广告运作中，对语言符号的应用，应注意五个方面。

第一，把握语言文字的文化寓意。语言和文化是密不可分的，它可以用来传达价值观念、信仰、感知，对思想、思维和感情作出处理。比如，在一个等级社会中，就可以通过特定的词汇和语法界定相应的社会身份和地位，在汉语中，“你”与“您”，“汇报”与“通报”，“逝世”、“去世”与“死亡”等就表达了不同的含义。

第二，把握特定地区的官方语言和通用语言。比如新加坡，历史上曾隶属马来西亚，国民中超过 70%的是华裔，还有马来人、印度人，通用的语言是汉语、马来语，官方语言是英语，如果在新加坡发布广告，究竟选择何种语言为好，一般应选择英语，因为这是官方语言，当然在有些情况下，也可使用汉语或马来语。同一语种之下，还有众多方言，那么，只要没有特殊规定，在特定地区所发布的广告中，使用方言的效果更好。在美国，有佛罗里达等几个州西班牙人的后裔较多，可口可乐公司曾用西班牙语做广告，导致销量上升。

通过观摩图片 11-17，你认为在我国大陆、台湾、香港、澳门地区和华人占多数的新加坡发布广告，在文字的运用上是选择英文还是中文？是汉字还是少数民族文字？是繁体字还是简体字？为什么？

第三，把握语言文字在使用时的不同意义。一个词可能蕴含着许多种意义，就像汉语中的“如”、“像”、“将”等存在多种意义那样，据语言学家估计，英语语言中 500 个最常用的单词可以产生 14 000 多种意义来。比如，Love 这个词的运用，它一般用来表示个人的一种深厚的情感，但在网球运动中则意味着某一方在一局比赛中得零分。这种意义的多样性，较多地发生在不同语言环境下引发错误的理解，即使使用同一种语言，比如英国人和美国人同操英语，也可能在对同一词汇、语句进行解读时，出现不同的理解。

第四，把握不同语言之间的翻译。比如，2009 年 1 月我国国防部发布《国防白皮书》，其中一句引发误解——“中国主张所有核武器国家明确承诺全面、彻底销毁核武器，并承诺停止研

图片 11－17

发新型核武器，降低核武器在国家安全政策中的作用”，公布之后的翌日，海外各媒体都将“中国承诺停止研发新型核武器”作为大新闻，内地媒体也一度发出类似报道，而本意却并非如此，问题就出在翻译和理解上。在广告跨文化传播中，有的是发生在同一语言背景之下，有的是发生在不同语言背景之间，如果是后者，就应准确地翻译。有时，多一个或少一个字母，意义则大相径庭。在中国，还存在规范用字的问题，如“弘扬”、“其间”、“贤惠”、“夹克”、“相貌”等就很容易出错。还有，在不同的文化中，对某些事物的理解也不一样，翻译时应予注意，如有秘鲁的齐楚亚语中，将过去释为前面，未来则为后面，这与英语中的理解正好相反。

第五，把握隐语、俚语、流行语的应用效果。总体来看，隐语、俚语、流行语是亚文化的一种表现形式，由于它们只是运用于特定场合，往往与主流文化格格不入，而广告是适用于最广大受众的，力求周知共晓，那么，不宜运用含义隐晦、容易导致费解、误解、曲解的语言，也不宜运用相对粗俗的语言。至于流行语的运用，则要看它是否具有积极意义，引起关注的程度，其他广告主是否广泛采用同样的方法。

（二）非语言符号的应用

1. 人物形象

第一，相貌与气质。对广告模特相貌与气质的把握，关键是注意三点：一是与产品或服务项目结合起来，如化妆品的推广可以选影视明星，图书推广可选具有学者风度的人，健身器械推广可选身体强健的运动员；二是适应不同文化或不同时期的审美标准，比如欧美倾向于欣赏修长而苗条的女子体形，但在汤加就认为是病态的表现，倾向肥硕圆实的形象；三是主要选择25—45岁的中青年人作为模特，从美国各类电视节目中人物形象的分布看，这一年龄段最多，这可能与该年龄段在知识、财富、精力、权力、消费能力方面具有优势有关。

第二，面部表情。在广告运作中要注意两点：一是区分通用表情和有着特殊含义的表情，并在广告中合理应用，比如，愉快、高兴时浮起笑容，愤怒时紧蹙双眉，这在全世界几乎是通用的，而有些只是特殊使用的，如咂嘴唇在有些文化中表示“认可”，而在有些文化中则被理解成“没有滋味”；二是着力表现喜悦的、令人愉快的表情，而不是一味地表现和传递沮丧、痛苦、悲哀乃至恐惧的情绪。

第三,身体动作。与面部表情稍有不同的是,身体动作(包括立姿、坐姿、行走、手势、身体接触等)所传达的信息表现出更多的文化特色。比如,挥手在很多文化中表示告别,在南美可能是招呼对方过来;将拇指与食指捏成一个圈,在美国意味"OK",在阿拉伯人那里可能表示深恶痛绝……除此以外,身体动作还表现在人际的相互接触上,它同样可能喻示不同的文化含义。

第四,服饰装扮。在广告人物表现过程中,还涉及服饰以及头饰、手饰、脚饰、坤包等各种饰物的应用,这同样应引起我们的注意。比如,服饰涉及款式、规格、颜色等方面,通常应与年龄、性别、职业、身份、场合、时令、搭配(如围巾、领带、帽子、裙子等的搭配)等因素结合起来。由于宗教、政治及历史传统等方面的原因,阿拉伯男子常常身着一身白袍,犹太人不喜欢各种制服。再看文莱、印尼的男子在正式场合通常戴上有特定意义的帽子。印度、巴基斯坦男子都戴用头巾扎成的帽子,但式样不同,麦道公司曾在印度发布广告,模特所用的帽子是巴基斯坦式的,曾引起印度人的反感。戒指佩戴在哪个手指上,代表了不同的含义,美国强生公司在匈牙利做广告引发误解,又说明戒指之类饰物也会经过文化过虑。

第五,空间与位置。如果广告中出现多个人物形象,就必然存在相互关系处理与空间位置安排的问题。在广告运作应注意的问题有三点:其一,分清画面拍摄的场合,是生活场合还是工作场合,是室内还是户外;其二,分清人物之间的关系,是两人之间还是多人之间,是父母子女之间还是兄弟姐妹或师生、医患、同事、同学、朋友以及其他之间,是同文化人群之间还是异文化人群之间;其三,在前两点基础上,分清不同的人物关系在不同场合在不同文化中对空间位置及距离的意义。比如,在我国,一群人中往往尊者、长者居中而坐,或会议,或宴席,往往各就其座,不得僭越,礼数甚严,但西方国家并不如此严格。

> 通过观摩图片11-18和图片11-19,你认为人物形象在什么类型的广告作品中比较常见?在跨文化广告传播中,怎样了解手势、表情、神态、姿态、服饰、装扮、空间、位置等的文化含义并且合理运用?

图片 11-18

图片 11－19

2. 副语言

副语言是基于语言而派生的。与口头语言相关的是语调、语速、音量、清晰度、停顿与过渡、附加的干咳、静默、笑哭，等等，与书面语言有关的是书写和排列的方式，美术字的运用、推出和切换的习惯等，平时我们谈论较多的是前者。总体来看，副语言侧重于表达的方式，与语言本身偏重于内容不同，两者既各归其属，又紧密关联，故副语言相对于语言符号又可称之为伴生符。毋庸置疑，副语言也可表达不同的信息，比如同样是说“再见”，声调可高可低，语速可快可慢，通过抑扬顿挫和轻重缓急分别表现依恋、无可奈何、纯礼节的道别语或者厌恶时的逐客令，等等。再比如说笑，至少也可以表现出十多种不同的情感。然而，副语言主要与个人的心理活动相联系，不像语言文字的运用那样表现出明显的群体特征，也不具有更多的文化意义。

图片 11－20

图片 11－20 是日本一则以儿童为对象的广告，你认为广告中的文字部分的书写方式是否符合儿童的特点？另外，在广告中对语言、文字的表现怎样使之符合广告表现对象和诉求对象的特点？

第三节　世界广告业中的中国广告

一、十一届三中全会之后我国广告业的发展态势

改革开放 30 年我国广告业的发展状况。

1978 年底召开的我党十一届三中全会，对于我国广告业的发展来说，也是具有历史转折意义的，它是广告业恢复和发展的重要"分水岭"。从近 30 年的发展状况看，可以归纳为以下八个特点。

第一，恢复了广告监督管理机构和行业自律机构，建立和健全了广告管理法规。在此期间，先后颁布和实施了《广告管理暂行条例》(1982 年)、《广告管理条例》(1987 年)、《广告法》(1995 年)为代表的一系列广告管理法规，为规范和促进中国广告业的健康发展，发挥了重要作用。

第二，中国广告业呈现持续快速的局面。根据《中国广告》与《国际广告》杂志所发表的有关统计资料，我们可以清晰地看到，自 1979 年开始，广告营业总额每年都有上升，至 2001 年，年均增幅在 100%以上，其中 1988—1997 年 10 年间累计增长 1 078%，居全球第一位。广告费占国民生产总值的比例，从 1981 年的0.024%升至 2001 年约 1%，也是逐年提升。由于基数扩大，近几年增速有所下降，但总体上广告业的发展速度仍然高于整个经济的发展速度。

第三，对广告的地位和功能的认识逐步深化，包括许多大型国有企业在内的企业对广告手段的运用的自觉性得到增强，而广告业在自身发展的同时，在社会经济发展中所发挥的积极作用日益凸显。比如，我国石油行业中资产规模最大的中国石化赞助 F1 比赛，银行业中资产规模最大的工商银行赞助了 2009 年中央电视台的春节晚会。

第四，形成了广告业与信息技术业、传媒业及其他产业的良性互动机制，相互依托，联袂发展。广告业与信息技术业、传媒业之间的关系可以说是唇齿相依：广告业需要拓展新的媒介和渠道，而传媒业需要通过提供广告媒介获得更多的资金。比如，近 30 年来，是我国电视工业、电视事业大发展的时期，也是居民电视机迅速普及的时期，广告业为电视传媒提供了良好的"生态环境"，使之迅速成为最重要的媒体，而电视事业的发展又为广告业提供了更大的发展空间。同样，最近十多年来手机、互联网以及其他新媒体的加速度发展，其发展取决于广告的支持，反过来又推动了广告业的发展。

第五，广告策划、设计和制作水平大大提高。

第六，广告形式和种类日益丰富。

第七，中外广告交流明显增多。不仅出现了境外广告公司在我国开设分支机构，还出现了像盛世长城、麦肯光明、智威汤逊、中乔、上海奥美、精信、上海灵狮、北京电通、美格、天联等一批合资广告公司；不仅引进来，还走出去；不仅有实业界的合作，还有学术界、教育界的合作，比如一度成为世界最大的广告公司——日本电通公司早在 20 世纪 90 年代开始就资助了复旦大学等六所大学的广告学教育与研究。

第八，广告理论研究和实践探索取得了丰硕成果，出版了大批论著，构建了多层次、多渠道

的广告教育和培训体系，开展了卓有成效的广告统计和资讯工作。

以上分析，主要是从历史发展的视角来审视的。然而，我们还应该看到，如果横向比较，还存在两个方面的不足。

第一，从内部看，还存在发展不平衡的状况。突出表现在两个方面：其一，地域上的不平衡，在我国，上海、北京、广东的广告营业额分居我国的前三位，合计几乎占我国“半壁江山”，如果加上江苏、浙江、山东，更高达70%，而其他地区，尤其是中西部地区，所占份额较少，这大抵与我国经济发展的梯度分布状况密切相关，但过分倾斜的畸形局面又与我国经济总的运行格局不相吻合；其二，各行业发布广告的不平衡，比较而言，生产资料广告投入不足全部广告的8%，生活资料广告投入将近六成，其他占30%多，即使同为生活资料，食品、药品、化妆品、电器产品的广告要占主流，而其他相对较少，总之，未能全面、客观地反映公众生活。

第二，从外部看，与发达国家相比还有较大的距离。从当前世界广告投放的分布看，北美、欧洲、亚太、拉美、非洲、中东在数量上依次排列，其中以美国为代表的北美和以德国、英国、法国为代表的欧洲就占世界总额的69%，特别是美国，一家就占世界总额的35%以上。对照世界经济发展格局，我们可以得出一个结论：一个国家和地区的经济总量和社会发展水平，与其在世界广告中所占的份额，往往具有对应关系。反观我国，尽管我国GDP总量目前已经居世界第三，30年来广告业发展速度也很迅猛，但在世界广告中所占份额还不高，人均广告投入更是难以与美、日、德、英、法、意等国相比，也存在不平衡的问题。

图片11-21和图片11-22都是户外广告，前者是利用清运垃圾车的车身，后者是利用建筑物的墙体，请你透过这两则广告考察我国企业与西方发达国家和地区在广告意识上的差别以及广告业对整个经济发展的贡献率。

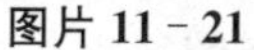
图片11-21

图片11-22

二、中国广告业融入世界的紧迫性

广告是市场开放的必然产物。如果我国不搞市场经济，没有确立对外开放的基本国策，那么，广告业就没有存在的价值，也就不存在融入世界的问题。然而，世界经济发展的一体化和联动性特征已经越来越明显，贸易和投资的自由化和便利化程度越来越高，投资和贸易额也在不断增长。与此同时,我国(未统计港澳台地区)2007 年出口额 12 180 亿美元,列全球第二,2008 年更进一步,成为第一,表明我国经过 30 年的发展已经初步融入世界贸易体系,但深度与广度均不够。我国企业做广告大多囿于内地和香港,有着浓烈的本土意识,尚未形成国际意识和世界眼光,较多地依靠价格等手段来实现竞争。

图片 11-23 是我党第二代领导核心邓小平同志在十一届三中全会上发表具有划时代意义的讲话。请你思考:没有十一届三中全会确立并且始终坚持的改革开放路线,中国的广告业能够获得突飞猛进的发展吗?

图片 11-23

虽然广告业是先导产业,但我国的产品、服务、技术的出口主要靠的是低廉的价格,广告成了可有可无的滞后的手段;虽然我国改革开放已经 30 年,对外开放的深度与广度早已是今非昔比,但中国广告业尚未真正融入世界,尤其是在“走出去”方面。究其原因,主要有三个方面:其一,对本土市场的过度依赖。其二,参与国际市场竞争的意识不强。这与我国对外开放较晚,发展市场经济较晚有关。同处中国经济圈的香港、台湾地区与世界的沟通与联系较早,积蓄了较强的经济实力,现在分别成为大陆对外贸易第五、第七大伙伴,其中香港还跻身于世界贸易的十强,而两地广告投入上比较多,通过“大舍”达到“大取”。其三,对国际广告市场运作的规律、特点和技巧把握不够,也不善于利用当地专业机构来开展广告运作。这主要表现为缺少既懂外语又懂法律、营销、传播,既懂专业知识又熟悉广告运作规律,尤其擅长跨文化传播的复合型人才较为匮乏。我国加入 WTO 后所面临的一个根本性的挑战,就是人才的缺乏,表现在广告业可以说尤为明显,尽管我国现有广告经营单位接近 15 万家,从业人员超过 100 万人,但经过规范教育和严格训练的不多,人才储备不足,专门从事广告业务的专业人员少(目前我国每家广告公司的从业人员是 7.3 人),企业中的广告专业人员更是寥若晨星。能胜任涉外广告业务的尤为稀缺,2005 年是我国广告市场全面开放的第一年,目前总的份额还不高。

三、中国广告业融入世界的途径和方法

中国广告业融入世界,是我国积极参与国际竞争与合作,促进经贸往来与社会发展的必然要求。在当前,可以从以下三个方面努力。

(一) 加强广告界的对外合作与交流

尽管我国广告发展的历史很悠久,但囿于历史的局限性,真正弥足珍贵,迄今仍能有效继承和借鉴的东西并不多。相比已有数百年市场经济发展历史的一些西方发达国家来说,或许现在我们也可算得上一个广告大国,却远不能称为广告强国。这表现在很多方面,如

意识不强、投入不足、手段不新、品位不高、诉求不力等。因而,作为还停留在发展市场经济起步阶段的"小学生",我们应加强学习,将国外在广告业方面的先进技术和管理经验加以合理的吸收。比如,在美国,NBA比赛的电视转播是极受欢迎的,其影响远甚于其他运动项目,这也使比赛期间电视广告价格昂贵,为了更多地插播广告,NBA总部将上、下半场各20分钟改为4节,每节12分钟,此外,除了常规暂停,教练还可叫若干次20秒的短暂停,也是为了方便广告的播出,这样,有时一场比赛要耗时两个多小时,由于有了大量的广告收入,电视台可以支付高额转播费,使俱乐部、电视台、观众(球迷)各得其所。像这种广告意识,就很值得我们借鉴。

图片11-24是美国NBA休斯敦火箭队的队徽,中国的许多篮球迷就是因为姚明,因为火箭队了解了NBA。在广告方面,姚明收入中的一半以上来自广告代言,火箭队吸引了海尔、匹克等中国企业发布球场广告,而NBA总部也通过在中国举行季前赛等一系列方式在中国扩大了影响。你认为这些方面能够给我们带来哪些启示?

广告界开展对外合作与交流,主要表现在两个方面。

图片 11-24

第一,鼓励外商投资兴办广告公司。从目前情况看,独资、合资、合作的外商投资广告公司已经存在,在上海约占三分之一,但从全国看,数量还比较有限,总体实力也不比国有广告公司强。广告业作为服务性行业,与国计民生关系不大,完全可以放开,而且,作为人才、技术、知识密集性行业,又应该向智者、能者、强者倾斜。因而,可以通过收购、兼并、托管、联合等手段对现有国有广告公司进行重组,以加强双方的合作,提高核心竞争力。

第二,开展联合办学和对外学术交流。具体措施可以包括到广告业比较发达的国家和地区学习、观摩、考察,合作办学以交流培养高层次的专业人才,参与、举办地区性、国际性广告展览,参加和主办广告学术研讨会,等等。

图片11-25和图片11-26分别说明外资进入我国广告业和以复旦大学为代表的高等学校开展广告学对外学术交流。你认为,除了这两个方面外,还有哪些切实有效的方法?

(二) 建立若干广告中心城市或区域

中国广告业要融入世界,首先要有一个眺望世界的"窗口"和与国际联结的"接口",以此逐步融入世界。为此,可以先行组建不同层次的若干广告中心城市和区域,加以重点扶持。选择的标准有以下五点:其一,对外开放水平相对较高;其二,经济比较发达,拥有一批具有国际声誉和影响的大型企业;其三,有发达的传播资讯业和交通条件,城市功能比较完善;其四,有良好的广告作业的基础、人才、技术及其他条件;其五,市民相对具有较高的现代人文素养。以此为依据,可以确立三个广告中心区域;一是以上海为中心,覆盖南京、苏州、无锡、常州、杭州、宁波等城市的长江三角洲区域;二是以北京为中心,覆盖天津、青岛、大连、秦皇岛、石家庄等城市的环渤海湾区域;三是以深圳、广州为中心的珠江三角洲区域。这三个区域从地理特征看,分

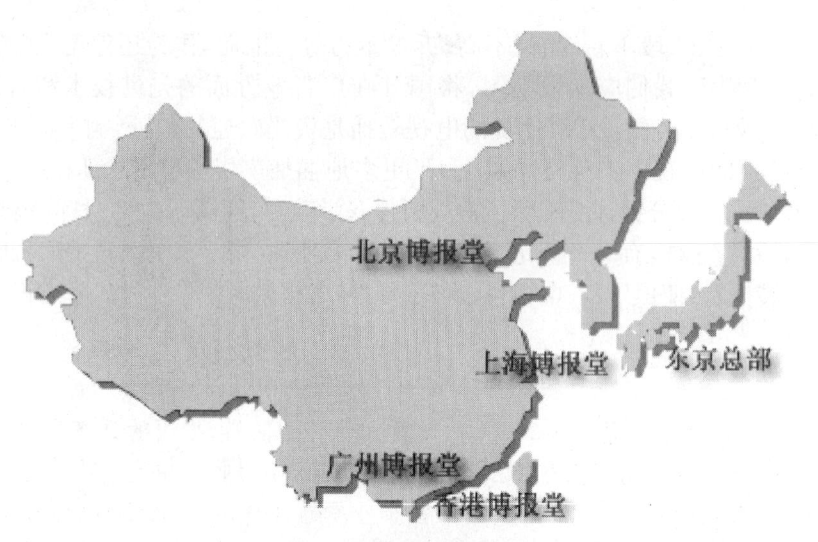

图片 11－25

图片 11－26

别与日本、韩国、中国台湾、中国香港、东南亚毗邻,可以在广告业对外开放方面作出更大的贡献。如前所述,上海、北京、广东三地的广告营业额 2006 年之和达 767.5 亿元,占全国广告经营总额的 48.8%,基础良好,但完全可以有更大作为。特别是上海,矢志为国际经济、贸易、金融、航运"四大中心",而这四个方面恰恰是广告业发展的基础和土壤,同时依托江苏、浙江,它们同属长江三角洲区域,而江苏、浙江的广告经营额仅次于上海、北京、广东,居我国的第 4、5 位,可以与上海实现"强强联手",另外,随着 2008 年的结束,上海成为全国各省、市、自治区中第一个人均 GDP 达到 1 万美元的地区,稳居世界第三大港的地位,APEC 会议和"上海合作组织"会议的召开,F1 汽车拉力赛和网球大师杯赛的举办,2010 年世界博览会的举行,都将不断提升上海的国际化水平,到 2020 年左右,上海完全有可能成为一个真正的国际性大都市,不仅成为国际经济、贸易、金融、航运中心，而且完全可以成为国际广告中心城市。在若干广告中心城市或区域的建设中，可以此为纽带加快整个中国广告业融入世界的进程。

图片 11－27 是上海的夜景，也是上海走向现代化进程中的一个缩影。你认为上海重新成为亚太地区乃至国际广告中心与建设国际经济、贸易、金融、航运中心，与发展创意经济之间存在什么关系？目前还有哪些方面需要进一步完善？

图片 11－27

（三）企业界要勇于向世界传达自己的“声音”

广告业融入世界是以企业参与国际市场竞争为依托的。只有我国企业更多地到海外投资，开展国际贸易，并独立地利用广告手段拓展、巩固国际市场，广告业才能真正地提高国际广告市场份额，与国际广告界保持更深层次、更大范围的沟通。尽管我国海外投资稳步增长，出口总额也在不断扩大，但是，却呈现如下四个特点：其一，很多外贸活动是通过专业外贸公司实现的，而不是独立开展进出口业务，这种品牌的输出和推广在中间形成了一个“隔离带”；其二，就单一的某一企业来说，投资与贸易总体规模偏小，出于推广成本的考虑，也制约了开展广告活动的积极性与主动性；其三，由于大型跨国公司数量较少，能够进入世界 500 强的更少，且多为改组后的全国性行业总公司，如 2007 年上榜《财富》500 强的中石化、中国电力、中国工商银行等 16 家，囿于国有企业的传统，对广告运作不够重视，这样也不利于形成带动效应；其四，在经营战略与策略上，较多地利用价格等手段，忽略了品牌经营，对广告、公共关系等手段的运用不自觉、不系统、不成规模。在看到两者差异的同时，还应看到基于市场经济运行规律和国际惯例及共同准则的一些共性，要勇于和善于利用广告手段向海外目标市场表达自己的意志，实现自己的利益。

了解我国出口广告与外商来华广告的状况,分析差距及其形成原因,然后思考应该从哪些方面进行突破。

本章回溯

1. 广告传播总是跨文化传播,本章所界定的跨文化广告运作主要是指跨国界、跨民族的广告运作,而非一般意义上的。

2. 影响广告传播的文化因素主要有世界观、价值观、法律体系、风俗习惯、思维模式等。文化规定着社会的结构、生活的模式、行为的风格、沟通的方式,同样也对广告传播产生审视、观照、暗示作用。总体来看,文化对广告业能够产生深刻影响,如对广告地位和作用的认识、法规的建立、广告诉求和表现、广告的理解和接受。

3. 跨文化广告运作最关键的是要适应境外受众的文化背景,尊重他们的文化倾向。文化中属于深层背景的是政治思想、法律观念、伦理道德、宗教教义、风俗习惯等,由此衍生出相应的国民性倾向,乃至独特的商业文化。文化倾向可以通过语言符号和非语言符号非常微妙、复杂的形式和内容表现出来。我国与世界各国交往日益频繁,对外开放水平也日益提高,广告运作的空间也大大拓宽,但文化是多元的,运作的策略和方法也应灵活运用。

4. 在世界广告大舞台中,我国广告界真正参与是在十一届三中全会以后,成绩不小,差距也较大,因而,应增强紧迫感,以积极有为的姿态,全方位融入世界。

学习重点

重点: ① 跨文化传播的含义; ② 影响广告运作的主要文化因素; ③ 广告传播的实质是跨文化传播; ④ 文化对广告业的深刻影响; ⑤ 跨文化广告运作的策略; ⑥ 在跨文化广告传播中,重点地区和境外主流媒体的确定。

难点: ① 在跨文化广告传播中,对语言符号和非语言符号的应用; ② 文化对广告业的深刻影响。

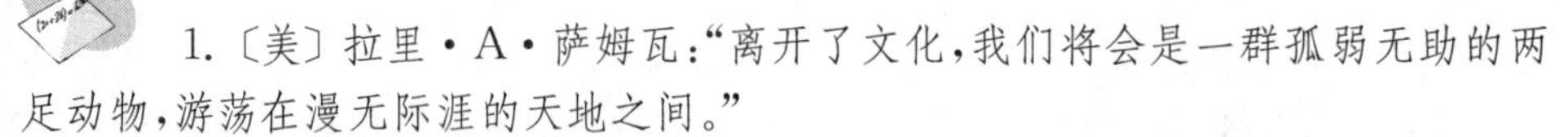

1.〔美〕拉里·A·萨姆瓦:“离开了文化,我们将会是一群孤弱无助的两足动物,游荡在漫无际涯的天地之间。”

2. 张岱年:“事实上,不同民族彼此有别的文化体系的差异,主要系于价值观的差异。而文化的发展演变也表示着价值观的发展演变。”

前沿问题

对跨文化广告传播问题的研究,近年来有所增多,但有一个问题值得注意,就是有的学者懂广告学却对文化不太了解,或者相反,使得总体上这类研究论著的质量难免隔靴搔痒,有蜻蜓点水之嫌。当前的研究主要是侧重一些文化象征符号在广告中的应用问题,而事实上研究跨文化广告传播,重在对文化差异的背景以及具体的文化元素对广告的作用机理有深刻的了解和理解。文化中核心的内容是价值观、世界观，涉及法律、道德、宗教、民俗等，在研究过程中，可以选取一个小的切入口和切入点进行。在这方面，选题不可胜数。在方法上，或者是比较研究，或者是启示性的研究。

[1] 范红，黄瑞熙. 中西方广告中的文化价值观——符号、语篇与文化价值取向[J]. 当代传播，2005，(06)：63－65.

[2] 彭小华. 跨文化比较研究：广告性别形象的再现——兼及女性主义广告批判的反思[J]. 成都大学学报，2005，(04)：63－66.

[3] 陈秋萍. 广告创意的民族文化内涵[J]. 广西社会科学，2005，(07)：188－189，191.

[4] 徐笑红. 德国跨文化传播的特点及其借鉴意义[J]. 中国广播电视学刊，2005，(04)：75－77.

[5] 宋维山. 广告传播的文化效应散论[J]. 社会科学论坛，2005，(04)：35－36.

课 外 练 习

一、填空题

1. 广告传播的实质是________。
2. ________是传播的基础。

二、单项选择题

1. 美国学者拉里·A·萨尔瓦认为什么是美国社会的主导的文化？(　　)。
   A. 印第安人的土著文化　　B. 白色人种的基督教文化
   C. 白色人种的中产阶级文化　　D. 黑人摇滚文化
2. 我国广告法是在哪一年实施的？(　　)。
   A. 1982 年　　B. 1987 年　　C. 1994 年　　D. 1995 年

三、多项选择题

1. 哪些国家认为比较广告是非法的？(　　)。
   A. 美国　　B. 德国
   C. 意大利　　D. 中国
   E. 日本
2. 我国当前发布广告的重点地区是(　　)。
   A. 非洲　　B. 大洋洲
   C. 美国　　D. 欧盟
   E. 日本

四、是非题

1. 跨文化广告传播，所运载的广告信息往往不是目标地区受众的文化，而是本土意义上的东西。
2. 在广告的跨文化传播中，只能以适应为主。

五、简答题

1. 影响广告运作的主要文化因素有哪些？

2. 文化对广告业的影响,主要有哪几个方面?

3. 在广告运作中,对人物形象的把握主要是哪几个方面?

4. 我国广告业尚未真正融入世界的原因有哪些?

参考答案

一、填空题

1. 跨文化传播　2. 文化

二、单项选择题

1. C　2. D

三、多项选择题

1. BC　2. CDE

四、是非题

1. 错。应该是目标地区受众的文化,而不是本土意义上的东西。

2. 对。

主要参考文献

[1] 丁俊杰. 广告学导论. 长沙：中南大学出版社，2004.
[2] 陈培爱. 广告学概论. 北京：高等教育出版社，2004.
[3] 倪宁. 广告学教程(第2版). 北京：中国人民大学出版社，2004.
[4] 〔美〕沃纳·赛佛林，小詹姆斯·坦卡德. 传播理论起源、方法与应用(第4版). 郭镇之，孟颖，赵丽芳，邓理锋，郑宇虹译. 北京：华夏出版社，2000.
[5] 关世杰. 国际传播学. 北京：北京大学出版社，2004.
[6] 张惠华. 媒介的变迁. 北京：中国对外翻译出版公司，2002.
[7] 〔英〕布赖恩·麦克奈尔. 政治传播学引论. 殷祺译. 北京：新华出版社，2005.
[8] 余明阳，陈先红. 广告策划创意学(第2版). 上海：复旦大学出版社，2003.
[9] 〔美〕大卫·奥格威. 奥格威谈广告. 曾晶译. 北京：机械工业出版社，2003.
[10] 〔美〕汤姆·邓肯. 整合营销传播：利用广告和促销建树品牌. 周洁如译. 北京：中国财政经济出版社，2004.
[11] 张家平，袁长青. 影视广告经典评析. 上海：学林出版社，2005.
[12] 汤晓山，翟灿. 广告表现与设计. 北京：清华大学出版社，2007.
[13] 杨朝阳. 广告企划. 北京：中国商业出版社，2007.
[14] 史安斌. 危机传播与新闻发布. 广州：南方日报出版社，2004.
[15] 王方华，周祖城. 营销伦理. 上海：上海交通大学出版社，2005.
[16] 刘建明. 社会舆论原理. 北京：华夏出版社，2002.
[17] 欧阳友权. 网络传播与社会文化. 北京：高等教育出版社，2005.
[18] 〔日〕近藤诚一. 日美舆论战. 刘莉生译. 北京：新华出版社，2007.
[19] 吴晓波. 大败局(Ⅱ). 杭州：浙江人民出版社，2007.
[20] 杨国枢. 中国人的心理与行为：本土化研究. 北京：中国人民大学出版社，2004.
[21] 陈佳贵等. 跨文化管理：碰撞中的协同. 广州：广东经济出版社，2000.
[22] 王肖生，姜智彬. 现代广告设计. 上海：复旦大学出版社，2005.
[23] 中华人民共和国统计公报(2001—2007)
[24] 中国广告网：www.cnad.com.
[25] 中国广告媒体网：www.ad163.com.
[26] 中国广告下载网：www.addown.com.
[27] 中国工商行政管理总局网站：www.saic.gov.cn.
[28] NAD全国广告资料库：nad.meihua.info.cn.
[29] 《国际广告》杂志.
[30] 《中国广告》杂志.
[31] 《新闻与传播》杂志.

第一版后记

这是一本给读者提供建议的书。记得伟大的德国诗人、思想家歌德曾经说过，给他人提建议是一种鲁莽，而接受建议则是一种愚蠢。现在看来，不免言过其实。不然，经世济民抑或法理、伦理、管理的一切思想都不可能诞生，个人乃至社会都不可能成长。

广告是一种实现内外交流的有效工具，与公众生活密不可分，在政治、经济、文化的各个领域得到广泛应用。关于广告运作的这本书，是作者近两年的研究心得，与其说是为了提供“建议”，不如说是为了与读者交换思想，祈望读者给予批评。这主要是因为本书的定位在于应用层面与操作环节，导致学理的探究不够入微，也非单一地对运作过程的某一环节或方面展开研究，又难免挂一漏万。

本书的出版得到复旦大学出版社的鼎力帮助，在此深致谢忱！

作　者

2002 年 4 月

第二版后记

报载,有观点认为计算机教材至少应该每年更新一次。看到这里,就不免惴惴不安。拙著《广告运作策略》蒙复旦大学出版社和李华先生不弃出版至今已经快7年了,平时忙于杂务,没有能够就广告业的发展状况和读者的需要进行及时的修订,自然就显得有些陈旧了。广告世界日新月异,理论研究必须奋起直追,甚至应该走在实践的前面。

本次再版,本人主要做了四项工作:一是对书中部分比较陈旧的案例和数据剔除,调整、更换、补充了新的内容,并且对部分观点进行了修订;二是结合本书的性质和基本定位,增加了大量的广告图片,从而增强可读性;三是在每一章都结合章节的具体内容,附上一个完整的案例点评,可以使读者加深对内容的理解;四是在每章的前面有"导引",后面有"回溯",并且增加了"课外练习"。在形式上,通过"图片审思"、"案例讨论"、"游戏竞猜"等形式尽量做到与读者展开互动,让读者在阅读、参考本书的过程中能够举一反三,获得思考的自由空间。

再次感谢复旦大学出版社的辛勤工作!

作者

2009年9月

图书在版编目(CIP)数据

广告运作策略/刘绍庭编著. —2版. —上海: 复旦大学出版社, 2009.12(2019.1重印)
(复旦博学·广告学系列)
ISBN 978-7-309-06899-3

Ⅰ. 广… Ⅱ. 刘… Ⅲ. 广告学 Ⅳ. F713.80

中国版本图书馆 CIP 数据核字(2009)第174493号

广告运作策略(第二版)
刘绍庭 编著
责任编辑/张志军 白国信

复旦大学出版社有限公司出版发行
上海市国权路579号 邮编: 200433
网址: fupnet@fudanpress.com http://www.fudanpress.com
门市零售: 86-21-65642857 团体订购: 86-21-65118853
外埠邮购: 86-21-65109143 出版部电话: 86-21-65642845
上海春秋印刷厂

开本 787×1092 1/16 印张 20.25 字数 518 千
2019年1月第2版第4次印刷
印数 8 301—9 400

ISBN 978-7-309-06899-3/F·1528
定价: 29.00元